教育部人文社会科学重点研究基地
山西大学"科学技术哲学研究中心"基金　　出版资助
山西省优势重点学科基金

山西大学
分析与人文哲学丛书
魏屹东／主编

语言意义的规范性维度

——基于规则遵循问题的研究

赵晓聃◎著

教育部人文社会科学研究青年基金项目"规则遵循相关问题的语义分析及语境解释"(批准号：10YJC720065)研究资助

科　学　出　版　社
北　京

图书在版编目(CIP)数据

语言意义的规范性维度：基于规则遵循问题的研究 / 赵晓聃著.
—北京：科学出版社，2016.5

（山西大学分析与人文哲学丛书 / 魏屹东主编）

ISBN 978-7-03-047730-9

Ⅰ.①语… Ⅱ.①赵… Ⅲ.①语言哲学–研究 Ⅳ.①H0

中国版本图书馆 CIP 数据核字（2016）第050566号

丛书策划：侯俊琳 牛 玲
责任编辑：侯俊琳 田慧莹 乔艳茹 / 责任校对：桂伟利
责任印制：李 彤 / 封面设计：无极书装
编辑部电话：010-64035853
E-mail：houjunlin@mail.sciencep.com

科 学 出 版 社 出版
北京东黄城根北街 16 号
邮政编码：100717
http://www.sciencep.com

北京虎彩文化传播有限公司 印刷
科学出版社发行 各地新华书店经销

*

2016 年 5 月第 一 版 开本：720×1000 B5
2022 年 1 月第四次印刷 印张：18 1/2
字数：360 000

定价：98.00元

（如有印装质量问题，我社负责调换）

丛书序

分析哲学作为一种运动，自身有着各种不同的方法和理论主张。而统一这个运动的则是理性精神、对独断假设的怀疑以及追求严格的论证和自然科学模式的清晰性。这体现了分析哲学的逻辑特征和方法论特征。分析哲学注重审视哲学的性质、任务与范围，强调应用多元化的逻辑分析、语言分析与心灵哲学分析等方法。本丛书主要关注分析哲学和逻辑哲学，涉及的问题包括语境论、语义学、隐喻、真理理论、意义理论、指称理论等。逻辑哲学主要关注三个方面：逻辑的哲学分析，如逻辑的性质、逻辑与非逻辑的划界、逻辑与其他学科的关系等；对各种逻辑系统内所提出的问题的哲学回答，如蕴含与推理、有效性、悖论等；对于逻辑和哲学的基本概念的精细分析，如名称与摹状词、意义、指称、真理等。本丛书具体探讨了以下五个问题。

第一是逻辑真与意义的融合、分离问题。20世纪现代形式逻辑的诞生使意义理论成为显学，并使得意义理论的研究与逻辑和真密切相关，这就让真与意义联系在了一起。20世纪80年代，哲学的认知转向，促使人们热衷于自然语言意义理论，又使得真与意义和认知主体、认知实践相结合，真与意义的关系变得更为复杂，导致了以戴维森为代表的真与意义融合论和以达米特为代表的真与意义分离论两大阵营的争论。此后，哲学的实践理性转向使得越来越多的学者认识到，哲学要面对世界向它提出的问题，否则没有意义，逻辑的弱点在哲学领域似乎显露出来了。于是，哲学家、逻辑学家都热衷于研究实践中自然语言的意义理论，侧重于形式研究的逻辑似乎被哲学的光环所掩盖，自然语言意义理论中出现了真与意义融合还是分离的争论。

面对这场争论，学界或是对不同的意义理论进行内容上的建构、阐述，或从哲学角度对不同的意义理论进行优劣比较分析，或是对某个意义理论中的真与意义进行分析、评论，或对"真"的本质进行探析，但均没有专门以"真与意义的融合与分离之争"为题进行研究，没有深入考察各种意义理论中真与意义融合分、离的根本原因所在，更未能从逻辑境域对其原因进行探析，这就使得对真与意义的融合与分离之争的思考、研究及解决都流于表面。本丛书从逻辑的观点对这场争论的原因进行挖掘，指出其争论根源，以利于更透彻地理解逻辑与哲学的关系，更清楚地看到逻辑及真在构建意义理论过程中的重要作用。

另外，从计算机科学看，现代逻辑的发展主流是数理逻辑，也包括非经典逻辑。非经典逻辑又包括两类：一类是对经典逻辑（即数理逻辑）的扩充；一类是对经典逻辑的修正。众所周知，在现代逻辑、数学和计算机科学的交界处，有着长久受重视的传统，这些领域中的一些理论创新经常是相互影响、平行或交替发展的。因此，挖掘计算机科学中对现代逻辑的应用和人工智能领域的最新研究成果，如框架不完全性结果、自动机和博弈两种元逻辑理论，动态逻辑、时间逻辑、模型检测理论，以及用于知识表征和自动推理的非单调逻辑、协调逻辑和描述逻辑等。这些新成果将使我们对现代逻辑究竟是什么以及将来成为什么有更深刻的认识，从而促进现代逻辑自身的发展。

第二是当代反实在论的核心问题。实在论与反实在论之争是当代西方哲学的核心问题之一。一方面，随着现代数理逻辑和量子力学的发展，实在论受到来自各方面的挑战，面临各种困境。而现代数理逻辑和量子力学所证明的排中律和二价原则的无效性则为反实在论提供了强有力的依据。另一方面，随着对形而上学的拒斥带来的"本体论的弱化"以及"语言学转向"的到来，语言和逻辑成为当代反实在论研究的核心。因此，站在反实在论立场上，从语言和逻辑这两个分析策略入手对当代反实在论进行系统的把握和整合，揭示反实在论的发展趋向，不仅为反实在论研究提供了广阔的视野，而且为实在论甚至整个西方哲学研究提供方法论启迪。

在方法上，我们注重从语言和逻辑方面对当代反实在论进行全面考察和分析，突破传统静态的研究模式，同时引入语形、语义和语用分析，以语境为基底，将语言的公共性和社会性以及意向性维度纳入反实在论的分析中，强调语言的意义就在于其在具体语境之中的使用中，对不同的境遇的使用就会产生不同的语言意义，而在同一个具体境遇中意义则是确定的，从而把意义的确定性与非确定性统一起来。

第三是语义学的规则遵循问题。基于当代语义学视域，以规则问题为切入点，以意义归因为主线，系统梳理和比较语言及规则之间关系的不同研究进路，同时结合规则遵循相关论证重新审视语义实在论并为其预设寻求辩护。在此基础上进一步澄清规范性的内涵和本质，进而深入心灵哲学和科学知识社会学领域，在科学语境中结合规则问题的内在主义与外在主义解释，阐明意义自然化与规范性之间的关系。我们试图以语义分析方法为核心，并结合心灵哲学、科学知识社会学、科学心理学等领域全面考察规范性问题，同时对规则遵循、语义实在论和社会建制等问题做出阐释和建构，并在语义分析中尝试一种语境化进路。

意义与规范性论题在当代西方哲学的诸多领域已产生很大影响，"规范性"不仅为伦理学所关注，而且已扩展到语义学的相关研究，成为语言哲学和科学哲学等领域的前沿论题。规范性问题可追溯到以康德为代表的义务论伦理学。在当代伦理学中，规范性主要涉及元伦理学和实践哲学。然而，规范性在当代语义学领域中的影响很大程度上应归于克里普克，该论题在他关于规则遵循与私人语言的论述中居于核心地位。当代语义学中关于规范性的探讨涉及规则、意义、内容、心灵等重要概念，其论域包括：语言和规则的关系问题，意义归因、非事实论和规范性问题，意义自然化与规范性之间的关系，规则与规范性的社会建构论等问题。

可以肯定，语义学相关问题的理解与哲学本体论和认识论紧密相关，而科学语义学蕴含了为语义学理论建立的相对统一的认识论基础。在语义学的研究过程中，哲学的"解释学/修辞学转向"为语义学的发展产生了影响，这使得内在论语义学与外在论语义学由对峙走向融合，而实在论语义学与反实在论语义学也从相互论争走向了相互借鉴，由此当代英美语义学与欧洲大陆语义学之间逐渐从方法论层面上趋于对话与融合。在理论上，语义学的"认知"与"博弈"研究模型都在很大程度上具有理论解释的包容性，而"语境语义学"思想则在语义学的"自然性"与"规范性"协调的立场上为科学语义学的方法论模型研究提供了重要启示。

第四是科学时代的宗教信仰问题。19世纪以来理性与信仰的双重危机，引发了欧洲文明的现代性危机，以及与之共生的当代人的精神危机。这场危机仍然在蔓延的同时也有了新的变化。宗教与科学的关系由对立走向了对话，宗教也没有如科学主义者预言的那样随着科学的发展而消亡，反而伴随着宗教世俗化的进程迎来了宗教与科学共处的"蜜月期"。但不容忽视的是，这种越来越世俗化了的宗教信仰即便在当代人的生活中大行其道，却离传统意义上的宗教信仰越来越远。我们正是立足于这些新的变化，通过对科学时代宗教信仰的反思，宗教经验的直观，以及世俗化宗教信仰的合理性分析，揭示宗教信仰可以作为一种内化的精神力量平衡于理性外化的物质力量，可以以其神秘主义对抗现代科学技术的去蔽，还自然以面纱，还世界以崇高。

在方法上，运用现象学方法和案例分析如关于尼采、克尔凯郭尔、詹姆斯、弗洛伊德、胡塞尔、海德格尔、萨特、伽达默尔等的相关理论和一些宗教现象的案例，对制度宗教观、基督教神学以及其他理性的宗教信仰研究方法进行悬搁，回到宗教信仰本身，通过对宗教信仰现状和宗教信仰活动的直观，探究宗教信仰的由来，分析宗教与科学关系的演变，反思科学时代的宗教信仰，解释宗教信仰经验，论证世俗化宗教信仰的合理性，最终是要寻求科学与宗教的融合、理性与非理性的平衡、人与自然的共设。

第五是宗教的"希望"范畴问题。莫尔特曼（J. Moltmann）是20世纪西方最具影响力的宗教哲学家和基督教神学家之一。他的思想以"终末论的希望"为起点和方向，对传统基督教神学中的上帝论、基督论、三一论、创造论、圣灵论、终末论、教会论等主题进行了创新性研究。这些研究与战争、解放、和平、人权、生态等社会现实问题联系密切。其早期思想从时间维度探讨上帝的应许以及对来临的上帝的期盼，并引申至政治神学领域。后期则在时间框架内引入上帝的自限（self-limitation）与内住（insedere）等空间概念，通过对创造论信仰的重新解释，回应了生态自然领域的危机与挑战。我们正是从时间、空间和实践三个维度对莫尔特曼的"希望"范畴进行哲学诠释，具体是对"希望"范畴做细致的语词分析、意义阐述和哲学史梳理，从哲学维度对一个典型的神学主题进行深入的哲学分析，强调希望神学作为一种处境神学，对社会、历史和实践的关怀和反思。相信这一研究有利于启发读者从一种理性的视角认识宗教，了解宗教主题的深层内涵，正视其学术价值和现实意义。

魏屹东

2015 年 10 月 10 日

前　言

　　规范性概念是在近代认识论转向后才伴随着主体精神的自觉而进入到哲学讨论的核心领域的，它与自然主义之间的冲突和张力从古希腊一直延伸至今，成为长久以来悬而未决却又吸引无数哲学家为之穷经皓首的哲学难题之一。然而长期以来，规范性概念主要是在认识论、元伦理学和实践哲学领域备受重视，在语言哲学中与意义问题联系在一起则是 20 世纪后半期才发生的。

　　事实上，康德在讨论规范性时已经揭示出认识论规范性中预设的语义学问题，但在语言学转向之前，这一点并未引起真正的重视。维特根斯坦关于规则和规则遵循悖论的阐发，特别是克里普克（Saul Kripke）对这一问题的著名解读，在很大程度上促使规范性问题的研究出现了"语义转向"，规范性问题因而深入到语言哲学研究的核心领域，成为人们理解意义问题的一个重要途径。同时，对规则遵循问题的解读与阐发也无法脱离规范性问题的研究背景。

　　近二三十年来，意义与规范性论题始终是当前分析哲学领域的前沿和热点，而且表现出的一个鲜明特征是语义分析方法的普遍使用。但随着研究的深入，我们发现传统的语义分析并不足以呈现规范性论题的丰富内涵，规范性的语义分析必然会深入到心灵内容的规范性。而内容的规范性往往根植于语言共同体的文化传统和语言习惯，它并不体现为明确的规则，这就造成了显规范性和隐规范性之间的差异，这种差异是通过不同意义的"应该"标示出来的。因此，关键的问题在于，除了对规范性进行语义分析之外，我们还应该关注主体行动"理由"和"义务"与其欲望或动机之间的关系。换言之，一方面，我们要探讨语言表达式使用的正确性是否能够得出说话者"应该"以这种正确的方式使用该表达式；另一方面，我们还要进一步追问，如果说话者"应该"以某种正确的方式使用一个语言表达式，那么这是否意味着他有动机或欲望这样做。这就意味着，合理的规范性条件与要求需要以理性的实践应用为基础，因此，对规范性论题特别是"内容的规范性"的阐明不可避免地会涉及与理由、动机相关的实践理论，这也是笔者将要探讨的主要问题之一。

本书旨在揭示规范性概念的探讨方式和内容在哲学史上的演变，分析康德的"规范性转向"与后来的"语义转向"之间的关联，然后从克里普克对维特根斯坦的规则遵循悖论的解读入手，讨论意义归因问题所涉及的各种争论，在此基础上对意义的规范性与内容的规范性进行细致分析。通过这样一些探讨，笔者认为，规范性的研究经历了从语言到心灵、从意义到内容、从（强规范性和显规范性意义上的）规则到（弱规范性和隐规范性意义上的）正确性条件的变化。这些变化意味着语义和语法层面的规范性必然会走向语用的规范性，从而构成一种规范性的语境。当我们基于规范性的语境来重新审视意义归因问题时，就会发现语境论的意义规范性既没有忽略语言具有联结世界和表征实在的作用和功能，也体现了对语用效力和语用推理的重视，既没有否定通过语法和语义层次的规范性而把握的"命题之知"，又能够基于方法论的层面突出地表明"能力之知"的基础性和奠基性作用。

此外，"规范性"本身涉及论域的广泛性、分析过程的复杂性以及笔者自身的局限性，完稿之际仍发现有一些论题未能在这里得到充分解读和阐释。这既是本书关于"规范性"问题的研究难点和不足之处，也可作为进一步研究的方向。比如：（1）规范性与倾向性的探讨需要更加系统化和精致化，特别是倾向性与条件句的分析、"理想条件"与"倾向"之间的关系需得到充分阐明。（2）社会建构论的研究进路可以为我们探讨规则遵循与规范性问题提供一种独特视角，有关规则遵循与规范性问题的思考对科学知识社会学等相关领域也产生了很大影响。（3）对于意义的规范性与自然主义之间的关系问题需作进一步研究，可以结合规范性的多种含义和不同层次来论证它们之间的关系问题。

当然，本书的写作得以完成和出版离不开以下基金项目的支持。首先，本书的研究得到教育部人文社会科学研究青年基金项目"规则遵循相关问题的语义分析及语境解释"（批准号：10YJC720065）的资助，是该项目的研究成果；而本书的出版还获得教育部人文社会科学重点研究基地山西大学"科学技术哲学研究中心"基金和山西省优势重点学科基金的资助，在此一并致谢！

本书付梓之际，仍感惴惴不安，恐因学力不逮、理解失当而解读有误或产生疏失错漏，竭诚企盼各位读者与专家不吝指正。

目　录

导论

一、问题的缘起与演变

"规范性"概念所引起的思考和争论由来已久，可追溯至古希腊智者时期的"自然说"和"约定说"之争，这场争论实质上就涉及规范性的本质和来源。而近代的认识论转向使得认识论的规范性自然而然成为关注的焦点，唯理论和经验论都试图为知识建立起可靠的规范性准则，但都面临各自难以克服的问题。康德诉诸认识主体的先验理性来为规范性奠基，因此近代的认识论转向最终体现为一种主体性转向，这一转向同时也是从外在规范性到内在规范性的转向。

康德的规范性转向标志着近代认识论主体性转向的完成，使得规范性成为认识论的根本特征，因而在哲学探讨中占据极为重要的地位，更不用说它对于伦理学特别是规范伦理学的意义。并且，康德在阐述认识论的规范性问题时实际上已经揭示出其背后隐藏的语义问题，随着20世纪哲学的"语言学转向"，意义问题得到深入探讨后，规范性在其中的重要性才真正展现出来。

在当代分析哲学领域，对语言意义的明晰性和确定性的追求正源于如下信念：存在语言使用的正确性条件，即言语实践本身就是规范性的。这使得分析哲学家们一度坚信，只要解决语言的规范性问题，一切哲学问题都将随之消失，这同时也构成了规范性问题"语义转向"的内在动因。虽然直接推动这一语义转向的是克里普克关于规则遵循问题的解读和分析。

"语言学转向"使语言、思想与实在这三者构成的"语义学三角"成为哲学领域关注的一个根本问题。其中，"意义"无疑占据着核心位置，但在关于意义问题的不同研究进路之间，很多哲学家感到非常困惑和难以抉择。一方面，弗雷格（Gottlob Frege）、乔姆斯基（Noam Chomsky）式的研究进路使他们深受影响，在这种研究进路的启发下，他们试图揭示自然语言的深层规则；另一方面，格赖斯（Paul Grice）、后期维特根斯坦和蒯因（W. V. O. Quine）等的研究进路又使得他们不得不质疑是否存在语言的深层结构这一形而上学的预设。在这些争论中，意义归因始终是讨论的核心问题，即构成语言意义的基础是什么？一个语言表达式的意义是如何形成或确定下来的？对这些问题的解释会涉及语言与世界的关联，以及语言意义与心灵状态的关系等。尽管各种研究进路体现了哲学家们对语义学理论目标的不同理解，但都从不同的角度表明：语言的使用与其意义密切相关，语言的意义对于人们"应该"如何正确地使用这种语言具有一种约束性和指引性的力量，这正体现了意义的规范性维度。

简言之，意义的规范性维度意味着，说话者对一个语言表达式的运用有正确与错误之分，而我们之所以能够对此作出这种判断，是因为一个语言表达式"应该"被说话者以"某种"方式来运用，也就是说以符合它意义的方式来运用。

语言表达式的意义和说话者的意向状态都具有规范性的意蕴，只要我们试图理解和使用语言表达式，这种规范性的力量就会发挥其作用。当我们基于当代语义学视域对规范性问题进行深入阐释和系统构建时就会发现，以上不同的研究进路分别强调了意义的表征维度和使用维度，而这两种维度实质上缺一不可，它们可以在"规范性"构建的合理性空间内彼此结合并互为诠释。

事实上，当前的研究越来越表明，意义问题不可能完全绕开规范性论题而得以阐明。这就使得规范性问题的研究成为英美分析哲学界的前沿论题。当代英美哲学界的重要哲学家大都对意义与规范性问题极为关注，如贝克（G. P. Baker）和哈克（P. M. S. Hacker）、布莱克本（Simon Blackburn）、麦克道尔（John McDowell）、布兰顿（Robert Brandom）、麦金（Colin McGinn）、米勒（Alexander Miller）、佩蒂特（Philip Pettit）、米利肯（Ruth Garrett Millikan）、霍维奇（Paul Horwich）、卡茨（Jerrold J. Kzta）等，都参与到讨论中来，相关研究成果极为丰富。

在关于意义与规范性问题的各种研究中，规则与规则遵循问题是其中一个重要方面。一方面，规则概念的重要性在哲学的很多领域都凸显出来，特别是在语言哲学、行动哲学、心灵哲学和科学哲学的交界面至关重要。如果要充分解释人的理性、信念、欲望、意向性，那么人们如何遵守规则就是一个与之密切相关的需要阐释的问题。但另一方面，规则本身的意义与遵守规则的实践之间的关系并非显而易见和不证自明的，因为规则所表达的含义本身并不能决定它的应用。即使假设一种行为是受规则支配的行为，对规则的语义理解和命题性的认知也不等同于在实践中对规则的阐释。因此，关于规则的一般概念并不足以给出有关语言使用及其意义的充分解释。尽管如此，规则遵循问题可以作为研究意义规范性问题的一个切入点。因为规则本身可以看作在不确定的状态中彼此相关的一些规范性条件，把握一个语言表达式的意义也在某种程度上意味着遵循它的正确使用规则，正是规则告诉说话者"应该"如何正确地使用一个表达式。具体地讲，规则的基本规范性内涵往往被认为可以先于具体实践过程而存在，它不依赖于具体的运用就可以被确认和理解，但由于规范性本身具有的内在层次和多重维度，规则体现的规范性意蕴又需要在实践行为中才能充分、全面地展示出来，而且我们在解释时又很易出错。所以，领会一条规则也要试图理解和解释它的规范性问题。

无论是探讨决定意义的基础与表达式意义之间的关系，还是探讨表达式的意义与其应用之间的关系，都需要探讨规范性问题。一种观点认为，意义是内在的规范性的。也就是说，你以某个语词意谓什么决定了你应该怎么使用这个语词，而非出于道德的、合法性的或其他的考虑，也与你的欲望或交谈的意向无关。坚持"强规范性"的语义规范论者基于一个高度依赖直觉的假设来为意义的内在规范性进行辩护：一个词项的意义可以由它的真值条件获得。然而，究竟是什么决定了意义的规范性维度？意义是否具有内在的、本质的规范性？这些问题仍有待深入探讨。

同时，对规范性问题的阐释也内含着很多层次。自克里普克以来，关于规范性问题的探讨主要体现为一种语义分析，而且关注的主要是显规范性，近年来，以布兰顿为代表的推理主义语义学才充分注意到隐规范性的维度，强调规范性的本质和来源必须在社会实践中寻找。不过布兰顿将这种社会实践局限于推论关系的说明，因而招致不少批评。但无论如何这给我们以重要的启示，即在有关意义的规范性与内容的规范性的探讨中，对说话者正确使用表达式的描述与涉及"应该"的规范性要求之间的关系是我们所关注的一个重要问题（即由语言表达式使用的正确性能否推出说话者"应该"如此使用该表达式），而此论题的进一步深化必然要求回答：如果说话者"应该"以某种方式正确地使用某一语言表达式，那么是否蕴涵着他有动机或欲望去这样做？推广来看，它关注的是理性的"应该"与能动者的"动机"之间是否存在必然性关联？这就要求我们阐明规范性的实践性维度，对语义和语用层面上的"规范性"作出补充性说明，从而对"规范性"论题作出较为全面的考察与诠释。

二、本书思路与主要内容

"规范性"论题在哲学的诸多领域都显示出其重要性，笔者首先考察了规范性概念的探讨方式和内容在哲学史上的演变，进而基于当代语义学视域，凸显这一论题在语义学中的独特地位和意义，同时综合心灵哲学、元伦理学、实践理性等领域的相关内容全面考察意义和规范性问题，并通过意义归因、倾向性与条件句、非事实论、语义实在论、理由与动机等专题多角度地呈现规范性的脉络与论域。在意义的规范性与内容的规范性相结合的分析中，可以体现规范性研究在探讨内容和解读视角方面的特征与变化，以及在方法论特征上经历的转变过程。通过对规范性论题的系统阐释，试图揭示语用规范性对于语义和语法规范性的奠基作用，进而论证规范性问题的实践维度，为规范性语境的构建提供基础。

除了导论与结束语，本书包括五章专题性论述。

第一章，首先梳理规范性概念的一般内涵并对规范性问题进行回溯，在此基础上探讨康德的规范性转向及其意义，它如何为规范性问题的语义转向作铺垫和准备，导致这一语义转向的主要原因可以归为克里普克对维特根斯坦规则遵循问题的解读，而这也成为本书探讨规范性问题的一个切入点，但笔者并不想陷入有关规则悖论的各种争论之中，而是将它作为一个新的语义学问题来探讨。结合20世纪分析哲学的发展来看，这一语义转向演变为还原主义、寂静主义实在论与实用主义等几种不同的研究进路。在分析比较这些进路之后，本章重点考察规则悖论及其怀疑论解决方案，特别是对怀疑论论证中的"规范性"因素进行了分析，进而比较倾向性事实与规范性事实，揭示倾向性解释的困境及规则遵循过程中存在的认知困境等问题。为了考察规则遵循行动的可能性，这里进一步对规则的构成条件进行分析，并指出有关规则遵循的几种传统诠释路径及其局限。

第二章，在规则遵循的相关讨论的基础上可以看到，这一问题为语言及意义归因的探讨提供了一个基点，要追问规则遵循行动的理由和根据，进而为意义归因提供合理性辩护，就要试图解释其中的规范性维度。首先，本章从有关意义归因的辩护论证入手，分析倾向性行为事实与规范性的结论之间存在的鸿沟，并结合麦金的"能力"解决方案探讨规范性与倾向性之间的差异。另外，尽管在克里普克的论证中有关倾向性与规范性的区分发挥了关键作用，但无论是其本人还是相关评论者都没有对倾向性概念特别是"理想条件"下的倾向性问题作深入分析，而倾向性概念本身也是一个亟待澄清的问题，并且它对于意义归因的理解也至关重要，这需要我们在区分"简单的倾向性分析"与"理想条件的倾向性分析"的基础上对它们分别进行考察。其中，条件句分析的引入可以为倾向性概念的解读和重构提供一种独特的视角和细致的分析方式。其次，意义归因的非事实论在克里普克的怀疑论论证中发挥了重要作用，通过对非事实论与真值条件的关系、非事实论中的"真"等内容进行语义分析，笔者试图揭示一些代表性观点的论证缺陷，指出整体的意义归因的非事实论所面临的困境及其形成原因。最后，由于在意义归因的相关解释中，规范性本身的内涵仍然存在较大争议，所以这就需要在评析这些争论的基础上来阐明规范性、规定性、规范相关性及内在的规范性的语义内涵，为规范性要求划分不同层次，并在与正确性、有效性等相关概念的比较中来澄清"规范性"的内涵。

第三章，由于规范性的"语义转向"表明了语义分析在该论题中的基础性地位，这就内在地要求我们在语义层面探讨规范性的多重意蕴。本章就以"意义的规范性"为核心进行以下几方面的解读。首先，阐明语言意义的规范性意蕴与表达式的正确性条件，厘清不同形式的规则及相应的规范性要求，通过结合"应该蕴涵能够"的法则进一步表明，语言表达式使用的正确性并不意味着对强规范性的承诺。其次，在当代语义学发展中，语义反实在论已经长期占据主要地位，但这一论证是否能够表明语义反实在论的趋向？或者克里普克的怀疑论论证是否契合甚至彰显了这一发展趋向？这就需要结合怀疑论论证，通过语义实在论与反实在论的视角对其进行重新考察。语义实在论的预设通常被认为在怀疑论论证中发挥了关键作用，但通过分析规范性与实在论之间的关系可知，语义实在论预设不会必然导致意义怀疑论，从语义实在论的承诺中并不能直接得到"意义是规范性的"这一预设。以此为基础，这里对语义实在论和语义规范性的内涵进行探讨，并将相关主张置于当代语义实在论与反实在论的论争中进行重新考量，在为语义实在论寻求辩护的同时，也呈现了语义规范性的多重意蕴。最后，通过将克里普克的论证与蒯因的不确定性论题进行比较分析可知，它们殊途同归地解释了意义理解的共同问题，也都不会否定意义的规范性维度。

第四章，规范性的语义分析必然会扩展到说话者在言语实践中的心灵状态和语境因素，语义上的"应该"不可避免地会涉及信念、欲望等命题态度，因而对意义规范性的考察要结合内容的规范性，由此展开一种语用层次的分析。本章首先从规则遵循的实践图景入手，指出规则的实践效力，主张从"弱规范性"和"隐规范性"的角度去理解实践中的"应该"，这就要求我们将意义归因与信念归因结合起来，考察信念的规范性与合理性，进而将内容的规范性置于一种更广泛的实践理性视域中进行考量，探讨理性的"应该"与能动者的"动机"之间具有的关联。基于实践理性视角的考察实际上是对前几章焦点问题的延续，在有关意义的规范性与内容的规范性的探讨中，笔者关注的一个重要问题为：由语言表达式使用的正确性条件能否推出说话者"应该"如此使用该表达式？而随着此论题的进一步深化必然要求回答：如果说话者"应该"以某种方式正确地使用某一语言表达式，那么是否蕴涵着他有动机或欲望去这样做？推广来看，它关注的是理性的"应该"与能动者的"动机"之间是否存在必然性关联。这些考虑也从另一个角度推进着语义规范性和内容规范性等论题的发展，本章力图对语义和语用层面的规范性作出补充性说明，阐明其实践性维度，从而对规范性论题作出较为全面的考察与诠释。其次，通过内在论与外在论之间的交锋，比较其不同研究进路并把握其张力；同时，在区分规范性断言与非规范性断言的基础上，体现动机内在论由"强解释"到"弱解释"的理论趋向，而"理由"发挥作用的方式也可被看作一种从"隐"到"显"的过程。

第五章，鉴于规范性论题本身的理论特征与意蕴，本章通过语法、语义和语用三重维度全面地呈现并解读这一问题，在此基础上分析规范性语境的可能性及其意义，指出规范性语境的构建及其意蕴为说明能动者如何基于"理由"而实施行动提供了一种合理性空间。此外，"理由"的语境依赖性和语境敏感性、"规范性理由"与"动机性理由"的联系与差异等方面的探讨也明显地体现了规范性语境的实践指向。能动者在规范性的语境中实施某一行动时，语法和语义层次上的规范性条件呈现出一种内化性与潜在性倾向，而能动者对规范性条件或要求的认知和把握也表现出程序性与默会性特征。能动者在这种实践过程中既受到规范性力量的指引，又可以通过语用层次的实践推理使得那种外在的规范性理由与要求进一步明晰化。

概言之，笔者认为探讨内容和解读视角方面，规范性研究经历了从语言到心灵、从意义到内容、从显规范性意义上的规定性规则到隐规范性意义上的正确性条件的变化，作为行动基础的"理由"则体现为从外在的规范性到内在的动机性的过程。在方法论特征上，规范性研究经历了从语义和语法层面的规范性走向语用的规范性这一转变。这种变化意味着语义和语法层面的规范性必然会走向语用的规范性，从而构成一种规范性的语境。当我们基于规范性的语境来重新审视意义的归因问题时，就会发现：语境论的意义的规范性既没有忽略语言具有联结世界和表征实在的作用和功能，也体现了对语用效力和语用推理的重视；既没有否定通过语法和语义层次的规范性而把握的"命题之知"，也能够基于方法论的层面突出地表明"能力之知"的基础性和奠基性作用。

第一章 规范性问题的"语义转向"与规则遵循的解读

规范性在哲学中始终是一个核心概念，认识论转向以来围绕规范性展开的自然主义与反自然主义、实在论与反实在论的长期争论表明，任何一种哲学范式的确立都有赖于其自身规范性基础的辨明。规范性问题的重要性一度被理念的实在性与上帝的绝对权威遮蔽，近代认识论转向和主体精神的自觉最终导致了康德的规范性转向，从而将规范性问题推向哲学争论的核心。更重要的是，随着 20 世纪分析哲学的发展，规范性问题的研究越来越体现出一种语义转向，而这一转向很大程度上应归于维特根斯坦的规则遵循问题及其引发的广泛热议。通过语义分析方法，可以揭示语言的使用及其意义与规范性的密切关联，而对意义归因的阐明内在地隐含着一种语用趋向。这就使得关于规范性本质和内涵的探讨更为细致和全面，展现出规范性的多重意蕴，同时也可以为意义理解提供独特的视角，拓展意义问题的诠释途径和方法。

第一节 规范性概念的内涵与规范性转向 [①]

规范性概念体现了人类经验和实践活动的基本特征，但长期以来，人们对规范性概念的认识存在很多误区和争论，如将规范等同于规则或规律、将规范性等同于客观性或必然性等 [②]。规范性问题的重要性是伴随着近代以来主体精神

[①] 本节主要内容曾发表于《中国社会科学》2014 年第 8 期，论文题目为《规范性问题的语义转向与语用进路》。

[②] 关于规范性的传统见解和争论，一个明显的倾向是将规范性等同于某种形式的必然性，如近代以笛卡儿为代表的唯理论者试图将规范性奠基于抽象理性的形而上学原则，其目的正是为规范性确立普遍必然的基础；此后康德、胡塞尔、弗雷格及逻辑实证主义者，都沿着某种形式的先验主义将规范性归结为先验必然性或逻辑必然性。而且，在传统的讨论中，规范往往被解释为明确表达的规则，但这种解释所隐含的无穷倒退的可能已经受到普遍认同。

的自觉而逐渐凸显出来的。康德的规范性转向不仅使规范性问题成为哲学探讨的核心与基础，实际上也揭示了认识论与语义学的内在关联，进而为规范性问题的语义转向准备了条件。由于规范性概念在不同领域有不同的应用，所以有必要首先廓清规范性概念的一般含义。

一、规范性概念的内涵

就其本质而言，规范性概念[①]始终与某种约束性力量联系在一起，形式上往往体现为具有规范性内容的命题或陈述。这种命题或陈述的典型形式可以一般地归结为包含"应该"等规范性词项的假言条件句，如"如果某人想要……那么他就应该……"。这就揭示了传统规范性概念的两个基本特征。

（1）义务性。规范性所具有的约束性力量往往意味着某种程度的"义务"：只有履行了这样的义务，或者说遵循规范性的要求，我们才能顺利实现某个目标或者达到某种效果[②]。因此，规范性对作为说话者、行动者或认识者的实践主体始终有一种约束、范导或调节性的作用，正是由于这种规范性作用，人们才能正确地理解并使用语言、遵守社会行为规范、获取客观有效的知识等。

（2）超时空性。尽管规范性是在具体时空和情境下提出的，但规范性要求的效力往往是超越具体时空的。如果一条规则或规范性陈述是正确的，那么它将不仅适用于过去和当下情境，对未来尚未发生的情况也同样适用。比如，一条数学计算法则或逻辑上的推理规则，对于已经发生的计算或推理和对于未来尚未使用的无限可能的计算或推理同样适用。当然，这种超时空性有时只具有相对意义[③]，因为正如诺里斯（Jonathan Knowles）指出的那样，具体的规范有时

---

① 英文"规范"（norm）源于拉丁文"norma"和希腊文"$\gamma\nu\dot\omega\mu\omega\nu$"，原意为工匠所用的矩尺，引申为实践或行为的标准、模式、戒律；在古汉语中，"规"与"范"原本也是指工匠使用的尺规和模具。因此，规范性概念本身意味着某种限定、约束和指引，这在不同领域表现为不同的形式，如在自然科学中往往体现为各种定律、在政治学和伦理学中体现为实践活动与行为准则、在语言中体现为语法规则等，这也从一个侧面体现了规范性概念本身的重要性。但无论如何，规范性何以具有这种约束性力量始终是一个根本性问题。

② 仅就传统的规范性概念而言，将义务性作为其基本特征并无不当，特别是由于康德及义务伦理学的影响，规范性的确与义务性联系在一起，而这种义务性本身也预设了或内含了价值标准和目的在其中。因此，陈嘉明在讨论知识证成的规范性时，将规范区分为义务论的、价值论的和目的论的（参见：陈嘉明.知识与确证：当代知识论引论.上海：上海人民出版社，2003：83-88.）。这一区分受到学界的广泛认同。笔者原则上赞同这样的区分，但认为这一区分不能无条件地推广到规范性概念涉及的所有领域。分析表明，规范性并不总是体现为义务性的要求。

③ 在传统认识论中，规范性往往被认为是先验的、普遍的、绝对的和不可错的，但这样的理解与先验论一起受到大量质疑和批评。尽管如此，规范性的相对超时空仍可以被视为其显著特征之一，这是规范性概念本身的内在要求。

是可错的和可废止的[①]。

由于规范性涉及政治、伦理道德、认识活动及语言使用等诸多领域，涵盖了人类实践活动的各个方面，所以要把握规范性概念的意义，还需要从不同角度对规范性作出进一步的区分和界定。

第一，从规范性的来源来看，可以分为外在的规范性和内在的规范性。所谓规范性的来源指的是，规范或规则所具有的规范性力量的来源，也就是那些确证了规范性力量的东西。来源问题对规范性而言具有基础性和本质性地位，如果规范性的来源无法确证，那么规则和规范也就失去了应有的效力与合法性，规范性问题本身也就失去了意义。对这一问题的不同回答实际上造成了两种不同的规范性，一种是在能动者之外的客观世界寻找规范性的来源，如实在论者设定或接受的某些实体、事实或关系，这就构成了外在的规范性；另一种是在能动者自身内部寻找规范性的来源，如他自己的理性、意志或情感，这就构成了内在的规范性。

第二，从规范性起作用的方式来看，可以分为显规范性和隐规范性[②]。显规范性起作用的方式是直接且明确的，能动者可以用来确证其行动的合理性；而隐规范性起作用的方式则是间接的或潜在的。在语言实践中，这两种规范性在某种意义上类似乔姆斯基的表层语法和深层语法的区分；而在政治、伦理道德及法律层面，显规范性涉及那些明确的规则、规章、法律或者某些明显的可用作指示或参考的东西，隐规范性则涉及作为背景或语境潜移默化地发挥作用的文化传统和思维模式等。

第三，从规范性的约束性力量来看，可以分为强规范性和弱规范性。不同的规则或规范，其约束力可能存在明显的区别，如"酒后勿驾车"与"酒后勿饮浓茶"，前者是必须遵守的规章，而后者只是关于健康生活方式的一种规范和指导。可见，与强规范性相联系的往往是某种强制性的力量或明显的义务，而弱规范性只是给出了某种正确性条件[③]。

总之，对规范性的任何一种合理解释都应在充分考虑这些区分的基础上，对规范性的来源、起作用的方式和规范性本身的约束性力量作出恰当的诠释与

[①] Knowles J A. *Norms, Naturalism and Epistemology: The Case for Science without Norms.* New York：Palgrave Macmillan, 2003：8-13.

[②] 关于隐规范性的阐发，在很大程度上应归功于布兰顿，可参见本书第一章第二节关于实用主义进路的探讨。参见Brandom　R. *Tales of the Mighty Dead: Historical Essays in the Metaphysics of Intentionality.* Cambridge：Harvard University Press, 2002：21.

[③] 本书中所谓强规范性与弱规范性的区分，并非在于命令与祈使之间语力的不同，因为弱规范性不必涉及义务，而强规范性则与某种义务相联系。

解读。

二、规范性问题的回溯与"规范性转向"

"规范"一词在希腊文中原指社会共同体中的风俗习惯，随着法律和伦理逐渐从中分化出来，规范也成为与"自然"相对立的概念，对规范性的本质与来源的自觉就始于智者时期"自然说"和"约定说"之争。这场争论的核心问题是，人为约定的规范何以具有普遍的合法性和约束力。在苏格拉底那里，规范性被奠基于知识的普遍必然性，而柏拉图则将规范性连同目的与价值一并归结为理念本身的实在性，从而开启了规范性的实在论进路。在这一进路中，规范性问题实际上被本体论的存在问题消解了。亚里士多德对苏格拉底"美德即知识"的批判表明他已经明确意识到知识理论与行动实践之间的区别。从主观意识的角度来看，这种区别体现为理性与意志的不同作用；从目的论的角度来看，它体现为真理与功用的不同追求；从逻辑的角度来看，它又体现为以"是"连接的实然命题与以"应该"连接的应然命题之间的区别。但这些区别在中世纪基督教哲学和神学中又都被无与伦比的"上帝"取消了，因为上帝的意志作为一切规范性的来源是无可置疑的。

随着近代文艺复兴和工业革命，对知识力量的推崇促使人们反思和质疑知识的普遍必然性，而对新知识的渴求又促使人们追问知识的来源及获取正确知识的有效途径。这就使认识论的规范性成为首要问题，唯理论和经验论都试图为知识建立起可靠的规范性准则。对经验论而言，它虽然以"奥康剃刀"原则清算了柏拉图主义，但经验本身却不足以为规范性奠基，这一点实际上是由休谟明确地揭示出来的。休谟一方面彻底否定了以经验为基础建立因果必然性的可能，另一方面提出了"是"推不出"应该"的所谓"休谟法则"，由此导致了事实与价值、描述性与规范性的二分，从而使得通过描述经验事实的因果关系来为规范性奠基成为一种"自然主义谬误"。[①]

正是由于近代经验论的这种局限，康德才诉诸认识主体的先验理性来为规范性奠基，因此近代的认识论转向最终体现为一种主体性转向。这一转向同时也是从外在规范性到内在规范性的转向。笛卡儿开启的这一主体性转向在康德

---

① Sellars W. *Empiricism and the Philosophy of Mind.* Cambridge：Harvard University Press, 1997：19.

那里完成，而主体性转向完成的标志就是康德的"规范性转向"①，我们可以将这一转向归结为以下三个方面。

第一，判断负载价值②。就休谟法则本身而言，它只是断言"是"推不出"应该"，而这两种判断之间的差别并不意味着存在独立于价值的事实判断。康德认为判断本身就包含了对判断内容或对象的一种承诺，这种承诺意味着主体对他所持的信念和所做的事情负有责任，也就是说，必要时主体有义务和责任为他自己的信念和行为进行辩护。因此，只要存在判断的正确性标准，那么任何判断都是包含有价值维度的规范性评价。

第二，从本体"自我"转向责任"自我"③。在笛卡儿那里，认识主体同时也是作为纯粹思维实体的"我思"。由于康德将判断与规范性的责任和义务联系在一起，所以康德的认识主体同时也是承诺判断正确性的责任主体。在此意义上，康德将规范性评价带来的责任和义务看成人与其他动物之间区别的一个根本标志。显然，作为主体的"自我"从笛卡儿的本体论区分到康德的非本体论区分，实际上存在一个规范性的转向。

第三，从规范性转向元规范性。唯理论纠结于"真观念"的辨明，笛卡儿和斯宾诺莎都把"清楚明白"作为真观念的标准；康德对规范性的运思并不以观念或概念为起点，而是以判断为基本单位，因此他转而考察判断或命题正确性的先验条件，也就是知识的可能性条件。如果说唯理论者试图建立知识的规范性准则，那么康德就是在元规范性的层面追问规范性准则本身的可能性和来源，这与康德要求在使用理性之前对理性的认识能力做一番先验的考察是一致的。在此意义上，康德的规范性转向其实也是一种元规范性转向。

康德的规范性转向标志着近代认识论主体性转向的完成，使得规范性成为认识论的根本特征，因而在哲学探讨中占据极为重要的核心地位，更不用说它

---

① 布兰顿认为康德的大多数代表性观点都印证了这一转向。布兰顿主要是从"自我"意义的转变来界定康德的"规范性转向"，也就是后文谈到的第二个方面："自我"从本体论意义的实体转变为规范性意义的责任主体（参见：Brandom R . *Tales of the Mighty Dead*：*Historical Essays in the Metaphysics of Intentionality*. Cambridge：Harvard University Press, 2002：21-22.）。布兰顿将这一转变称为"规范性转向"，认为其意义丝毫不亚于"哥白尼革命"。"规范性转向"可以说是近代"认识论转向"深入发展的结果。笔者试图表明，康德的"规范性转向"实际上具有更深远和广泛的意义，尤其在当前的语义学领域体现出其独特的地位和作用。

② 事实与价值的二分往往被追溯至休谟法则，尽管关于休谟的本意仍存在争议，但无论如何，休谟至少明确将这两种判断形式区分开，而任何跳跃性的尝试都必须"加以论述和说明"。尽管康德表明了判断本身离不开价值性，但他对必然王国和自由王国的区分又容易造成误解，因此，随着新康德主义对价值哲学的大力推广及逻辑经验主义对形而上学的清算，事实与价值的二分被夸大，受到普特南、杜威等的批判。

③ 参见：Brandom R. *Tales of the Mighty Dead*：*Historical Essays in the Metaphysics of Intentionality*. Cambridge：Harvard University Press, 2002：20.

对于伦理学特别是义务伦理学的意义了。20 世纪哲学的"语言学转向"之后，规范性的核心地位更加显露无遗。虽然在认识论和语言哲学中始终存在着强大的自然主义思潮，但从根本上讲，自然主义通常并不质疑规范性本身，而是试图对规范性的本质和来源作自然化处理，以非规范性的术语来解释或消解规范性。自然主义的诘难也从另一方面彰显了规范性的基础性地位和重要意义。在当代分析哲学领域，对语言意义的明晰性和确定性的追求正源于如下信念：存在语言使用的正确性条件，即语言实践本身就是规范性的。这使得分析哲学家们一度坚信，只要解决语言的规范性问题，一切哲学上的困惑都将随之消失，这同时也构成了规范性问题语义转向的内在动因。[①]

第二节　规范性问题的语义转向[②]

由于对明晰性和确定性的追求，分析哲学在相当长一段时间内将逻辑看成是哲学的本质，将规范性归结为逻辑必然性，关于规范性问题的探讨因而也就蜕变成关于逻辑本质的探讨。就此而言，早期分析哲学在规范性问题上可以说是康德先验逻辑的嬗变。然而，随着蒯因对分析哲学传统的批判，对规范性的本质和来源的关注越来越强烈。一个显著的变化在于，语义分析在规范性解释中越来越发挥出重要作用，使得规范性的探讨呈现出明显的语义转向。这一转向虽然主要以克里普克对维特根斯坦规则遵循问题的解读为标志，但其根源同样可以追溯到康德，因为康德的先验逻辑中蕴含着有关语义规范性的一个深刻洞见：语义规范性在逻辑上优先于认识论规范性。

一、规范性：从认识论到语义学

康德的规范性转向并不是要建立某种规范性准则，而是探究规范性本身的构成性要素或条件。康德最终将其归结为作为纯粹知性概念的先验范畴，这些范畴就构成了知性综合统一的规范性活动的规则。因此，康德以意识的先验综

---

① 由弗雷格、罗素、维特根斯坦及维也纳学派推动的"语言学转向"将哲学活动归结为语言意义的澄清，以此将传统的形而上学争论当作无意义的命题，并将其逐出哲学的领地。由于语言被认为是分析思想的唯一途径，而语义又是语言意义最基础的部分，这就使得语义分析逐渐成为当代哲学家普遍采用的研究范式，受到广泛重视，这也促使规范性问题的当代研究呈现出明显的"语义转向"。

② 本节主要内容曾发表于《中国社会科学》2014 年第 8 期，论文题目为《规范性问题的语义转向与语用进路》。

合能力说明认识的可能性，以先验自我意识的统一性说明知识的客观必然性，从而将规范性奠基于先验必然性。但是，康德的规范性转向并不能简单地理解为将规范性归结为或还原为先验必然性，而应注意其考察方式的元理论意义。这事实上已经超出了认识论的范畴，而涉及语义领域。正如布兰顿所指出的那样，康德的深刻之处就在于他看到认识论问题预设了语义学问题①。因为知识的概念预设了表征概念，而康德关注的并不是知识何以能成功地表征对象，而是一个表征的意向是如何形成的，也就是说，"是什么使我们的概念指向外部世界，指向它们关涉的事物"，康德通过先验概念的"客观演绎"来解释"概念能够先验地和对象发生关系的方式"②。在康德看来，形式逻辑的规则只是先天的空洞的重言式，也就是纯粹的分析判断；而他的先验逻辑却是能够用于经验性对象的普遍法则，由此产生的先天综合判断既是普遍必然的，同时又具有后天经验内容，因而是有意义的。因此，可以恰当地说，先天综合判断产生的过程同时也是意义获得与形成的过程，这就直指当代语言哲学的核心——意义问题。

意义问题用康德的方式来表述就是"语言表达式具有它所具有的意义是如何可能的"。这样，意义问题的解决方案就包含以下两个步骤：首先以类似主观演绎的方式构建语言表达式运用的先验规则；然后以类似客观演绎的方式将规则用于后天经验性对象，从而产生有意义的语言表达式。这一方案可称为意义问题的康德式解决方案，现代分析哲学中人工语言学派用数理逻辑的严密规则构造精密的人工语言，以此替代含糊不清的日常语言，正是这一思路的体现。

康德的规范性转向开启了规范性探讨的先验进路，更重要的是，它揭示了语义规范性相对于认识论规范性的优先性——虽然这一问题在此后相当长一段时间内没有受到应有的重视，即使在"语言学转向"之后也没有得到明显改观。这在很大程度上是因为语言使用的规范性仅仅被当成一种毋庸置疑的预设，而规范性本身的内涵和本质却没有得到澄清。因此，关于语义规范性问题的探讨总体上仍只是局限于传统范式，要么是寻求某种规范性准则（比如逻辑实证主义的证实原则），要么是对规范性作出某种还原（如某种逻辑必然性或克里普克的后天必然性）或替代解释（如蒯因的自然主义解释）。

---

① Brandom R. *Tales of the Mighty Dead:Historical Essays in the Metaphysics of Intentionality*. Cambridge：Harvard University Press, 2002：22-23.

② Kant I. *Critique of Pure Reason*. Pluhar trans W S . Indianapolis：Hackett Publishing Company, Inc, 1996：142.

二、"规范性"的语义转向：几种研究进路及其局限

克里普克于 1982 年出版了《维特根斯坦论规则与私人语言》，虽然现在普遍认为克里普克误读了维特根斯坦，但由克里普克的分析所引发的争论却改变了规范性问题探讨的方式，使规范性概念和规范性判断的语义分析成为普遍接受的研究范式，形成了规范性问题的语义转向。在分析哲学领域，这一转向演变为三种不同的研究进路。

第一种进路大体可以称为还原主义进路，集中于规范性表达式的语义分析，试图将规范性概念还原为非规范性的，或者以非规范性术语为规范性表达式构建成真条件。其理论形态主要有以下三种。

（1）心理语义学。主要代表人物是布莱克本和吉伯德（Allan Gibbard）[①]。这一进路反对真值条件语义学而主张心理语义学，试图通过心理学术语给出规范性的合理解释，将规范性归结为欲望或情感等非认知性的心灵状态，而不是信念之类的认知性心灵状态。此外，这一进路试图以非规范性术语解释这些心灵状态，并将规范性事实排除在规范性的基础解释之外，因而被称为规范性的反实在论。

（2）因果指称论。波义德（Richard Boyd）和斯滕伯格（Nicholas Sturgeon）主张以因果指称理论处理规范性概念的意义，具有明显的实在论倾向[②]。他们认为自然种类词的意义在于词项指称特定自然种类的方式，这种方式在因果上决定了或者限制了我们以恰当的方式使用该词项，从而将规范性术语的语义学消解为自然种类术语的语义学。

（3）概念分析。主要以杰克逊（Frank Jackson）、佩蒂特和史密斯（Michael Smith）为代表[③]，他们试图以双条件句的形式给出规范性陈述为真的充分必要条件。他们把这种双条件句看成概念真理，而且这种概念分析必须是非循环的，也就是说，必须用非规范性术语来详述规范性陈述为真的充分必要条件。

---

① 参见：Blackburn S . *Ruling Passions: A Theory of Practical Reason*. Oxford：Clarendon Press, 1998; Gibbard A. *Wise Choices, Apt Feelings*. Cambridge：Harvard University Press, 1990; Gibbard A. Normative and recognitional concepts. *Philosophy and Phenomenological Research*. 2002，64(1)：151-167.

② 参见：Boyd. R Realism, natural kinds, and philosophical methods. //Beebee，Sabbarton-Leary. H N *The Semantics and Metaphysics of Natural Kinds*. New York，London：Routledge, 2010：212-234; sturgeon. Noral explanations defended// Dreier J, *Contemporary Debates in Moral Theory*. Malden：Oxford and Carlton, Blackwell Publishing, 2006：241-262.

③ 参见：Smith M. *The Moral Problem*. Oxford：Blackwell, 1994; Jackson F. *From Metaphysics to Ethics: A Defence of Conceptual Analysis*. Oxford：Clarendon Press, 1998; Jackson F, Pettit P . Moral functionalism and moral motivation. *Philosophical Quarterly*，1995，45(178)：20-40.

第二种进路是寂静主义实在论。麦克道尔和帕菲特（Derek Parfit）都持这一立场①，认为规范性不可还原也无需还原，不存在任何实质性的或诠释性的解释，以此消除关于规范性的语义争论。按照这一观点，表达式"我不应该谎报数据"意谓的是说话者不应该在数据上作假，至于"一个人不应在数据上作假"这一信念究竟是什么，不需要也不存在进一步的解释。甚至我们如何能知道这一规范性命题、如何能有关于它的合理信念，也都没有任何实质性解释的必要。

第三种进路是实用主义进路，主要涉及推理主义语义学和概念作用语义学，其支持者有布兰顿、哈曼（Gilbert Harman）、霍维奇（Paul Horwich）和布洛克（Ned Block）等②。这种进路也反对将规范性解释为或还原为非规范性的术语，认为对规范性的分析不能局限于语义学层面。意义并不是孤立的，语言表达式只有在使用中，也就是表达式之间的规范性的推论关系中才能获得意义，而推理能力就是掌握规范。

这三种进路中，第一种进路涉及的其实是显规范性的语义分析，因为它针对的是具有明确形式的规范性表达式，而对规范性概念的任何还原都难免陷入实在论与反实在论、自然主义与反自然主义、认知主义与非认知主义的争论。首先，心理主义语义学将规范性陈述所表达的心灵状态说成是非认知的情感或欲望，这一观点很牵强，而且它为了避免实在论，甚至不愿承认规范性陈述可以表达提供真值条件的命题。其次，因果指称理论对规范性词项意义的解释显然具有较强的自然主义倾向，因为这种解释实际上是将规范性词项所代表的属性或关系直接还原为某种非规范性的自然属性或关系。最后，概念分析所提供的双条件句要求，既是概念分析的，又是非循环的，这实际上很难做到。因为这就要求将规范性术语"分析"为非规范性术语以避免循环，但这样一来，这个双条件句的分析性是无法得到保证的。

这些理论都试图通过语义分析为规范性表达式的意义提供说明，但这种还原主义的进路显然存在明显的局限性。在第二种进路中，寂静主义为了避免争论而采取了一种完全否定性和批判性的方式，像维特根斯坦那样致力于消解问题而不是解决问题。然而，仅仅强调我们凭借理性反思能力就能做到但却拒绝

---

① 参见：McDowell J. Virtue and reason//McDowell J. *Mind, Value, and Reality*. Cambridge：Harvard University Press, 1998：50-73; Parfit D. *On What Matters*: *Volume Two*. New York：Oxford University Press, 2011.

② 参见：Harman G . *Reasoning, Meaning and Mind*. Oxford：Oxford University Press, 1999; Horwich P. *Reflections on Meaning*. Oxford：Oxford University Press, 2005; Block N. Functional role and truth condition. *Proceedings of the Aristotelian Society*, *Supplementary Volumes*, 1987, 61：157-181.

解释这一能力是如何做到的，这显然是不够的，拒绝回答并不等于问题会自动消失。

第三种进路其实关注的是隐规范性的考察，这就与第一种进路形成了鲜明对照。这一进路中影响最大、最具代表性的是布兰顿，他认为"具有明确规则形式的规范预设了实践中的内隐规范"[①]。这就是说，相比显规范性，隐规范性是更为基础且更为根本性的。因此，布兰顿坚信规范性必须在社会实践中寻找，认为规范性就在于表达式之间规范性的可推论关系。

布兰顿的这一立场可以部分地归功于维特根斯坦，维特根斯坦的遵守规则悖论揭示了有关规范性的一个长期以来被忽视的关键特征：人们是在使用语言的活动中才逐渐领会到规则的。这就意味着语义规范性并没有先验地设定语法规则或必须遵守的语义事实，规范性的内涵只有结合说话者具体的言语行为才能全面而充分地体现出来。因此，对规范性的语义分析不仅注重作为明确规则的显规范性，更应将隐规范性视为基础性和决定性的因素。

规范性的传统研究的确忽略了奠基于社会实践的隐规范性。无论康德还是逻辑实证主义，都只是将规范视为明确清晰的规则而加以考察，还原主义进路对规范性的语义分析同样如此。而推理主义语义学的成功之处在于重新发现了隐规范性的基础性和决定性作用，布兰顿强调语用的优先性，但他的整个语义理论是以"推论"为出发点与核心的，完全颠倒了传统语义学的建构方式，这也为布兰顿的语义学理论招致不少批评。

事实上，对规范性的语义分析完全可以采取不同的进路，笔者将通过后文的论证表明：对隐规范性的解释与阐明虽然涉及推论关系，但也不必完全建立在推论关系之上。显规范性和隐规范性这两个维度本身就意味着，规范性意义的构成包含语义和语用两个层面，而这两个层面并非彼此独立和相互平行的，任何有关规范性的合理解释都必须对这两个层面给出融贯一致的说明。就显规范性而言，传统语义学研究将其等同于规则，将规范性等同于一种规则的强规范性，但是对语言表达式的正确性条件分析表明，规范性要求首要地体现为一种弱规范性；就隐规范性而言，信念及相关心灵状态的语用规范性同样是一种弱规范性。因此，基于这样一种弱规范性，语义学的"应该"与语用学的"应该"能够很好地结合起来，从而为全面理解规范性的本质奠定基础。

---

① Brandom R. *Making It Explicit: Reasoning, Representing, and Discursive Commitment*. Cambridge：Harvard University Press, 1994：20.

第三节　当代语义学中规范性问题的凸显：规则遵循问题及其解读 ①

规范性论题在当代语义学领域的影响很大程度上应归于规则遵循问题的相关讨论。从某种意义上讲，正是由于克里普克对维特根斯坦规则遵循问题的阐发及其引起的热烈讨论，规范性在语义学领域才受到越来越多的关注。

通常认为，在人们遵守规则的活动中，其行为要遵照或符合于某一规则的指令，但是当我们追问规则遵循的根据时就会发现，一个能动者不是仅仅"按照"一条规则来行动，一个能动者遵守规则的理由是"基于"一条规则，他的行动以对规则的承诺为基础或由它而激发。也就是说，我们寻求的是规则遵循问题的哲学根基，实际上追问的是：什么确证了规则对我们的要求？这些规则的规范性力量从何而来？规范性问题的解释对于规则的使用和意义问题至关重要。笔者认为，规则遵循的语义分析可为规范性的研究提供合理的切入点，而规范性论题的凸显在很大程度上能够转变规则遵循的传统研究方式，同时为语言、规则与意义归因的探讨提供一种独特的视角。

一、语言、规则与规则悖论

毋庸置疑，一种语言中的各种表达式与其使用规则总是有密切的联系。简单地讲，这主要体现在两个层面。首先，这些使用规则构成了或部分地构成了该语言。从这种意义上讲，规则对于语言具有构成性的意义；其次，一种语言的使用规则支配或影响着说话者或能动者使用的该语言的活动。从这一方面来看，规则又具有支配性和调节性的意义。可见，语言的规则往往构成、支配和调节着说话者对语言表达式的使用，因而说话者对某种语言的掌握也就意味着对那些支配或调节该语言中表达式使用的规则的掌握。在遵从某一规则时，一位能动者常常按照规则来行动，他的行为与此规则的指令相符合。但是，当我们询问什么可以称为规则遵循的行动时，所提出的要求会比"遵照"或者"符合"规则更多。它要求的是规则遵循行为的"根据"和"理由"，探讨的是什么构成了对规则的"承诺"。正因为这个"根据""理由"和"承诺"，我们通过诉诸能动者所遵从的那些规则来解释他们的行为才是可能的，或者结合语言的使

---

① 本节主要内容曾发表于《科学技术与辩证法》2008年第1期，论文题目为《评克里普克论规则遵循》。

用来看，我们通过语言表达式的规则来解读其意义才是可能的。

规则遵循问题及其引起的热议集中体现了对语言、使用与规则之间关系的多维度探讨与诠释。在《维特根斯坦论规则与私人语言》中，克里普克借助怀疑论者提出了一种针对规则悖论的怀疑论论证，以此反驳"意义的实在论"，即一位说话者或能动者通过某一语言表达式来意谓某对象的"理由"或"根据"是由关于他的某种事实或状态构成的。克里普克是在详细探讨维特根斯坦《哲学研究》中关于语言和使用的核心论题时构建了怀疑论论证。尽管将这一论证归于克里普克本人未必恰当，但正如"克里普克的维特根斯坦"（常常被写为：Kripke's Wittgenstein; KW; Kripkgenstein）在相关讨论中已经被广泛地使用，一些论述在提及该论证时也常常出于方便而使用"克里普克的怀疑论论证"。虽然长期以来，"克里普克是否误解了维特根斯坦"这一问题始终为学界津津乐道，相关争论也经久不衰，但笔者认为，如果对于克里普克是否正确地解读了维特根斯坦的问题保持中立态度，或者将此问题暂时"悬搁"起来，或许更有利于我们分析规则遵循悖论及各种研究进路。而且，相比于克里普克的解读是否符合维特根斯坦的态度和立场而言，由规则遵循问题所引发的有关语言表达式的使用和意义等问题显得更为重要。

1. 规则悖论与怀疑论解决方案

规则悖论及其相关问题在后期维特根斯坦哲学中具有重要地位，它体现了维特根斯坦对语言使用问题的独特运思方式，推动了分析哲学中有关意义的深层次讨论并丰富了当代语义学论域。一般认为，维特根斯坦《哲学研究》中的201节是规则遵循问题的焦点。

我们的悖论是这样的：一条规则不能决定任何一种行动方式，因为我们可以使每一种行动方式均与这条规则协调一致。回答是：如果可以使每一种行动方式均与这条规则协调一致，那么也可以使二者互相矛盾。因此，在此既不存在一致也不存在矛盾。

> 在此存在着误解这点已经显示在如下事实之中：在这样的思路中，我们将一个释义放在另一个释义之后；好像每一种释义都至少让我们平静了一小会儿，直到我们想到这样的另一种释义，它又处于这种释义之后。因为借此我们便表明了，存在着这样一种对于规则的把握，它不是一种释义；相反，在一个又一个的应用情形中，它表露在我们称为"遵守这条规则"的事情中和我们称为"违反它而行动"事情中。

　　　　因此，存在着一种给出这样一种说法的倾向：每一次遵守规则的
行动都是一种释义。但是，人们只应当将这样的东西称为"释义"：
用规则的一种表达来代替其另一种表达。[①]

　　维特根斯坦的论述表明，我们在探讨规则与行动的关系时往往陷入一种困境。因为行动往往是在规则的指导和要求下进行的，规则似乎是行动的原因和前提，但当我们以这些规则来解释行动时，却又发现，我们往往是在行动中才体会和明确了规则，规则似乎又是行动的结果。因此，任何一种行动的原因都可以通过解释而符合于规则，也可以得出相反的结论，而且这些规则本身也是需要解释的。在维特根斯坦看来，遵守规则是一种技术、习惯、习俗、实践和制度，语言的使用也是这样，我们只有在与语言游戏和生活形式相关的实践之中才能理解和把握规则。可见，语言、规则和意义是紧密交织在一起的。

　　从本质上讲，规则与遵守规则的活动之间是内在关联的。诚然，人们领会一条规则可以导致某种特定行动，从这个角度上讲，其中确实涉及经验性的因果联系问题，但我们不能仅仅从经验的层次上对规则遵循进行因果性的还原，否则就会陷入上述那种进退维谷的解释困境之中。因为我们实质上要追问的不是"符合"规则的问题，而是如何能"基于"规则来行动，即我们遵守规则的理由和根据是什么，这些特定的行为如何能够得到辩护。就语言的使用而言，我们要追问的是：说话者为什么能够使用某一语言表达式来意谓某个对象？其理由和根据是什么？不可否认的是，一个语言表达式的使用与该表达式的意义密切相关，语言表达式的意义对于说话者正确使用该表达式有一种指引性和约束性的力量，这种力量正体现了意义的规范性维度。这种"规范性"意味着，如果说话者想要正确地使用一个语言表达式，就"应该"以符合该表达式意义的方式来使用它，否则就会产生语义学错误。正因为有规范性的要求，我们才可能判断说话者是否正确地使用了语言表达式。另外，倾向论者却认为，意义可以被还原为非规范性的概念，一个语言表达式的意义与说话者倾向于以某种方式来使用它有关，我们是通过说话者使用该表达式的那些倾向性事实来解释意义的。可见，在这些分歧中，意义归因是探讨和争论的核心问题，即是什么形成了一个语言表达式的意义，形成意义的根据和基础是什么，它是如何被确定下来的。有关这些问题的讨论会涉及当代语义学中的一些基本问题，如：语言与外部世界的关联方式，意义与心灵状态之间的关系，以及意义与真之间的

---

① 维特根斯坦.哲学研究.韩林合译.北京：商务印书馆，2013：143-144.

关系等。

在《维特根斯坦论规则和私人语言》中，克里普克以加法运算为例对规则遵循问题进行了解读，进而探讨了语言表达式的意义问题。他假定了一位怀疑论者，这位怀疑论者试图寻找能够确定语言表达式意义的相关事实。因为如果一位说话者能够以一个语言表达式意谓什么，如以"+"来指谓加法，那么一定存在某种事实构成了他使用这种函项或表达式的理由。[①] 说话者也形成了关于该函项或表达式的意向方式，这种方式决定了对该词项的正确使用。那么，怀疑论者要寻找的语义事实是什么？怀疑论者考查并排除了所有可能成为这种意义事实的候选项。通过这种具有经典实在论倾向的推论过程，怀疑论者得出了一种令人难以接受的结论：说话者在使用某一语言表达式时，他所意谓的语义事实是不存在的，即没有人可以通过语言表达式来意谓任何东西。

为了避免"所有的语言都没有意义"这一彻底的意义怀疑论，克里普克进一步提出了"怀疑论解决方案"。在这一方案中，他暂且接受了怀疑论者的结论，即我们确实找不到构成语言表达式意义的语义事实，但他同时拒绝由这种论证的扩展而导致的彻底怀疑论。克里普克认为，虽然没有什么语义事实能够使我们将意义归于语言表达式，但我们不能因此否定这些表达式的意义，因为意义归因可以是非事实陈述的，它无需事实来作辩护，所以不会导致一种语用学上的不融贯。我们可以在语言共同体的实践中考察语言表达式及其意义，这种实践能够为语言表达式的使用提供根据和评价标准。因此，克里普克否认的只是那种具有经典实在论倾向的语义事实，而不是语言表达式的使用及其意义，我们仍然可以将意义归于语言表达式。

2. 由克里普克的解读方式引起的争议

克里普克的解读引起了很大争议，其中以批评者居多。争论的主要论题有：克里普克的解读方式是否符合维特根斯坦自己的想法？规则遵循活动的判断标准是什么？语言共同体观点能否为规则遵循活动提供合理解释？语义实在论的预设是否会导致非事实论与怀疑论悖论？什么决定了意义的规范性维度？意义

---

① 克里普克描述的怀疑论者对"+"指谓加法函项提出了质疑，并定义了一种"卡法"（quus）规则：在计算比 57 小的数时，"+"是指谓函项"卡法"，它可以标记为"⊕"，并且定义为：如果 x, y < 57, x ⊕ y = x + y；在其他情况下，x ⊕ y = 5。根据这个"卡法"法则，68+57 的结果就是 5，而不是 125。通过这个运算法则的例子，怀疑论者追问究竟是什么样的语义事实构成了一个语言表达式的意谓。参见：Saul Kripke. *Wittgenstein on Rules and Private Language*. Oxford：Basil Blackwell, 1982：8-9, 37-38, 68-75.

是否具有内在的规范性？大多数人都认为克里普克误解了维特根斯坦的本意，也有人就某种观点为克里普克辩护，而这些分歧又引发了更多的争论，它们逐渐形成了语言哲学等领域的一些论题，如学界围绕规则、遵守规则、规则和运用的关系、语言表达的意义、实在论、规范性等方面进行了各种探讨。当然，他们都不可避免地要涉及克里普克的解读，这使得"克里普克解读的维特根斯坦"（KW）越来越多地被提及甚至成为一个专门术语。对规则遵循问题作过论述的哲学家主要有麦金、贝克和哈克、威尔逊（George M. Wilson）、麦克道尔、赖特（Crispin Wright）、博格西恩（Paul Boghossian）等。

贝克和哈克认为，克里普克把规则和规则遵循活动相分离来探讨是明显错误的。他们论证了这二者的内在关联，认为我们不能将"理解（掌握）一条规则"同"了解如何应用它"分离开来。他们指出："理解一条规则就是要了解哪些行动被看作正确的应用，哪些行动被看作错误的应用（或至少了解哪种关于一种行动的思考将表明它是正确的，什么将表明它是不正确的）。"[①]因为理解和掌握一条规则就在于知道如何正确地运用它，而且一个人遵守什么规则及如何遵守规则正体现了他对规则的解释。贝克认为，并不是一条规则决定了它的运用，我们正是通过运用规则来进行规则遵循活动的，规则和规则遵循的内在关联要求我们不能将掌握一条规则与其实际运用相分离。另外，"内在关联说"并非表示应该对规则表示怀疑，因为这种阐释没有否认具有规范性作用的规则，只是说明规则与遵守规则的实践必须紧密联系，而克里普克等却预设了二者之间存在的鸿沟。在贝克和哈克看来，维特根斯坦关注的是一条规则如何决定它的运用，而并非像克里普克所解读的那样，关注一个人过去的意向如何决定现在的意向，因为维特根斯坦并不关心意向问题。当然，"内在关联说"可能也会引起质疑，因为按照这种理论，我们可能就无法分辨认为一个人在遵守规则和他实际遵守规则之间的区别了。此外，他们也没有明确地解释维特根斯坦的立场。

麦金也对"怀疑论解决方案"提出质疑，认为克里普克误解了维特根斯坦，同时他也提出了理解规则遵循的一些建议。他在其专著《维特根斯坦论意义》中指出，如果我们把"理解"看作具有一种能力或潜能，这种能力可能会为怀疑论论证提供一种看起来比较合理的直接解决方案，而且这符合后期维特根斯坦的想法。然而，博格西恩指出，麦金所运用的规范性概念与克里普克不同，因而他的理解同样存在问题，而且麦金在选择一种构成意义的事实时没有实质

---

① Baker G P, Hacker P M S. *Scepticism, Rules and Language*. Oxford: Basil Blackwell, 1984: 100-101.

性的限制条件，他对规范性特征的理解并不正确①。米勒认为，麦金声称关于能力的解决方案能够避免倾向论所遇到的困难，而倾向论是建立于错误的规范性概念的基础之上的，也正是这一点使得麦金的建议也面临困境②。关于能力的解决方案也不能恰当地回应克里普克指出的怀疑论挑战，这种提议没有说服力，因此也使人对他说的"能力"产生质疑。例如，运算者在某个时刻具有运用加法这种能力的根据又是什么？说话者具有与倾向性相关的各种能力，然而麦金似乎并没有阐明这种能力是如何形成的。

针对克里普克的解读还有更彻底的反对意见，即认为克里普克把维特根斯坦涉及很广的哲学思考转换成了系统的关于意义、有意义的言谈如何可能的解释，这与维特根斯坦公开宣称的哲学目标明显存在冲突，因此违背了维特根斯坦本人的观点。麦克道尔正是从这个角度鲜明地提出对克里普克的质疑③：如果认为维特根斯坦通过诉求于术语描述的人类活动（而这些术语并不预先假定意义和理解）来提出关于意义和理解的建构性哲学解释，那么这就违背了维特根斯坦的明确观点，即哲学不包含任何学说及实质性的主张。可见，麦克道尔等认为克里普克从根本上误读了维特根斯坦，歪曲了维特根斯坦在哲学方面的真正见解。当然，克里普克的解读引起的诸多争议还有多种表现形式，但需要注意的是，目前学界对规则遵循问题已不再仅限于对克里普克解读方式的争议，而更关注与之相关的语言使用和意义的问题。

3. 对加法规则与怀疑论论证的进一步分析

在克里普克的解读中，通过怀疑论者提出的质疑与怀疑论解决方案引起的诸多争议可知，因为一些基本的问题尚未得到充分解释，这在很大程度上使得很多争论由此产生。例如，什么是"理解""把握"和"遵守"一条规则？什么行动可以称为"基于"规则与"符合"规则，以及它们之间有什么区别和联系？诸如此类的问题都亟待澄清。

对于克里普克在解读规则悖论时提到的加法和卡法的例子，这里可以以具体的运算者为例再进行分析。假设在某一个时刻 T 有一个普通的能动者 A_1，A_1 为了进行加法运算而得到关于"加"（plus）的规则，也就是说，他"了解"、"领

① Boghossian P A. The rule-following considerations//Miller A，Wright C. *Rule-following and Meaning*：Montréal：McGill-Queen's University Press, 2002：141-187.
② Miller A. *Philosophy of Language*. London. UCL Press, 1998：177-219.
③ McDowell J. Wittgenstein on following a rule // Miller A，Wright C. *Rule-following and Meaning*. Montréal：McGill-Queen's University Press, 2002：45-80, 141-187.

会"或"把握"了这一看似熟悉的规则，而凭借此规则他可以将任意一些整数进行"相加"（即合并）的运算。他把握这一规则的具体表现为：A_1 准备从现在开始以"加"这一语词与"+"这一符号来指谓加法，其实这种关于"加"的指谓也正是我们语言共同体中的其他成员以"加"来指谓的东西。在 A_1 进行加法运算的过程中，我们很自然地会想象到这样一种情况，即支配 A_1 进行加法运算的规则可能涉及无限多的情况，也可能包括无穷大的数目。这样，A_1 对规则的把握可能就会面临如下问题。

第一，对于 A_1 这类有限的能动者来说，他在领会或把握任一规则的过程中所得到的并不是一个有限的数目列表或数字清单。A_1 在领会此规则时，无法立即在自己的心灵中显现出每一个涉及新数目的例子，这远远超出了他经历过的情形。

第二，或许有人会认为以上述解释来说明 A_1 进行新运算的有限性仍然缺乏说服力，因为在 A_1 对一条规则的掌握过程中，我们没有必要把每一个运算过程看作心灵与具体情形一一对应的数字清单，而可以看作 A_1 形成了一种能够辨识加法问题的答案的能力，他具有关于加法函项的意向方式和运作方式。由此产生的答案可以符合于想象中的那一涉及无限数字的清单或列表。因此，以加法运算为例，在 A_1 没有进行过的新运算中，仍然存在着一种无限的数字列表和对应，但不是通过他心灵中的已有案例与新情形一一对应，而是通过基于已有案例而获得的意向方式和运算能力，由此产生的答案与无限的数字列表相对应。

第三，通过上述分析可知，一位已经掌握某一规则的能动者，在面对该规则运用的无限案例或情形时，他已经掌握的对于该规则的使用方式会与所想象的那些案例的清单相符合。但是，或许仍有人对此不满足而提出质疑，即 A_1 通过已有运算而获得的运用规则的能力也未必能应对所有的情况。其中，最重要的原因在于，目前我们仍然无法分辨 A_1 在进行运算时是完全"基于"规则，该规则构成了他如此行动的充分理由，还是仅仅在"合乎"规则地作出行动。也就是说，前者是他行为发生的根据和前提条件，而后者仅仅从行为产生的后果上判断是"符合"规则的。如果仅从他行为的后果来判断，"符合"规则的情况又可以分为两种。首先，对于能动者本人来说，或许他对于这些规则的意义和使用也非常困惑。当他不得不承担起进行运算的义务时，他也能作出一些与规则相符的正确答案。但在这种情况下，与其说他"遵照"或"基于"规则而采取行动，不如说他的行动仅仅是合乎规则的，甚至可以直接将其正确答案归结为运气。其次，A_1 确实是基于一种规则而进行运算，但并非我们所意谓的加法规则。他通过自己遵从的规则而得到的结果也有其运算列表和范围，在一定范围内，由该规则得到的结果列表与遵从加法规则而得到的结果列表是相符的；但是对于此范围之外的无限情形，这两种列表却有巨大差异。

实际上，这也正是克里普克的怀疑论者在提出质疑时所考虑的。怀疑论者的"卡法"运算表明，根据"卡法"规则得到的结果与按照加法规则得到的结果在某种程度上相一致。"卡法"规则指出，在计算比 57 小的数时，"+"指谓的是"卡法"（quus）这个函项，$x \oplus y = x + y$；而在计算比 57 大的数时，$x \oplus y = 5$。因此，68+57 的答案是"5"。也可以想象这样一种情况，有另外一个能动者 A_2 把"加"理解为"卡法"，而他仅仅将这一规则运用在有限范围的数字上。在此范围内，关于这些数字的加法和"卡法"运算结果总是一致。因此，A_2（以"加"指谓"卡法"的能动者）表现出来的行为方式可能会与 A_1（以"加"指谓加法的能动者）的行为别无二致。作为旁观者，我们无法从二者的外在行为方式来判断他们运用的是什么规则。

对于怀疑论者的质疑，我们可以借鉴马丁（Charles B. Martin）和海尔（John Heil）的例子而通过可能世界进行说明[①]。设想这样的情况：A_1 和 A_2 这两个能动者可能都同意 68+57=125，但是按照他们各自所遵守的加法和"卡法"规则，此时 A_2 已经犯了一个错误，因为如果他基于"卡法"规则，那么"$68 + 57$"应等于 5，但他却由"$68 + 57$"得出了与 A_1 同样的结果 125。为什么会造成这一情况？假设有这样一个可能世界，其中 A_2 在进行"卡法"运算时，有一个恶魔在不停地扰乱他使他总是出错，所以他给出的答案总会符合加法运算规则：（1）当 $x \oplus y = x + y$ 时，即在加法运算和卡法运算的结果列表能够保持一致的范围内，这个恶魔坐视不理并不施加干扰，这时 A_2 的运算很自然地与 A_1 保持一致；（2）当两种规则的运算本应发生分歧，即超出它们的结果列表保持一致的范围时，恶魔可能就会干扰并诱使 A_2 在卡法的运算方式中犯错，仍然使 $x \oplus y = x + y$，于是 A_2 仍然得到了与运用加法规则一样的结果，并且还会感觉这一结果很自然而令人信服。因此，即使 A_2 在这一可能世界中完全没有遵守他应该遵守的规则，没有"基于"规则而行动，但对于任意两个整数，他也完全有可能以一种符合加法规则的方式来对其进行运算，并得出我们通常所认为的"正确"结果。

由此可知，当我们诉诸反事实条件或虚拟条件，试图说明和辨别一种活动是"基于"一条规则还是仅仅"合乎"一条规则时，这些条件很可能是不充分的。而且，仅仅从规则遵循活动的外在表现来判断，往往很难区分某一规则究

---

① Martin C B，Heil J. Rules and powers. *Philosophical Perspectives*, 1998, 12：283-286.

竟是构成了一种行动的"根据"和"理由",还是由于其他原因,该行为偶然地"符合"了规则。

4. 怀疑论论证中的"规范性"因素

如果克里普克的怀疑论者仅限于上述层面的质疑和挑战,那也不足以导致后来的诸多分析与争论。因此,基于以上对加法和"卡法"规则的解读,在对怀疑论论证继续分析的过程中表明怀疑论者凸显出来的困境,进而展现其中的规范性问题,就显得尤为必要。

仍然以两个能动者 A_1 和 A_2 为例。结合怀疑论论证可知,主要问题并不在于他们对"加"意谓什么对象有分歧,如果以怀疑论者的追问方式来表述,我们主要需明确的是:究竟是关于二者的哪些事实和特征构成了他们的这种分歧? 同样面对"68+57"这个运算, A_1 感觉"125"是自然得出而答案正确的,而 A_2 感觉"5"是明显令人信服的(这里暂不考虑上述可能世界中施加干扰的恶魔,假设 A_2 未受任何困扰而完全遵守"卡法"规则)。可见,二者各自都有对其答案的一种确信。如果规则能够为能动者的行为提供正确的标准并且我们能够有意义地讨论它,那么就有可能凭借此规则对以下两种情况作出区分:①能动者真正地由于遵守某一规则而实施一项活动;②仅仅对于这个能动者而言,他的行动看起来是在遵守一条规则。在克里普克的阐释中,不难看到提供正确性标准的规则实际上体现了一种规范性问题。但怀疑论者的问题在于:该能动者的哪些特征构成了他对规则的把握与遵守? 而这一问题表明的是,对规则遵循活动的阐明不能仅限于能动者的行为在某种程度上合乎规则,而要解释:为什么他的行为会合乎规则? 规则为什么能够为其行为提供正确性标准? 是否存在某种事实构成了这一标准的理由进而导致了能动者对某一规则的承诺?

马丁和海尔提议,为了使怀疑论者的质疑得到回答,也许我们应该设想一种心灵状态,或者更确切地讲,设想一种生物学层面的大脑状态。这种状态的功能或作用主要体现在两个方面:首先,它承诺或激发了由某一规则支配的活动;其次,它包含着一种正确性标准,这正是规范性的因素。怀疑论者确信能同时满足这两方面的状态几乎不可能,他们认为,这种状态自身预设了能动者对某一或某些规则的优先掌握。怀疑论者进而提出一种挑战,让我们对满足那两方面的可能状态作出描述。可以想象有这样的能动者,他们声称在规则的指导下进行活动,而这些规则是由他们自己制定和表述的,可能会满足上述两个条件。然而,对于其他人来说,能动者对规则的自我表述就像一种秘诀或指令,这种秘诀或指令承诺了能动者在其支配下的活动，指导能动者遵从指令做他们"应该"做的事，并且提供了正确性标准。[1] 尽管如此，也同样无法避免怀疑论者的进一步追问：由能动者自己制定和表述的指令何以形成？什么样的特征构成了他们对这类指令的遵循，如何判断能动者的行动是由该指令所激发的？显然，由心灵状态或大脑状态的功能形成的尝试性解决方案，仍然无法解释对于规则的承诺问题及其中的规范性因素。

对于规则如何承诺或激发一项遵守规则的活动，有些人会自然地将这种可能性归结为能动者"倾向于"在同样或相似的条件下作出同样符合某一规则的行为，如在语义倾向论者看来，能为意义归因提供支持的根据应具有明显的倾向性特征。如果语义倾向论者仅提供这样的解释未免显得有些简单粗略，因此还需进一步将能动者的倾向性条件与其特征相联系才能具有说服力，实际上，这仍然是怀疑论者提出的那个问题的延续：关于说话者什么样的事实构成了他使用某一函项或表达式的理由？这里借怀疑论者的追问方式来解读倾向性条件就可以表述为：关于说话者或能动者的什么特征决定了他倾向于在某一条件下作出某一表现？或许只有明确回答了这一问题才能让怀疑论者不再质疑。而且，为了以倾向性说明什么是"基于"规则而不仅仅是"符合"规则，需要找到能动者的倾向性与其显现之间的一种非偶然性的联系。尤其是如果语义倾向论者认为，对某一规则的领会和承诺可以体现为能动者倾向于以某种特定方式来行动，那么就要指出能动者哪些遵守规则的具体行为是他内在倾向性的显现，因此可称之为"基于"规则，哪些行为并不是由构成他把握规则的倾向性条件而产生的，因而这些行为不是内在倾向性的显现，只是偶然地"符合"规则。

可见，要全面回应怀疑论者的质疑，不仅要对其提出的加法和"卡法"规则中蕴含的意义实在论等问题进行多角度的分析，还需要对其中涉及的规范性因素和倾向性条件作出解读。

二、规则遵循的规范性维度与休谟法则 [2]

诚然，克里普克的怀疑论论证及怀疑论解决方案遭受了诸多争议与批评，但由此引发的以语言的使用及其意义为核心的一些问题更值得关注。正如前面的分析，如果我们具体分析克里普克的解读过程就可以发现，规范性和倾向性

---

[1]　Martin C B，Heil J. Rules and powers. *Philosophical Perspectives*, 1998, 12：283-286.

[2]　本小节主要内容曾发表于《哲学研究》2011 年第 5 期，论文题目为《意义的非事实论与规范性——规则遵循问题的语义分析》。

的区分构成了意义归因分析的必要条件。

意义的规范性指出，语言表达式的意义对说话者如何正确恰当地运用该表达式具有一种约束性和范导性的作用。一个语言表达式"应该"被说话者以符合其意义的方式来使用，这样才可能满足该表达式使用的正确性条件。可见，语言表达式的正确使用与其意义密切相关。例如，假设语言共同体的一个成员在描述雪的颜色时断言说"这是黑的"，我们依据常识就知道他错误地运用了颜色的概念。又如，某人在运用"+2"这个规则时，得到了"0，2，4，…，12，14，15，…"这样的数列，我们立刻会判断他犯了错误，可见规范性条件在表达式意义中的重要作用。正因为这种体现了"应该"的规范性维度，当一个说话者使用某一表达式时，我们才可能判断他使用的方式正确与否。然而，根据倾向论者的观点，意义归因问题可以理解为说话者倾向于以某种方式来使用语言表达式。例如，说话者以、一个语言表达式 w 意谓某一对象 F 而不是其他，倾向论者可能会这样解读归因的过程，即通过说话者在过去相同的情境中多次使用这一表达式的那些倾向性行为，我们可以了解和把握这一表达式的意谓。

1. 倾向性事实与规范性事实

在克里普克看来，怀疑论者所找到的候选项具有明显的倾向性特征，然而，语言表达式与其未来使用之间的关系应该是规范性的。因此，倾向性行为本身不足以说明语言表达式的意义归因问题，而有关"应该"的规范性问题才是意义的核心所在。可见，在克里普克的论证中，意义的规范性概念发挥着重要作用。对此，克里普克曾说：

> 是什么通过一个所予的函项符号构成了我意谓一个函项而不是另一个函项的状态，这个候选项应该是这样的，无论事实上我（倾向于）做什么，存在我应该做的唯一的事。[①]

关于语言表达式与其意谓之间的关系，克里普克指出：

> 倾向论者给出了这种关系（我归于"+"的意义与我对"68+57"这个问题的回答之间）的一种描述性解释：如果"+"意谓加法，那么我将回答"125"。但是这不是一种恰当解释，这种关系是规范性的，而不是描述性的。关键的并不是说如果我以"+"来意谓加法，我将回答"125"，而是说如果我想要与我过去的"+"的意义相一致，我应

---

① Kripke S. *Wittgenstein on Rules and Private Language*. Oxford：Basil Blackwell, 1982：24.

该回答 "125"。①

克里普克的论证过程表明，倾向性事实只具有描述性特征，倾向性解释也无法为说话者使用语言表达式的各种情况进行合理性辩护。也就是说，倾向论者对一个函项的有限次使用所作的解释是描述性的，这种解释需要为说话者对该函项的未来使用建立基础，而且我们需要某种语义事实来为说话者现在及未来对该函项的使用提供合理性辩护。尽管克里普克并未充分展开对规范性问题的论述，但我们从克里普克的论证过程中可以推出一个具有前理论意义的论断：语言表达式的意义具有规范性的维度。这表明，规范性与语言表达式的意义关系密切，前者甚至是后者的必要条件。克里普克的论述实质上体现了对倾向论观点的批评，即从描述性前提到规范性结论的推论是不合理的，因为在这种推论过程之后隐含着一种倾向性事实与规范性事实之间的鸿沟，规则遵循的倾向性解释正是因为忽略了这一鸿沟的存在而受到质疑。布莱克本、博格西恩、麦克道尔和赖特等甚至认为，克里普克的论证实际上体现了对休谟法则的辩护②。

休谟法则提出了事实陈述与价值判断之间的逻辑区分：事实陈述是关于对象 "是" 怎样的一种描述，而价值判断涉及的是 "应该" 如何的评价性断言或规范性断言，从有关 "是" 的断言中不能推出 "应该" 的断言。在《人性论》中，休谟曾明确地表达了这种观点：

> 在我所遇到的每一个道德学体系中，我一向注意到，作者在一个时期中是照平常的推理方式进行的，确定了上帝的存在，或是对人事作了一番议论；可是突然之间，我却大吃一惊地发现，我所遇到的不再是命题中通常的 "是" 与'不是'等连系词，而是没有一个命题不是由一个 "应该" 或一个 "不应该" 联系起来的。这个变化虽是不知不觉的，却是有极其重大的关系的。因为这个应该或不应该既然表示一种新的关系或肯定，所以就必需加以论述和说明；同时对于这种似乎完全不可思议的事情，即这个新关系如何能由完全不同的另外一些关系推出来的，也应当举出理由加以说明。③

简言之，休谟的论述表明，"是" 的断言具有描述性意义，而 "应该" 的断

---

① Kripke S. *Wittgenstein on Rules and Private Language*. Oxford：Basil Blackwell, 1982：37.

② 参见：Blackburn S. The individual strikes back. *Synthese*, 1984, 58(3)：286-299; Boghossian P. The rule-following considerations. *Mind*, 1989, 98(392): 530-534; McDowell J. Wittgenstein on following a rule. *Synthese*, 1984, 58(3)：333-336; Wright C. Kripke's account of the argument against private language. *The Journal of Philosophy*, 1984, 81(12)：766-778.

③ 休谟. 人性论. 关文运译. 北京：商务印书馆, 1996：509-510.

言具有规范性意义，二者之间并不存在类似蕴涵或推论关系的逻辑桥梁。布莱克本等认为克里普克的论证中也体现了休谟法则式的推理路线：倾向性解释无法把握意义的规范性维度，因而无法为意义归因提供令人满意的解答。根据这种观点，当说话者倾向于以一个函项或语言表达式来意谓某个对象时，我们并不能由此得出，他"应该"将该函项或表达式用于该对象。说话者"应该"如何正确地运用语言表达式具有规范性特征，而描述事实的倾向性解释则无法体现这种特征。

2. 倾向性解释的困境

基于当代语义学视域，我们发现，语言表达式的意义有一种不可化约的规范性维度，而这一维度可以追溯到维特根斯坦和克里普克的阐释。这种规范性既不能还原到自然科学意义上的那种因果规律性，也不涉及超自然现象或超验的领域，更不能通过倾向性行为进行理解和解释。我们可以把倾向性解释的困境归结为以下三点。

第一，在某种情况下，说话者以一个表达式意谓某一对象的倾向性行为是有限的，而该表达式的运用却有无限多的可能性。它在未来"应该"如何被运用？这一问题无法由有限的倾向性行为来决定。就克里普克的加法例子而言，运算者过去所掌握的"+"这一规则要求他能对未来的每个新计算得出唯一答案，而过去有限次计算的例子如何能保证该函项在其未来的运用中能够遵循同一规则？

具体来讲，这种困境可以分为以下几种情况：①某些规则的运用有无限的可能性，但说话者实际的倾向性状态或倾向性行为是有限的；②尽管某些规则的运用没有那种无限的可能性，但仍然远远超越了能动者运用它们的一般能力和情形。仍然以克里普克的加法规则为例，运算者可能会遇到极大的数字和各种运算情况，这些方面对于运算者这类有限的个体而言，要去囊括无限的情形或计算无限的数字将是不可能的。例如，对于能动者 A_1 来说，虽然我们认为他领会和掌握了加法规则，但如果他要运算的数字极大而极多，仅是思考它们就需要花费超过其一生的时间，那更无法想象他在运算过程中如何显示他过去的倾向性行为了。因此，我们当然无法下这样的断言，即 A_1 在计算一系列未曾见过的数字之和时，他会"倾向于"像曾经在加法运算中形成的意向方式那样，对这一系列数字之和回答 s。其中，那一系列数字本身就已经超过了 A_1 心灵的把握程度，更不用说他会倾向于给出什么答案了。可见，能动者或说话者有限的倾向性状态不能包含他对规则的无限运用。

第二，倾向性不能为语言表达式的错误运用作出合理解释。首先，如果以倾向性来说明说话者在现在或未来情况中的反应，那么对于任一表达式，他都能运用自如，不会出现错误。因为他在过去例子中所掌握的规则就决定了在新情况下如何运用一个表达式，但显然实际情况并非如此。其次，即使说话者错误地运用了表达式，按照倾向性观点，这种错误也可以有其倾向性解释。如果说话者作出任何反应都有其倾向性解释，那我们就无法说明他为什么没有按照"应该"的方式作出反应，为什么错误的产生是可能的，于是就无所谓错误了。

显然，这一困境是基于我们对倾向性的一种通常理解。如果诉诸能动者在某种条件下的倾向性来解释其行为，那么无论他如何实施遵守规则的活动，实际上都可以找到这种活动的倾向性解释。因此，这些解释并不能表明能动者的行为究竟是对其已掌握规则的准确表达，是其已有的倾向性条件的真正显现，还是在能动者的思想有所转变甚至自身发生偶然性的错误时才会如此表现。为了理解这些情形，仍然以能动者 A_1 为例，假设他现在仍然以"加"意谓加法，但由于他一度受到干扰而思想稍有变化，因而当被问到 68 和 57 之和时，他倾向于回答"5"。这恰恰是另一位能动者 A_2 以"加"意谓"卡法"时才会得到的答案，由此可知 A_1 犯了错误。但是仅就倾向性条件本身而言，尽管 A_1 和 A_2 对同一函项的意谓不同，但现在 A_1 也倾向于对"68+57"回答"5"，他的倾向性条件与 A_2 并没有明显区别。简言之，通过他们倾向性条件的显现来判断，我们并不必然能辨别能动者思想发生转变与偶然犯错时的倾向性条件是否有根本性的不同。也就是说，这时诉诸倾向性条件及其显现方式并没有实质上的帮助，它可能造成的后果是：无法明确断定能动者的行为是不是在同一规则的指导下进行的。

第三，无论倾向性解释多么精致和完善，它都无法避免困境。例如，想知道一个说话者在某种情况下应该如何运用语言表达式，或许有人会诉诸他过去在"理想条件"下的倾向性行为。然而，"理想条件"的预设不但不会消除对倾向论的疑问，反而增加了需要解释的内容。因为这需要我们进一步说明"理想条件"的内涵及其实现条件是什么，所以可能导致循环论证。

通过以上既相互关联又彼此区别的三个方面，很容易使人对规则的倾向性解释产生疑问。倾向论者试图以自然主义的方式确定说话者运用表达式的一组最优条件或理想情形，从而保证当说话者倾向于将该表达式用于某个对象时，这一对象能够在表达式的外延中。然而，问题的关键并不在于是否存在这样一组最优条件及如何确定这些条件，而是与意义归因有关的事实究竟能否还原为倾向性事实。通过克里普克的解读可知，即使我们假设在逻辑上存在一种倾向性谓词，它能与体现意义归因的谓词发生共变，也就是说，假设倾向性谓词的外延总是与那些体现"意义事实"的谓词的外延保持一致,我们仍然不能将"倾向性事实"等同于"意义事实",因为这二者在根本上是不同的,我们从前者的属性中无法得出语言表达式运用的正确性条件,它无法为意义的"规范性"建立基础。用克里普克的表述可以更确切地表明规范性与倾向性的区别:

> 在很大程度上【倾向性的】回答应直接看起来就是南辕北辙的。因为怀疑论者营造了关于我对所提问的加法问题回答"125"而不是"5"进行辩护的一种令人困惑的氛围。他认为我的反应几乎相当于在黑暗中的摸索。所提出的回答促进问题的发展了吗?它如何为我选择"125"进行辩护?它所说的是:"'125'是你倾向给出的回答,而且(或许回复说)这也可能是你在过去的回答。"那倒很好,我知道"125"是我倾向于给出的回答(我事实上在给出这个答案!),而且正如直接的事实那样,这样被告知可能是有帮助的,即我本应在过去给出同样的回答。任何这些如何表明——现在或在过去——"125"是根据我给予自己的指令而得以辩护的答案,而不仅仅是一个未经辩护和任意的玩偶盒式的回答?我应该为我现在意谓加法而不是卡法并因而按照有关我过去倾向的假设而应该回答"125"的信念进行辩护吗?(我记录并且研究了我大脑过去的生理机能了吗?)为什么我如此肯定这种特殊的假设是正确的,当我过去所有的想法可以被解释因而我意谓加法或因而我意谓卡法?或者,是诉诸我现在的倾向自身的假设,这些倾向可以通过定义给出正确的答案?①

可见,倾向性解释面临的困境主要源自规则和意义的规范性维度。能动者在接受某一规则的同时也意味着承诺了一种可以衡量他遵守规则行为的标准;说话者在赞同并使用某一语言表达式的同时也意味着接受了一种判断他使用该表达式的正确性条件。尽管他们未必总是能对此有明确意识,但这种规范性因素却潜在地发挥着作用。倾向只能构成能动者可能做某事的基础,但不能成为其"应该"做什么的基础,更无法为能动者的行为提供正确性标准。

三、怀疑论解决方案的语义学意义

如上所述,倾向性与规范性是克里普克解读中的一个重要方面。诚然,克

---

① Kripke S. *Wittgenstein on Rules and Private Language*. Oxford:Basil Blackwell, 1982:23.

里普克的分析引发了诸多争议，很多人认为他误读了维特根斯坦的观点。但即便如此，这也从另一方面表明，有关规则遵循的阐释已经涉及当代语义学领域的一些基本论题，而且为我们探讨意义归因与规范性提供了新颖而独特的视角。因此，我们不应局限于对克里普克解读方式的传统争议，也不能简单地把它看成是维特根斯坦哲学的解释或笺注，而应将其理解为意义问题的一个新维度。这不但可以实现规则遵循问题传统研究方式的转向，而且在此基础上可以全面呈现规范性论题的脉络，彰显该论题在当代语义学中的地位，进而表明语义分析方法论研究的意义和趋向。

第一，基于前面有关倾向性解释的困境与规范性因素的分析，我们可以从语义学角度再次考量和构建怀疑论者的质疑和结论。克里普克的加法和"卡法"的例子实际上揭示了规则运用的普遍性特征。就语言的意义和规则的使用来讲，即使说话者领会和把握了某一语言表达式的规则，也要考虑到它的实际运用所具有的无限可能性，而这种可能性远远超过了说话者的有限掌握。正是这一担忧使得怀疑论者提出质疑，如果说话者在新情况中能够形成关于此规则的意向状态和运作方式，那么关于说话者的什么特征或事实促成了这种正确使用过程？一般认为，说话者作为一个有限的存在，构成其行为的每个特征也是有限的。因此，这些有限的特征不足以构成说话者对于规则的充分把握，进而使得他在规则的无限运用中作出适当的反应。怀疑论者顺着此思路继续论证就得出了怀疑论的结论：这种有限和无限的对照已经表明，不存在能动者能够拥有或把握一条规则这样的事情；而如果把语言表达式的有意义使用看作是由规则支配和构成的，那么就会得到，不存在说话者能以某一语言表达式意谓任何东西这类事，也就是说，没有人曾以任何语言意谓任何东西。说话者如何能获得一种指向某一规则的语义意向无法得到说明，想要找到任何事实或特征作为说话者使用某一表达式的正确标准是不可能的。

需要注意的是，虽然怀疑论论证通过类似经典实在论的推论方式得出了一种语义反实在论的结论，但"克里普克的维特根斯坦"（KW）并没有接受怀疑论的结论。因此，毋宁把怀疑论结论看作 KW 在构造一个反证法论证的过程中展开的结论，这种预设了一定方向的论证凸显了承诺语义实在论或关于意义的实在论可能导致的后果。之所以一位说话者以一个表达式意谓某个对象会受到质疑，就因为缺乏（或者在计划的论证中需要被理解为"缺乏"）可以直接作为其根据的真值条件。无论将这种真值条件还原为关于说话者的特征还是事实，都无法证明他如此运用某一规则的根本意义。在这一困境中，有人诉诸语言共同体，当一位能动者在面临一种从未见过的运算，或者说话者以表达式要意味什么时，如果他对表达式的使用过程就像共同体中的其他成员那样令人满意，共同体成员就认可他有资格、有权利如此使用这个表达式。我们也就因此理解了说话者当前对规则的使用，如运算者此刻以"加"意谓加法。

在《语义实在论与克里普克的维特根斯坦》一文中，威尔逊对怀疑论论证中蕴含的语义实在论与反实在论之争进行了建构与阐释，并且将经典实在论者的意义观念分析为一种更细致的过程[①]。

（1）一个语句 U 凭借表征一个可能的事实 F 而意谓某一对象；

（2）对于 U 的使用来说，这一可能的事实 F 是使用的真值标准，也就是说，U 是真的，当且仅当真正获得了可能的事实 F；

（3）通过相关说话者观念上先有的意向系统，可能的事实 F 构成了 U 的真值标准。这些说话者（声称）已经为 U 中各种词项的正确意谓和使用确立了标准。

与经典实在论者的观点相对照，威尔逊注意到了一般词项，以及它们的意义依赖于说话者将某些属性或者实在的、可例示的在世条件确立为支配他使用该词项的正确性标准。然而，他认为这两种模式的阐述之间的差别可以忽略。如果人们接受了怀疑论者关于一般词项的"经典实在论"观点，那么对属于其他逻辑范畴的表达式的语义状态，可能也会同样持有经典实在论的立场。从构成性的角度考察语言表达式，经典实在论者会同意表达式构成部分的语义值连同其逻辑结构一起决定了可能的事实或者可能事实的类型，如果该表达式为真，就必须有这种可能事实或可能事实的类型。总之，在威尔逊看来，怀疑论论证的设计基于有关意义的经典实在论的理论基础。

在由规则的讨论展示了经典怀疑论的论证之后，威尔逊继续挖掘怀疑论论证中的反实在论倾向，并把其一般的否定性论证也梳理为一种较为整齐而精致的结构，这可以体现为如下一些步骤。

（CR）如果说话者 S 以一个词项"T"来意谓某对象，那么就存在这样一个属性集 P_1—P_n，S 将其确立起来作为对"T"的运用是否符合其意义的正确性标准。

（G）如果存在这样一个属性集 P_1—P_n，它由 S 确立作为他运用"T"时意义构成的正确性标准，那么一定存在关于 S 的事实，它们将 P_1—P_n 确定为 S 采用的标准。

---

① 参见：Wilson.G M Semantic realism and Kripke's Wittgenstein. *Philosophy and Phenomenological Research*, 1998, 58：106-108.

（BSC）不存在这种关于 S 的事实，它们能确定任一属性集 P_1—P_n 作为 S 使用 "T" 时的正确性标准。

把（CR）、（G）和（BSC）这三个表达式联合起来共同作为前提，就可以得出一种彻底的怀疑论结论：（RSC）没有人曾以任何词项意谓任何东西。[①]

怀疑论者的一般否定式论证体现了鲜明的语义反实在论倾向。这一彻底的怀疑论结论正体现了克里普克所谓的 "怀疑论悖论" 的含义。威尔逊通过重新建构这种更为精细的论证，更突出地展示了怀疑论者的经典实在论预设与语义反实在论的倾向。怀疑论者试图引导我们放弃语义实在论并理解有关意义归因的反实在论解释。在威尔逊看来，克里普克的文本中多次涉及与所谓的 "怀疑论结论" 相关的内容，毫无疑问，克里普克的怀疑论者得出或承诺了很多看起来是怀疑论的结论，然而并不总是非常清晰地呈现出来的。在特定的语境中，在对（CR）、（G）和（BSC）作简单考察并联合三者作为前提的基础上，会得出怀疑论者的反实在论结论（RSC）。这一推论可能会令人感到震惊，但威尔逊也指出，克里普克的怀疑论者明显地承诺了（RSC），但是 "克里普克的维特根斯坦" 并不是持有这一思维方式的怀疑论者。[②]

威尔逊认为，这种彻底的怀疑论结论也应是克里普克笔下的维特根斯坦试

---

① 这里需要对该论证结构中的（CR）、（G）、（BSC）和（RSC）做些简要说明。（CR）：表示威尔逊所指出的对一般词项意义的一种经典实在论解释。（G）：指 "基础性约束条件"。正如在讨论 "+" 的过程中那样，怀疑论者坚持认为，如果某些属性在 S 使用 "T" 时作为正确应用的条件发挥作用，那么必定存在一定范围的关于 S 的具体事实，它们造成了这样的情况，即那些属性被成功地 "挑出来"，并且他对此已经形成了一种适当的语义承诺。这种有关一个词项的应用条件的存在必须可理解地建立在说话者心理历史与 / 或社会历史的基础上。因此，怀疑论者很合理地施加的 "基础性约束条件" 就是文中（G）所表述的内容。（BSC）：指 "基本的怀疑论结论"。当接受了前面的 "基础性约束条件" 时，怀疑论者就能够发起攻击了。正如后面所能看到的那样，怀疑论者持有或者承诺了一些怀疑论的尝试性结论，但是威尔逊所认为的基本怀疑论论证试图表明这种基础性约束条件不能被满足，也就是揭示（BSC）中所表述的内容。（BSC）是克里普克的怀疑论者在具体分析的基础上得出的结论。怀疑论者调查了一定范围内所提议的构成意义的候选选项，声称穷尽了所有可能性，涉及关于 S 的事实可能会被认为确立了属性集作为正确的可归因性的条件，并且他试图证明所提议的每一个候选选项都是不可接受的。所以，（BSC）为所声称的这些主要的扩展性研究作了总结。根据克里普克的怀疑论论证，威尔逊将以上几个前提联合起来可以得到彻底的或激进的怀疑论结论，即（RSC）。相关内容参见：Wilson G M. Semantic realism and Kripke's Wittgenstein. *Philosophy and Phenomenological Research*, 1998, 58(1)：106-108.

② 威尔逊在这里援引了克里普克文本中的表述来论证维特根斯坦并没有承诺这种怀疑论结论。"虽然我会如此勇敢地说：维特根斯坦与怀疑论者都认为，不存在关于我意谓 plus 还是 quus 这样的事实。但是，如果对怀疑论者承认了这一点，这不是问题的结束吗？为了将有意义的语言归因于我们自己以及其他人，能说什么？难道不是得出了一种难以置信又自我挫败的结论了吗，即所有的语言都是无意义的？" 显然，这也是 KW 试图避免的结论。参见：Kripke S. *Wittgenstein on Rules and Private Language*. Oxford：Basil Blackwell, 1982：70-71.

图避免的①。因此，如果我们将语言表达式的意义或规则归于一位能动者，这最好被理解为：①对于一个语言共同体而言，共同体成员承认他作为该共同体中的一个成员；②该语言共同体中的个体共同地拥有广泛的实践活动并因此拥有某种"生活形式"。正是共同体成员及其"生活形式"赋予了其能动者运用某一表达式或规则的合理性。就像克里普克所主张的那样，"我们所达成一致意见的反应之集合及该集合与我们的活动交织在一起的方式是我们的生活形式"②。所以，共同体的规则模式是其成员活动（包括语言使用）的基础，这些成员正是基于语言的使用和交流而进行活动的。如果克里普克的怀疑论论证只是展示了彻底的怀疑论结论的危险，而并未陷入这一危险之中，那么我们就有理由相信，怀疑论论证的核心并非旨在得出意义的虚无主义，而只是通过语义反实在论的结论让我们重新考量意义归因问题。意义归因的可断言条件较之实在论的真值条件或许更具有合理性，这也同时表明，不存在只有能动者个人可以理解和接受的私人规则或意义，也不存在原则上只能被个体的能动者把握而其他人无法把握的规则或意义。

第二，怀疑论论证及其解决方案可以从不同角度揭示理解和把握语言意义的途径。规范性事实与倾向性事实的区分实际上表明，倾向性解释无法说明意义归因的合理性问题，能够为意义归因提供根据的是有关"应该"如何使用语言表达式的事实，而不是说话者将会如何使用该表达式的倾向性事实。克里普克的论证致力于为意义归因提供一种解释，他在反驳经典实在论意义观念的基础上提出了怀疑论解决方案。然而，在我们看来，克里普克所质疑的语义实在论与他主张的解决方式之间并不是彼此矛盾的。因为他的论证过程实际上揭示了获得意义理解的两种途径：①表征的途径。克里普克描述的怀疑论者无法找到可以确定语言表达式意义的候选事实，因而对传统内涵主义理论预设的语义事实和内在状态提出了质疑。这种论证的起点无疑蕴含着一种经典实在论的倾向，即语言表达式的意义与"实在论"的真值条件密切相关。这一途径符合语义学的表征主义传统，它强调语言表达式与其对象之间的关系，并诉诸语言与

① 沃海根（Claudine Verheggen）指出，按照威尔逊的观点，由于维特根斯坦接受了这一怀疑论结论，即不存在确定个体事实的标准，所以维特根斯坦也是一位怀疑论者。然而，他并不是一位彻底的怀疑论者，因为他拒绝了"没有人曾以任何词项意谓任何东西"这样的结论。毋宁说，他通过表明缺少确定个体事实的标准不会必然得出此结论而怀疑地解决这一悖论。如果我们认可有关于个体词项的运用提供标准的经典实在论解释，就会得出这一怀疑论结论。但是我们不需要这样做。我们可以摒弃这一解释而提出一种替代方案，在威尔逊看来，这正是维特根斯坦诉诸说话者所在的共同体的言语实践所做的事。参见：Verheggen C. Wittgenstein's rule-following paradox and the objectivity of meaning. *Philosophical Investigations*, 2003, 26(4): 294-296.

② Kripke S. *Wittgenstein on Rules and Private Language*. Oxford：Basil Blackwell, 1982：96.

外部世界的表征关系来说明表达式的意义。②使用的途径。克里普克的怀疑论解决方案强调，语言使用的根据和评价标准根植于语言共同体的实践中，表达式的意义也通过共同体的语言实践得以确定。这一思路实质上体现了"意义即使用"的原则。

从当代语义学的发展来看，这两种途径都遭到了不同程度的批评，特别是传统的意义表征理论，很多人认为它没有说明以"真"为核心的一些基本概念，而且忽视了意义的语用学层面。笔者认为，这两种途径并不是截然对立的，而且各有其优势，因此我们不能从质疑一种途径就转而坚持另一面。事实上，语言共同体的活动提供了一种实践语境的基底，语言的表征和使用层面可以在这种基底上彼此融合并共同诠释意义的归因及其实现问题。因此，在这种关联性的基础上，我们通过考察规范性问题的基本论域及其研究进路，可以使这些不同途径超越它们各自的传统和局限，进而展示出语义分析方法的整合性功能及当代语义学研究的理论特征。

总之，规则遵循问题为规范性的分析提供了一种合理的切入点。基于克里普克的解读，我们可以对意义归因问题进行整体考察和系统构建，由此追问和探讨语言意义的合理性辩护，审视意义归因的不同研究进路及其张力，理解和把握当代语义学相关问题的论争与发展，进而有效地整合不同的意义理解方式，使其突破各自的局限性并在实践语境的基底上实现互补与借鉴。

第四节　规则遵循的认知困境与规则的构成性条件分析

毋庸置疑，规则表达了对人们如何活动的一种授权、许可或禁令。由于受到规则的指引和约束，我们把握一条规则就可能导致某一特定行为。尽管从根本上讲，规则遵循的理由和根据不能还原为经验上的因果关系，但就经验层面而言，我们的具体活动可以看作是在规则的指导和支配下发生的，规则的指令与特定的行为在这种意义上就构成了一种因果关联，规则对于行动的发生具有一定的构成性意义。规则遵循悖论表明了规则和行动之间关系的复杂性，它体现的不仅是关于形成原因方面的解释困境，也是一种认知过程的困境。

一、规则悖论的认知困境

维特根斯坦的规则遵循悖论实际上揭示出了在遵守规则的过程中存在着

一种认知困境问题。具体地讲，在对规则的具体认知程序中也隐含着一种悖论：通常认为，有关规则的解释和相关训练的日常形式可以为能动者的各种实践活动提供保证，正是这些共同的训练使得语言共同体成员形成了共有的理解力，进而形成了有关判断的共同标准。维特根斯坦关于"作为铁轨的规则"的论述可以看作是对这一观点的进一步诠释。维特根斯坦在《哲学研究》中的218节说：

> 这种想法是从哪里来的——一个序列的开头部分仿佛是一条铁轨的可见部分，而铁轨一直延伸，渐不可见直到无限？好，我们可以不想规则而想想铁轨。无限长的铁轨相当于规则的无限应用。

但语言共同体成员在实践活动中可以发现，这种认知程序通常是相反的，正是共同体成员在实践中的一致行为和共同倾向使得规则可以像无限延伸的铁轨那样不断继续，也正是共同体的实际行为能体现并保持由规则支配的建制。从这种意义上讲，共同体成员的一致行为对于规则的体现、维持和评价具有重要意义，而当这种一致性不存在的时候，我们甚至无法体会到规则的存在。因此，赖特说：

> 语言以及所有规则支配的建制，并不是建立于我们以某种方式将同样自主的、超验解释的规则进行内在化的基础上，进而我们能基本上成功地共同遵循这些规则的要求，而是建立于判断和行动中达成一致的那些原始倾向。[①]

如果我们认为，规则代表了对其无限应用情况的一种先定判断，那么这种规则究竟何以存在并被我们领会和把握？是什么赋予了某一规则特定的内容，这一内容如何进入能动者的头脑中而成为他所要遵循的特定对象而非其他，并

---

① Wright C. Wittgenstein's rule-following considerations and the central project of theoretical linguistics,//a. George A. *Reflections on Chomsky*. Oxford, New York：Basil Blackwell, 1989；243-244. 维特根斯坦在《论数学的基础》中也有类似的论述：

> 一种语言游戏：拿来另一种东西；拿来相同的东西。唔，我们可以想象如何玩这个游戏。可是，我如何向某个人解释这个游戏呢？我能够对他进行这种训练。——可是，在那种情况下，他如何知道他下次拿来的东西一定是一个"相同的东西"呢？我有什么理由说他拿来的东西是正确的，还是错误的？——诚然，在某些情况下，人们将用一些相反的符号来攻击我。

> 例如，是否这意味着"相同的东西"的定义是这样的：相同的东西是所有的人或者大多数人一致同意地看作相同的那种东西？——当然不是。

> 因为，为了对相同性作出确认，我当然的确不能利用人们的一致同意。那你采用什么标准呢？根本没有标准。

> 没有正当理由使用这个词，并不意味着对这个词作了错误的使用。

参见：维特根斯坦 . 论数学的基础 . 徐友渔，涂纪亮译 // 涂纪亮 . 维特根斯坦全集（第七卷）. 石家庄：河北教育出版社，2003：316-317.

因而使得能动者要遵循这一规则的那些未来反应成为可能？赖特认为，这种思考的方式将规则的构成看作独立于我们的任何判断和反应倾向，这类似于将那些逻辑规则和数学规则的要求设想为具有超客观的（hyper-objective）性质，数学中的发现被认为是对有关基本数学概念的知识体系的先定内涵的揭示。这也与维特根斯坦所讲的"超级"事实密切相关，维特根斯坦说："你绝对没有这个超级事实的范本，但是你却被引诱着使用一个超级表达式（人们可以将这称作一种哲学的最高级）。"① 但问题在于，我们需要的是这样一种解释，即这种规则何以构成以及我们如何合理地假定自己能够把握该规则所体现的那些要求。因此，我们会进一步追问：是什么样的"事实"使得某种要求或指令构成了规则？而这些特定的规则可以与语言中的某些特定表达式相联系，规则如何能以特定语言表达式的形式而使说话者意识到规则的要求和指令是什么？

可见，一方面，由于能动者实际体会到的认知程序，他们在遵守规则时，所接受的遵从规则的训练、有关规则的解释及具体的实践之间的关联不能通过对超验解释的内在化过程而达到。但另一方面，我们能否由于在具体实践中所感受到的这种认知问题，而将规则遵循的可能性问题仅仅还原为语言共同体成员之间达成一致的倾向？笔者认为，这种还原是不成立的，也是违反直觉的，因为我们至少无法排除这样的情况：即使有时候共同体成员能够达成一致作出判断，这些判断仍有可能是基于一种无知或错误的一致。

二、规则的构成性条件分析

一般而言，能动者能够作出遵守规则的行为首先是由于他对规则的领会，说话者对一种语言的使用也包括对这种语言表达中规则的把握。这些规则构成或部分地构成了我们的行动或某种语言表达，从这种角度讲，规则是构成性的；这些规则支配或影响了能动者的行为方式与说话者的语言表达方式，从这种意义上讲，规则是有指令意义和支配作用的。

由前文分析可知，如果我们希望在维特根斯坦的文本中找到有关规则遵循可能性的肯定性答案，必定会不可避免地感到失望，因为维特根斯坦后期哲学的方法论特征体现了对这种肯定性主张的质疑。要解释规则遵循的实现条件，无论诉诸柏拉图式的超验事实、维特根斯坦所说的"超级事实"，还是共同体成

---

① 参见：维特根斯坦.哲学研究.韩林合译.北京：商务印书馆，2013：138.

员的一致倾向，都无法得到令人满意的解释。只有通过规则本身的构成性分析才能进一步理解规则遵循行为的实现。正是由于规则的构成性条件，规则遵循活动的发生和阐释才成为可能。简单地讲，作为行为指令的规则至少必须满足以下几个条件。

第一，规则的自主性与认知条件。如果规则能够对能动者的行动有所指导，那么哪种事实符合规则及哪种事实不符合规则，应该在能动者作出任何判断和裁决之前就已经确定下来了，而且预设了能动者可以在作出行动时以某种方式领会和把握这一适当的特定规则。这既要求能动者能在不定数量的竞争规则中获得具体活动所要遵循的一条特定规则，又要求能动者对那条规则保持适当的敏感度，以使这条规则实际上能够发挥对具体行动的指导作用。

第二，规则的客观性条件。规则在发出其指令和要求时，必须保证其中没有能动者的因素被考虑或者被置于相关语境中，也就是说，在能动者领会和掌握它们之前就能够独立地提出明确的要求并且保证能动者的行动过程能够符合其要求。

第三，规则的确认与同一性条件。如果某一条规则能够对能动者发出指令，并且能动者的某种行动正是由于遵守这条规则而产生的，就要保证能动者正在遵从和受其引导的是已经确定的某一特定规则，它在规则遵循的行动中能够保持其自身的同一性。在这种条件下，规则遵循活动不会仅仅由于解释的原因而符合规则或与规则相矛盾，也不会由于解释而与那些不确定的其他规则相符合。

第四，规则的评价性条件。如何判断一种遵守规则的行为正确与否？由规则的自主性和客观性条件可知，这一评价标准不但独立于某一具体能动者的判断，也不取决于语言共同体成员的协商或一致性。这里需要对使用语言表达式的两种情况作出区分：①语言共同体一致同意"应该"如何使用语言表达式；②在具体的交流情况中，语言表达式"应该"如何以符合规则要求的方式被使用。这两者是有明显区别的，因为即使假设语言共同体具有尽可能多的成员，而且所有成员都具备充分的理性和缜密的思维，但语言表达式在具体交流语境中"应该"如何被使用仍然不等同于共同体成员一致赞同的那种"应该"。事实上，这两方面都制约着语言表达式的实际使用。

但是，以上规则的自主性、评价性与客观性等条件仅仅表明，一条规则之所以被称为"规则"，其基本的构成要素是什么。但这些条件本身仍然不足以充分说明能动者对规则的领会、把握以至将规则的要求付诸实践的过程，也难以澄清规则与规则遵循活动之间的关联。事实上，对规则的领会和把握要考虑多种因素，比如：①我们需要区别这样两种"领会"：首先，领会一个规则所表达或发出的指令内容，了解该规则意指什么行为过程；其次，领会对一条规则进行表达的某一语句本身的意义。一个能动者很可能在没有理解规则表达式本身的语义内涵的情况下却能领会该规则发出的指令是什么。②理解一条规则的意义并不蕴涵事实上有规则遵循的行为过程。总之，能动者对规则的把握及规则遵循活动的实现需要我们结合言语实践的具体过程进行细致分析。

三、规则遵循问题的几种传统诠释路径及其局限

由于规则遵循的可能性问题本身的复杂性，所以对这一过程的分析需要考察多种因素，也存在多种诠释路径。综合来看，可以主要概括为以下几种经典路径。

第一，柏拉图主义的诠释路径。根据这一观点，一个数列有规则性的延续及一个公式的有序展开都是由数字的本性这种客观实在的事实构成的。只有符合该事实的数列、公式及语言表达式才是正确的，而且判断某一行动是否符合规则或表达式的运用是否正确都有唯一的绝对标准。如果一位说话者接受了表达式运用标准的相关训练，就能够以这种最简单而自然的方式运用某一表达式。柏拉图主义的诠释方法很容易受到诸多质疑。

首先，并不存在决定说话者领会并遵守规则的唯一标准或唯一方式，在具体的实践中可能有多种途径实现一个数列的延续、公式的使用或表达式的正确运用。而且，规则的柏拉图主义者也难以充分证明其中某一个标准或方式相对于其他处于优先地位。尽管规则遵循是与说话者领会和理解规则密切相关的，但经过训练的说话者完全可以在没有领会某一规则或表达式内涵的情况下实际作出符合该规则或表达式正确运用的行为。

其次，我们没有明确的理由断言某规则遵循行为是符合正确性准则的，而其他行为违反了该准则。正如克里普克的《维特根斯坦论规则和私人语言》中描述的怀疑论者指出的，根据何种语义事实可以断言运算者在已知的加法中以"+"意谓加法而非"卡法"？同样，我们无法确定哪种具体的语义事实决定了正确运用某一表达式的标准。因此，就其自身的充分性来讲，难以判断这种所谓的"正确性准则"就是唯一而客观的。有的柏拉图主义者将这一准则归因于人们在历史发展中形成的自然而直接的选择，但是这种回应显然也只是徒增了需要解释的内容。

第二，建构主义的诠释路径。根据规则的建构主义观点，柏拉图意义上的语义事实或唯一标准并不存在，判断说话者是否正确运用某一语言表达式的标准在于语言共同体成员在实际情境中所采取的行动方式。这种观点主张将具有规范性意义的标准和条件归于经验层面的具体行动步骤，将运用语言表达式的正确性条件归于共同体成员达成的一致判断。可见，这一主张试图通过非规范性的事实构建出具有规范性意义的准则，也就是说，规范性的准则可以还原为说话者在具体情境中实施的非规范性事实。

当然，建构主义观点也会引起诸多质疑，比如，它指出数学运算取决于共同体成员在运算过程中作出的实际判断，这在有限的数字范围内或许可以理解，但是对于运算者难以预计乃至无法计算的数字又会怎样？如果它超出了运算者的能力范围，共同体成员又如何在那种情境中作出一致判断？建构主义者认为，这一特殊情况不存在，因为事实上没有具体的运算行为可以决定这一运算结果，因而运算规则的正确性标准只能限于人们的运算能力之内，于是建构主义者就简单地取消了这一问题。然而，这种回应方式显然是对问题的消解而不是回答和解决。建构主义者忽视了规范性条件和准则与说话者在具体行为过程中形成的判断具有性质上的区别，因为前者具有规范性意义，而后者基于非规范性层面的描述性事实。尽管描述性事实是在说话者实施行为的具体情境中形成的，但它与规范性准则之间仍存在着鸿沟。例如，人们领会和把握一条规则可以导致某种特定行为，这点毋庸置疑，它涉及经验层面的因果联系，也可以对该过程进行因果分析，但这并不意味着我们仅从经验层面对遵守规则的行为进行因果性还原就可以解释这一问题，否则就会囿于前面提到的规则的认知悖论之中。因为在追问规则遵循问题的构成性和可能性时，我们实质上要追问的不是某一行为如何与规则相符或者该行为何以通过解释而"符合"规则，而是规则遵循行为是如何由规则"激发"并得到辩护的，它发生的根基是什么，或说话者以某种方式运用某一语言表达式的理由是什么。尽管这一理由不能脱离共同体成员对表达式的那些具体运用过程，但也不能等同于该过程。语言表达式运用的正确性条件和规则有其规范性的层面，而仅仅通过非规范性事实难以构建出表达式意义的归因和根据。

第三，寂静主义的路径。由于后期维特根斯坦致力于消解而不是解决哲学问题，所以一般认为他的理论是寂静主义观念的主要来源。麦克道尔、帕菲特等的思想也体现了寂静主义的特征。这一路径主要归结为以下几个方面：①寂静主义诠释反对将某种正确性标准或理性结构施加于规则遵循活动。与建构主义观点相类似，它也拒绝了柏拉图意义上的实在本性，质疑那种展开数列或运用语言表达式的唯一标准和绝对正确性。②寂静主义者认为，没有必要以规则的建构主义诠释来反驳柏拉图主义的观点。规则"应该"如何被遵守、数列"应该"如何延续及语言表达式"应该"被如何运用，诸如此类的规范性事实无需也无法还原为非规范性事实。某一公式的延续或表达式的运用本身就是一种基本的事实，它不必通过非规范性事实建构出来。例如，当说话者作出"……是绿色的"判断并且被询问这样做的理由时，他会认为"绿色"就是对它看起来的那种样子的恰当描述，无需更多的解释。因此，对于规则遵循活动中的规范性表达式及其具有的意义，寂静主义路径并没有提出实质性的辩护理由或诠释理论，也没有对能动者拥有规范性命题的信念作出辨明。它指出，需要遵守的规则和正确性标准就内在于实践本身并成为其基本特征，进一步追问构成该过程的根据或解释是多余的。这一路径显然具有紧缩论的特征，而且契合了后期维特根斯坦的思想。因为在他看来，对于规则遵循之类的怀疑论，我们并不是要建构一种积极的哲学纲领来分析或解决，而是要消除引起这些怀疑的种种误解，指出导致哲学家陷入反实在论迷途的那些错误。

但是，寂静主义路径也会带来很多疑问。尽管它不主张追问理由或提供解释，但是当我们判断能动者"应该"遵守某一规则或者一个语言表达式"应该"有某种意谓时，总会不可避免地去寻找构成意义的理由和根据。因为判断和行动也表达了一种承诺或责任，这种承诺或责任涉及的是能动者的认知、信念及意向问题，所以考察某一判断或行动也意味着要对认知和信念等方面的承诺进行分析，这一分析过程就是为相应承诺作出辩护或提供理由的过程。可见，我们不可能仅仅运用理性分析却不追问它是什么及如何发挥作用，也不能在作出信念承诺和实践承诺时却忽略其中的理由或将其神秘化，事实上，判断和行动中表达的承诺就已经预设了辩护的理由。

从总体上看，无论是柏拉图主义、建构主义还是寂静主义的诠释路径，都未能为能动者如何基于规则而行动提供充分的解释，也未能对规则遵循行动所基于的"理由"予以澄清。这可以归结为以下几个方面。

首先，柏拉图主义的诠释路径诉诸某种客观事实，但这种把握规则的图景往往会引导能动者去寻找作为规则遵循行动基础的那种"超级事实"，这无疑会在规则与遵守规则的行为之间预设一种难以逾越的鸿沟，而对规则遵循的诠释就转变成如何使相关行为"符合"规则以弥补这种鸿沟，这不仅没有揭示"规则"与规则遵循行为的本质，还增加了解释的困境。

其次，建构主义诠释路径虽然强调了语言共同体对于意义理解和把握的重要性，但对规范性事实的还原却又难免将规则遵循与规范性问题简单化。建构主义路径试图在非规范性的事实中构建出规范性的准则，认为规范性的准则可以还原为说话者在具体情境中所体现的那些非规范性事实，从而通过经验层面的解读对规范性准则和规范性条件予以说明。但是，以这种方式来诠释规则遵循行为时，往往会忽略或混淆这两方面的内容，即在经验层次上导致一种具体行为发生的"原因"与规则遵循行为所基于的规范性"理由"。前者可以在因果经验框架之内得到解释；而后者探讨的却是规则遵循行为得以发生的深层"根据"，或者什么构成了对规则的"承诺"。对于区分一种行为是"符合"规则还是"基于"规则，建构主义路径难以提供令人满意的解释。

最后，寂静主义诠释路径虽然对以上两种解释都提出了质疑并进行了理性思考，但它本身却没有提出实质性的诠释理论或辩护理由，而仅仅将"规则"与正确性标准置于实践本身之中，将任何进一步的解释都视为多余的。在实践过程中理解"规则"无可置疑，但如果缺乏相应的探讨，也不阐明表达式的意义归因和能动者的信念归因，仅在这一自然模式之内，我们很难理解如何合理地将意义归于表达式，或者能动者拥有的某种信念如何能得到辨明。

总之，通过对规范性概念的内涵进行梳理及对规范性问题的回溯，可以清楚地看到康德的规范性转向及其意义，它揭示了认识论中蕴含的语义学问题，并为规范性问题在当代的语义转向做了准备，而这一转向的直接诱因主要应归于规则遵循问题的相关解读及其引发的热议。因此，为了清楚地阐明规范性问题，我们基于规则遵循问题的相关分析而结合意义归因、非事实论、语义实在论、理由与动机等方面展开多角度的探讨，以此呈现"规范性"的脉络与论域。

第二章 意义归因与规范性

"克里普克的维特根斯坦"引发的诸多争议自不待言，近年来与规则遵循相关的意义理论问题也引起关注，它为语言及意义归因问题的探讨提供了一个基点。目前我们对规则遵循的探讨已不再局限于对克里普克解读方式的争议，而更关注其中的意义归因问题。因为当我们寻求规则遵循行动的理由和根据时，就不能仅限于经验层面的因果分析或仅满足于规则遵循悖论的解决方式，而要追问的是：如何理解这些规则所体现的指引性和规范性的力量？语言表达式的意义是否具有规范性维度，何以体现这一维度？意义有本质上的内在规范性吗？另外，意义归因的非事实论与规范性问题的阐明密切相关，而且很多问题尚待系统阐释，如：克里普克解读的维特根斯坦是否遵循非事实论的路线而得出了怀疑论悖论和怀疑论解决方案？由于"规范性"本身存在多种解读方式且易引起争论，这就需要我们通过阐明和辨析规范性的不同维度，对与规范性相关的概念作出比较和辨明，进而澄清规范性的基本内涵并探求其本质。

第一节 意义归因的解读与辩护 ①

在克里普克的阐释中，怀疑论者的质疑实际上可以概括为：倾向性解释无法为语言表达式的使用及意义归因提供合理性辩护，描述倾向性行为的事实与规范性结论之间存在着鸿沟，因而意义归因所需的理由并不在有关倾向性行为的那些描述中。说话者的言语实践与语言表达式的意义都具有规范性维度，而规范性的意蕴及其特征在意义归因的相关论证和分析中也可以呈现出来。

---

① 本节主要内容曾发表于《科学技术哲学研究》2014年第6期，论文题目为《规则遵循与意义的规范性》。

一、"辩护论证"中的倾向性与规范性

克里普克对规则遵循的解读揭示了倾向性与规范性之间存在明显差异，这点毋庸置疑，然而我们能否由此认为其中体现了对休谟法则的辩护？这一问题实际上是存在争议的。赖特、博格西恩等认为克里普克的论证中存在休谟法则式的推理路线，而萨拉巴多对此提出质疑，认为倾向性面临的困境并不足以支持这一观点[①]。如果我们把他的解读看作"是"蕴涵"应该"的又一证明，那么这可能是对克里普克的一种过度阐释。根据这种观点，克里普克关于倾向性的探讨只是表明，说话者过去的倾向性行为无法为他在未来"应该"如何运用语言表达式建立基础和根据。

就克里普克的加法例子而言，运算者在计算"68+57"时，他得出答案的方式应该与其过去运用函项"+"时的倾向相同，他归于"+"的意义应该能为运算者现在的信念和反应过程辩护，而我们在倾向论的解释中却找不到能够提供这种辩护的根据。那么，确定一个表达式意义的语义事实在哪里？克里普克说："我是否应该为我当前意谓加法而非卡法的信念辩护，因此通过我过去所倾向的那种假设而应回答'125'（我记录并且研究了我大脑过去的生理机能了吗？）？"[②]在萨拉巴多看来，克里普克的这些表述说明，要使说话者的回答过程得到合理性辩护，这一过程就必须与说话者在过去运用同一函项作出断言的生理机能或意识产生联系，也就是说，该过程必须与相关语义事实形成有意识的固定联系。因此，萨拉巴多主张，我们在克里普克的文本中所能找到的论证应该无涉于休谟式的推理思路，他把克里普克的论证归结为如下步骤[③]：

（1）必须有一个合理的步骤来决定我是否将一个谓词用于一个对象。

（2）只有当这种步骤与这些事实（决定了我应该将谓词应用于哪些对象的事实）具有有意识的固定联系时，这种步骤才是合理的（得到辩护的）。

（3）在决定是否将谓词归因于对象时，我并没有考虑在理想条件下是否会这样做。

从（2）（3）两个前提，可以推出：

（4）如果在理想条件下如何运用谓词的有关事实决定了应该把谓词用于哪些对象，那么我用来决定谓词运用的步骤就是不合理的（得不到辩护的）。

---

① Zalabardo J. Kripke's normativity argument. *Canadian Journal of Philosophy*，1997, 27(4)：473-475.

② Kripke S . *Wittgenstein on Rules and Private Language*. Oxford：Basil Blackwell, 1982：23.

③ Zalabardo J . Kripke's normativity argument. *Canadian Journal of Philosophy*，1997, 27(4)：480-482.

而通过（4）和（1），这个论证就得出了反倾向论的结论：

（5）我应该将谓词用于哪些对象，不是由在理想条件下我如何运用谓词的有关事实决定的。

萨拉巴多将以上论证过程称为"辩护论证"，他认为在这一论证结构中显然不存在休谟式的推理过程，而只是揭示了倾向论在解释语义规范性时所面临的困境。

然而，在笔者看来，将辩护论证归于克里普克也是有问题的。如果说克里普克的论证不足以体现对休谟法则的辩护，那么将所谓的辩护论证归于克里普克可能同样是对克里普克文本的一种过度解释。因为辩护论证的一个重要前提是，要使得说话者运用表达式的过程是合理的，表达式的运用与决定这种运用的语义事实之间就必须形成有意识的固定联系。可见，如果合理化的意义归因需要具备上述特征，那么信念和行为的辩明都需要说话者密切联系其过去相关的意识过程，而这又可能会导致内在论的倾向。如果萨拉巴多将辩护论证归于克里普克，那么他就要承认克里普克的论证中存在这种内在论的预设。然而，在克里普克本人的规范性论述中，我们并不能明显地找到这种倾向。

概言之，虽然倾向论者可能也注意到了倾向性事实的描述性特征与"应该"断言的规范性特征之间存在鸿沟，他们并非无视这种差异的存在，也并非没有考虑到语义学规范性中的"应该"，然而问题的关键在于，当他们要从语义学的角度为倾向性作出明确的定义或说明时，会显得力不从心。如果要试图以倾向性事实来解释意义归因问题，倾向论者就必须对倾向性作出系统的非循环的条件分析，而"理想条件"显然无法达到这一要求，这正是倾向论面临的尴尬处境。

二、"能力"解决方案及其局限性

以倾向论解释意义归因的辩护问题面临上述种种困境，麦金试图以一种"能力"解决方案来避免这些问题。他认为如果我们把"理解"和遵守规则看作说话者具有的能力或潜能，那么这种"能力"可能会为怀疑论论证提供一种较为合理与直接的解决方案，而这也符合后期维特根斯坦的关于语言的基本看法。比如，维特根斯坦在《哲学研究》中就曾提到："'知道'这个词的语法显然与'能够'、'有能力'这些词的语法具有紧密的亲缘关系。但是，与'理解'这个词的语法也具有紧密的亲缘关系（'掌握'一种技术）。"[1]"理解一个语言，意味着掌握一门技术。"[2]

---

[1]　维特根斯坦.哲学研究.韩林合译.北京：商务印书馆，2013：109.
[2]　维特根斯坦.哲学研究.韩林合译.北京：商务印书馆，2013：143.

总体来看，麦金认为一位说话者意谓某对象的事实是由他具有某种"能力"的事实构成的。克里普克的怀疑论者按照经典实在论的方式，致力于寻找可以为意义归因提供辩护的语义事实或使得表达式具有意义的真值条件。然而，语义事实的缺失和怀疑论论证的扩展却可能导致意义怀疑论。根据怀疑论论证，既然找不到任何语义事实作为表达式运用的正确标准，那么说话者的信念和反应与他过去的倾向性行为之间何以产生联系？如何能够确证规则对说话者的要求？这种规范性力量的根据是什么？这些疑问显然都不利于倾向性解释。在麦金看来，如果我们采取关于"能力"的解释，就可以避免这些困难，同时又能够充分满足意义规范性的条件。他把这些条件概括为："①解释在一个特定时刻以什么来意谓某事物；②解释在两个不同时刻以什么来意谓同样的事物。"① 因此，麦金认为，在克里普克的加法例子中，运算者在不同时刻都能以"+"来意谓加法的原因是：运算者在某时刻 t 以'+'意谓加法是与其此刻运用加法的能力相联系的，而他在另一时刻 t^* 以'+'来意谓加法而非卡法，这同样与他在 t^* 时刻运用这一函项的相同能力有关。也就是说，说话者之所以能够在不同时刻以一个表达式意谓相同的对象，是因为他运用该表达式的能力是相同的。

麦金试图通过"能力"解决方案避免倾向论的缺陷，但由分析可知，他的阐释也存在以下几个方面的问题。

第一，"能力"解决方案同样不能恰当地回应克里普克的怀疑论论证的挑战，"能力"并不比倾向性更具有说服力，因为"能力"的内涵和来源没有得到澄清。例如，运算者在不同的时刻都具有加法运算能力，但其根据又是什么？在麦金看来，说话者因为其能力而具有相关的倾向性行为，但他并没有阐明这种能力的形成过程。

第二，麦金提出"能力"解决方案本来是为了使倾向性解释摆脱怀疑论的困境，然而这一目标只有在以下一些问题得到明确解释的基础上才可能达到，即倾向论成立的基础和根据、规范性概念的内涵、倾向性与规范性之间的关系等。如果这些问题尚未明确，那么麦金的建议同样也将面临困境。

第三，麦金探讨的规范性概念与克里普克的规范性概念之间存在差异。按照麦金的理解，"规范性"涉及的是说话者如何能在不同时刻以一个表达式意谓同一对象，或者说，一个语言表达式过去的意义与其现在或未来的意义之间有何关系。然而，克里普克的"规范性"主要探讨表达式的意谓与它的运用之间的关系。他们在"规范性"理解方面的差异必然导致"能力"的提议无法破除倾向性的困境，这也正是麦金的解决方案遭受批评的关键之处。另外，"能力"

---

① McGinn C. *Wittgenstein on Meaning*. Oxford：Basil Blackwell, 1984：74.

解决方案在选择构成语言表达式意义的语义事实时，似乎并没有提出实质的限制性条件，从而也无法说明运用语言表达式的正确性条件。

总之，萨拉巴多的辩护论证在说话者过去的意识过程和生理机能中寻求信念和行为的辨明，麦金的"能力"解决方案则诉诸说话者在不同时刻运用同一表达式的能力。然而，前者内在地隐含着内在论的预设，而对于后者，作为解释项的"能力"也难以避免需要被解释的处境。这些解读方式都没有关注语言表达式的规范性意蕴和特征，这种意蕴和特征是由言语实践本质上的规范性维度决定的，与语言共同体构成的规范语境密切相关。因此，规范性论题并非要探讨在不同的时空和情形中说话者的意识过程如何能与过去保持固定联系，也不是说话者以何种"能力"使语言表达式保持相同的运用，而是有意义的语言表达式与其运用的正确性条件之间具有怎样的联系，这些正确性条件如何体现规范性维度及在何种程度上体现了规范性要求。

第二节　意义归因中的语义倾向论分析

尽管在克里普克的论证中，倾向性与规范性的区分发挥了关键作用，萨拉巴多等也进一步关注了在"理想条件"下的倾向性解释面临的困境。但是，无论克里普克本人还是相关的评论者都没有对倾向性概念特别是"理想条件"下的倾向性问题作进一步解读和分析，因而对意义的理想条件倾向性分析能否发挥作用就显得论证不足而缺乏说服力。

按照克里普克的观点，一位说话者以一个语言表达式意谓某一对象，比如，以"+"意谓加法不能凭借说话者在过去相似情形中所具有的倾向性行为进行分析，这种意谓的理由或根据不能归因于"倾向性事实"。因为"倾向性事实"很容易因其局限性而受到质疑，主要原因为：①"倾向性事实"与"规范性事实"具有本质区别。表达式的意义与说话者未来行动的意向之间的关系是规范性的。②有限性问题[①]。说话者在过去情境中的倾向性行为的所有总和充其量也仅仅涵盖了未来行动的可能性的一个有限部分，已有倾向性行为不可能为未来使用的无限可能性提供标准。③语言共同体中部分成员发生错误的倾向难以得到令人满意的解释[②]。如果倾向性行为能够决定某一表达式的未来使用，那么何以解释说话者使用该表达式时会出现各种错误？

---

① 参见：Kripke S. *Wittgenstein on Rules and Private Language*. Oxford：Basil Blackwell, 1982：26-27.
② 参见：Kripke S. *Wittgenstein on Rules and Private Language*. Oxford：Basil Blackwell, 1982：28-30.

面对这些质疑，倾向论者提出的最常见的反驳是，有关有限性和错误倾向的问题仅仅考察的是最简单和原始的倾向性行为，它也仅仅能对简单粗糙的倾向性分析构成威胁。如果倾向论者提出更加完善和精致的解释，给那些倾向性行为的实施过程附加一些理想条件或情形，倾向性解释就不会面临那些问题和困境。对于这些简单或精致的倾向论为语言表达式的意义作出的解释，我们可称之为"语义倾向论"。通过条件句的分析，本节试图表明克里普克对理想条件下倾向性问题的探讨是有欠缺的，并在克里普克论证的基础上进一步说明，诉诸理想条件同样无法证明倾向性解释的合理性。在倾向性行为的描述和规范性结论之间，仍然存在着难以逾越的鸿沟。

一、简单的倾向性分析与理想条件的倾向性分析

毫无疑问，倾向性分析的始因与语言表达式的正确性条件有关。通过规则遵循的解读可知，作为怀疑论论证的预设或前提的是，仅当某个东西可以确定说话者使用一个表达式的正确性条件时，它才能作为说话者使用该表达式意谓某一对象的原因。为了论证简明的需要，克里普克和相关评论者首先使用了一种简化但不影响论证过程的"正确性"标准，即说话者目前或将来使用表达式的意谓与其过去使用该表达式的意谓相符合。倾向论者要证明自己观点的合理性，也需根据说话者已有的某些倾向来给出"正确性"标准的界定。

在克里普克看来，如果对正确性条件进行简单的倾向性分析，则可将其观点归结为：当说话者运用"+"这一符号时，当且仅当它符合说话者过去涉及该使用的倾向（当然是在一种数学语境中）时，这种运用才是正确的。因此，当这位说话者被询问"68+57"的答案时，他必须给出的回答是"125"，因为这是他在过去被问到这种运算的结果时倾向于给出的答案。[①] 当说话者被问到过大以至于无法掌握的数字运算时，自然无法从过去的倾向性行为中获得答案，这体现了倾向性分析中所谓的"有限性"。但需要注意的是，这里的"有限性"并不是指倾向性行为本身的全部总和是有限的，而是指说话者过去使用某一表达式的倾向性行为不可能包括该表达式的全部使用情况。接着，考虑到倾向论者在这种简单的倾向性分析遭到质疑的情况下，或许会诉诸"理想条件"，克里普克又在"理想条件"的意义上进一步给倾向性分析予以完善，他指出：

当我实施"+"的某一应用时，当且仅当它符合我过去在理想条件

---

① Kripke S. *Wittgenstein on Rules and Private Language*. Oxford: Basil Blackwell, 1982: 22–23, 26.

下涉及该使用的那种倾向，这种应用才是正确的。当被询问"68+57"时，我必须给出的回答是"125"，因为这是我在过去在理想条件下被问到这一求和数目时倾向于给出的答案。[①]

这种理想条件的倾向性分析看起来巧妙地消解了"有限论"和"错误论"提出的问题，然而其中的缺陷也比较明显，即关于"理想条件"的界定和说明很容易遭致批评。稍加分析可以发现，这里的"理想条件"是与正确运用一个表达式（或"给出正确答案"）互为说明的。也就是说，关于"理想条件"的解释预设了有关正确运用表达式或"给出正确答案"的条件，而有关正确运用表达式的解释又基于"理想条件"的说明。如果倾向论者无法在没有预设"给出正确答案"的前提下澄清"理想条件"的含义，则这种看似精致的倾向性分析只能被看作一种循环论证。

对于简单的倾向性分析与理想条件的倾向性分析所面临的质疑，其他学者试图对倾向性问题作出进一步分析，不同的主张以各种方式来描述理想条件的特征。例如，德雷斯克认为，最佳条件或理想条件可以被看作这样一组选择，在这些条件下，表达式的意义能够被首次获得。福多（Jerry Alan Fodor）和帕皮诺（David Papineau）等给出了某种目的论形式的解释，认为理想条件是由进化论生物学界定的，我们的认知机制在这些条件下可以像它们所应该的那样发挥作用[②]。马丁和海尔认为，改善简单的倾向性分析有其他方式，对于"有限论"和"错误论"中所揭示的问题，面具论证与电子告密者论证可以给出更细致和完善的解释，而且通过能动者的倾向性能力可以说明拥有一条规则及遵循规则是什么[③]。库什（Martin Kusch）想要重新构建反驳理想条件倾向性分析的论证[④]。而在博格西恩看来，克里普克非常简短地探讨了倾向性理论，克里普克提出我们可以尝试为理想化的倾向性进行界定，但"不多的实验过程"就可以揭示这种努力的徒劳无功。博格西恩认为克里普克低估了这一问题的复杂性，没有客观公正地对待倾向性理论产生的影响，如果克里普克想要成功地拒斥倾向性解释，他需要考虑的是提供一组条理化质疑内容，以反驳存在非语义、非意向和可指明的理想性条件，但这

① Kripke S. *Wittgenstein on Rules and Private Language*. Oxford：Basil Blackwell, 1982：27.

② 相关论述参见：Fodor J A. *Psychosemantics: The Problem of Meaning in the Philosophy of Mind*. Cambridge：MIT：Press, 1987：104-106;Papineau D. *The Roots of Reason: Philosophical Essays on Rationality, Evolution, and Probability*. Oxford：Clarendon Press, 2003：83-118.

③ 参见：Martin C B. Dispositions and conditionals. *The Philosophical Quarterly*，1994, 44(1)：1-8；. Martin C B，Heil J. Rules and powers. *Philosophical Perspectives*, 1998, 12：283-312; Cohen D，Handfield'T. finking frankfurt. *Philosophical Studies*, 2007, 135 (3)：363-374; Handfield T，Bird A. Dispositions, rules, and finks. *philosophical Studies*, 2008, 140 (2)：285-298.

④ Kusch M. Fodor V. Kripke: semantic dispositionalism, idealization and ceteris paribus clauses. *Analysis*, 2005, 65(2)：156-164.

是克里普克未能提供的。博格西恩主张，我们有理由相信存在自然主义式的特定条件，在这种条件下，一个主体会倾向于将一个表达式仅仅用于它所意谓的东西，但我们恐怕难以对详述这种条件的成功尝试抱有希望[1]。伽尔多（Andrea Guardo）发展了博格西恩的主张并指出，理想条件倾向性分析将说话者对某对象的意谓（如以"+"意谓加法）等同于一些倾向，这些倾向实际上是不存在的。我们也可以不探讨"有限论"和"错误论"的质疑而关注其他方面。[2]

二、倾向性与条件句分析 [3]

关于倾向性的本质，哲学家们仍然存在一些争论，有的认为"倾向"是事物本身具有的性质，因为如果没有这种性质，我们仅凭借条件句分析无法说明事物如何拥有倾向及这种倾向究竟是什么；有的认为实际上"倾向"并不存在，

---

① Boghossian P. the Rule-following considerations. *Mind*, 98(4), 1989: 536-539.

② 参见：Guardo A. Kripke's account of the rule-following considerations. *European Journal of Philosophy*, 2012, 20(3)：366-388.

③ 从逻辑意义上来讲，条件陈述句或条件句可以看作"如果 p 则 q"这种形式的复合句。条件句也叫"假言命题"。与条件句相关的主要问题是如何确定其真值条件。比较常见的是把条件句处理成真值函项，使得："如果 p 则 q"为假，当且仅当 p 真而 q 假。这即所谓的"实质条件句"，由于实质条件句可以避免实质蕴涵可能导致的悖论问题，所以很多人主张我们以"实质条件句"代替"实质蕴涵"。为了更全面地解读条件句问题，笔者在这里对相关概念及其问题作简要区分。

（1）"实质蕴涵"与"严格蕴涵"："实质蕴涵"主要是罗素和怀特海所使用的术语，它的表现形式是"如果 p 则 q"，写作 $p \supset q$ 或 $p \rightarrow q$。一般在这样三种情况中，p 实质蕴涵 q 为真：①p 与 q 都为真；②p 与 q 都为假；③p 假而 q 真。也就是说，仅当 p 真且 q 假时，p 实质蕴涵 q 才为假。这被称为"实质蕴涵"。但是，经常发生按照实质蕴涵为真，但在实际含义上根本不存在的蕴涵，如"如果太原市在山西省，那么巴黎是令人向往的"。因此，根据实质蕴涵的定义有时会产生麻烦的结果，它可能会导致诸多悖论。这种情形之所以会发生，是因为在日常语言的含义上，"蕴涵"表示两个命题之间的关系，实质蕴涵与其支命题的内容无关，即使某一陈述的两个支命题之间根本不存在关联，但从实质蕴涵的角度看时仍然能够为真。所以常常有这样的情况，真命题被任意命题所蕴涵，而假命题蕴涵任意命题。也就是说，某一假命题仅因为它为假，就可以蕴涵每一个命题，而真命题仅仅因为它为真，就可以被每一个命题所蕴涵。为了避免这种悖论，刘易斯（David Lewis）引入了严格蕴涵概念。如果一个命题 p 在严格的"蕴涵"意义上蕴涵另一命题 q，当且仅当不可能 p 真而 q 假。刘易斯认为，严格蕴涵可以避免实质蕴涵的悖论，它是这样一种关系，即在演绎论证中为从前提到结论的推论进行确认和辩护。在严格蕴涵概念的基础上，刘易斯也发展了一种命题演算以代替罗素建立于实质蕴涵基础上的那种命题演算。但是，有人认为刘易斯的严格蕴涵概念可能也存在悖论，因为实质蕴涵的那种困境也同样可以发生在严格蕴涵中，一个"不可能命题"蕴涵每一个命题，而一个必然命题可以为每一个命题所蕴涵。

（2）"实质条件句"与"严格条件句"：如上所述，像刘易斯提出的那种"严格蕴涵"可能也存在悖论而受到质疑，因此有人认为应该用"严格条件句"代替"严格蕴涵"，就像以"实质条件句"代替"实质蕴涵"那样。由于"实质条件句"与"实质蕴涵"密切相关，所以也有人建议将"严格条件句"看作"实质条件句"的修正和完善。"严格条件句"断言：某一条件句为真，当且仅当如果 p 真时 q 为真。当然，关于"严格条件句"也有一些争论的问题。最著名的是关于"反事实条件句"的真值条件问题，它与可能世界的讨论密切相关。"反事实条件句"的形式一般为："假如 p 已经发生，则 q 也会已经发生了。"在这里，前件描述了一种与事实相反的事态，我们已知它为假或预设它为假，后件断言假如前件描述的事态实现则会有怎样的情况。它的特殊性就在于，它既不涉及实质蕴涵也不涉及严格蕴涵，它的真值不能决定于支命题的真值。因此，如何考察反事实语句的真值条件就成为一个重要而有争议的问题。以上相关解释参见：Lewis C I, Langford C H. *Symbolic Logic*. New York：Dover Publications, 1951; Arthur Pap. *Elements of Analytic Philosophy*. New York: Macmillan, 1949; Mates B. *Elementary Logic*. New York: Oxford University Press, 1972; Russell B: *Principles of Mathematics*. London, New York: Routledge, 2010.

因为我们通过条件句的分析就可以将倾向性消解或化约，而且并非只有倾向性才可以用条件句进行分析，非倾向的性质也可以包含条件句。顺着这一思路继续下去就会导致一个结果，即事实上不存在倾向性和非倾向性的区分。这些争论也从另一方面表明，倾向性与条件句分析具有紧密的联系。那么，究竟是否存在倾向性和非倾向性的严格区分？这需要我们将倾向性问题与条件句结合起来进行具体探讨，分析有关倾向性的一些具有代表性的论题，说明它们引起的争论和回应，并试图在分析的过程中对相关论题作出解读。

尽管要澄清倾向性概念的构成显得困难重重，但多数人认为有关倾向陈述与条件句之间具有一种概念上的关联，而且我们易于对有关倾向的陈述进行一种条件句分析。最常见的简单例子是：一个杯子有易碎性，在它受到打击的情况下会破碎；弹簧有弹性，当它被外力压缩时仍然会恢复原状；窗户上的玻璃具有易碎性，当它被石头打到时会破碎；糖具有易溶性，当它与水混合时会溶化……当然，倾向性不只可以用来描述事物的物理性质，也可以用来描述人的心理特征和倾向。比如，某人 S 是易怒的，当他遇到一些不合心意的事情时会生气。简言之，有关"倾向"的陈述也往往被理解成对事物某些特征的描述。它不是一种存在，也不是一个事态或某一种具体行为，而是在某些情境下以某种方式行动或作出反应的意向、习惯和能力。当我们说"某人 S 具有一个倾向"时就相当于说，S 在某一情境 C 中倾向于做某事 T。简单地讲，它往往被看作一种行为模式。正由于倾向性总是限定在某个具体的情境中，所以在描述倾向性的语句中常常会包含假设的形式，例如：如果存在某一情境 C，那么 S 就会做 T。关于"倾向性"特征及其实现条件的分析存在不同的理解，这里以赖尔（Gilbert Ryle）、马丁与海尔、阿姆斯特朗（David Armstrong）及刘易斯（David Lewis）等的一些代表性观点作简要说明。

1. 赖尔论"倾向性"及其实现条件

赖尔曾对倾向性陈述的特点及"倾向"与其实现条件的关联作出解释，并且以生动的例子描述了倾向性特征[①]。我们可以概括为以下几个方面。

① 关于倾向性存在不同的观点。"倾向"这一术语在赖尔有关"心的概念"的论述中具有重要地位。赖尔的策略是用行为的倾向代替笛卡儿的精神实体及其活动。他指出笛卡儿误认为心灵属于一种本体论的范畴，而实际上心灵应该属于一种倾向性范畴，因此笛卡儿的心灵概念中存在一种范畴的错误。由于笛卡儿并不把心灵看作一种倾向，所以有关心灵的任何倾向性描述和分析都可以看作对笛卡儿二元论的一种质疑。赖尔以倾向性来分析一些心灵状态。赖尔认为，倾向性并不包含任何隐藏于内部的原因而且可以简单地显示在特定的情境中。其他哲学家也有不同的看法，比如，在阿姆斯特朗看来，倾向性的存在要求一种作为基础的事态的先天存在，因而倾向性不是先天的而是派生出来的，他试图将倾向性与其基础相同一或相等同。还有人虽然赞同倾向性有范畴的基础，但反对阿姆斯特朗将倾向性与基础相同一。参见：Ryle G. *The Concept of Mind*. London，New York：Routledge, 2009：30-33；Mumford S. *David Armstrong*. Stocksfield：Acumen Publishing Limited, 2007：79-82.

第一，他指出了"倾向性"所体现的特征、形式及与之相关的情形和条件。他认为，把一种倾向性特征归于一种东西这类陈述与把这种东西纳入一种法则之下的陈述具有很多共同之处。具有一种倾向性特征并不是处于某种特定的状态，也并非经历了一种特殊变化，而是必定会或易处于一种特定的状态，或者必定会易于经历一种特殊的变化，只要具备一种特殊条件。这也同样适用于讨论人的一些特定倾向，如人的性格特征。赖尔进一步以日常生活中的例子说明"倾向"与其发生情境和条件之间的联系，某人吸烟成瘾并不蕴涵他在这一时刻或那一时刻吸烟；当他没有吃饭、睡觉、做演讲或参加葬礼时，并且最近还未吸烟时，吸烟就是此人的恒常倾向。我们在描述这些"倾向"时，可以很容易地揭示出倾向性特征的归因中所包含的假言命题。比如，"易碎"这一倾向指的是，在"如此这般"的特定条件下玻璃必定会或者易于破碎成为碎片，有烟瘾的人就是在上面描述的种种条件下必定会或者易于装上烟斗、点火且开始吸烟。对于这种简单的、单轨的倾向性行为，它们的实现条件基本不变而且很容易分析。

第二，赖尔区分了简单的"倾向"模型与复杂的"倾向"模型。倾向性行为的实现条件常常是多种多样的。他认为，对吸烟者的上述分析只适用于建立"倾向"的简单模型，或者在对倾向性思考的初期是有帮助的，但进一步考察倾向性行为的实现问题时却可能导致错误的假定。很多"倾向"的实现能够采取各种各样甚至是无限多种的具体形式。很多有关"倾向"的概念是可确定的。比如，当我们作出某一对象是"硬的"这一断言时，我们实际上意谓的不仅仅是很难使该对象变形，还意谓的是，当它受到打击时会发出刺耳的声音；如果与其发生激烈碰撞，我们也会感到疼痛；当一个有弹性的东西碰到它时也会被弹起；等等。可见，对某一对象是"硬的"这一倾向性特征的描述实际上具有多重意蕴，也意味着多重实现条件。同样，当我们说某一种动物是群居的并且想要弄明白这一表达的全部内涵时，同样会得出无限多种形式的假言命题。赖尔进一步指出，实际情况是，在我们的研究中所关注的各种较高层次的"倾向"都不是单轨的，而是具有无限多的不同运用。对人的性格倾向的描述也有同样的特征，比如，想要描述一部小说中的女主人公特有的傲慢或者男主人公特有的偏见，并不能仅限于对他们在一种场合中的描述，也不存在一种标准的行为或反应，而必须通过他们在各种场合与情形中的具体言论、行为、思想及感受来加以全面体现。用小说作者的言说方式或可表述为：男女主人公特有的那种傲慢或偏见正是，每当"那种"情况发生时，他们就倾向于作出这种标志性的行为或反应。

第三，对认知倾向问题的考察同样说明认知的理智过程也需要结合多种实现条件，而不是单轨模型。在这里，赖尔以表达心灵状态的动词"知道"和"相信"来进行说明。认知者常常认为或期望"倾向"的运用是一成不变的，但这会导致落入陷阱。当他们意识到"知道"和"相信"通常作为倾向性的语词来使用时，他们就假定必定存在一些具有同一模式的理智过程，这两种认知的"倾向"就是在这种具有同一模式的理智过程中得以实现的。例如，如果某人相信地球是圆的，他就常常会经历这样的认知过程，满怀自信地作判断或者再次作出断言"地球是圆的"。但事实上，人们并不会总是以此方式反复作这一陈述，而且即使他们反复这样做了我们也知道他们的行为，我们也仍然不能满足于他们相信地球是圆的。因为对倾向性行为的考察并不是只遵循某种单一模式，而要结合他们其他的推论、想象以及与此相关的其它事情。又如，尽管一个溜冰者经常且坚定地对我们断言，冰层的承受力绝没有问题，但是只要我们通过观察就会发现这种确信可能是有问题的，他会一直守在旁边并嘱咐自己的孩子远离冰层，进而思考在冰层破的情况下会如何以及如何进行救援等类似的事情，我们就不能仅从他的确信和断言中作出单一的倾向性判断。再结合克里普克的怀疑论论证，假设一位能动者原来倾向于以"+"意谓加法，现在尽管仍然相信并坚持这样的倾向，但由于他目前受到干扰而思想稍有变化，因而当被问到68与57之和时，他倾向于回答"5"而不是"125"。他对"+"的意谓的倾向并没有改变，按照他坚持的加法规则，可以判断他发生了错误，但现在的错误行为中仍然有其成立的倾向性条件。可见，对倾向性及其实现方式的探讨应摆脱单一模式而进行综合分析，以便使我们的认知和判断建立于多种具体的条件之上。同时，赖尔也通过这些例子表明，要判断某人的行为是不是智力的运用，就必须以某种方式超越这些行为本身。

2. 马丁和海尔对"倾向性"的解释与辩护

在《规则与力量》一文中，马丁和海尔认为，尽管克里普克构建的怀疑论论证表达了对倾向性解释的质疑与批评，但这种质疑是建立在对"倾向性"误读的基础上的，怀疑论者对自己观点的辩护也缺乏说服力。为此，马丁与海尔重新解读了"倾向性"概念并对倾向性解释进行了重构，通过阐明倾向性与投射性之间的关系、倾向性与无限性之间的关系，试图澄清对"倾向性"的各种误解，进而对能动者拥有一种规则的倾向性解释进行辩护，而如果他们的分析进路有效，则克里普克解读的维特根斯坦通过怀疑论论证所体现的反语义实在论策略就会缺乏合理性，尽管这种论证曾经造成了如此大的影响力。马丁等的分析可以体现并归结为以下几个方面。①

1）倾向性与投射性

第一，马丁和海尔认为，"倾向性"概念并不是为了解决规则遵循及意义的问题才被专门引入的，我们所讨论的对象与观点可能涉及很多领域，但倾向性观点都在某种程度上使得这种讨论更有意义。倾向性特征并不仅限于有智识的生物体的心灵状态，而且它是所考察的各种对象性质的一种基本的、不可还原或消除的必要组成部分。无论简单的对象还是复杂的对象都具有倾向性这种基本特征。因此，就"倾向性"这一属性来说，其整体就是它的部分，所有的部分都处于它们全部现实的与潜在的关联之中，它们彼此相互作用并与外在于它们的存在发生相互作用。

第二，倾向性要表现出来，依赖于适当的彼此关联的倾向伙伴，而一种表现出来的倾向实质上是倾向伙伴的共同表现或相互显明（mutual manifestations）。由于倾向的表现形式是多种多样的，所以每一种倾向在那些可供选择的倾向伙伴中都可以被看作一个倾向伙伴。比如，盐在水中具有可溶的倾向，那么盐的溶解就是它的可溶性与盐浸入的水对盐有溶解力的一种共同表现。可见，尽管某一属性的倾向性是内在的，但它的表现越依赖于那种相互关联的倾向伙伴。随着相互作用的倾向伙伴的不同，相同的倾向状态也会有迥然相异的共同表现。比如，水的可溶性倾向由于不同的倾向伙伴而具有不同的表现，马丁让我们考虑喷洒在燃烧的油上的水与洒在燃烧的木材上的水各自有怎样的表现。又如，关于神经介质的相同倾向性状态会有差异很大的共同表现，如抑制性和刺激性的表现。此外，倾向伙伴及其共同表现还具有如下一些特征。

（1）一种属性的倾向性是其内在固有的，而不是关系性的。对于现实或不现实的相互作用的不同倾向伙伴而言，或者对于不同种类的共同表现（互明）而言，每一种倾向所具有的无限范围都会完全呈现在该倾向的任一时间片段之内。②

（2）一种倾向并不是无约束的。由于可能伴随着任何相互作用的倾向伙伴，所以一种倾向不像我们所设想的那样表现出来的情形也是无限的；对于任何相

---

① 以下几方面的解释与总结都以马和海尔对"倾向性"问题的分析为基础，参见：Martin C B, Heil J. Rules and powers. *Philosophical Perspectives*, 1998, 12：283-312.

② Martin C B. On the need for properties: The road to pythagoreanism and back. *Synthese*, 1997, 112(2): 193-231.

互作用的倾向伙伴而言，同样存在某一倾向会阻碍其倾向伙伴的那些表现。[①] 可见，任何倾向的特定表现主要依赖于与其相互作用的那些倾向伙伴的出现，反过来讲，它的特定状态也可能由于这样的倾向伙伴没有出现，这种倾向伙伴就成为该倾向能够表现出来的一种障碍。比如，盐有溶于水的倾向，但若放入某种阻碍其融化的抑制剂，它就不会表现出溶于水的倾向。

总之，倾向并非必然是"单轨的"或"多轨的"，一个倾向应该被设想为一个整体的网络，这种网络就体现为伴随着相互作用的伙伴的所有可能的共同表现。这种广泛的倾向网络就是马丁等所建构的倾向模型，这种模型不再表征线性因果链条或因果序列，马丁有时称之为"力量之网"。

第三，一种倾向对于可能与它相互作用的倾向伙伴而言是投射性的。一种倾向的可能状态有：开始"存在"（状态）、历经时间而持续存在、后来未再表现出来就不再继续存在。然而，只要它存在，对于那些可能的表现而言就是倾向性的，同时伴随着那些有相互作用可能的倾向伙伴。从这个角度讲，由于那些可能的表现，对于可能发生相互作用的伙伴而言，这种倾向就是投射性的。马丁和海尔认为，这种投射性在自然界中到处都有，甚至存在于物理学中初级实体的层次上。另外，在他们看来，通过关于心灵的倾向性解释，我们可以对"意向性"的来源问题有所说明，这可以归为内在于思想和意象中的一种投射性，而且这种解释进路为我们理解规则遵循的质性特征提供了一种方式。当说话者第一次获得一种规则时，可能有一种意会的感觉，随后他可能会发现，在某种程度上他"了解"或"领会"了该规则的应用，然后再于实践中进行进一步把握。思想中的投射性也可用来理解学者们在研究过程中那种瞬间的洞察力和领悟。

为了进一步对这种洞察力有所说明，马丁等将它称为一种暗示性表现（或线索的表现，它与典型化表现相对照。一种暗示性表现对于一种潜在的倾向性条件而言就像一个线索或密报，尽管它不需要经过能动者的试验，也无需为执行做相关准备，甚至常常被我们忽视，但却在我们的日常生活中发挥着至关重要的作用。[②] 以能动者穿越一个交通繁忙的十字路口为例，能动者可能会感觉到"可以／不可以"穿过这一路口，他穿越路口的能力是由某种倾向性条件构成的，而这种感觉就构成了关于倾向性条件的一种暗示性表现。如果把这一过程看作

---

① Crane T，Wolff J. *Dispositions: A Debate*. London, New York：Routledge, 2014：187-189.

② 关于"cue manifestation"与"typifying-manifestation"的对比与分析可参见：Crane T, Wolff J. *Dispositions: A Debate*. London, New York：Routledge, 2014：190.

一种倾向性系统或一种立体的结构，则其中的一面（可能会通过某种体态语言）会对该结构的另一面提供暗示性的信号，对于一种复合的典型化表现而言，整个倾向性系统或结构就准备就绪了，其具体的外在表现就是，该能动者成功地穿过了十字路口。马丁等由此认为，暗示性的线索表现对于能动者更高级的认知运作而言，可以较为简洁地作出基础性解释，因而是必要的。

从总体上看，通过上述关于倾向性的解释，马丁和海尔认为，倾向性为一种合理的心灵概念及心灵内容提供了基本要素。因此，倾向性不仅不应该被质疑和否定，反而是解释能动者的精神生活、心灵内容和意向状态等方面需要关注的要素。正因为投射性可以无限延伸这一特征的存在，所以倾向的表现形式可以是开放性的，这为我们解释规则遵循提供了一种新的视角与可能性，即能动者如何遵循一种既有的规则并将其无限延伸。尽管能动者获得的是某一种规则，对其已有的应用也很有限，但不能否定他可以将这一应用能力进行投射从而拥有将规则无限延伸的可能性。

2）倾向性与无限性

在对倾向性与投射性之间的关系进行梳理和解释之后，马丁和海尔认为还有一个问题可能会引起困惑，即当能动者拥有某一规则时，它的应用情形超越了目前的有限情形，那么这样一种规则如何解释其无限的倾向性状态？他们特意强调说，这一问题并不是关于一种有限状态是否可以投射到无限的对象中去，或者该规则的应用对无限的对象是否也是倾向性的，真正的困难体现在，有关能动者把握某一规则的倾向性解释似乎在要求他做不可能的那些事，即他要试图支配超越他心灵包含范围的无限数字，那么他如何才能做这种看似超越能力的事？这一问题涉及能动者的心灵如何才能表征不确定的无限数量或无限空间，如一条加法规则虽然为两个任意的有限数字指定了其总数，但该规则如何通过有限的系统或步骤而体现出来？无限大的数字可能会令已有的系统不堪重负。为此，马丁和海尔做了如下解释[①]。

第一，对于倾向性解释如何面对无限情形的问题，语言共同体的引入并没有实质性帮助。无法为马丁和海尔指出，如果我们将能动者获得了一种无限的步骤的情形解释为：语言共同体愿意接受他作为共同体的一个成员，因而他可以获得对规则的使用，但这种解释对于问题的解决仍然无济于事。因为这种接

---

① 相关解释可参见：Martin C B, Heil J. Rules and Powers. *Philosophical Perspectives*, 1998, 12: 297-301.

受和认可的态度表明了一种承诺，不仅是关于能动者做什么，还是关于他将会做什么的承诺。

第二，马丁等提议，可以通过现实性与可能性、倾向性表现及其可废止性等概念来说明这一困难形成的原因。按照他们的建议，我们可以考虑"夸克"的例子，假定一种夸克为 A 类型，它拥有这样一种倾向性特征：由于一种互补性 B 类型夸克的出现，A 类型夸克可以被消除或废止。因此，如果存在一种特定的 A 类型夸克 α，那么当出现了难以想象的大量 B 类型夸克时，即出现了任一进入 α 附近的 B 类型夸克时，A 类型夸克 α 可能会被消除。如果我们允许 α 的倾向性既包括现实性也包括可能性的情况，那么上述各种表现就都可能出现在 α 的无限倾向中，即包括显示和被废止的情形。但是这种无限倾向的可能性并不等同于，α 必定在未来无限的情形中来展示这种倾向，表现的可能性并不等同于表现本身。

第三，倾向性条件的特征之一是，其投射性往往超越了其表现的能力，由此可以解释为什么那些具有无限表现可能的倾向能被赋予一个有限的对象，这正体现了投射性的基本内涵。具体来讲，在马丁等看来，之所以一种倾向可能会有无限的表现形式，是因为已有的倾向还适用于其他一些倾向的获得，而这些获得的倾向又可以用于获得更进一步的倾向，由此以至无限。而且它所有可能的表现会远远超过有限的生物体终其一生可以看到的一切。我们之所以会认为能动者把握一种规则的有限状态难以应对无限可能的情形，或者认为一种倾向无法包含无限的表现，这是因为我们未能清晰地区分倾向的各种表现与倾向本身，将表现的失败归于倾向性本身的失败。当我们将一种倾向置于一个倾向性的序列之中时就可以清楚地看到其无限的可能性，尽管这一倾向本身所属的那个对象或者系统本身尚未展示这种无限可能的表现，但该倾向却可以投射于那些无限表现上，由此形成连续的倾向性序列，也就化解了无限的倾向表现这一困境。为清晰地展示这一倾向性序列，他们将这一过程用图表示如下（图 2-1、图 2-2）[①]。

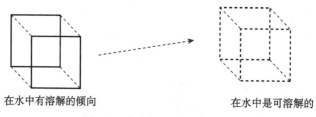

在水中有溶解的倾向　　　　　　在水中是可溶解的

图 2-1　水中的溶解倾向

---

① 参见：Martin，C B. Heil J. Rules and powers. *Philosophical Perspectives*, 1998, 12：299.

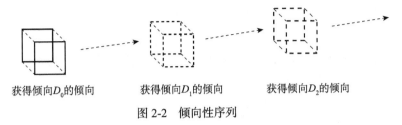

获得倾向D_0的倾向   获得倾向D_1的倾向   获得倾向D_2的倾向

图 2-2   倾向性序列

第四，在考察了涉及无限情形的倾向性条件及其基本特征之后，马丁和海尔对那种不涉及无限性的情况也作了分析，特别是探讨了克里普克所提出的关于加法和卡法运算的例子。因此，在对倾向性概念进行重新解读的基础上，他们又对能动者遵守规则的问题进行了重新审视与讨论。这主要体现在以下几个方面。

（1）进行加法和卡法计算的能动者对于我们而言都是有限的，尽管他们运用了不同的规则，但并不是在所做的任何事情上都有差异，加法和卡法规则只是在超过他们有限能力范围的某一点上出现了分歧，假设这两位能动者为 A 和 B，他们在计算比 57 大的数时产生了差异，马丁等认为通过诉诸二者的倾向性条件就可以推定和解释这种差异，并且仍以图表示出来（图 2-3）[①]。

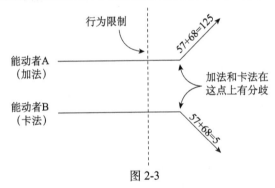

图 2-3

（2）马丁等认为，通过分析两位能动者的倾向性条件来解释他们遵守规则的行动是可能的。假设能动者 A 拥有加法规则这个事件是由某种成分 P 构成的，而 P 正是有关 A 的倾向性条件的组成部分。类似地，B 拥有卡法规则这个事件是由某成分 Q 构成的，Q 是有关 B 的倾向性条件的组成部分。那么，可以较容易地得出这样的结论，如果 P 和 Q 所处情境中的限定条件较少，那么在适当的触发条件下，它们就会以某种方式来表现自身。比如，能动者 A 和 B 在产生差

---

① 参见：Martin C B, Heil J. Rules and powers. *Philosophical Perspectives*, 1998, 12：300.

异的节点上（计算比 57 大的数时）就表现出了各自倾向性条件的特征。为了更明确地说明 A 和 B 如何按照不同的规则进行运算，以及如何将他们遵循规则的行动诉诸其各自的倾向性条件，马丁和海尔让我们想象对 P 和 Q 进行"移植"，或者以某种适当方式对 A 和 B 予以补充，这可以类比为给计算器添加记忆以使它能够计算一些更大或更复杂的数字。

（3）按照马丁和海尔对倾向性条件及其投射性特征的刻画，可以解释一种有限的倾向性系统如何能够容纳和适应与规则相关的那种无限性。倾向性系统的构成部分可以在投射时超越该系统的有限能力，从而使得它所投射的东西表现出来。一种倾向的投射"导向"往往是其内在固有的，因而即使从未表现出来也是存在的，但是由于这些倾向所属系统的其他限制，它们并非都能在物理层面上表现出来。

第五，马丁和海尔将能动者拥有某一规则看作他具有某种特定的能力，而拥有一种能力则相当于具有一种特定的倾向性条件，这类能动者通常也会拥有其他一些相互作用的能力，诸如对该规则的应用进行认知的能力、记录相关应用结果的能力及对违反规则的察觉能力，这些能力由于受到倾向性系统的一些限制性因素的制约，因而是有限的，与构成能动者把握规则的能力有所不同。

3）以倾向性观点再读规则

通过对倾向性概念的重新解读及对倾向性系统的建构，马丁和海尔反驳了倾向性解释遭遇的"困境"，并为遵循规则中的倾向性问题进行了辩护。

按照他们的观点，假设一位能动者 S 拥有一种倾向 P，而这构成了 S 对规则 R 的把握，当在某一特定情形中，S 面对更大范围的数目时也已经具备了相应的能力，他的反应和倾向已经存在于他本身的能力之中，而无需为这一范围的数目作修改。因为对于 S 是否获得了相应的能力，这并非涉及有关 P 的限制条件，而只是有关 P 的表现的一些限定，这种限定源于 S 的能力之内与 P 相互作用的倾向伙伴，所以任何倾向的表现数量总是有限的。一般来讲，P 作为能动者把握某一规则 R 的倾向性基础，但规则 R 所包含的无限性并不表示 P 的表现也有无限可能性，P 的表现会有废止或失败，这可能是由于某些必需的具有相互作用的倾向伙伴不在场，或者由于某些阻碍性的倾向伙伴出现。[①]

在克里普克的怀疑论论证中，怀疑论者曾经质疑能动者如何能够按照规则

---

① 参见：Martin C B, Heil J. Rules and powers. *Philosophical Perspectives*, 1998, 12：301-303.

行动，这种行为是否与能动者的本质特征有关。在上述分析的基础上，马丁与海尔就明确地回应了这种挑战，他们指出能动者拥有一条规则这件事如何由能动者的特征所构成，并对怀疑论者指出的倾向性解释的困境作出了澄清，进而表明怀疑论者的质疑与担忧主要应归于他们错误的倾向性概念。另外，马丁也提示我们注意避免一种对怀疑论论证实在论式的解读。具体来讲，尽管怀疑论者让我们考虑这样的问题：基于怎样的根据和理由可以判断能动者遵循某条规则而非另外一条规则？如果拥有一条规则可以归为能动者处于某一特定的倾向性条件这种事，那么我们一般认为只有在把握了能动者有关当前倾向性构成的证据时，才可以判定他在遵循什么规则。马丁等认为，这种思路因刚愎自用而失之偏颇，因为怀疑论者并没有论证遵循规则的行动是建立在某种证据的基础之上的。他们进而指出，"暗示性表现"的分析可以提供一种相对可靠的在场的倾向性条件指示，而且它只要求将能动者有关目前倾向性状态的信念与那一状态联系起来。

4）"电子告密者"论证与条件句分析

为了澄清条件句分析与关于"倾向"的解释之间的联系，对相关的传统观点予以反驳，马丁在1994年提出了"电子告密者"论证，并通过此论证表明，要探讨某一事物拥有一种倾向是怎么回事，不能借助条件句分析来说明，因为条件句分析既非其充分条件也非其必要条件。[①]

马丁设想了一组电路装置的实验来对上述观点进行解释。假设有一组由电子仪器和电线组成的装置，按照对倾向性的传统条件句分析模式，电线所具有的导电的倾向一般被这样分析：如果电线具有导电的倾向，那么当电子仪器与电线连接相通时，电子仪器中就会有电流。按照平常的生活经验，我们会肯定这样的实验过程，如果这条电线具有导电性，则在接通电子仪器时，该仪器会显示有电流，反之，电子仪器中不会显示有电流通过，可以得出该电线没有导电性。但是，马丁设想在这组电路装置中加入一个"电子告密者"，它跟电子仪器直接相接，当电线未接通此仪器时，"电子告密者"不发挥作用，而当电线接通此仪器时，"电子告密者"会探测到并进行干扰使电线失去其应有的作用，因此无法体现出它原来显示的倾向。于是，在此情形中传统的条件句分析并不成立，这一思想实验表明，"电子仪器在与电线接通时会有电流"并非"电线具有

---

① Martin C B. Dispositions and conditionals. *The Philosophical Quarterly*, 1994, 44(1): 1-8.

导电倾向"的必要条件。

还可以设想另外一种情形，有一种装置与上面的"电子告密者"类似，而区别在于，这时的电线由于被损坏等原因而不具有导电的倾向，但现在的装置能够发挥与"电子告密者"相反的作用，因而在电子仪器接上电线时，该装置使得原本没有导电倾向的电线能够重新发挥导电的功能。可见，在这一设想的情形中，传统的条件句分析仍然不成立，这一思想实验要指出的是："电子仪器在与电线接通时会有电流"并非"电线具有导电倾向"的充分条件。

然而，还需提到的是，上述这些思想实验可能并不能对条件句分析构成实质性威胁，尽管条件句分析在这些实验中不成立，但这并不能充分说明倾向是事物本身内在固有的性质，而不是事态之间的关联。马丁等的主张也受到了一些批评，批评者往往认为他们的主张与理想条件下的倾向性分析存在相似的问题和困境，因此条件句的分析也必然会在更细致的设计中得到进一步完善。

3. 阿姆斯特朗论倾向性及条件句的成真问题

基于赖尔、马丁和海尔等对倾向性与条件句的分析，阿姆斯特朗探讨了倾向性属性的特征；他通过借鉴马丁有关真之制造的理论将简单的条件句分析归结为一种现象主义解读，进而揭示了其中的困境。而且，阿姆斯特朗在此基础上探讨了倾向的归因和反事实条件句的成真问题。通常认为，阿姆斯特朗关于共相的研究提供了一种彻底而细致的有关属性的解释，但是正如他意识到的那样，倾向性属性作为一种颇有特色的属性类别，可以带来某些特殊问题。像我们所了解的那样，倾向性属性在阿姆斯特朗的心灵哲学中发挥着一种极为关键的作用。无论如何，倾向性经常凭借其自身而被视为一个主题，而且任何自然主义的形而上学都或多或少需要探讨它们。芒福德（Stephen Mumford）曾经在其专著中系统地分析了阿姆斯特朗的思想，就自然主义、普遍性、可能性、倾向性、事态、知识与信念等几方面进行了深入解读，有助于我们从整体的角度廓清阿姆斯特朗的相关理论，把握其主旨和脉络，按照芒福德的探讨方式，阿姆斯特朗的倾向性观点可以归结为以下几个方面。①

第一，阿姆斯特朗通过具体案例解释了对象的倾向性属性。他认为，"倾向"

---

① 这里涉及阿姆斯特朗对倾向性和条件句的主要观点的分析，可以参见：Mumford S. *David Armstrong*. Stocksfield：Acumen Publishing Limited, 2007：79-82;Armstrong D. Dispositions are causes. *Analysis*,1969, 30(1)：23-26；Armstrong D. *Universals: An Opinionated Introduction*. Boulder：Westview Press, 1989：86-88.

表述或意指了其他的属性与状态，它与这些属性和状态密切相关并为它们的体现提供了可能性。比如，一个方形的物体，它或许是可溶解的、易挥发的或有弹性的，物理学理论中并不经常使用这些属性。但是基本的物理学理论中所描述的那些属性，比如自旋、电荷和质量等，至少都表现出类似的倾向性特征。当形而上学家们考察倾向性时，这一问题是他们考虑的主要问题之一。我们可以提供一种最初的特征描述。关于"倾向"最值得注意的是，它所指向的方式或者使得其他属性和事态成为可能的方式。若某个事物是易碎的，它就与"破碎"这一属性具有一种特殊的紧密联系。然而，倾向性的独特之处在于，这种更进一步的属性或者事态并不需要发生。一个易碎的对象可能在其整个存在过程中会被小心地处理因而从不会被打碎。这就表明当倾向性具有与这些更进一步的状态的紧密联系时，倾向的呈现并不取决于其他状态的在场。这些特征使得倾向性非常令人困惑。

阿姆斯特朗在进行"倾向"问题的条件分析之前，对相关词项进行了说明。"倾向"和"力量"这种术语经常被看作是相等的。一个"倾向"被说成是具有一种实际的显示或者仅仅是可能的显示。"破碎"是或者会是易碎性的显示，可溶性的显示是溶解。现在传统的观点是，这种显示以某些前提为条件或取决于某些刺激条件被实现。因此，如果可溶解的东西被置于合适的溶剂中，它就会溶化。如果某物掉落时会破碎，则它会被认为是易碎的。这即表明了对什么是拥有一种倾向的解释。例如，当某物在液体中时，它就会溶解，当此为真时，某物可以被说成是可溶解的。这样一种观点就被看作"倾向"的条件分析。

第二，阿姆斯特朗将已有的简单的条件句分析归结为"现象主义观点"，并进一步追问了反事实条件句中的"真"之条件。

赖尔在《心的概念》中已经指出，一种倾向的归因等同于一种条件句陈述。赖尔认为，拥有一种倾向并不是处于任何特定的状态或者发生特殊变化，而是当某些条件实现时，它必定或易处于某一特定的状态。在当前的相关研究中，赖尔的观点一般被称为简单的条件句分析，而阿姆斯特朗把这一分析称为"现象主义观点"。因而，我们通常会认为倾向的归因是一种属性归因，即应在一种逻辑形式（如 Da）中进行理解。但是根据赖尔的观点，当我们表面上将某一"倾向" D 归于 a 时，实际上反而断言了某种条件，类似于：$Sa \rightarrow Ma$，举例来讲，如果 a 掉落了，那么 a 将破碎，其中 Da 意味着 a 是易碎的。这种简单的条件句分析为我们指出，对于具有倾向 D 的任一事物 x 而言，如果 x 是 S，那么 x 是或将会是 M。以逻辑形式可以将这种含义表示为

$$\forall x\,(\,Dx \leftrightarrow (\,Sx \rightarrow Mx\,)\,)^{①}$$

这种由双条件句"当且仅当"（↔）表明的解释是一种还原论的分析，它想要表明的是，除了 $Sx \rightarrow Mx$ 之外，其他都不能表示 Dx；也就是说，只有 $Sx \rightarrow Mx$ 可以界定 Dx 的实现条件。对于那些希望避免对一些基本倾向进行假定的人来说，这种解释非常具有吸引力。因为属性 S 与 M 完全可以是绝对的或无条件的属性，不需要其他额外的力量作用于其上。阿姆斯特朗想要避免那些基础性的力量，因为它们会为不同的存在物之间引入一些必要的联系。然而，他没有遵循这种所谓的"现象主义"条件分析，由于从马丁有关真之制造的理论中得到启示，他发现"现象主义"条件分析是不合理的。

正如阿姆斯特朗所讲的，马丁所关注的那种有关对象存在的现象主义理论是掩盖于一种更传统的现象主义外表之下的。现象主义者认为那些对象是由一些心灵状态构成的，而我们总认为这些心灵状态是关于对象的感知。但是，根据定义，我们没有观察到或感知到的那些对象是什么呢？它们不存在吗？例如，在某人的办公室里有一张桌子，但由于人们都不在办公室，所以无人观察到（这里不考虑贝克莱（George Berkeley）解决这一问题的特殊方式）。那么，标准的现象主义回答是，未被观察到的桌子的"实在"存在于真的反事实条件句中，即如果某人已经在那个办公室里，那么他会感知到关于桌子的表象。但是马丁产生疑问的是，为什么我们应该接受这样一种条件句为真。如果这样一种条件句为真，真之制造者是什么？这种"真"仅仅通过逻辑本身是无法达到的，它必须诉诸这个世界中的某个东西，因此是一种偶然的有条件的"真"。通常看来，就"桌子"的例子来说，如果他走进办公室并得到桌子那样的感觉，某人会认为那个对象（桌子）会造成"真"。但是对于一个现象主义者，这个"桌子"仅仅是我们关于它的一些感觉。如果没有那种引起感觉而不依赖于心灵的对象，似乎就不会有使得条件句（如果某人走进那个房间，则他会有那些感觉）为真的东西。

第三，阿姆斯特朗认为赖尔的倾向性理论没有对条件句何以为"真"作出明确解释，他以"真之制造者"的相关论述分析了倾向性中的归因问题，进而反驳了条件句分析的现象主义解释。

在阿姆斯特朗看来，赖尔关于"倾向"的现象主义理论就会遇到这样的问题。阿姆斯特朗在关于心灵哲学的研究中发现，赖尔对"倾向"与条件句之间

---

① 参见：*Mumford S. David Armstrong*. Stocksfield：Acumen Publishing Limited, 2007：80.

关系的探讨有些简单化，即认为拥有一种倾向无非就是一个条件句为真这样的事情，类似于：如果某一东西已在液体中，那么它会溶化。但是这种真条件句仅仅是偶然地为真，也确实存在很多使得它为假的真实的东西。因此，赖尔并没有给出条件句凭什么为真的答案。阿姆斯特朗多次试图以一种严格的先天论证的形式提出这种"真之制造者"式的反驳。这一目的不仅仅是挑战现象主义观点，也是对他所谓的实在论观点的支持。该论证指出：倾向的归因许可了某些反事实条件，具体来讲，所谓的"倾向"正是在其"显示"中可以得到和拥有的，这是一种"倾向"能够成为其自身的一个必要条件。我们假定了这样的条件句可以为真或为假，还假定了它们偶然如此。需要注意的是，这里的条件句并非仅仅是实质蕴涵意义上的，每当前件与事实相反时，它都为真。实在论者对于一个条件句为真的原因有自己的解释，特别地解释了它没有显示出来时能够为真的原因。他们认可这样的观点：真条件句在关于对象的非倾向性状态或属性中具有其"真之制造者"。

从本质上讲，阿姆斯特朗的"真之制造者"理论也有符合论思想，但与传统符合论思想相区别的是，他的理论并没有局限于事态与外在客观世界的一一对应关系。因此，对于一个命题的"真之制造者"可以有多种候选项。其中，坏的候选项允许反事实的事态，但无法排除它们不是非自然的神秘实体。现象主义者可能会试图说明，作为归因主体的那个东西与在其他场合已经表现出来的东西等同。然而，这种回答对解释倾向的归因并无帮助。它仅仅表明的是这种归因取决于历经不同时间的同一性，但却没有解释为什么条件句在当前是真的。除非那些"倾向"显示出来，否则，现象主义者就退回到关于"倾向"的怀疑论立场了。而且随着时间的推移，"倾向"也可能存在获得或失去的不同情况，因此某一条件句可能在 t 时刻之前为真而在 t 时刻之后为假，尽管该条件句尚未经过检验。我们如何解释条件句中的真值变化？阿姆斯特朗认为，实在论者会这样回答：某些现实的、非倾向的属性在 t 时刻已经被获得或者失去，对于条件句而言，这就是"真之制造者"。

"真之制造者"的论证表明，对于一种"倾向"的条件句为真的问题，也就是要求，它必须在归因的主体的一种非倾向属性呈现或在场时为真。按照所谓的条件句的现象主义解释，"倾向"分析中运用的条件句在没有"真之制造者"的情况下可以为真，这相当于一种原初意义上的"真"。现象主义解释中的"真"内在地隐含着这样的要求，即这些条件句是原初地为真的，这显然不令人信服。所以，根据阿姆斯特朗的观点，我们要拒绝条件句的现象主义解释。

三、"告密者"倾向与理想条件的再考察

尽管以条件句分析来解读"倾向性"问题遭到了马丁和海尔等的质疑，但是倾向性陈述与条件句之间概念上的实质性联系仍然受到了较为广泛的认可和接受，而且在刘易斯等哲学家看来，那些关于倾向的陈述适于进行一种真正意义上的条件句分析。刘易斯主要通过反事实条件句的分析对倾向性作出了解释，他将"条件"的考察精致化，把倾向与能动者的内在属性关联起来，而伽尔多在此基础上区分了"理想的"倾向与"现实的"倾向，使得关于倾向问题的分析更加严谨。

1. 反事实条件句与"告密者"倾向

首先要明确的是，在对条件句与倾向性进行探讨时，需要区分条件句分析与倾向性分析（包括简单的条件句分析与简单的倾向性分析），因为前者是通过条件句而对倾向问题进行分析，后者是通过倾向来对语言意义等问题进行分析，二者分析的目的和对象有所不同。当然，关于能否通过条件句来解释倾向性还有一些争议，但却不能否认它们之间的密切关联，借助于条件句的分析确实有助于对"倾向"问题的呈现与深入理解。

刘易斯认为，一个事物倾向于如何对刺激作出反应，这种陈述可以直接根据反事实条件句进行分析[①]。这种观点看似很强，比如，按照此观点可以断言，一个具有易碎倾向的东西一旦破碎了，就不会减少其破碎的倾向；一个具有易怒倾向的人一旦生气了，就不会减少其发怒的倾向。但是，伽尔多指出，刘易斯对"反事实"一词的使用及对反事实结构的分析主要是基于技术层面的，而且他也考虑到了"反事实"条件句中前提为真的情况[②]。所以，刘易斯并没有作一些太强的断言，比如，在"杯子有易碎的倾向"这个例子中，并不是断言当杯子破碎了也无法终止其易碎的倾向；而在"某人有易怒的倾向"的例子中，也并非断言当此人生气了也无法终止其发怒的倾向。按照刘易斯的观点，我们不能简单地对此类例子作这样的断言或解释，他将简单的条件句分析表述为：

X在T时刻倾向于对刺激S作出反应R，当且仅当如果X在T时刻经受

---

① Lewis D. Finkish dispositions. *The Philosophical Quarterly*, 1997, 47(2): 143-158.
② 参见：Guardo A. Rule-following, ideal conditions and finkish dispositions. *Philosophical Studies*, 2012, 157(2): 195-209.

了刺激S，那么X会作出反应R。[1]

马丁有关倾向性与条件句的文章产生了深远影响[2]。按照马丁的观点，倾向可以由于某种即时原因而表现得时来时去，如前文所提到的马丁关于"电子告密者"的论证。他设想的那种仪器设置会立刻使一根坏的电线成为有导电作用的，而且通过作一种反向设计（如使该电线被某一导体触发，反向的"告密者"可能只是一种电子开关）也可以使一根能导电的电线坏掉，阻碍其倾向的呈现。除此之外，由各种原因引起某种"倾向"的常见例子为：玻璃吹制工学着为一个新接合点退火以使玻璃坚固不易碎；烦恼的事情可以使一个人易怒；平静和安宁可以使他再次镇定下来。因此，任一事物都可以引发什么，也可以阻碍一些倾向的显示，从这个角度讲，一个引发倾向表现的刺激本身可能恰好成为导致倾向消失的那个东西。而且，如果倾向消失得足够快，它就不会表现出来。

因此，刘易斯指出如下表述并不成立：如果X经受了刺激S，X将作出反应R。只要S没有出现，X就保持着它的倾向。如果受到检验，这样一种倾向可能会直接消失，但是我们仍然可以肯定，X"倾向于"在T时刻作出反应R，刘易斯把这种倾向叫作倾向，即"告密者倾向"。按照刘易斯的观点，一个"告密的"易碎东西具有易碎倾向，这是毫无疑问的，只要它没有受到打击。但是如果它受到打击，就会立即终止易碎的倾向。一般而言，一种"告密的"倾向对于简单的条件句分析来说是一种反例。[3]举例来讲，如果断言"在某一特定情形中，主体对于某一刺激S倾向于作出反应R，但是若由此前提得出：如果该主体已经经受了S，它就会已作出反应R"，这是不正确的。前者作为被分析的部分是真的，而后者作为解释的部分却并不成立。

实际上，马丁的"电子告密者"等相关论证已经在相似的意义上揭示出了其中的问题。再看这一简单的条件句分析：X在T时刻倾向于对刺激S作出反应R，当且仅当X在T时刻经受了刺激S，X才会作出反应R。如果我们把"X在T时刻倾向于对刺激S作出反应R"记作"p"，而把"如果X在T时刻经受了刺激S，那么X会作出反应R"记作"q"，按照马丁例子中预设的那种即时因果关系，也可以得出，如果p为真，q可能为假；当p为假，q也可能为真，因此q并不是p的充分必要条件。

对于其中p为假时q也可能为真的情形，伽尔多进一步分析说，这是因为S

[1] Lewis D. Finkish dispositions. *The Philosophical Quarterly*, 1997, 47(2): 143.
[2] Martin C B. Dispositions and conditionals. *The Philosophical Quarterly*, 1994, 44(1): 1-8.
[3] Lewis D. Finkish dispositions. *The Philosophical Quarterly*, 1997, 47(2): 142-145.

本身可能是导致 X 获得某一倾向的东西，而且如果这一倾向获得得足够快，它也会显示出来。因此，尽管前件为假，但若 X 在 T 时刻经受了刺激 S，它会作出反应 R，这可以为真，需注意的是，由此仍然不能推出 X 具有相关倾向，即不能断定"X 在 T 时刻倾向于对刺激 S 作出反应 R"。[1]在这样的例子中，可以说倾向的缺乏是"告密的"，而且这类倾向的缺乏都对简单的条件句分析进行了质疑。根据刘易斯和伽尔多的讨论，我们可以分析一种倾向的缺乏何以是"告密的"。假设能动者 X 确实在受到刺激 S 时有反应 R，凭此现象虽然不能断定他"倾向于"对 S 作出反应 R，但却表明他有获得那种倾向的可能性，而且刺激 S 本身也构成了可能导致他获得那种倾向的东西。所以，"告密者倾向"既可以解释倾向消失的情形，也蕴含着获得倾向的可能性。

2. 刘易斯改进的条件句分析

尽管马丁的"告密者论证"旨在证明条件句分析对于倾向解释的无效，以此表明"倾向"是事物本身内在的性质，但由于他揭示出了简单条件句分析存在的问题，所以仍然为条件句分析的改进留下了广阔空间。因此，简单的条件句分析虽然有种种缺陷，但并不足以反驳有关倾向的陈述与条件句之间的密切联系。刘易斯对条件句进行了修改，他也看到了原来的倾向反应模式的不稳定性，因而试图引入 X 的某种内在属性来更明确地表述"倾向"，他将条件句修改为：

> X 在 T 时刻倾向于对刺激 S 作出反应 R，当且仅当对于 X 在 T 时刻具有的某些内在的属性 P 来说，X 在 T 之后的某时刻 T^* 也仍然拥有 P，如果 X 在 T 时刻经受了刺激 S 而且保持 P 直到 T^*，那么 S 以及 X 对 P 的拥有就共同地是 X 作出反应 R 的完整的原因。[2]

对于其中"内在属性"的含义，刘易斯认为可以这样界定："P 是 X 的一种内在属性"，当且仅当 X 拥有 P 而无论在 X 之外发生了什么。这一界定方式避免了 P 对于不同的 X 来说具有"内在"和"外在"的差异。

伽尔多指出，这种改进的条件句分析表明：①如果 X 在某一特定情形和某一时刻具有一种特定的倾向，这与 X 在那个特定情形和那一时刻具有一种特定的内在属性具有密切关联；②正如从直觉上讲的，如果某些原因构成了 X 作出

---

[1]　伽尔多的分析可参见：Guardo A. Rule-following, ideal conditions and finkish dispositions. *Philosophical Studies*, 2012, 157(2): 199.

[2]　Lewis D. Finkish dispositions. *The Philosophical Quarterly*, 1997, 47(2): 157.

相关反应的完整原因，那么它可以归结为，仅在 X 保持了那种属性相当长的时间这一假定情况下，X 具有那种内在属性 P 并且 X 经受了相关的刺激。这种倾向性分析因而就给出了"告密的"倾向缺失的原因，即：在 T 时刻稍后的某一时间，往往也是在另一特定情形之中，所探讨的那种倾向连同构成它的基本属性消失了。[①] 特别是在马丁的告密者例子中，因果关系是即时的，那么我们也可以将倾向的那些基本属性理解为"因果的基础"，"告密的"倾向缺失的情形可以看作这种"因果的基础"消失的情形。

尽管刘易斯的解释非常有助于"告密者倾向"的分析，但他的解读也遭到了一些质疑。比如，在伽尔多等看来，刘易斯在处理内在属性及其相关变化方面论证得较好，但在外在因素的处理上就有些欠缺。而伯德（Alexander Bird）和法拉（Michael Fara）则反对以条件句来解释倾向性问题[②]。另外，"倾向"与条件句之间的联系能否使用"当且仅当"的形式也尚未达成共识，或者事实上存在一种关于倾向的"当且仅当"的分析，但并非一定是刘易斯所描述的那种条件句。面对种种分歧，伽尔多不主张陷入这些争论之中，而强调在有关倾向的解释中需要重视"直觉"，刘易斯改进的条件句分析之所以优于简单的条件句分析，重点就在于他看到了有关基本属性的直觉，伽尔多将这种观点总结为："X 在某一时刻和某一世界具有一种特定的倾向与 X 在那一时刻和那个世界具有一种特定的内在属性有关。"[③]

3. 伽尔多对"理想条件"的分析

伽尔多在分析和评论刘易斯有关条件句观点的基础上，又对"理想条件"的内涵作了继续解释和澄清。他仍然从克里普克关于理想条件下的倾向性分析开始探讨：

当我实施"+"的某一应用时，当且仅当它符合我过去在理想条件下涉及该使用的那种倾向，这种应用才是正确的。当被询问"68+57"时，我必须给出的回答是"125"，因为这是我在过去在理想条件下被问到这一求和数目时倾向于给出的答案。[④]

① 伽尔多的分析与评论可参见：Guardo A . Rule-following, ideal conditions and finkish dispositions. *Philosophical Studies*, 2012, 157(2)：200-201.

② 参见：Bird A. Dispositions and antidotes. *Philosophical Quarterly*, 1998, 48：227-234; Fara M. Dispositions and habituals. *Noûs*, 2005, 39(1)：43-82.

③ Guardo A. Rule-following, ideal conditions and finkish dispositions. *Philosophical Studies*, 2012, 157(2)：200-202.

④ Kripke S. *Wittgenstein on Rules and Private Language*. Oxford: Basil Blackwell, 1982：27.

伽尔多认为，这种对"理想条件"下的倾向性分析并阐明"倾向"的性质。这主要是因为，说话者"过去在理想条件下的倾向"这一表达式的内涵可以有多种理解，其中的"倾向"可以指倾向的各种集合。它至少可以包含这两种情况：①它只会有这样一种"倾向"，说话者如果处于理想条件下的情形中就会有此倾向；②它相对于说话者实际上已有的"倾向"而言，如果条件是理想的，其中就存在他过去对某些刺激作出某些反应的倾向。如果比较这两种情况，其不同之处可以简单地归结为：前者指的是"说话者如果处于理想条件下，他就会具有对刺激 S 作出反应 R 的倾向"；后者强调的是，"说话者拥有这样的倾向，如果条件是理想的，那么该倾向会对刺激 S 作出反应 R"。[①]

在我们看来，这两者的区别在于：第（1）种解读方式表明了说话者在符合理想条件的可能世界中会拥有的倾向，即通过可能世界中的有关表达式使用的倾向来说明现实世界中的使用情况；而第（2）种解读方式表明，把说话者已经拥有的倾向看作一种现实世界，而条件理想的情况是根据这种现实世界的模态建构或投射出来的，只有确定了说话者已有倾向的现实世界才能够为可能世界中作出反应的倾向提供解释和例证。

按照第（1）种理解，对理想条件的倾向性分析往往会断言：一位说话者对"+"的应用是正确的，当且仅当它符合说话者在理想条件下将会有的一些倾向。因为通过我们的预设可知，决定了说话者对"+"的未来使用的正确性准则的是他以"+"这一符号意谓某一对象，所以理想条件的倾向性分析可归结为这样的问题：说话者以"+"来意谓加法必须相当于他在条件理想的情况下所具有的某些倾向。伽尔多把这种观点表述为，说话者在 W_1（现实世界）中以"+"意谓加法必须相当于他在 W_2（其中那些"理想的"条件与现实世界最相似）所具有的一组倾向集。当然，实际上可能有很多个这样的 W_2，但出于简单性考虑，伽尔多建议我们假定只有一个这样的世界。而且，由于在现实世界中很清楚的是，这种相关条件从来都不是真正"理想的"，即从未有这样的情况，即 $W_1=W_2$，所以或许可以将这一观点表述为：说话者在 W_1 中以"+"意谓加法仅仅是他在 W_2 中所拥有的一组倾向。[②] 但是，这种解读方式也有令人困惑的地方。根据这种对理想条件的倾向性分析的解读，为了阐明说话者总是以"+"来意谓加法函项的条件，说话者看似作出了有关现实世界中"+"使用方式的表述，但我们实际上

---

① 伽尔多对"理想条件"的不同划分方式可参见：Guardo A.Rule-following, ideal conditions and finkish dispositions. *Philosophical Studies*, 2012, 157(2): 203.

② 伽尔多通过"现实世界"与"可能世界"（W_1 和 W_2）的说明而进行的"倾向性"分析可参见：Guardo A. Rule-following, ideal conditions and finkish dispositions. *Philosophical Studies*, 2012, 157(2): 203.

在讨论这一使用成立的条件时，却是通过另一个设想的可能世界中的倾向来予以说明，似乎用来解释那种待说明项（表达式的使用）的东西本身也仅仅是想象出来的，这种解释路径令伽尔多也感到有些缺乏说服力。

实际上，伽尔多倾向于以上第二种解读方式，即说话者以"+"来意谓加法这一方式必须通过他实际已有的反应模式或倾向来予以说明，由于这里的"倾向"是所指定的那个现实世界中的，所以这种解释进路是通过现实世界中的某种倾向来说明"理想条件"下对表达式的使用。基于这种解读方式，考虑在理想条件下，当询问说话者两个巨大的数字 N_1 和 N_2 之和时，说话者会倾向于作一种回答，假定他的回答为 N_3，那么如何描述这种倾向呢？伽尔多作了这样的界定：

> 在条件是理想的情况下，我在时刻 T 和世界 W 中倾向于对刺激"$N_1 + N_2$"作出反应（回答）"N_3"，当且仅当我在时刻 T 和世界 W 中以及在 T 之后的某时刻 T^* 有某些内在的属性 P，在理想条件下，如果我在时刻 T 和世界 W 中经受了刺激"$N_1 + N_2$"并且保持 P 直到 T^*，那么这种刺激以及我具有 P 会共同成为我作出反应"N_3"的完整原因。[①]

对于伽尔多对倾向性的上述解释方法，我们可以对其进行简短的分析和评价。

首先，伽尔多在分析"理想条件下的倾向"中的"倾向"时，将它分为两类情况来考察，这两种情况实际上可以简要地归结为：第（1）种解读方式是通过可能世界中的"倾向"或"倾向集"来说明现实世界中有关表达式的使用情况；第（2）种解读方式是通过现实世界中的"倾向"或"倾向集"来说明它在理想条件下的模态构造或投射情况，这可以看作是与第（1）种相反的解释进路。

其次，伽尔多在其更为精致的有关倾向性分析的设计中，仍然采取了与刘易斯相似的进路，将说话者在某一时刻和某一特定情形中的"倾向"与其特定的内在属性相联系，而这种内在属性与其经受的相关刺激联合起来作为那些倾向的原因，而且在持续的时间中去考察，这就避免了把"倾向"看作一种处于即时因果关系之中的偶然现象，更充分地体现了条件句分析对于"倾向"解释的方法论意义。

---

① Guardo A. Rule-following, ideal conditions and finkish dispositions. *Philosophical Studies*, 2012, 157(2): 204.

最后，既然引入了说话者在特定情形中的特定属性，那么我们很自然地会继续追问这种特定属性如何界定。可能又难免会回到克里普克曾经提出的主张，即将那种特定属性归为一种额外强化的大脑状态或生理机能。如果仅仅对说话者的特定属性进行这种意义上的还原而不能进一步对大脑状态作出解释，那么这一因素的引入似乎就体现不出其应有的意义，而只是将克里普克的论证进行了更加精致化的重构。这看上去像从不同的角度作出了与萨拉巴多等类似的说明，即要使说话者的反应模式或倾向得到合理性辩护，就必须与他在过去运用同一函项作出断言的生理机能或意识关联起来，但这些讨论很大程度上只增加了需要解释的项目，通过理想条件的倾向性分析同样未能很好地解释说话者使用表达式的倾向。

第三节　意义归因与非事实论 [①]

克里普克对规则遵循问题进行扩展性解读时提到，如果一个说话者以"+"来指昧加法，一定有关于说话者的某种事实以某种方式为他挑出加法的函项，并且他已经形成了关于这种函项的意向方式，这种函项决定了对该词项的正确使用。那么，是关于他的什么事实使他运用加法而不是怀疑论者提出的"卡法"作为运算的标准？接下来的怀疑论论证表明关于运算者的一些事实并没有"挑出"任何特殊的运算。怀疑论者想要找到某种事实作为说话者使用某词项的正确标准是不可能的 [②]。很显然，克里普克提到的这种意义观念体现了经典实在论的倾向，他关注的是句子的意义与"经典实在论式的"真值条件的关系。如果我们遵循经典实在论的方式，就必然要去寻找背后的语义事实和使语言表达有意义的真值条件，当找不到意义归因的事实和真值条件时，我们就会陷入一种困境：没有人可以通过运用语言表达来意谓任何东西。克里普克的怀疑论解决方案正是试图避免"所有的语言都是无意义的"的结论。我们可以这样理解怀疑论解决方案：首先要把意义归因的真值条件转换为可断言性条件；其次，意义归因的可断言性条件要考虑语言共同体的倾向或行动。这意味着如果要证明说话者作出某种断言的合理性，就要对作出断言的具体情况或语境作出明确说明，进而得出语义事实的缺失并非必然导致意义的怀疑论悖论。

---

① 本节主要内容曾发表于《哲学研究》2011 年第 5 期，论文题目为《意义的非事实论与规范性——规则遵循问题的语义分析》。

② Kripke S. *Wittgenstein on Rules and Private Language*. Oxford, Basil Blackwell, 1982: 7-9.

可见，克里普克对规则遵循问题的解释非常详细，他从加法规则入手进行了怀疑论论证，进而引出了怀疑论解决方案。在规则遵循问题的语义分析中，意义归因的非事实论在怀疑论论证中具有重要的作用。我们在非事实论的基础上对相关问题进行语义分析，通过探讨非事实论与真值条件的关系、非事实论中的"真"等内容，可以揭示一些代表性观点的论证缺陷和意义非事实论在融贯性方面的困境。

一、规则遵循中的意义非事实论

博格西恩以意义的非事实论为视角来阐释规则遵循的怀疑论论证，他试图结合真值条件与紧缩论的"真"之概念来阐释意义的非事实论。

1. 意义的非事实论与真值条件

怀疑论的结论表明，不存在相应的事实能够被一个意义归因的句子来表述，那么不具有真值条件的陈述是否就无法表达其意义？怀疑论解决方案的建议是，通过强调意义归因的某些作用是非事实陈述的来削弱这种结果的力量，语句是因为具有可断言性条件而有其特殊意义。博格西恩认为，怀疑论解决方案首先采取的是一种非事实论的形式，这种非事实论不仅限于某种特定的有意义的言谈，而且是整体的全面的非事实论[①]。在一些解读中，这种彻底的非事实论形式与一种谬误论[②]形成对比，博格西恩通过女巫的例子来说明这一点：如果我们认为女巫是不存在的，没有什么能构成她的属性，比较保守而谨慎的方式并不是提供关于她的非事实论的概念，而是提供关于她的言谈的一种谬误概念，这里谓词仍然被理解为表达某种属性，陈述句仍然被看作具有真值条件。因此，在某个特定的言谈领域，当我们说明某事物为假时，至少还可以保留该领域的一些基本的语义学特征或表象，然而我们可以在这种意义上来理解克里普克的怀

---

① Boghossian P. The Rule-following considerations// Miller A，Wright C. *Rule-following and Meaning*. Montréal：McGill-Queen's University Press, 2002：158-160.

② "谬误论"首先出现于伦理学领域，麦基（John Leslie Mackie）提出该术语用以反对伦理自然主义。他指出："对客观价值的否定将不是作为一种分析方法的结果提出来，而是作为'谬误论'提出来，这种理论表示，虽然大多数人在作道德判断时含蓄地作出断言，所指的是存在于其他事物中的某种客观规定性的东西，但这种断言全都是错误的。"（参见：Mackie J L. *Ethics: Inventing Right and Wrong*. New York：Viking Press, 1977：35.）麦基反对把自由选择的道德问题当作强加于我们的客观的道德事实，他质疑有决定道德判断真值的客观价值或事实的存在。这里是从语义学视角来对比全面、彻底的非事实论与谬误论的异同，笔者认为，它们都有对相关事实的否定，但力度和程度不同。谬误论保持了关于陈述的一些基本语义学特征，从某事物的一些具体方面的体现来论证它不存在，但彻底的非事实论可能会要求从本体论的层面作出断言。

疑论论证和怀疑论解决方案吗？

接下来博格西恩就证明了这种有意义言谈的谬误论并不是怀疑论论证的寓意所在，怀疑论悖论的结果是整体彻底的非事实论。根据怀疑论者的质疑，不存在这样的事实，根据此事实意义的归因是真或假，可以导致一个结论：所有的意义归因都是错的，所以：

（1）对于任何 S，"S 意谓 p" 是假的。

但是真值谓词的去引号属性使得由（1）必然得出：

（2）对于任何 S，"S" 没有意义。

这是一种可怕的结论，（1）表明，没有任何语句能够具有意义。如果仅根据日常言谈，也可以判断这个结论与我们的经验相悖。众所周知，后期维特根斯坦反对一个语句的意义可以被先验地确定下来，在尚未知道语句 "S 意谓 p" 的意义是否被先验地确定的情况下，就作出 "对于任何 S，'S 意谓 p' 是假的" 这一论断显得不合理。怀疑论者要寻找意义归因的语义事实，也就是要寻找使语言表达有意义的真值条件，按照这种方式，克里普克关于非事实论的论述会推论出什么结果？博格西恩在解读克里普克的阐释时，把他的非事实论观点解释为，某个目标陈述句并不是真正地具有真值条件的，可以表示为：

（3）对于任何 S、p，"S 意谓 p" 不是真值条件的。

但是，如果按照怀疑论解决方案的建议，这种非事实论并不是仅仅局限于意义归因的语句，而应该得以整体全面地运用。因此可以得到：

（4）对于任何 S，"S" 不是真值条件的。

由意义归因的非事实论可知，不存在具有真值条件式的意义归因的语句。因为任何语句的真值条件（也许是部分的）是其意义的一个函项，所以一种关于意义的非事实论必然会要求关于真值条件的非事实论，S 所具有的真值条件也同样几乎不可能是事实的东西。我们由（3）就可以得出：

（5）对于所有的 S、p，"S 具有真值条件 p" 不是真值条件的。

然而，根据真值谓词的去引号属性又可以得出："S 具有真值条件 p" 这种语句是真的当且仅当 S 具有真值条件 p，但（5）说明 "S 具有真值条件 p" 不会为真，因此又能得到和（4）一样的结论。但是如果我们要把非事实论看作一种整体、全面的要求，就不得不将非事实论也应用于怀疑论论证的结论本身，即 "没有语句具有真值条件" 仅仅是可断言的。

2. 非事实论中的"真"

博格西恩这里从不同角度解读"真"这个概念就会有不同的理解[①]。

在语言表达中我们实际上已经预设了一种"真"的概念，而接受并遵循全面整体的非事实论时又会对"真"的概念作出某种断定，它们之间会存在矛盾。为阐明这种矛盾所在，博格西恩将非事实论的论述中的"真"的概念和紧缩论中的"真"的概念作了对比，并在此基础上试图厘清二者的区别。他举例证明，如果按照前面的思路，"x 是好的"是一个有意义的陈述句，要对"x 是好的"作一种非事实论的论述，那将是：所有"x 是好的"这种形式的语句不是真值条件的。虽然这种表达式也体现了真理紧缩论的某些特征，但是博格西恩认为非事实论相关论述中的"真"与紧缩论概念中的"真"的意义存在明显差别。为了进一步说明意义的非事实论中的隐含矛盾，博格西恩又通过艾耶尔（Alfred Jules Ayer）对"真"的紧缩论概念的相关论述进行分析，艾耶尔曾在《语言、真理与逻辑》一书中指出：

> ……我们已经表明，说p是真的仅仅是断言p的一种方式。那么我们就得出结论，不存在通常所设想的关于真的问题。传统的作为"实在的特性"或"实在的关系"的真的概念，像多数的哲学错误一样，是由于不能够正确地分析语句。有这样的语句，正如我们已经分析的两个语句那样，在其中语词"真"似乎代表了某种实在的东西；而且这一点指引着那些思辨哲学家去追寻这"某种东西"是什么。他自然得不到一个满意的答案，因为他的问题是不合理的。我们的分析已经表明，"真"这个语词并不像这个问题所要求的那样代表任何东西。[②]

众所周知，真理紧缩论挑战传统的假定，即认为"真"是某种东西的性质的假定，并且断言"真"既没有一个载体，也不描述命题。正像艾耶尔在这里所声称的，"真"的概念仅仅是语义上行的一种策略性的概念，而不是指某种真正的属性或某种"实在的关系"。博格西恩在阐释真理紧缩论的相关内容时认为，一个语句只有在适合语义上行时才是具有真值条件的，并且只有当它是一个有意义的陈述句时，它才适合语义上行。如果按照这种"真"的概念来看意义归因的非事实论，那么非事实论无论如何也不会是融贯的。博格西恩是这样推论的：根据紧缩

① Boghossian P. The Rule-following considerations//Miller A, Wright.*Rule-following and Meaning*. Montréal: McGill-Queen's University Press, 2002：161-162.
② Ayer A J. *Language, Truth and Logic*. London：Penguin Books, 1990：87.

论中对"真"的理解,"x 是好的"是一个有意义的陈述句,它应该具有真值条件,但一种整体的非事实论却否定了它具有真值条件。因为意义非事实论的观点是构成性的,否定与一个语句相符合的外部客观实在是存在的同时,也否认了一些有意义的目标陈述句具有真值条件。这种观点断言,一个有意义的、在形式上是陈述的语句不能具有真值条件。因此,这种非事实论显然预设了一种比紧缩论内容丰富的"真"的概念,从这个角度而言,非事实论中必定蕴含着这样一种预设和承诺,即谓词"真的"代表了某种独立于语言的属性,而这种属性仅仅通过"一个语句是陈述的并且是有意义的"是不能得到证明的。

二、意义非事实论的困境分析

根据以上博格西恩关于意义归因非事实论的阐述和论证,我们力图通过语义分析来揭示其论述中的缺陷和问题、整体的意义非事实论所面临的困境及其形成原因,这可以从以下几个方面来说明。

第一,如果我们对博格西恩的这种阐释从逻辑上作出一种分析,可以发现他在区分非事实论相关论述中的"真"的概念和紧缩论中的"真"的概念时存在一些缺陷,自然他的结论也因此受到影响。按照艾耶尔对真理紧缩论的解释,一个语句只有在适合语义上行时才是具有真值条件的,并且只有当它是一个有意义的陈述句时,它才适合语义上行。那么,很明显可以断定,"一个语句是一个有意义的陈述句"是"一个语句适合语义上行"的必要条件,而"一个语句适合语义上行"又是"一个语句具有真值条件"的必要条件。并且,据此可以进一步推出:"一个语句是一个有意义的陈述句"是"一个语句具有真值条件"的必要条件。所以,当一个语句具有真值条件时,它一定是一个有意义的陈述句,而由一个语句是一个有意义的陈述句却不能得出它一定具有真值条件,否则是不符合逻辑推理的。所以,博格西恩的观点可以归结为:真理紧缩论蕴含着一个语句是有意义的陈述句时,它就具有真值条件,然而根据全面整体的非事实论,一个有意义的、在形式上是陈述的语句不能具有真值条件,因此非事实论显然预设了一种比紧缩论内容丰富的"真"的概念。这种分析显然有不合理性。首先,他对"一个语句是一个有意义的陈述句"、"一个语句适合于语义上行"及"一个语句具有真值条件"之间关系的解释有误,据此而得出的关于非事实论中"真"的一些推论也必定存在问题。

第二,博格西恩联系真理的紧缩论探讨了很多关于"真"的问题,且不论他论证方式的正确性，实际上他是要表明非事实论预设的"真"比紧缩论中的"真"更加有力。而且，对一个语句真值的判断其自身必须是事实的，也就是说，对"S 具有真值条件 p"中的"p"的判断必须是事实的，它的真值条件必须是非常有力的，但是前文中的（5）表明：对于所有的 S、p，"S 具有真值条件 p"不是真值条件的。如果要求一种整体全面的非事实论，必然会得到一个相反的结论，即对"一个语句具有真值条件"的判断不会是事实的，它的意义是非事实的。所以，博格西恩实际上要通过这样的论证表明：当我们联系真值条件来探讨时，意义的非事实论将面临一种困境。如果要将关于意义的非事实论整体地加以运用，就会追问类似于"S 具有真值条件 p"这样的语句本身是不是真值条件的。如果这种判断本身是事实的，就不是意义的非事实论的全面体现，但不断地追问判断本身的真值条件问题可能会带来一种无穷倒退，我们必须安排一个"事实"出场，它的"真"具有独立于语言表达式的属性，是非常有力的。博格西恩似乎预设了一种比紧缩论的"真"更加丰富而有力的"真"的概念，但他对这一概念又未充分阐释和澄清，他似乎是要为那种倒退寻找一种理想的解决方式，但是在联系紧缩论中的"真"来证明时没有达到预想的目标，其中的一些缺陷反而使得他的论证力度削弱不少。然而，可以肯定的是，他的论证体现了关于意义的非事实论潜存的一些问题。

第三，关于意义的非事实论不仅存在上述问题，还需要进一步明确指出的是，它可能会导致一种自相矛盾。首先，关于任何内容的非事实论和谬误论都预设了关于"真"和真值条件的某种断言，但我们有意义的言谈的谬误论和非事实论必然有对那个预设的否定。按照意义非事实论的相关解释，对一个语句意谓什么的判断是非事实的，因为一个语句具有的真值条件是其意义的一个函项，所以关于一个语句所具有的真值条件的判断也是非事实的。另外，非事实论中可能已预设了一种真的概念，即关于一个语句真值的判断自身必须是事实的，"S 是真的（或 S 不是真的）"这样的判断自身必须是真或假，而并非仅仅是正确的或不正确的。如果这种意义的非事实论的确面临自相矛盾的困境，那么我们就不得不对其融贯性问题提出质疑，进而克里普克所提出的怀疑论悖论及怀疑论解决方案也将会受到威胁，因为克里普克的怀疑论者正是在与非事实论有关的意义上提出了怀疑论悖论进而提出了怀疑论解决方案。此外，规则遵循的意义非事实论中可能隐含着一种非实在论的立场和倾向。克里普克在提出怀疑论解决方案之前，已经借怀疑论者的质疑意指一种意义归因的非事实论，并说明语义事实的缺乏并不一定带来语言意义的丧失，我们推测克里普克的怀疑论解决方案可能导致一种非实在论的意义概念。在《论心及其他问题》中，古德曼（Nelson Goodman）对非实在论作出了这样的解释："非实在论并不认为每一事物或甚至任何事物都是不实在的，而是认为世界融入了构成世界的各种形式中，它发现本体论是转瞬即逝的，它探讨使一个构成世界的形式成为正确的并使世界很好建立起来的东西。"[①]这里需要注意的是，怀疑论悖论的结论并不直接表明一种非实在论观点。根据语义非实在论，我们不能说所有的语句都是无意义的，因为如果作了这样的断言，那么它对于这些语句而言本身就构成了一个事实，它只是强调不存在意义归因语句所描述的意义和语义特性的特殊领域，对遵循句法规则所确立的话语表示质疑。

第四，一般认为，克里普克理解的维特根斯坦正是通过否定相关语义事实的存在，使说话者能以语言表达意谓某事物，从而依此路线得出"意义归因的非事实论"和怀疑论解决方案。然而，如果意义归因的语句具有无需"陈述事实"的功能，那么是否一定要以一种"非事实论"为前提？这种论证过程似乎不具有必然性。伯恩（Alex Byrne）等认为，就这些语句的作用而言，有些类似伦理学中的唯情主义[②]。唯情主义主张，类似于"X是好的"等语句体现了一种逻辑形式，但并不断言任何事实。贝克莱就曾主张诸如"好的"这样的评价词用于引起情感而不是传达信息[③]；随着20世纪逻辑实证主义的发展，艾耶尔也将这一理论逐步完善，他提出伦理判断是对情感的表达，既非真也非假，因此我们说某事物"正确"或"错误"就相当于发出这样的声音"Hoorah！"或"Boo！"所以，这种陈述既不能看作对非伦理的科学事实的判断，也不表达一种非科学的伦理事实[④]。如果结合意义归因问题来解释，这种表达与真值条件无关，也并非事实的陈述，从它的表达效果和功能而言，或许我们可把它看作一种类似于伦理学意义上的非事实论。如果循着这种思路，某些语句本身可能就不具备断言事实的功能，那么我们似乎不必在将一些假定的候选事实考察后再一一拒绝。我们不必寻找各种可以构成意义的语义事实，不必追问以往经验中正确运用某个表达的语义意向或策略，甚至不必求助于关于说话者的事实或内省的经验。这样，克里普克从怀疑论者寻找语义事实的努力到提出怀疑论解决方案的过程

---

① Goodman N. *Of Mind and Other Matters*. Cambridge：Harvard University Press, 1984：29.

② Byrne A. On Misinterpreting Kripke's Wittgenstein. *Philosophy and Phenomenological Research*, 1996, 56(2)：339-341.

③ Berkeley G. *Principles of Human Knowledge and Three Dialogues between Hylas and Philonous*. London: Penguin Books, 1988, 48-49.

④ Ayer A J. *Language, Truth and Logic*. London：Penguin Books, 1990：104-107.

就令人质疑了。

三、从非事实论到规范性

在克里普克关于意义非事实论的论述中，怀疑论者质疑了传统内涵主义理论所预设的语义事实和内在状态方面的事实。那么，形成语言表达式意义的语义基础或所谓的"事实"是什么？如果坚持循此思路寻找它们之间的联系，或许可以通过一种关于语言表达式正确运用的"事实"来解释，亦即语言表达式的意义与一些规则或规范性条件密切相关。关于规则遵循的相关探讨已经表明，与倾向行为有关的事实只告诉我们该表达式可能将被如何使用，而构成语言表达式意义的"事实"则与该表达式"应该"如何被使用有关。一个语言表达式的意义隐含了其使用的正确性条件，这种正确性条件体现了表达式的意义及其运用之间的规范性联系。因此，阐释规则遵循的意义归因就要对其中的规范性问题作出说明。

语言表达式意义的规范性维度已经指出，说话者运用一个表达式时有正确或错误的方式，而我们之所以可以作出这种判断是因为，一个语言表达式"应该"被说话者以体现其意义的方式来运用。众所周知，维特根斯坦不仅反对将规范性问题还原为自然科学中的因果规则性，而且在意义的规范性方面，他反对两种传统观点：①意义的规范性基础存在于个体的主观假象或心灵状态中；②在超验的柏拉图式的意义领域寻找意义的规范性基础。如果根据这两种传统解释来理解规范性，我们必然会继续追问，个体的心灵状态应该怎样解释？柏拉图式的意义基础及合理性根据又是什么？这些都会导致解释的无穷后退，而且它们最终仍然无法为语言表达式的正确运用提供辩护。既然在私人的心灵状态和意义的柏拉图主义解释中都无法为规范性找到合理根据，那么语言表达式的意义是否存在规范性维度？是否要取消意义的规范性问题？首先可以明确的是，这种规范性联系必然存在，关键在于如何阐释意义的规范性。维特根斯坦反对以行为主义的自然主义倾向使规范性简单化甚至取消规范性，塞拉斯（Wilfrid Sellars）、普特南（Hilary Putnam）、布兰顿、麦克道尔、萨维尼（Von Savigny）、布鲁尔（David Bloor）等也主张从与自然科学不同的一种规范性视角来理解人的语言行为和语言的意义。

目前，在关于"克里普克的维特根斯坦"的争论中，所涉及的规范性论题也有较大争议，如意义是否具有内在本质的规范性、什么决定了意义的规范性维度。表述"规范性"的语词 normativity、prescriptivity 等都曾出现在意义和规范性问题的阐释中，但含义不尽相同。如果与意义有关的规则具有规定性作用，那么意义就不仅是规范性的，而且是在本质上内在地规范性的。一些语义规范论者在经典实在论的基础上为意义的内在规范性辩护，他们不仅强调正确运用语言表达式的规则和条件，而且认为如果说话者能够正确地运用一个表达式，他就"应该"甚至"必须"在所有符合这种意义的情况中运用该表达式。因此，意义的内在规范性表明一种"应该"的语义义务和责任。例如，一个说话者运用"猫"这个词项指所有的猫并且仅仅指猫时是正确的。如果说话者能够将"猫"这个词项正确地运用于所指的对象，并且达到了该词项运用的正确标准，那么说话者就做了他应该做的事，体现了意义的规范性。持语义实在论的规范论者认为，如果我们可以很自然地接受语言表达式的正确性条件，那么就由此承诺了一种"应该"的规范性。正确性条件可以由一个屡见不鲜的符号化表达式进行表述，即

(C) w means $F \rightarrow (x)$ (w applies correctly to $x \leftrightarrow x$ is f)[①]

这个表达式体现的一般规范性要求是我们容易接受的。然而，在一些语义规范论者看来，接受上述表达式就意味着对一种"应该"甚至"必须"的语义学义务的承诺。因此，我们实际上可以把他们称为语义的强规范论者。与这种观点相似，帕金（Peter Pagin）所质疑的规范性准则也是在这种内在的强规范性的意义上讲的，这一准则表述为："一个言说可以表达一种信念或其他的态度，仅当被说出的这个表达式的意义已经预先被确定（或决定）下来。"[②]这个规范性准则比上述表达式（C）所含的内容更丰富，它表明了这样几方面：①决定意义的东西与意义之间具有内在而本质的关联；②"一个语言表达式是有意义的"蕴含着"关于语言表达式的正确运用存在规定性规则（prescriptive rules）"；③意义的规范性与内容的规范性相关联。帕金的规范性准则要求意义在私人的心灵状态中理解并确定下来，如果一个说话者能够表达一种信念，那么就有他表达这一信念的规则，这体现了意义、心灵状态和作出断言的规则之间的必然联系。

可见，"内在的强规范性"实际上可能对意义和心灵内容都作出一些限定。

---

① Hattiangadi A. Some more thoughts on semantic oughts: A reply to daniel whiting. *Analysis*, 2009, 69(1): 55.

② Pagin P. Rule-following, compositionality and the normativity of meaning // Prawitz D. *Meaning and Interpretation: Conference Held in Stockholm, September 24-26, 1998*. Stockholm: Almqvist & Wiksell International, 2002: 171.

从某种程度而言，规则对于遵从内在规范性的说话者具有决定性的意义。如果说话者以一个表达式意谓某个对象是正确的，这决定了他"应该"如何使用该表达式，而与他的心理状态或交谈的意向无关，也不必考虑道德、合法性或其他问题，因而这种强规范性要求没有考虑说话者使用语言表达式的具体语境。哈特甘迪（Anandi Hattiangadi）等指出，实际上这种内在的规范性难以满足，为此，哈特甘迪作出相关论证对内在的强规范性予以反驳。首先，她区分了不同类型的意义规范性，当说话者 S 以一个词项 w 意谓某种意义 F 时（F 表达 w 的意义，f 体现其特征），就有如下表达式所体现的规范性要求[①]：

prescriptivity: S means F by $w \rightarrow (x) (S$ ought (to apply w to $x) \leftrightarrow x$ is $f)$

这种规定性实际上具有一种内在本质的规范性特征，它在现实状况中是难以成立的。哈特甘迪将它分解成两个条件句进行分析，使我们可以明确其中的问题所在：

S means F by $w \rightarrow (x) (x$ is $f \rightarrow S$ ought (to apply w to $x))$

S means F by $w \rightarrow (x) (S$ ought (to apply w to $x) \rightarrow x$ is $f)$

这表示，如果说话者 S 能以一个词项 w 意谓 F 这种意义，那么可以推论出：①若有任一对象 x 体现了这种意义的特征，说话者 S 就应该把词项 w 运用于这个对象；②若说话者 S 应该将词项 w 运用于任一对象 x，则 x 体现了 F 这种意义的特征。从这两种推论可以发现：①这个表达式很明显是错误的。因为说话者显然不能担负这样的义务，即应该将语词 w 运用于所有具有 f 这种特征的 x。正如哈特甘迪的例子，一个说话者 S 不具有将"猫"这个语词运用于所有猫的义务，包括所有近的、远的、过去的、现在的和将来的猫。因为"应该"蕴含着"能够"，它体现为一种义务，显然一个说话者 S 不可能达到这种要求，这种要求太高了。[②]哈特甘迪认为，这表明规范论者或许可以接受一种较弱的规范性，即

prescriptivity*：S means F by $w \rightarrow (x) (S$ ought (to apply w to $x) \rightarrow x$ is $f)$

原来的规定性要求如果说话者正确地运用了某个表达式他就应该将表达式运用于所有符合这种意义的情况中，而修改后的规定性并没有要求说话者在任何条件下"应该（不应该）"或者"可以（不可以）"做什么。而且，哈特甘迪提醒我们：如果没有 x 是 f，会得出 S 没有将词项 w 运用于 x 的一种义务。因为

---

① Hattiangadi A. Some more thoughts on semantic oughts: A reply to Daniel Whiting. *Analysis*, 2009, 69(1)：57-58.

② Hattiangadi A. *Oughts and thoughts: Rule-following and the Normativity of Content*. Oxford：Clarendon Press, 2007：179-185.

根据表达式（prescriptivity*）中的逻辑关系可以分析得出：否定了"x是f"，可推论出"并非说话者S应该将w运用于x"，而不是S负有不将w运用于x的义务，如果得出的是后者，则还是一种内在的强规范性要求，这样对规定性（prescriptivity）的修改就没有任何意义了。我们之所以对这种强规范性进行质疑，正是因为在合理的规范性要求中，不应包含说话者"应该"甚至"必须"完成的语义义务和责任。因此，在规范性问题的探讨中，内在的强规范性需要谨慎对待和分析。

第四节　规范性与其相关概念的比较与澄清①

语言表达式的正确性条件表明表达式的使用具有一定的规则或规范性条件，语言表达式的意义也内含着对说话者使用该表达式的规范性要求。如前所述，关于表达式的正确性条件是否蕴涵着对规范性的承诺，目前存在着不同的理解和争论。实际上，这些争议和混淆很大程度上是由于语义学中规范性的内涵本身没有得到澄清，它与正确性之间的关系也没有辩明。可见，这些问题的解释对于解读规范性要求具有优先性地位。通过本章2.1节的论述可知，语言表达式的正确性条件与倾向性之间的关系很容易理解，正确性条件不能被归结为说话者的倾向性行为。但是，相比较而言，正确性条件和规范性之间的关系存在着更大的争议，正确性与规范性之间的关系并不是那么明显且容易发生混淆。这就需要在具体的分析中加以辩明。那么，正确性条件是否意味着规范性，以及意味着何种程度上的规范性？与之密切相关的一个问题是，如果一种规则是有效的，是否也意指对一位能动者的规范性要求？为了清晰地把握规范性的内涵和要求，我们需要将其与正确性、有效性等相关概念进行比较和澄清。

一、规范性与正确性

不可否认，说话者运用语言表达式需要符合它的正确性条件，语言表达式的规则对说话者的行为提出了一些必要条件和限制，它们是与意义密切相关的因素。然而，由这种相关性是否可以直接推出说话者"应该"如何的语义责任

───────────

① 本节主要内容曾发表于《科学技术哲学研究》2014年第6期，论文题目为《规则遵循与意义的规范性》。

或义务？如果说话者没有将这个表达式运用于它所适用的对象，这是否违反了"应该"的规范性要求？在我们看来，如果某一语言表达式适用于某个对象，或者该表达式的意谓是正确的，这并不意味着一位说话者说出该表达式的行为具有内在的本质上的规范性。如果一位说话者没有将表达式用于符合其正确性条件的对象，我们可以作出两种判断：①就纯粹的语义学规范性而言，说话者可能作出了一种错误的断言，而且犯了语义学错误；②虽然说话者作出了错误的断言，但并没有违反任何语义义务。因为这里的"应该"还需要考虑说话者的认知、欲望、修辞、意向及道德责任和义务等方面的因素。

怀汀（Daniel Whiting）对此有不同的观点，认为语言表达式运用的正确性条件意指说话者"应该"如何运用该表达式的规范性要求。他提到："如果有关一个表达式意义的陈述确实意指了该表达式运用的正确性条件是存在的，正如博格西恩和哈特甘迪所认可的那样，那么这同样意味着它能否或应该以某种方式被使用。"① 在怀汀看来，"正确"是一种规范性的词项，如果一个表达式正确地用于某对象而且仅适用于该对象，就表明对内在的意义规范性的一种承诺。这种观点遭到了哈特甘迪的反驳，她认为"正确地运用"并不能直接蕴涵规范性，这里不涉及说话者或能动者"应该/不应该"或"可能/不可能"做什么。如果我们能够将表达式用于一个对象并符合其正确运用的规则，这并不意味着我们做了"应该"做的事。②

总体来讲，表达式的正确性与意义的规范性并不能分开讨论，意义的规范性维度是与语言表达式的正确性条件和规则密不可分的。然而，这种正确性中并不蕴涵某位特定的说话者及他负有"应该"如何运用语言表达式的责任。所以，我们可以从两方面来说明这种关联。

首先，语言共同体的言语实践构成了意义发生的必要条件，进而形成了正确运用语言表达式的前提。说话者作为语言共同体中的成员，他对语言表达式的理解和运用都受到一种规范性力量的约束、限制和指引。

其次，合理的规范性要求应体现在一个适度的范围之内。我们常说一个表达式"应该"被怎样运用，但这不表明对某个特定的说话者发出训令或者将一种责任和义务归于他。这种强规范性或内在的规范性实际上对说话者提出了过高的要求，因而也是不合理的。比如，"猫"这一语词应该被用于"猫"这个对

---

① Whiting D. The normativity of meaning defended. *Analysis*, 2007, 67(2): 136.
② 关于哈特甘迪对怀汀的具体反驳参见：Hattiangadi A. Some more thoughts on semantic oughts: A reply to Whiting D. *Analysis*, 2009, 69(1): 54-55.

象，这是符合"猫"这一语词的正确用法的，但由此并不能得出任何特定的说话者承担着将该语词用于过去和未来的所有"猫"的义务和责任，这种要求太高了。而且，我们还要考虑到这样的情况，即某人在特定语境中由于自己的意向、欲望或修辞等原因而将"猫"用于其他的对象，我们也并不能认为他违反了"应该"的义务。又如，我们说"黑色"一词不应该用于那些没有体现"黑色"意谓的对象，这是在宽泛的一般意义上指出该语词使用的正确性条件，但它并不意味着任何一个人都不应该把"黑色"用于"非黑色"对象或负有不将"黑色"用于"非黑色"对象的责任。假如共同体中的某个成员在某一时刻想要用"黑色"来描述他的心情，我们不能说他做了"不应该"做的事。可见，语言表达式的正确性条件虽然体现了言语实践的规范性特征，我们也常常作出"应该"的陈述，但它并没有将语义义务归于一个特定的说话者或规定他"应该／不应该"做什么。

二、规范性与有效性

再来考虑这样的情况：如果一条规则或标准是有效的，能否表明其中蕴涵着能动者"应该"如何的规范性？我们认为，正如规范性不能等同于正确性一样，规范性也不能等同于有效性。当然，这方面也有不同意见，比如，怀汀就认为：规则具有指向行动的特征。如果一个规则有效，那么某人的行为达到了这条规则就隐含着他"应该（或可能会）"这样做，他借用哈特甘迪游乐场的例子来为自己的观点辩护。[①]

在一个露天游乐场，一些游戏设施对孩子的身高有限制，它规定只有身高达 1 米的孩子才可以乘坐这种游戏设施。假设有 A 和 B 两个小孩，A 身高高于 1 米，B 低于 1 米，那么根据那条规则，A 可以乘坐这种游戏设施而 B 不可以。怀汀认为，如果一条规则行之有效，那么孩子事实上达到或没有达到这个规则自然就隐含了他"应该"或"不应该"去乘坐。反之，如果某人没有遵守这条有效的规则，则他受到批评或惩罚就是适当的。因此，如果一种规则有效地指定了乘坐游乐设施的适当条件，那么这就是规范性问题。对此，哈特甘迪指出：一种规则是有效的并不能表明它本质上是规范性的，我们不能从中推出"应该"

---

① Whiting D. The normativity of meaning defended. *Analysis*, 2007, 67(2)：134-136. 关于哈特甘迪的游乐场例子可参见：Hattiangadi A. *Oughts and thoughts: Rule-following and the Normativity of Content*. Oxford: Clarendon Press, 2007: 59-60.

或"不应该"做什么。怀汀之所以这样理解规范性，可能是因为他把游戏准则理解为

S_1：当且仅当 S 高于 1 米，S 被允许（乘坐）。[①]

尽管上述规则似乎体现出规范性表达式的一些特征，但实际上是对有效规则的一种过度阐释。因为这种解释方法相当于作出一种预设：如果一条规则是有效的，那么它必须能够以规范性的表述来说明。然而，游戏准则的有效性并不能规定"应该或不应该"怎样做。在哈特甘迪看来，如果我们以另一种更为恰当的方式解读这条规则，就不会体现这一过强的规范性要求：

S_2：当且仅当 S 高于一米，乘坐 X 对于 S 来说才是安全的。[②]

根据准则 S_2 和 A、B 的身高可以推出，乘坐 X 对于 A 是安全的，而不是他"应该"这样做或负有乘坐 X 的义务；乘坐 X 对于 B 是不安全的，而不是他违反这条规则就等于违反了某种义务。因此，一条规则的有效性并不蕴涵能动者应承担的义务和责任。游乐场规则及其相关争论体现了有效性与规范性的关系问题，这两者的关系可以归结为以下几个方面。

第一，结合游乐场的有效性规则，可以理解语言表达中的规范性问题。假设 x 是任意一个语言表达式，而 f 体现了它所表达的意义 F 的特性，f 正是由于这种特性而被运用。如果 x 意谓 F，就可以得到：当且仅当 x 可以正确地用于一个对象 a，a 体现了 F 具有的特征 f，即 x 意谓 $F \rightarrow (a)(x$ 正确地用于 $a \leftrightarrow a$ 是 $f)$。需要注意的是，该表述的关键之处在于：它没有意指某位特定的说话者"应该"或"不应该"做什么，只是表明如果一个表达式被正确、有效地运用，它应具有怎样的特征。因此，这个表述同样不存在义务或责任方面的规范性问题，它更接近于 S_2 而不是 S_1。

第二，有效性并不蕴涵能动者"应该……"的规范性。在探讨有效性与规范性时，我们首先要考虑什么样的规则可以被称为"有效的"、有效性是如何被界定的，以及"有效的"规则自身是否有效等问题。如果一个规则本身是无效的甚至是不合理的，或者一种规则原来有效但逐渐不被一个语言共同体所接受，那就无需再谈论它是否应该被遵守的规范性问题，它更不会意指"应该"的行为。

可见，某一语言表达式具有正确运用的条件，或者某一规则是有效的，并

---

① Hattiangadi A. Some more thoughts on semantic oughts: A reply to Daniel Whiting. *Analysis*, 2009, 69(1)：56.

② Hattiangadi A. Some more thoughts on semantic oughts: A reply to Daniel Whiting. *Analysis*, 2009, 69(1)：56.

不蕴涵说话者"应该"或"必须"做某事。规范性的内涵与正确性和有效性密切相关，但规范性既不能等同于语言表达式运用的正确性，也不能等同于规则的有效性，只有将规范性要求置于一种合理的范围内，才能准确地把握意义的规范性内涵。因此，意义的规范性维度虽然为说话者运用语言表达式指出了一些具有约束性和限制性的必要条件，但并不会使说话者承担任何责任或义务，而是在表达式的意义及其正确运用之间保持一种适度的张力。

总体上讲，规范性的内涵只有结合说话者具体的言语行为才能全面而充分地体现出来，它没有先验地指定表达式意义的语义事实或说话者必须承担的义务，也不主张在纯粹的经验层面建构语言运用的因果机制。因此，无论是基于形而上学领域来寻找所谓的"语义事实"，还是诉诸说话者具体的倾向性行为，都不能为意义归因提供合理性辩护。我们在追问有意义的语言表达式与其运用的正确性条件之间的关系时，也需要澄清其中是否隐含说话者"应该"如何的语义义务。表达式意谓的正确性或规则的有效性并不蕴涵说话者或能动者的行为具有本质上的强规范性。因此，当我们追问意义归因的"事实"或什么构成了语言表达式的意谓时，并不是在寻求表达式意谓的具体对象或传统内涵主义理论所预设的语义事实，而是追问一种处于关系中的有关"使用"的事实，正是这种关系性的事实构成了"意谓"的根据和基础，说话者才有可能使用表达式来意谓某一对象。也正以此为基础，我们才能理解和把握意义的规范性维度。这一规范性维度既体现出对言语实践的限制性和指引性，又不会在本质上决定说话者具体的言语行为。在此基础上，我们可以分析语言表达式的意义对说话者正确使用表达式所发挥的范导性作用，在言语行为的具体语境中澄清并丰富意义的规范性内涵，进而构建意义归因的合理解释模式。

意义的规范性："规范性"的语义分析

　　规范性的"语义转向"表明了语义学问题在其中的基础性地位，这就要求我们讨论规范性问题时首先在语义层面上澄清规范性的内涵和本质，即对规范性问题作出恰当的语义分析①。这一过程不仅提供了规范性概念的合理解释，同时也为语言表达式的意义提供了规范性说明。在对"规范性"进行语义分析之前，需简要说明当代语义学视域中规范性论题的基本论域，它们分别涉及语言意义和心灵内容。

　　第一，意义的规范性。它的相关问题大致包括这样一些基本层次：①如果一个语言表达式是有意义的，这意味着存在正确运用这个语言表达式的一些条件；②我们常用规则来表明语言表达式需要怎样的正确性条件，因此语义的规范性常常体现为规则的形式；③在规范性与其相关概念的比较中，需要区分规范性要求的不同层次。我们在前文已经提到，内在的强规范性涉及一种语义义务或责任，因此它的规范性要求有一种较强的规定性，这里的规定性就不仅仅是一种规则，还是说话者"应该"完成的义务和责任。

　　第二，内容的规范性。这种规范性与信念、欲望、意向等心灵状态的内容有关，具体的心灵内容常体现为"相信……""意欲……""认为……""希望……"等；而内容的规范性要求可表达为"如果有某人'相信……''认为……'"，这就意指有一些关于这些心灵状态的归因及其正确性条件。正如博格西恩认为的，"以真为目标的信念是构成性的，真是你应该相信的东西"②，而对于意义的规范

---

　　① 需要指出的是，虽然意义问题或许无法仅凭语义分析而得到完全解决，语义分析方式在规范性问题的探讨中也显示出其局限性，但它极大地拓展了规范性问题讨论的深度和广度。而且，后文的论述将表明，这种语义分析需结合说话者具体的言语实践，它很自然地会延伸到语用层面，这不仅有助于澄清规范性的内涵及本质，还为意义问题的解读提供了新的视角。

　　② Boghossian P. The normativity of content. *Philosophical Issues*, 2003, 13: 38-39.

性而言，在信念中应该相信的东西就成为应该断言的东西，否则就没有达到规范性要求。

值得注意的是，意义的规范性需要借助内容的规范性才能得到充分阐明。通过意义的规范性与内容的规范性相结合的解释，我们可以重新审视语义学的表征主义传统与自然主义倾向，我们既不会通过语言与实在的同构关系而对意义作出形而上学的解释，也不会诉诸说话者的倾向性行为来简单地将意义自然化，而是试图在实践语境的基础上构建规范性论题的合理解释模式，对语言表达式的正确性条件与说话者的心灵状态都给予充分说明，并在语义分析和语用解释的内在融合中对语言表达式的意义进行实质推理。在本章中，主要对意义的规范性进行分析以说明规范性论题的语义内涵。

第一节　意义的规范性问题 [①]

关于意义的规范性或者规范性的语义学内涵，博格西恩提供了一种广受认可的说明：表达式之所以具有它所具有的意义，乃是因为存在正确运用该表达式的条件。比如，"假设表达式'绿色'意谓绿色，立刻会得出'绿色'这个表达式只对这些事物（绿色的事物）而非另一些事物（非绿色的事物）有正确的使用"[②]。这表明语言表达式的意义与运用该表达式的正确性条件应具有一种规范性的关联。因此，规范性问题的语义分析首先是对语言意义的正确性条件作出分析。

一、语言的规范性意蕴与表达式的正确性条件

在规范性相关概念的比较与分析中我们发现，关于"意义的规范性"的很多争论都围绕规范性不同层次的要求及其合理性而展开。毋庸置疑，意义的规范性问题首先意味着，一个有意义的语言表达式与正确运用这个语言表达式的条件密不可分。然而，规范性问题的探讨却不止于这一基本的层次。"意义是规范性的"这个论题内涵较广，存在不同的解读方式。因此，关于"内在的强规范性"常常存在诸多争议。从言语行为本身的规范性特征可以了解意义的规范

---

① 本小节主要内容曾发表于《中国社会科学》2014 年第 8 期，论文题目为《规范性问题的语义转向与语用进路》。

② 参见：Boghossian P. Is meaning normative? //Boghossian P. *Content and Justification*：*Philosophical Papers*. Oxford, Clarendon Press, 2008：95-99; Glock H J. Meanig, rules, and conventions // Zamuner E, Levy D K. *Wittgenstein's Enduring Arguments*. London, New York：Routledge, 2009：159-160.

性根源，进而分析语言表达式的正确性条件，把握不同类型的规则与规范性要求的不同层次之间的联系。

第一，言语行为的规范性特征决定了语言意义的规范意蕴。从发生学的角度讲，语言的意义及其正确性条件都依赖于共同体的言语实践。尽管说话者可以通过语言表达式作出各种断言，但说话者使用表达式的正确性条件始终依赖于他所处的语言共同体的规范语境，而且作为理性的存在者，人类的言语实践活动总是基于一定的理由并受到各种规则的约束，这种约束性力量正体现了言语行为的规范性特征。此外，对说话者言语行为的评价也依赖于语言共同体的公共语言和评价准则。可见，无论是具体的言语行为还是语言表达式的意义，都具有规范性特征，依赖于一定的正确性条件。正是由于言语实践的这种规范性特征，共同体成员才能够判断一个表达式的使用是否正确，因此，不能对言语行为进行简单的因果性还原，或者以自然科学的解释模式来说明说话者的行为倾向和语言表达式的意义。但需要注意的是，尽管语言表达式的使用受到正确性条件或规则的限制和约束，但不能由此认为语言表达式的意义是由这些条件或规则先验地决定的，甚至在柏拉图式的超验领域或个体的内在状态中寻找规范性的根据。言语实践的规范性维度在语言共同体构造的动态语境中理解意义，将语言表达式的语义规则与交流者的具体状态相结合，从而对表达式的意义和说话者的心灵内容都进行正确性条件的分析。

第二，语言表达式使用的正确性条件表明，如果一个表达式意谓了什么，这就表明说话者如何正确运用该表达式受到了一些规则或规范性条件的约束。需要指出的是，这种正确性条件关注的并不是一个语言表达式的意谓如何能在不同情境中保持同一，而是说话者运用表达式的正确性条件何以可能。例如，对于说话者以"＋"来意谓加法而不是其他函项，需要关注的并不是说话者如何保证在 t_2 时刻运用"＋"的方式与在 t_1 时刻相同，而是要探讨这种运用与"＋"的意谓之间的关系。

第三，语言表达式的正确性条件常常体现为规则，而这些规则主要通过以下两种方式对表达式的意义发挥作用：①语言表达式的正确运用与某种规则相关联，这种规则虽然对说话者的言语行为提出了必要的限制性条件，但不能决定表达式的意义——这类规则可称为描述性或调节性规则；②语言表达式的某些规则并不局限于描述的层面，而是对表达式的意义具有构成性和决定性作用，则其可被视为较强的规定性规则。也就是说，语言表达式的意义由规定性的规则所构成，它在描述的结构内无法得到解释，这种规则不仅指定了表达式运用的正确性条件，还能够意指某个能动者"应该/不应该"做什么的义务和责任。

相应地，作用不同的规则所体现的规范性要求也不同。描述性规则对语言表达式的运用有所限定，表达了规范性的一般要求；而规定性规则要求更高，表达了一种较强的规范性，可称之为语义规范性的强观点或内在的强规范性。根据这种强规范性，如果一个语言表达式的某种运用是有意义的，或者说话者能够将该表达式正确地用于某一对象，那就表明他"应该"甚至"必须"这样做，否则就违反了他的语义义务。显然，强规范性是就纯粹的语义层面而言，而没有涉及说话者的欲望、意向、认知等语用因素。

事实上，强规范性难以达到。虽然语言表达式的规则是与意义密切相关的因素，但这种相关性并不能蕴涵某位说话者"应该"如何的责任和义务。举例来讲，我们说"绿色"这一语词"应该"被用于那些呈现"绿色"这一特征的对象，如此才符合该语词的意义，但由此不能推出任何说话者负有将该语词用于所有"绿色"对象的义务，这种要求不合理。而且，也不能排除这样的可能性，即某位说话者在特定情境中由于欲望、审美等原因而将"绿色"用于其他对象。可见，包含"应该"的规范性陈述并不直接意指某位特定的能动者，也没有将某种义务归于任何人。因此，当说话者没有将表达式用于它所适用的对象时，可以判断他作出了错误断言或犯了语义学错误，但不能认为他违反了强规范性意义上的语义义务。可见，意义的规范性问题需要对语言表达式的规则和正确性条件进行多维度的分析，其中内在的强规范性要求过高，它的存在有何意义及在何种意义上存在，仍然值得商榷。

二、"应该蕴涵能够"的语义学解读

这里可以借康德"应该蕴涵能够"[①]的著名法则进一步加以分析。这一法则表明，如果一个规则或命令没有被遵守的可能性，那么它是无意义的。虽然在康德哲学中，这一法则有其伦理学意义，但也有助于理解语义学中的规范性问题。原因在于：①如果认为说话者或能动者"应该"履行某一行为，就相当于在逻辑上肯定了他"能够"这样做。例如，如果我们预设说话者"应该"将一个表达式用于某一对象，那么可以推出，该对象"能够"体现说话者想要意

---

① 康德曾多次强调过这一法则，如：Kant I. *Critique of Practical Reason*. Pluhar W S. trans. Indianapolis：Hackett Publishing Company, Inc., 2002：45-46; Kant I. *Critique of Pure Reason*: 737; Kant I, *Religion and Rational Theology*：Wood A W , di Giovanni G trans. and eds. Cambridge：Cambridge University Press, 1996：92-94.

味的特征，或者"能够"符合表达式运用的正确性条件；②"能够"并不蕴涵"应该"，即由说话者"能够"正确地运用一个表达式，并不能推出他"应该"如此行为，否则就违反其语义义务和责任。

假设 A 为任一能动者，E 为任一事件，根据康德的法则，如果"A 应该做 E"是成立的，那么可以推出"A 能够做 E"。但还要注意另外一种情况，即否定"A 能够做 E"是否可以得到"A 不应该做 E"？ [①] 这是不成立的。由"并非'A 能够做 E'"推出的应是"并非'A 应该做 E'"，而不是"A 不应该做 E"。"A 不应该做 E"表示 A 负有不去做 E 的义务和责任，而"并非'A 应该做 E'"表示 A 没有一定要做 E 的义务和责任，这两者显然不同。因此，我们由"并非'A 能够遵守一项规则'"不能推出"A 负有不去遵守这项规则的义务"或"A 必须不遵守这项规则"，实际上，合理的结论是"A 没有遵守这项规则的义务和责任"，即

（1）"A 应当做 E" → "A 能够做 E"

（2）并非"A 能够做 E"

因此，（3）并非"A应当做E"

在规范性的语义分析中，同样可以采取类似的策略。假设任意一位说话者 S 以一个语言表达式 w 意谓某种意义 F，那么"应该蕴涵能够"可重构为

$$S 以 w 意谓 F → (x)[S 应该（将 w 用于 x）→ S 能够（将 w 用于 x）]$$

而"S 能够（将 w 用于 x）"实际上表明，对象 x 具有表达式 w 所意谓的特征和属性，如果我们用 f 表示这种特征与属性，那么可以得到

$$S 以 w 意谓 F → (x)[S 能够（将 w 用于 x）→ x 是 f)]$$

分析可知，如果 S "应该"将表达式 w 运用于一个对象 x，那么 x 就具有 w 所意谓的特征，也就是 x 能够体现表达式 w 运用的正确性条件，即

$$S 以 w 意谓 F → (x)[S 应该（将 w 用于 x）→ x 是 f]$$

根据上述表达式，如果没有"x 是 f"，会得出"并非'S 应该将表达式 w 用于某对象 x'"，也就是说，"S 不具有将 w 用于 x 的一种义务和责任"，而不会得出"S 不应该将 w 用于 x"或"S 有不将 w 用于 x 的义务" [②]。总之，当否定 x 具有 w 所意谓的特征 f 时，如果 S 仍然将 w 用于 x，S 可能犯了错误，但不能说他

① 否定"A 能够做 E"的情况稍显复杂，因为"并非'能够'"至少包括两种情况：a. A 没有能力做 E；b. A 由于道德、法律等其他方面的原因而不能做 E。由于此区分不影响推论的过程和结果，所以没有必要就此分别予以讨论。

② 参见：郭贵春，赵晓聃. 意义的非事实论与规范性. 哲学研究，2011，5：46-54.

违反了"应该"的语义义务；此外，如果肯定 x 具有 w 所意谓的特征 f，也不能推出 S "应该"将 w 用于 x，其中仍然没有"应该"如何的语义义务。如前所述，说话者"能够"正确地运用一个表达式并不意味着他做了"应该"做的事。

总之，语义规范性的合理解释意味着，某个语言表达式的运用是正确的，这并不表明对强规范性的承诺。因为表达式的正确性条件只是体现了一个表达式"应该"被如何运用，指出言语行为的一些构成要素和有意义的表达式的必要条件，并对言语实践涉及的基本概念作出明确说明，而不会决定说话者运用表达式的具体过程。同时，基于规范性视域的语言使用问题的分析，不会仅限于语言表达式意义和说话者信念内容的阐释，更要进一步追问表达式意义的实现条件、构成基础及相关信念得以坚持的理由，这些特征凸显了规范性问题在当代分析哲学中的方法论作用。

第二节 规范性与语义实在论

通过前文有关意义非事实论的困境分析，我们已经论证了克里普克怀疑论悖论的结论"没有人曾以他使用的任何词项意谓任何东西"从根本上讲不融贯，它实际上体现了一种意义怀疑论。哈特甘迪认为这是一种"自相矛盾的结论"[1]，而这从另一方面表明了语义实在论的正确性。因为怀疑论悖论的结论蕴涵着语义实在论是错误的，而且由于这一结论无所谓内容和真值条件，所以它不能得出任何内容。然而，具有内容和真值条件正是语义实在论立场的一种体现。在哈特甘迪的分析中，当提到"语义学的意义是规范性的"或运用"语义规范性"这一词项时，她更多地是从内在的强规范性这一层面来讲的。在哈特甘迪看来，尽管我们总是将"意义"归于人们的日常话语及将"内容"归于人们的信念，这种实践已经司空见惯，甚至成为老生常谈，但这并不意味着我们已经对规范性问题了然于胸。事实上，我们并没有厘清"意义的规范性""规范相关性"等的含义，甚至对"规范性"本身的内涵及其在克里普克的怀疑论论证中发挥的作用也不清楚。因此，哈特甘迪对"规范性"的不同含义进行了解读，在此基础上指出：语义实在论的预设并不一定会得出怀疑论论证的结论，不会必然导致意义怀疑论，进而为语义实在论进行了辩护。

---

[1] Hattiangadi A. *Oughts and thoughts: Rule-following and the Normativity of Content*. Oxford：Clarendon Press, 2007：3.

一、哈特甘迪论"意义的规范性"

第 1 章已经指出，在克里普克对规则遵循问题的阐释中，他构建的怀疑论论证实际上暗含着经典语义实在论的立场，但这一立场在怀疑论者的质疑下显得岌岌可危。在克里普克的设计下，语义实在论在怀疑论者的质疑和怀疑论论证的反驳中似乎显得不堪一击。然而，尽管在当代语义学的发展中，语义反实在论已经长期占据主要地位，但这一论证是否能够印证或表明语义反实在论的趋向？或者克里普克是否凭借其解读契合甚或彰显了这一发展趋向？这就需要我们再次结合怀疑论论证，通过语义实在论与反实在论的视角对其进行重新考察。对此，哈特甘迪通过有关"意义的规范性"的思考，对长期以来居主流地位的语义反实在论观点进行了质疑。

在哈特甘迪看来，只要我们在怀疑论论证中存在对语义实在论的假定，就会有这样的结果，即根本没有关于说话者的事实，根据该事实可以将他意谓某事物与没有意谓任何对象区别开来，进而得到怀疑论的结论：为语言表达式的意义和说话者的意向进行归因的语句自身就是无意的①。克里普克在其构建的论证中对语义实在论者提出了挑战，让他们作出有关一位说话者以任一表达式意谓什么东西这类事情的解释。特别是，他询问解释者能否列出这样一些事实，它们使得说话者的某一语言表达式的意谓为真。在这里哈特甘迪举了一例，让我们对说话者以"chicken pox"这一语词意谓什么作出解释。如果认为说话者以语词"chicken pox"所意谓的东西仅仅是"chicken pox"这一对象并且只能被正确地用于该对象，那么无论找到的是什么事实从而证实对"chicken pox"的合理的意义归因，这些事实的候选选项都必定能够排除这种怀疑论层面的可能性，即说话者实际上以语词"chicken pox"意谓"schicken pox"，或者意谓的是除了"chicken pox"这一对象之外的其他任何东西。换句话说，如果说话者以

---

① 在《维特根斯坦论规则和私人语言》中，克里普克指出："这就是我们的怀疑论悖论。当我以一种方式而不是其他方式来回应'68+57'这一问题时，我并没有对于这一回应而非其他回应的任何辩护。因为假设我意谓卡法怀疑论者（的质疑）无法得到回答，并没有关于我的任何事实，能区分我意谓加法还是卡法。诚然，不存在关于我的事实，能区分我以'plus'（在新情形中决定了我的反应）意谓一个确定的函项还是根本没有任何意谓。"在克里普克看来，"怀疑论悖论是《哲学研究》的基本问题。如果维特根斯坦是正确的，倘若我们仍然受制于这种自然假定，即有意义的陈述语句必须声称与事实相对应，我们就不能解决（悖论）问题；如果该假定是我们的框架，我们只能得出结论说，为意义和意向进行归因的语句本身就是无意义的"。在这里，克里普克结合维特根斯坦的《逻辑哲学论》中的主要观点进行了评论，进而指出，当维特根斯坦考虑到那些看似自然而明显无法避免的假定，而整个《逻辑哲学论》的观点是它们的推论时，无论他的思考是否正确，其中的基本内容无疑是正确的。当我们可以开始探讨怀疑论问题时，必须清除那种与事实相对应的图景。参见：Kripke S. *Wittgenstein on Rules and Private Language*. Oxford：Basil Blackwell, 1982, 21：78-79.

"chicken pox"意谓"schicken pox"或其他任何东西，那么我们可以判断他的使用出现了错误。这正是就目前已知的范围而言，我们所达成的一种共识。根据这一共识可以得出，语词"chicken pox"只能正确地用于其意谓的对象，而不能有其他使用。①

这无疑表明，在克里普克看来，对说话者有关某一表达式意谓的说明必须满足一种基本条件，即它必定在某种程度的规范性层面预设了对意义的理解和把握方式。无论构成说话者意谓的 chicken pox 或 schicken pox 的那个对象是什么，这必定意味着说话者"应该"将该语词用于它所指谓的对象并且仅仅是那个对象。否则，怀疑论者将会对该语词运用的"真"提出同样的质疑。克里普克认为，由于这种约束性条件具有明显过强的直觉性，因而没有什么意义理论可以满足这一要求。而且，不可忽视的是，如果我们坚持关于意义的怀疑论，那么对怀疑论的贯彻必然要求其彻底性和全面性。而意义的怀疑论充分扩展不可避免地需要用于有关意义归因的任一论断中，即无论从"什么构成了语言表达式的意谓"得到何种结果或断言，它本身都必然遭到怀疑论的质疑。这再次呈现了第二章"意义非事实论的困境分析"中所指出的问题，意义怀疑论的全面贯彻将导致一种整体的非事实论，由此会得到"一个表达式意谓……""一个语句具有真值条件"等诸如此类的断言不会是事实的，这些断言的意义本身也成为非事实的。当"怀疑"用于说明意义构成的表达式自身时，怀疑论的结论就成为自毁阵脚的。更糟的是，尽管怀疑论结论的阐述形式是关于语言表达式的意义，但怀疑论的彻底性不仅涉及语言表达式意义构成的断言，它必然会扩展到心灵表征的内容方面。

1. 怀疑论结论中的悖论与反私人语言论证

众所周知，克里普克的《维特根斯坦论规则和私人语言》出版之后，由此引发的热烈讨论持续多年，而且这一过程中与之相关的新论题也不断产生。一般认为，克里普克在维特根斯坦关于规则遵循的论述中发现并再次阐明了一种怀疑论论证，进而得出了毁灭性的结论，以反对语义实在论的意义图景。而且，与怀疑论论证相关的探讨也常常涉及语义实在论与反实在论的交锋、确定性和语言意义的私人性等问题。尽管多数人认为克里普克的怀疑论结论看起来令人震惊，但他构建的论证却是明晰而有力的。

---

① Hattiangadi A. *Oughts and thoughts: Rule-following and the Normativity of Content*. Oxford：Clarendon Press, 2007：2-3.

通过怀疑论者的论证，怀疑论的结论本身也难以避免怀疑论的考察与质疑，由此怀疑论的扩展使其结论中蕴含着自相矛盾并陷入一种悖论或困境：如果认为怀疑论的结论为真，那么该结论自身就是无意义的；然而，如果怀疑论结论是无意义的，那么它又如何为真？[①]显然，我们无法接受克里普克的本意是要得到这种毫无意义的结论，那么如何证明克里普克构建的怀疑论论证所体现的意义？该论证是否可以看作是对语义实在论的一种归谬和反驳？在克里普克的解读中，怀疑论者认为，通过论证可以表明语义实在论的预设蕴涵着这样的悖论，即"没有以任何词项意谓任何东西这样的事"[②]。按照怀疑论者的思路，为了避免结论中的自相矛盾，我们只能拒绝实在论的核心原则：一个语言表达式可以通过真值条件而具有其意义。因此，"猫"这一语词指谓并且仅能指谓猫这一对象；表达式"chicken pox"指的是 chicken pox 这一对象并且只能是该对象。在拒绝实在论原则的基础上，克里普克提出了对上述困境的"怀疑论解决方案"。该方案指出，如果要判断说话者在某一情境中对某一语言表达式的使用是否"正确"，这一标准与说话者所属的语言共同体相关，取决于共同体成员是否同意语言表达式的使用方式，而不依赖于它意谓的对象，也不依赖于实在论意义上的真值条件。

按照对克里普克论规则遵循问题的通常理解，"怀疑论解决方案"作为避免意义虚无论的替代性方案，呈现的这种意义图景旨在为维特根斯坦反驳私人语言的可能性提供辩护。哈特甘迪仍然通过"chicken pox"的例子对"怀疑论解决方案"作了简要分析，她在分析中指出：虽然我们无法找到说话者是否正确地将语词"chicken pox"用于并且仅用于 chicken pox 这一对象的相关事实，但仍然可以避免彻底的意义怀疑论。具体来讲，可以分为两种情况：①如果某一说话者被认为处于一种与语言共同体相脱离的孤立状态下，那么他对"chicken pox"的使用不能被认为意谓 chicken pox 这一对象。因为处于孤立状态的个人无法将他对"chicken pox"的使用与其他成员对该语词的使用进行比较或对照，

---

① 在这里，哈特甘迪参照了索姆斯（Scott Soames）和威尔逊的相关论述。参见：Soames S. Facts, truth conditions, and the skeptical solution to the rule-following paradox. *Philosophical Perspectives*, 1998, 12, 313-348; George M. Wilson. Semantic Realism and Kripke's Wittgenstein. *Philosophy and Phenomenological Research*, 1998, 58：99-122.

② 哈特甘迪通过克里普克的相关论述证明这一悖论。克里普克指出，怀疑论论证在这里仍然得不到回答，实际上没有以任一词项意谓任何东西这样的事。我们的每一种新的应用都是一次冒险（黑暗中的一跃）；任何目前的意向都可以被解释，而这种解释可以与我们可能作出的任何实际选择相符合。因此这里就无所谓符合，也无所谓冲突。克里普克认为，这也正是维特根斯坦在《哲学研究》的 201 节所提到的悖论。参见：Kripke S. *Wittgenstein on Rules and Private Language*. 牛津，Basil Blackwell, 1982：55.

也无法拥有该使用正确与否的判断标准。②如果共同体中的其他成员判断某一说话者对 "chicken pox" 的使用与他们的使用方式相同，那么该说话者就有资格认为自己以 "chicken pox" 意谓 chicken pox。总体上讲，合理的意义归因过程是建立在共同体成员关于语言表达式使用之约定的基础上的，说话者只有基于这种认可和约定才有资格对意义进行归因。因此，不依赖共同体成员的言语实践和约定而探讨表达式的意谓是没有意义的，也就是说，任何脱离了共同体的孤立个体对语言表达式的使用和意谓缺少被普遍接受的正确性标准。由此可知，像孤立个体使用的 "私人语言" 这类东西是不存在的。

此外，哈特甘迪也对学界争论不休的热点问题提出了个人见解与评论，即克里普克的解读与维特根斯坦文本之间的关系问题。事实上，这两者之间的关系也正是学界长期以来对克里普克解读产生广泛兴趣的原因之一。正如我们已看到的那样，很多评论者主要关注的是克里普克对维特根斯坦规则遵循问题阐释的准确性及其探讨范围。① 但是，我们通过克里普克本人的著述可知，他并没有声称要对维特根斯坦的作品进行一种全面而系统的阐释。克里普克构建的论证也不应被看作无意为之，或许将它看作一种完成其预定目标和规划的过程更为适当。此外，从克里普克作品的表述中也可以找到一些根据，他指出："几乎没有例外地，我并非试图展示自己的观点；也没有试图要赞同或批评维特根斯坦的方法……或许我对论证的很多阐释和重构方式是维特根斯坦本人所不赞成的。所以目前的论述应该被这样看待，即它既没有阐明 '维特根斯坦的' 论证也没有阐明 '克里普克的' 论证：毋宁说，维特根斯坦的论证在令克里普克感到震撼的同时，也为他提出了问题。"② 正是基于这些论述，哈特甘迪认为，"克里普克是否正确地解读了维特根斯坦" 这一争论已久的问题事实上并没有对克里普克构建的怀疑论论证发挥什么作用，也和该论证引起的广泛关注没有多少关系。因此，即便说克里普克的论述已经引起了经久不衰的哲学关注和兴趣，这种现象已经有目共睹，这也与他解释的准确性问题没有直接关联。克里普克阐发的问题及其论证本身就足以成为语言哲学及其相关领域的一个热点话题，而且随着探讨的深入，其语义学地位和作用还在不断地被重新认识。

---

① 哈特甘迪认为，相关评述的材料主要集中于维特根斯坦的《哲学研究》与《论数学的基础》两部著作，参见：Wittgenstein L. *Philosophical Investigations*. Anscombe G E M trans. New York：The Macmillan Company, 1953. Wittgenstein L. *Remarks on the Foundations of Mathematics*. Oxford：Basil Blackwell, 1956.

② 参见：Kripke S. *Wittgenstein on Rules and Private Language*. Oxford：Basil Blackwell, 1982：5, 69-70.

2. 怀疑论论证中的语义实在论与规范性

克里普克的论证虽简短，但却展示了一种涉及广泛的视域，哈特甘迪在其分析中试图抵御和回应克里普克的怀疑论挑战，从而为语义实在论辩护。根据语义实在论的通常观点，把握一个语词的意义就是知道它的正确性条件，而理解一个语句的意义就是知道它的真值条件。按照语义实在论的一般界定，它总是与那些探讨何为理解和把握正确性条件或真值条件的各种形而上学理论密切相关的。在哈特甘迪看来，语义实在论可以与自然主义相适应，一位语义实在论者也可以是一位语义自然主义者。按照语义自然主义者的观点，据以相信一个语词意义为"真"的事实是"自然"事实，它们在根本上是物理的、因果的或功能性的。另外，一位语义实在论者也可以是关于语义事实的反还原论者，即认为语义事实是独特的和非还原的。哈特甘迪的主张是，克里普克的怀疑论论证对那些关于意义构成的特定"形而上学"理论提出了质疑和反驳，尽管他的论证非常有力，但主要关注的是构成说话者意谓的那些事实，因而从根本上讲，缺乏一种宏观的整体性或普遍性和先天状态。从怀疑论者的质疑和论证过程中并不能充分证明语义实在论的预设一定会导致那种矛盾或悖论，即并不会必然得出"不存在以任何语言表达式意谓任何东西"这样彻底的怀疑论结论或意义虚无论。而且，哈特甘迪进一步指出，怀疑论论证不仅不是对语义实在论的拒斥，还恰恰表明它是不可或缺的，因为对语义实在论的拒斥要么会证明是自相矛盾的，要么反而表明了对语义实在论的预设。正如前面的分析，如果认为"不存在以任何语言表达式意谓任何东西"或"所有的语言都是无意义的"为真，那么这一结论自身也必然是无意义的；如果要使得"所有的语言都是无意义的"这一结论本身有意义，实际上就蕴含着对语义实在论某种程度上的认可。哈特甘迪由此认为，即使面对怀疑论论证的质疑，我们仍然有一个积极而恰当的理由来坚持对语义实在论的承诺。

在哈特甘迪看来，尽管关于克里普克怀疑论论证的相关研究文献几乎可以称得上卷帙浩繁，而且似乎也已经探讨了所有的问题，但是相对而言，其中仍有关于怀疑论论证的很多问题是未经详细考察的，也有很多论述是未经证明的。"意义的规范性"论题就是其中较为典型的一个。有关"意义的规范性"的预设对怀疑论论证可能产生的不同影响，哈特甘迪分为两种情形予以讨论。

首先，如果预设或假定了意义是规范性的，那么可以由此推断，怀疑论者能够把握并具备一些与该假定有关的先天层次的东西，以此反驳所谓实质性的意义理论。然而，可能遭到反驳的实质性意义理论不仅指的是目前已经众所周知的理论，也不仅仅指那些已经直接受到抨击的理论，而是泛指所有可能的实质性理论。

其次，如果没有预设或假定意义是规范性的，那么克里普克的怀疑论论证就仅仅只能被看作是对某些有关意义阐释理论的批评，这里主要是指有关"什么构成了意义"这类理论。当然，还有其他一些意义的规范性论题的批评者，如威尔逊、维克福斯（Asa Maria Wikforss）、帕皮诺、格鲁尔（Kathrin Glüer）、帕金与德雷斯克等。[①]哈特甘迪也对规范性问题进行了质疑与重新考察。她认为，尽管我们现在还无法充分地解释"什么构成了意义"这一问题，但也没有证据表明怀疑者能够有资格得出结论说，不存在"任何说话者以某一语词意谓什么"的这种事实，也就是不能直接而合理地得出"没有人以任何语词意谓任何东西"这一结论。因为我们不能忽略或排除这样一种情况，即能够构成说话者意谓什么的那种事实很可能是存在的，只是由于我们目前的知识和能力所限而尚未认识到它，比如，假设允许考虑这样一种事实，该事实仅仅由全知全能的上帝才可以获得。如果要得出彻底的怀疑论结论，或者怀疑论者要使我们信服所有对意义和信念的归因都既非真也非假，那么他仅仅批评当前有关"什么使得说话者能够以一个语词有所意谓"这类理论是不够的。因为在哈特甘迪看来，"意义是规范性的"这一预设可以为怀疑论者提供一种反驳现有意义理论的先天性论证的基础。这种先天性论证可以使得怀疑论论证更加充分有力，由此进一步表明，以某种事实为根据来阐释意义的构成是无法得到辩护的，而对表达式的意义和说话者的信念进行归因的实践行为也完全缺乏某种事实的基础。

可见，哈特甘迪在这里指出，仅仅依赖一些"事实"，无法为意义归因和信念归因提供坚实有力的基础。我们认为，这里的"事实"，实际上可以理解为一种"事然性"，它可能由一些事件构成，也可能由很多事件构成。需注意的是，这种"事然性"不能被理解为"偶然性"，因为它不是特指与"必然性"相对立的性质，而是指事实上或实际上发生的一些或大量事件的集合。如果结合维特根斯坦的规则遵循问题，我们可以通过说话者学习某一表达式的过程来分析这

① Hattiangadi A. Is Meaning Normative? *Mind and Language*, 2006, 21(2): 220-240;Wilson GM. Kripke on Wittgenstein on normativity//Miller A, Wright C. *Rule-following and Meaning*. Montréal: McGill-Queen's University Press, 2002: 234-259; Wikforss A M. Semantic normativity. *Philosophical Studies*, 2001, 102 (2): 203-226; Papineau D. Normativity and judgement. *Aristotelian Society Supplementary Volume*, 1999, 73: 17-43; Glüer K, Pagin P. Rules of meaning and practical reasoning. *Synthese*, 1998, 117 (2): 207-227; Dretske F. *Perception, Knowledge and Belief*. Cambridge: Cambridge University Press, 2000: 242-258.

种事然性意义上的"事实"。

假设有两位说话者 S_1 与 S_2，S_2 从 S_1 那里学习了一个语言表达式 w，并模仿和学习 S_1 以和他同样的方式来把握与该表达式相关的规则。这一过程就如同说话者描绘出一个呈现内心过程的图景，而表达式的使用规则在这一图景中就像一条无限延伸的路轨，展现出该表达式在未来情形中的使用。当说话者被要求在行动中遵守这一规则或按照该规则来使用表达式 w 时，就首先要对该表达式及其相关规则予以理解。而就这一行动过程的可理解与可表达的角度来看，仅仅通过表达式 w 在说话者的内心呈现从而将 w 的实际使用与观念中的 w 进行比较，恐怕难以明确解读 w 的意义或把握与之相关的使用规则。特别是当基于其他人的观察和理解的视角时，这种困难尤为明显。因此，相比之下，对此过程更直接而明确的解读是，将说话者 S_2 的反应过程与 S_1 在同样情形中的反应进行对照并力求 S_2 能采取相同的方式。比如，观察到 S_2 像 S_1 那样将表达式 w 的各种具体使用案例进行归类，分别归为它适用的情况与未被合理使用的情况。但是关于这一过程的判断标准仍然存在困难，主要体现为：① S_2 在有限情形中与 S_1 的对照和力求一致如何能像路轨一样无限延伸？ w 在未来的使用具有不确定性和无限性；②按照维特根斯坦的思路，说话者内心呈现的观念无法作为保证 S_2 在同样情形中能够采取与 S_1 一致的行为方式。

所以，我们所谓的对于规则的领会、把握及彼此之间的理解和交流实际上只是已经发生的那些事实，即一种"事然性"。无论"事然性"涉及多大数目的已经发生和存在的事实，它最突出的问题仍是前文所述的倾向性行为所遭遇的困境，S_1 与 S_2 之间没有先天层面的纽带将他们关联在一起，而只有倾向性行为的一种类比或相似。这种"事然性"不存在某种观念上的"共相"或者柏拉图意义上的明确指示，使得 S_2 通过把握"事然性"就能够准确遵循无限延伸的路轨。"事然"的模仿和相似无法确定说话者在某时刻使用某一表达式时"应该"采取的方式，而"规范性"的立场和预设则质疑了以"事然性"事实为根据来阐释意义的理论。

3. 规范性论题的"强解释"与"弱解释"

基于以上角度的解读，我们就可以理解哈特甘迪的观点。她指出，只要我们认可"意义是规范性的"这一预设或假定，克里普克的怀疑论论证就可能有宏观的普遍性、整体性及一种先天状态。按照对怀疑论论证的一般理解而得出的结论是，正是语义实在论的预设导致了"不存在任何人以任一语词意谓任何东西"这种悖论。众所周知，克里普克对怀疑论论证的主张可归结为，通过拒斥语义实在论立场并转而接受对于怀疑论悖论的一种"怀疑论解决方案"，就可以避免这一悖论的结论。但是，在哈特甘迪看来，克里普克的"怀疑论解决方案"是不融贯的，而且它的不融贯处于一种无法补救的状态。首先，按照哈特甘迪对于怀疑论论证的分析，它面临的自相矛盾的困境已经显露无遗。因为一方面，如果怀疑论的结论"没有人曾以任何词项意谓任何东西"为真，那么该结论本身就是无意义的；而另一方面，如果该结论是无意义的，它就不能为真。其次，哈特甘迪在此基础上进一步指出，任何力图对语言表达式的意义和说话者的心灵内容进行归因的尝试与实践，如果不想归于失败或自毁阵脚，就必须在某种程度上承诺对语义实在论的预设。简言之，如果怀疑论者首先通过怀疑论论证而拒斥了语义实在论，然后又通过怀疑论解决方案来使得意义和内容的归因合理而有意义，那么这不是一种理智而恰当的选择。我们不仅不必排斥语义实在论，而且这种预设还有其独特的作用。那么，克里普克的怀疑论论证必然本身就蕴含着一些问题，哈特甘迪在这里结合意义的规范性对该论证进行了重新考察和分析，并将规范性论题区分为强意义上的解释和弱意义上的解释。[①]

第一，既然"意义的规范性"论题在克里普克的怀疑论论证中发挥了如此重要的甚至是决定性的作用，但该论题本身却仍然是模糊不清的，因此哈特甘迪主张在澄清该论题的基础上再考察怀疑论论证。在她看来，解读怀疑论论证的关键就在于对"意义是规范性的"这一论题的审视与考量，而且该论题本身的不明确性也导致了怀疑论者的论证失败。如果要提出一种先天论证以反驳所有可能的阐释意义构成的理论，怀疑论者就不能在广义的或一般的层面上运用意义的规范性，而必须在一种较强的意义上假定"意义是规范性的"；也就是说，这种假定体现了一种内在的驱动、激励及规定性（prescriptive）。当我们在这种较强的意义上说"意义是规范性的"时，就相当于说，一位说话者以某一表达式所意谓的东西决定了他对该表达式"应该"有的使用方式。由于其中的"应该"并不取决于能动者或说话者的各种意欲或目的，所以我们可以从范畴的（categorical）角度去理解和把握它。按照哈特甘迪的区分，这种理解方式可以称为规范性论题的强解释。

第二，出于对怀疑论论证的考虑，强规范性的预设是必要的，但哈特甘迪提醒我们，对规范性论题的澄清与理解当然也不能仅限于这一个方面。规范性

---

① 参见：Hattiangadi A. *Oughts and thoughts: Rule-following and the Normativity of Content*. Oxford：Clarendon Press, 2007：6-7.

论题的意蕴不仅包括上述较强的意义，还有一种较弱的意义，可以称之为规范性论题的弱解释。在哈特甘迪看来，规范性论题的弱解释意味着：如果存在这样一种规范，它能够确定某一语言表达式的使用是正确的还是错误的，或者说这一规范为该表达式的正确与错误的使用方式提供一个判断准则，从这个角度讲，语言表达式的意义可以说是"与规范相关的"。哈特甘迪将规范性论题的强解释看作"第一原则"，称之为"规范性"[①]；而将规范性论题的弱解释看作第二原则，称之为"规范相关性"。

第三，基于上述对规范性论题的解释作出强弱两种区分，哈特甘迪进一步指出，可以将这两种解释或两种原则之间的区分看作破解怀疑论论证的关键。她把这一区分的作用称为可以"劈开怀疑论论证的基石"。[②]哈特甘迪区分的"规范性"与"规范相关性"显然具有不同的含义。她所指的作为第一原则的"规范性"蕴含着一种范畴上的"应该"，而作为第二原则的"规范相关性"体现的是一个表达式的某种使用方式的正确性，其中第二原则并不蕴涵第一原则。正如 3.1 节在论述"语言的规范性意蕴与表达式的正确性条件"时所指出的那样，语言表达式的正确性条件只是一般性地指出了意义的规范性意蕴和要求，但并不表示任何义务上的"应该"或"必须"。另外，也需注意其中语词使用上的差异，若没有特意指出，笔者通常是在较宽泛的意义上使用"规范性"一词，而哈特甘迪区分了"规范性"论题中的强弱解释后，常常在该论题的强解释语境中来使用"规范性"。她认为，"规范性"与"规范相关性"的效用也不同：①从直觉上来讲，尽管"规范相关性"很容易被人们接受和认可，但仅仅在假定"规范相关性"的情况下，怀疑论者并不能从先天的角度反驳那些关于意义构成的理论。因此，"规范相关性"可能仅仅能起到一种安慰作用。②相较于"规范相关性"，"规范性"为排除那些关于意义构成的理论提供了基础。它的作用也显而易见，即一旦我们否定"规范性"的存在，怀疑论者就不能再证明不存在"任何语词意谓什么"这种事实，但这种"规范性"自身却是难以达到和实现的。

4. 怀疑论论证是否拒斥了语义实在论？

在分析了规范性论题对于怀疑论论证的重要意义之后，哈特甘迪继续考察

---

① 注意：这里的"规范性"不是笔者前面提到的那种泛指的一般意义上的规范性，而是需要具体结合哈特甘迪分析的语境。她在对"规范性"论题作了区分之后，是在较强的意义上来使用"规范性"的，也就是将其置于规范性论题的强解释这一语境中去理解。

② 参见：Hattiangadi A. *Oughts and thoughts: Rule-following and the Normativity of Content*. Oxford：Clarendon Press, 2007：7.

语义实在论与怀疑论论证的联系，并且认为我们可以得出这样的结论：语义实在论的预设并非得出怀疑论论证结论的充分条件。也就是说，没有理由认为，如果我们假定或预设了语义实在论，那么就一定会得出任何人都不能以某一语言表达式意谓任何东西这种结论。然而，这是否意味着接受或相信语义实在论具有充分而合理的理由？哈特甘迪主张，语义实在论的合理性问题需要分情况予以说明。

首先，考察现有的关于意义构成的阐释理论是否可以为语义实在论提供理由和辩护。正如前文所述，哈特甘迪认为，一位语义实在论者既可能是语义自然主义者，也可能是一位非自然主义者，他也可以坚持语义事实的独特性和非还原性。为了把握使得一位说话者的意谓为"真"的语义事实，我们既可以从物理的、因果的或功能性的层面去寻找，也可以认为这种特殊的语义事实是不可还原的。所以，如果能找到关于"什么构成了意义"的肯定性解释，无论它是自然主义的还是非自然主义的，都会为我们接受语义实在论提供合理的理由。但是，哈特甘迪在考察了很多最看似合理的建议之后指出：尽管她无法穷尽所有的相关理论，也没有对克里普克所能提供的每项建议都进行普遍的考察，但认为目前尚未找到令人满意的关于意义构成的肯定性解释，而且已考察的那些解释都没有取得成功。

其次，尽管所考察的肯定性阐释理论都不能令人信服，但并不表示就要反驳甚至摒弃语义实在论。在哈特甘迪看来，我们仍然有一种合理的理由来支持语义实在论的预设或承诺，即没有语义实在论的预设会导致论证中的自相矛盾，这在怀疑论论证中已经非常明显。因此，尽管目前尚不能找到那些使得一位说话者能以语词"chicken pox"意谓"chicken pox"这个对象的事实，该事实可以作为这一使用方式的标准和依据，但我们仍有恰当的理由相信：关于说话者是否以语词"chicken pox"意谓对象"chicken pox"的事实是存在的，至少是不能完全排除这种存在的。此外，还要考虑这样一种假定，即"说话者有所意谓"这种意义上的事实是存在的，而且怀疑论者所说的"意义"实际上也并不会构成对这一假定的损害和威胁，因为不能否认说话者"知道"自己有所意谓。对于说话者而言，如果他要知道自己使用某一语言表达式意谓什么，比如，以"chicken pox"这一语词意谓"chicken pox"这个对象，他不需要寻找或援引使得他能够以该语词意谓对象"chicken pox"的事实，他完全没有必要凭借这一对应的事实才能肯定自己的表达有所意谓。在此基础上，哈特甘迪又以生物学和物理学为例进一步阐述了这种"事实"的性质。即使假设生物学最终可以被还原为物理学，或者我们能够找到那些使得生物学中相关内容为真的物理事实，但我们仍然没有必要清楚地了解这种生物学中的"真"或事实。

简言之，哈特甘迪将怀疑论论证中问题的关键归结为：关于意义的怀疑论（如所有的语言都是无意义的）是无法得到辩护的且会不可避免地导致一种不融贯性。在实际的言语行为实践中，说话者可以将内容归于自己的信念和话语，而且这种归因可以为真也可以为假，这是可以判断的。从直觉上讲，说话者通常也可以知道自己的心灵内容和心灵状态，这种共有的体验本身不会因为克里普克所构建的怀疑论论证而产生动摇。最重要的是，怀疑论论证的过程和结论不仅没有对语义实在论的预设构成威胁，反而证明了语义实在论预设的必要性，因为这一预设的缺乏会导致该论证的无法理解和自相矛盾。

在对"规则遵循与内容的规范性"的论述和分析中，哈特甘迪的整体论证也同样呈现出与上述论证过程相似的结构。总体上讲，这一结构可以概述为以下几个方面。

第一，阐明"规范性"预设的重要性及其与语义实在论的关系。哈特甘迪在展示了克里普克的怀疑论论证并揭示出其中存在的问题之后，探讨了克里普克所认同的"意义是规范性的"这一论题，以及它如何能够消除那些缺陷。基于上述分析，哈特甘迪探讨了为消除怀疑论论证中的问题，克里普克需要做的一些元伦理学论证和假定。她认为，从语义实在论的承诺中并不能直接得到"意义是规范性的"这一预设，"规范性"的预设是从这样一种假定中得到的，即领会和理解一个语词的意义类似于在遵循规则活动中对一条规则的正确使用。然而，正如我们在前面已经作出的解释，关于"意义是规范性的"这一观点有两种不同的解释方式，即"规范性"与"规范相关性"，它们之间存在着明显区别，对怀疑论论证的作用也有所不同。

第二，探讨了"意义的规范性"预设给怀疑论论证造成的后果。由于"规范性"语词一般常见于元伦理学中的道德陈述及其相关论证，所以哈特甘迪特别指出，如果"意义是规范性的"，那么可以对那些有关道德陈述的论证加以必要的修改，从而将其用于语言表达式意义的相关陈述。众所周知，存在这样一些事实，它们能够使得意义归因为真，而关于这样的事实既有还原论的解释，也有非还原论的解释，那么有关意义的规范性论证可以对这两种解释都提出质疑。于是，可以得出的结论是：如果怀疑论者已经预设了或者有资格断言"意义是规范性的"，而且他也有资格在语言意义方面作出类似于那种元伦理学层次上的断言，那么他就有可能从先天性论证的角度提出：不存在有关任何说话者意谓什么东西这种事实。我们认为，可以对这一规范性预设所带来的后果作如下解释：①应将该预设及相关的断言置于规范性论题的强解释的语境中去理解，即该预设及断言体现的是一种强规范性。对此，哈特甘迪也提出，如果把语言表达式的意义仅仅理解为与规范相关的，就不会得出彻底的怀疑论结论。②这一后果并非要质疑对意义和信念进行归因的一般言语行为实践，其中所说的"事实"指的是"事然性"意义上的事实，即与范畴层面的"应该……"相对的事实。结合怀疑论论证，怀疑论者寻找了所提议的那些可能构成表达式意义的候选选项，由于涉及的关于说话者的"事然性"事实都可能会被认为有助于确立某种属性集，而这种属性集被看作对意义进行归因的正确条件，所以怀疑论者尽其所能地穷尽了所有可能性，但是他通过进一步证明发现，所提议的每一个候选选项都是不可接受的，无法构成意义归因的合理根据。总之，无论所考察的"事然性"事实有多少，都无法满足规范性的要求，无法确定说话者在某一情形中使用一个表达式"应该"采取什么方式。

第三，在怀疑论论证的基础上，分析了克里普克的怀疑论解决方案的合理性问题。假设怀疑论论证是合理的，那么人们接受了该论证的结论"不存在任何人以任何语词意谓什么"会有怎样的结果？怀疑论解决方案的意义与前景是什么？哈特甘迪将这一论证及其解决方案看作是一种"无事实论题"，而且它的不融贯性无法补救。这是因为如果我们接受了怀疑论论证的结论而拒绝了语义实在论，那么即使在一种最弱的意义上，也没有任何关于意义的陈述可以称为"真"或得到辩护，进而会使我们对怀疑论解决方案的价值和意义也产生疑问。因为该解决方案声称，虽然按照怀疑论者的思路否定了语义实在论，但我们对语言表达式意义和说话者的心灵内容进行归因仍然可以是恰当而合理的，然而怀疑论者仍然忽略了一个问题：既然我们暂且接受了怀疑论的结论，就并没有排除该结论中表现的悖论。因此，哈特甘迪暂且得出的结论是，怀疑论论证并非无懈可击，甚至会面临困境。承认怀疑论结论会导致的一种后果是，表面上看似合理并被我们接受的"怀疑论解决方案"本质上也是无望的。

第四，关注并探讨了更为复杂的对怀疑论论证进行回应的还原论解释和反还原论解释：①还原论解释的回应。如果对语言表达式的意义问题进行还原论的解读，那么会主张，我们可以在因果性事实、物理事实及功能事实之中寻找构成说话者以某一语言表达式意谓某个对象的根据和理由。哈特甘迪考察了各种各样的最有说服力的还原理论，认为它们都在某种程度上对克里普克的怀疑论者予以回应，但是每一种被考察的理论都未能生效。也就是说，这些回应的理论都未能给说话者的意谓提供合理的根据，从其中无法找到那种确定说话者意谓某个对象的唯一性事实，比如：什么决定了一位说话者以语词"红"意谓那些体现了"红"这一属性的对象而不是其他？还原论解释无法给予恰当的回答。②反还原论解释的回应。基于反还原论的视角来解读表达式的意义问题可知，尽管我们可以假定除了因果性事实、物理事实和功能事实之外，还存在一种特定的语义事实，但这类语义事实同样不能唯一地确定说话者以语词"红"意谓什么，无法证明该词意谓的是具有"红"这种属性的对象而非其他。因此，哈特甘迪通过对相关的反还原论解释进行分析之后，认为它们也类似地归于失败。总之，虽然还原论解释与反还原论解释有其各自的问题和困扰，但是都同样无法为说话者意谓的合理性提供理由和依据。所以，需要进一步探讨和追问的是，从本质上讲，怀疑论论证在什么地方出现了问题。

最后，哈特甘迪再次强调，怀疑论者出现错误的根本原因就在于"意义是规范性的"这一预设或假定。为了表明这一预设是不合理的，她考察了所有那些可能会导致说话者相信"规范性"的最有力的理由，并驳斥了这些看似恰当的理由。因为这一预设不是弱解释意义上的"规范相关性"，而是强解释意义上的"规范性"，怀疑论者预先将这种较强的规范性融入了其论证中，以反驳那些阐释意义构成的肯定性理论。这一论证虽然反对的是语义事实，但其预设中却蕴含着一种范畴意义上的"应该"，因而处在类似于元伦理学的论证视角和层次。这也从另一方面表明，如果我们拒斥范畴层次上的"规范性"，那么就会破坏怀疑论者的原有计划和唯一希望，即不可能通过一种先天性论证而排除那些所有可能构成意义事实的候选选项。同时，也要注意，尽管还原论解释与反还原论解释都未能找到构成意义的事实或合理依据，但我们没有理由认为说话者以语言表达式有所意谓这一事实不存在，换句话说，不能就此否认语言表达式的意义。

维特根斯坦的规则遵循及其引发的实在论、规范性等相关问题似乎给我们造成了很深的困惑，因为从后期维特根斯坦的视角来看，在遵守规则中所谓的"客观"与"实在"更多地是一种有关共同体成员的"训练"与"反应"的问题。比如，一位说话者 S_1 在看到某一对象时，认为它具有某一属性 p，从而将一个表达式 w_1 用于该对象；而说话者 S_2 则不认为该对象呈现了 p 的属性，而且认为另一表达式 w_2 更适用于该对象。基于后期维特根斯坦的观点和立场，可以这样解读其中的差异：两位说话者只是由于各自受到的训练和习惯而在使用表达式时作出了某种反应。这一差异只能表明：说话者 S_1 表现的对 w_1 的使用倾向属于该表达式的一种言语实践或技术，而说话者 S_2 的使用倾向是另一种言语实践和技术。他们对一些语言表达式的不同理解和使用并不涉及一种本质上固有的"真"，也并不存在与该语词相关的唯一正确的规则来判定他们使用方式的正确性，或者规定性地要求他们只能以某种方式使用该表达式。在对规范性论题进行了探讨和区分之后，我们可以对维特根斯坦的观点作出进一步诠释：说话者由于受到的训练及一些习惯、风俗和制度等原因表现出对某一表达式的一些使用倾向，而且这些使用倾向的集合在一定程度上可以体现该表达式的一些特征，按照通常的理解，对这些特征的确认和总结本身也体现了一种"事然性"，它可以被看作由言语行为倾向凸显的各种特征构成的集合。通过这一"事然性"的特征集，可以判断语言表达式使用的相似或不同，语言共同体成员的约定和一致性意见也是以这种"事然性"特征为基础的。有些人从这种"事然性"特征得出了相对主义的结论，认为它为我们在判断中自以为把握的实在性与客观性划定了一个范围。

但需要注意的是，如果仅仅从说话者的言语行为倾向的"事然性"特征得到了一种偶然性或相对主义论断，这种解读无疑是不全面或不准确的，因为规范性的维度并没有由于表达式的使用倾向和"事然性"特征而遭到质疑，反而由此得到进一步印证。一方面，说话者能够在语言共同体中受到一些习惯和制度等因素的影响并形成某些言语行为倾向，而且这些倾向还能受到其他共同体成员的认可与肯定，这本身就肯定了语言共同体是说话者言语行为的一种基础或根据，至少共同体成员拥有可以判定说话者对一个语言表达式的使用是否合理的标准；另一方面，尽管言语行为倾向构成的"事然性"特征集也被看作共同体成员之间约定的基础，但这种"约定"和"一致"同样从"应该"的角度对其成员的行为选择作出了指引和约束，这些都是言语实践的规范性特征的体现，也是语言表达式规范性意蕴的内在要求。也许我们可以质疑强解释意义上的"规范性"，但这并不能导致对弱解释意义上的"规范相关性"的拒斥。

二、对语义实在论的考量

哈特甘迪对规则遵循与规范性问题的相关探讨说明，尽管克里普克构建的怀疑论论证一般被解读为对语义实在论的反驳，而且 20 世纪以来，反实在论在语言哲学和心灵哲学领域长期居于主要地位，但是仅将克里普克的论证看作对反实在论趋向的证明和辩护却显得失之偏颇。通过哈特甘迪的相关分析可知，克里普克的论证自有其不同寻常之处，它为我们深入挖掘其中蕴含的意义怀疑论与语义实在论问题提供了一个恰当的切入点，特别是使得规范性论题的内容和意义更加明晰，因而在此基础上可以进一步厘清语义实在论与语义规范性之间的关系。

3.1 节已经指出，怀疑论论证的结论本身蕴含着一种不融贯性，尽管它看似表达了对语义实在论的质疑，但是如果彻底贯彻那种排斥任何内容和成真条件的非事实论，那么连怀疑论的结论也毫无意义可言。如果想使其结论有意义，就在某种程度上肯定了它具有内容和成真条件，而这又表明了坚持语义实在论的必要性。因此，克里普克的论证不足以反驳那些有关意义构成的元语义学理论，它急需强解释意义上的"规范性"作为其前提。爱卢华多（Reinaldo Elugardo）对哈特甘迪的相关分析作出了评论，特别是基于怀疑论论证探讨了哈特甘迪对语义实在论的辩护问题。在爱卢华多看来，哈特甘迪有关语义规范性的主要观点可以归结如下。

（1）语义实在论并不蕴含语义规范性，至少在用来产生自相矛盾的结论的最强形式上，它并不蕴含语义规范性。

（2）语义规范性是错的。[①]

可见，仅从上述两个结论中并不能明显地看到对不同程度的规范性内涵和要求作出的细致划分，但结合哈特甘迪关于规范性论题的解读可知，她这里所说的"规范性"是强解释意义上的。如果我们没有将这些问题置于她相关阐释的语境中，并且在对一般意义上的规范性与内在的强规范性不作区分的情况下，而直接地断言语义规范性的正确与错误，可能就会导致一些误解。在她看来，由于语义实在论与语义规范性没有蕴涵关系，所以不能由"语义规范性是错误的"得出对语义实在论的反驳和质疑。从根本上讲，哈特甘迪之所以会有这样的结论，主要是由于她对语义实在论的乐观和自信态度。尽管没有现成的元语义学理论指出能够确定语言表达式意义的实在事实，也没有任何事实可以构成克里普克描述的怀疑论者追问的可以作为表达式意谓的根据和理由。然而，无论从怀疑论论证结论的需要还是从一般的直觉上来讲，即使我们从未得到过这种"语义事实"，我们也必然需要设定它的存在，否则最终的结论也无法成立。在爱卢华多看来，语义实在论、语义规范性和反驳语义规范性的论证这三个方

---

① Elugardo R. Review of Anandi Hattiangadi, oughts and thoughts: Scepticism and the normativity of meaning. *Notre Dame Philosophical Reviews*, 2008, (4). 参见：http://ndpr.nd.edu/news/23433/?id=12784.

面是哈特甘迪论证中的重要问题，它们对于形成哈特甘迪著作的主要观点发挥了关键作用。

　　怀疑论论证中提出了关于意义归因的问题，看似对语义实在论提出了挑战①。那么，语义实在论的基本内涵是什么？在哈特甘迪看来，一般意义上的理解显然是不够的。具体来讲，语义实在论的内容至少要包含以下三个方面②。

　　（1）"某人通过一个语词（心的表征）意谓或理解的东西可以通过这个语词（心的表征）的正确性条件所给出，正如它被理解的那样。"

　　（2）"某人通过一个语句（心的表征）所意谓的或理解的东西可以通过这个语句（心的表征）的真值条件所给出，正如它被理解的那样。"③

---

　　① 为避免引起误解，哈特甘迪强调，她在这里关注的怀疑论论证对语义实在论提出的质疑或施加的压力，并非表示该论证的原意就仅仅旨在对语义实在论提出质疑，克里普克的用意当然还有其他方面，正如博格西恩所指出的那样，事实上怀疑论论证对与这种主张相关的任何观点都不利。这类遭受威胁的主张的核心观点在于，一种表征的意义可以由一个正确性条件所给出，无论这种条件是一种真值条件还是一种关于合理断言的条件。参见：Boghossian P A. The Rule-following considerations // Miller A, Wright C. *Rule-following and Meaning*. Montréal: McGill-Queen's University Press, 2002：141-187；Hattiangadi A. *Oughts and thoughts: Rule-following and the Normativity of Content*. Oxford: Clarendon Press, 2007：12.

　　② 参见：Hattiangadi A. *Oughts and thoughts: Rule-following and the Normativity of Content*. Oxford: Clarendon Press, 2007：12-13.

　　③ 关于"心的表征"（mental respresentation），一般理解为存在于心灵中的表征。"意义"与"心灵"总是紧密相关的，对某事物进行思考就是将其表征在心灵之中，意谓某个事物就是在心灵中有这个对象，一个语词或概念是与语言使用者心灵中的某个图像相联系的。由此可知，如果两个概念具有同义性，那么可以推断它们是与同样的心的表征相关联的。心灵状态可以表征外部世界的对象、属性和关系。对于以一种自然主义方式来理解意向性而言，表征是极为重要的。与那种认为心灵指向诸如命题这类抽象实体的观点不同，我们可以将命题态度（信念、欲望）理解为心理现象，并且扩展意向状态的层次。然而，必须谨慎地区分表征的内容和表征的载体（或媒介）。一种表征的载体就是某一大脑的状态，它的内容就是表征涉及的内容。可以将表征理解为一些内在的负载信息的状态，这些状态通过其内容而连接一些心理过程，这种理解方式对于认知科学是极为重要的。但是也存在形式的问题：心灵／大脑如何表征？什么是心的表征的本质？对相关问题的澄清给人们带来很多困惑。关于什么是心的表征的本质，存在不同的观点和研究角度，例如：①对世界的表征就是在心灵中有一个世界的模型；②一种表征就是一个图像，该图像通过类似于表征对象的方式来进行表征；③一种心的表征就是一个类似语言的符号，而这种符号不必与被象征的东西相似；④心的表征仅仅是一种神经生理学状态。心的表征理论受到了福多的辩护，他认为心的表征是思维语言（language of thought）中的言语表达。心的表征理论需要这样的假定或预设，即存在一种作为心的表征而起作用的符号系统，这些符号就构成了福多提出的思维语言。按照福多的理论，思维语言可以看作生物学上的固定编码，它们就像固定在计算机上的机器编码，某人形成了某一信念，实际上就是思维语言中的一个语句获得了其相应的功能和作用。比如，说话者 S 形成了一个信念 B，这就相当于用符号表示存放在 S 的信念框中的 B 这一命题，也就是说，S 形成了信念 B 就是表达该信念的那个语句进入了 S 的信念框之中。总体上讲，对于心灵如何表征的问题，既有思维语言的支持者，也有其反对者。思维语言的假设认为心的表征是用符号象征的。由于每个符号都有其具体的内容，所以心的表征是离散的或数字式的。但是在相似的或连续的表征中，具体内容不能被指派给个别的部分（这种理解与那种被用来解释非概念内容的原初观念不同）。对于思维语言的反对者来说，他们赞成心的表征的连续性质，认为心灵的表征方式就是图画或者全息图的方式（如图像理论的观点）及地图表现的方式（如分析的功能主义：把心灵状态分析为功能状态）；认为表征分布在那些次符号单元中（如联结主义的观点）或大于一个有机体的系统中（如动态系统、延展的心灵理论）。相关解释参见：约翰·海尔. 当代心灵哲学导论. 高新民，殷筱，徐弢译. 北京：中国人民大学出版社，2006：104-106；Dietrich E, Markman A B. Discrete thoughts: Why cognition must use discrete representations. *Mind and Language*, 2003, 18(1): 95-119；Rakova M. *Philosophy of Mind A-Z*. Edinburgh: Edinburgh University Press, 2006：160.

（3）"把意义归因为语言的表达和心灵状态是'事实的'，也就是说，它们可以是正确的也可以是错误的，并且当其为正确的时候，是由于客观的（即独立于判断的）事实而是正确的。"

哈特甘迪认为，克里普克清楚地表明，语义实在论承受了怀疑论论证带来的威胁，而且他把后期的维特根斯坦看作怀疑论论证的最初发起者。克里普克曾指出："《逻辑哲学论》的最简单、最基本的观点不能被忽略：一个陈述句凭借其真值条件而获得其意义，凭借它与事实的符合而获得其意义，而这一事实是在该语句为真时必须获得的……如前所述，关于陈述句意义的《逻辑哲学论》的图景可能看起来不仅仅是自然的，甚至是同义反复的。"[1]正如学界的通常理解那样，克里普克也认为，《哲学研究》中的维特根斯坦对《逻辑哲学论》中的维特根斯坦提出了批评，而后者在某种程度上接受了所谓的语义实在论的一种变体，或者体现了对某一形式的语义实在论的认可。

如何理解语义实在论的相关说明？例如，再看哈特甘迪的阐释，"通过一个语词意谓或理解的东西可以通过这个语词的正确性条件所给出"，关键在于其中的"正确性条件"如何理解。这里的"条件"实际上应该涉及一组正确性条件或正确性条件集，若一个语词能够指称某个对象，或者能够适用于它的外延或载体，则必然有某种正确性条件集作为该语词使用的充分必要条件。为了对这种正确性条件有所说明而又不必借助与世界或某一性质相符合的那种外在关联，我们可以利用消除引号的理论来表示一个语词的正确性条件[2]，那么这种正确性条件就可以表述为

对于任一对象 x，（语词）"w"运用于 x 是正确的，当且仅当 x 是"w"。

通过这种方式，我们可以理解"正确的"这个词的含义，而不必通过一

---

[1]　Kripke S. *Wittgenstein on Rules and Private Language*. Oxford: Basil Blackwell, 1982：72.

[2]　关于"消除引号的理论"，这里是借用了关于语句的"真之消除引号理论"模式来解释语词的"正确性条件"，我们可以称之为语词的"正确性之消除引号理论"。按照对"真之消除引号理论"的通常理解，其核心观点可以归结为：将一个语句 p 加上引号，即"p"，然后断定这一语句为真，即"'p'为真"，那么这个语句为真当且仅当它的源语句 p 为真；另外，该语句是可断言的，当且仅当它的源语句 p 是可断言的。总之，理解"'p'为真"，就是去掉引号与"真"，即"'p'为真"相当于意谓着"p"。"p"用来诉说的内容和原句一样，具有相同的命题作用。因此，这里的"真"只是有关一个表达式的言语作用的事，而不是以外在的方式与世界或某一性质相符合。另外，需要说明的是，在笔者看来，在这里关于语义实在论基本内容的澄清中，之所以在对语言表达式问题进行探讨时首先关注的是"正确性条件"而非"真值条件"，是因为"正确性条件"的含义和所涉范围更具有包容性和适用性，如果仅仅从真值条件的角度来分析语言表达式的使用，很容易使人们去寻找作为表达式根据的"语义事实"，以此去理解表达式使用中的"真"，但这里的"正确性条件"显然比"语义事实"的层面涉及的界域更广，只是在较宽泛的意义上来说明什么是一个表达式的正确使用，减少了一些局限性。因此，笔者主张在较宽泛的意义上探讨一个表达式的使用时，应先从"正确性条件"的层面进行分析，在此基础上再去详细说明其中的真值条件与合理断言的条件等问题。

种外在的方式将"正确的"与某种"实在"相符合，也不必将其与某一性质关联起来。爱卢华多为了帮助我们理解正确性条件，曾借助一个具体的例子予以说明：

对于任一对象 x，"桌子"正确地用于 x，当且仅当 x 是一张桌子。[①]

这类说明可以看作是对"桌子"这类语词的正确性条件作出的一种本质主义的描述。通过这种描述可以清楚地表明，与语词 w 相关的正确性条件集实质上相当于一个特征集，所有那些可被称为"w"的对象 x 并且仅仅是这些对象（为了能够被称为"w"）必须具有这一特征集。集合爱卢华多的例子来说，与"桌子"这一语词相关的正确性条件集实际上涉及这样一个特征集，它是所有那些可被称为"桌子"的对象并且仅仅是（为了成为桌子）的对象必须具有的特征集。

哈特甘迪对语义实在论的内容已经作了较为条理的解释，其中第（1）点关于正确性条件的分析表明，如果可以给出或指定某一语词的正确性条件（实际上相当于说明这种正确性条件的特征集），那么这种条件就可以指定或说明一位说话者通过它意谓什么。那么，如何理解语词的正确使用或"正确性条件"？"正确性条件"的解读方式在哈特甘迪那里又可以与"规范性"论题相结合，从而得到更进一步的说明。她在其相关论述中通过对"规范相关性"的界定表达了这一观点，其中 S 表示一位说话者，x 为任一表达式，F 为说话者以 x 所意谓的东西，而 f 体现这种意谓的特征和属性，那么"规范相关性"可以表示如下：

规范相关性：S 以 x 意谓 $F \rightarrow (a)(S$ "正确地"将 x 用于 $a \leftrightarrow a$ 是 $f)$

即 *Norm-Relativity*: S means F by $x \rightarrow (a)(S$ applies x 'correctly' to $a \leftrightarrow a$ is $f)$ [②]

按照这一表达式所述的关于表达式使用的正确性条件，对于任一对象 a，说话者 S 能够将表达式 x 正确地用于 a 的条件是，当且仅当 a 体现了 x 所意谓的 F 的特征或属性 f。例如，S 将"绿色"用于"草"这一对象是正确的，当且仅当我们所探讨的这个对象是"草"而它又体现了"绿色"的特征和属性。但是需要注意的是这里的"正确"并没有指定说话者必须承担的责任或义务，说话

---

① Elugardo R. Review of Anandi Hattiangadi, oughts and thoughts: Scepticism and the normativity of meaning. *Notre Dame Philosophical Reviews*, 2008, (4). 参见：http://ndpr.nd.edu/news/23433/?id=12784.

② 爱卢华多在这里对哈特甘迪的"规范相关性"的引用和阐释似乎表述有误，爱卢华多的表达式为：*Norm-Relativity*: S means F by $x \rightarrow (a)(S$ applies "correctly" x to $a \leftrightarrow a$ is $F)$。参见：Elugardo R. Review of Anandi Hattiangadi, oughts and thoughts: Scepticism and the normativity of meaning. *Notre Dame Philosophical Reviews*, 2008, (4). 参见：http://ndpr.nd.edu/news/23433/?id=12784; Hattiangadi A. *Oughts and thoughts: Rule-following and the Normativity of Content*. Oxford: Clarendon Press, 2007: 55-56.

者并非负有"必须"将 x 用于任何对象的义务，也没有被要求必须做某事，因而使用上的"正确"更多地体现的是其非评价性的描述意义。在"规范相关性"中，没有什么"规定性"意义上的东西能够从"正确使用"这类事实中得出。可见，尽管哈特甘迪对语义实在论基本含义的阐释的第（1）点就表明了语词的意谓与其正确性条件的密切关系，即说话者以某一语词意谓的东西可以由该语词的正确性条件所给出，但是其中"正确性条件"所体现的语义实在论意蕴已经不涉及诸如经典实在论意义上的"事实"这类具体对象。

三、从语义实在论与反实在论之争再看"语义实在"

怀疑论论证的结论不仅对传统意义上的"语义实在"或者"语义事实"构成了威胁，而且对那些具有"语义实在"特征的任何主张都提出了疑问。正像哈特甘迪与博格西恩在其分析过程中所提示的那样，只要这些主张对如下内容有所承诺就不可避免地会感受到这种压力，即认为一个语言表达式（心的表征）的意义可以由一个正确性条件所给出，而这种条件既可能是真值条件，也可能是一种关于可断言性条件。然而，将这些不同的倾向与主张置于当代语义实在论或反实在论之间的论争来看，我们对传统意义上的"语义实在"也应予以重新理解与考量。

1. 语义实在论与反实在论之争的基本特征

首先，按照对实在论与反实在论的一般理解，实在论者通常认为，作为主体的人之所以能够获得准确的表象，是因为存在某些非语言项使得我们能够以特定的方式使用一些语言项。例如，我们可以从心灵的内容或者语言的表达中挑选出一些东西，这些东西能够与某些对象外在地相一致或将其再现出来。与此相对照的是，反实在论者则往往认为，尽管语言的发生与形成也是一种客观的过程，如同身体那样依赖于我们所生活的具体环境，但是相较于身体而言，我们的心灵或语言却并不比它更接近于"实在"。因此，如果认为可以从心灵或语言的内容中选出某些东西，以此再现它依赖的那种情境，这不能成为合理的解释。因为事实上我们无法解释这种对"实在"的"再现"究竟是什么，或者这一"决定"的过程表示什么。在反实在论者看来，实在论者所说的"再现"或"决定"等语词由于缺乏合理的根据而表现出某种任意性，因而无法消除我们的困惑，甚至沦为一种陈词滥调。对此，罗蒂（Richard Rorty）等也指出，

"使……成为真"与"再现"及"决定"这类语词是相互联系的，使得某物为真的那类非语言项也就是"决定"该物的东西，或者说是该物要"再现"的东西。但是问题的关键在于这类概念本身的恰当性就是令人质疑的。反实在论者认为，不仅是对于正在讨论的那组陈述而言，而且对于所有的陈述而言，"使……成为真"与"再现"及"决定"这些概念同样都是不恰当和可以省略的。因此，"思想"与"实在"之间的"决定"关系（无论是哪种决定方式）都是没有意义的，都可以看作一种虚假的说明。[①] 实在论与反实在论的分歧在当代语义学领域的表现也非常明显，对语言表达式真值条件的质疑就是反实在论在语义学上的一种体现。

其次，具体结合语义实在论与反实在论者的论争来看，语义实在论的支持者往往强调语句的成真条件或真值条件，他们认为，就某一特定话语领域具体的语言表达式而言，在那种话语领域的表达式具有的真值条件是超越检验或验证的，也就是说，对这种类型的真值条件的获得可以超越我们认识或验证它们的能力。实际上卡尔纳普（Rudolf Carnap）早已作出过为我们所熟知的相关解释。他指出，如果要理解和领会某一语句的意义，就要了解该语句成真或为假的可能性条件，即它在哪些可能的情形下会为"真"，而在哪些可能的情形下为"假"[②]。也就是说，这些环境或者情形构成了为语句赋予意义的证据条件。赖特将这种证据条件或真值条件描述为"verification-transcendent"[③]，按照它的特征，我们说一个命题的真值条件是超越证实或超出验证的，其充要条件是即使在理想的条件下我们也不能断言它们是否能够获得。语义实在论遭到了语义反实在论者的反对，仍然就一个特定的话语领域来讲，语义反实在论者主张的是，某话语中的语句不应由于那些超越验证的真值条件而被视为真或假，这些真值条件的获得与否都无法被我们觉察或检测到，它们也不应作为关于语言表达式的判断标准。众所周知，语义反实在论的支持者中最典型的代表人物是达米特（Michael Dummett）。达米特已经提出一些反对语义实在论的著名论证，他的意义理论为实在论与反实在论关于形而上学问题的相关争论提供了独特的视角与进路，特别是其具有代表性的"习得论证"（acquisition argument）与"表现论证"（manifestation argument），它们旨在作为一种全面的论证而反对语义实在论。

---

① Rorty R. *Objectivity, Relativism, and Truth*. Cambridge: Cambridge University Press, 1991.

② Carnap R. *Meaning and Necessity: A Study in Semantics and Model Logic*. Chicago: University of Chicago Press, 1956：10.

③ 相关内容参见：Wright C. *Realism, Meaning and Truth*. Oxford, New York: Basil Blackwell, 1987：47-69.

在达米特看来，在某一特定话语领域，对表达式超越验证的真值条件的阐释可以看作是语义实在论的一个标志。[①]诚然，实在论与反实在论的形式和主题总是各式各样的，就具体的主题而言究竟持有实在论立场还是相反，不同的哲学家总能提供各种理由。而且，即使某人对某一问题持实在论，也完全有可能对另一问题持相反立场。但是，达米特试图表明存在着一种统一的区分方式，通过该方式体现的对反实在论论证的必然要求，进而指出反实在论立场在涉及的所有论域中同样有其必要性，而这一进路也正是他的"习得论证"与"表现论证"所体现的主要目标与意义。

对于语义实在论和反实在论之间的对立与论争，达米特曾经指出，我们可以把实在论者的观点规定为这样一种信念：存在一组有争议的陈述，它们拥有一个客观的真值而不依赖于我们主体对其进行认知的方式或工具，判断这些陈述为真或为假的依据是不依赖于主体而存在的现实或实在；而反实在论者却反对这种观点，在他们看来，只有借助所涉及的那类事件才可以理解这样一组陈述，他们认为，那类被指称或涉及的事件可以作为这组有争议的陈述的证据。[②]确切地讲，"反实在论"一词的流行和频繁使用很大程度上应归于达米特。按照他的观点，无论是关于以下哪种类型的陈述，如关于外在物质世界、不同时态（过去和未来时态）、心理事件及其过程与状态、数学等方面的陈述，实在论者都认为它们所具有的那种客观价值是独立于人们的认识手段和方式的；而反实在论者坚持主张，要理解诸如此类的陈述，唯有诉诸那些可以作为其基础和证据的事件，除此之外别无他途。在达米特看来，实在论与反实在论之间的论争主要涉及某个主题或者某种特定对象，实在论的基本主张和观点都体现了它对二值原则与排中律的接受，对于一组有争议的陈述来说，实在论者会肯定二值原则适用于这类陈述，而反实在论者会拒斥二值原则从而拒绝排中律。然而，从根本上讲，这种论争可以看作是关于形而上学问题的分歧。而且，要解释特定主题或对象的实在论或反实在论观点，就需要有这些主题的相关陈述的意义说明作为基础。因此，通过关于数学对象的阐释与数学陈述的意义说明，达米特彰显了意义理论对于实在论与反实在论之争的重要作用，从而也体现了意义理论对于探讨这类形而上学问题的独特的方法论价值。

---

① 关于达米特的相关理论、实在论与反实在论的主要论争与代表性观点可参见：Dummett M. *Truth and Other Enigmas*. London: Duckworth, 1978：145-165; Hale B. Realism and its oppositions.Hale B, Wright C. *A Companion to the Philosophy of Language*. Oxford：Blackwell, 1999：271-299; Miller A. *Philosophy of Language*. London: UCL Press, 1998：279-303.

② Dummett M. *Truth and Other Enigmas*. London: Duckworth, 1978：145-146.

2. "语义上溯"和"语义实在"

随着实在论与反实在论之间论争的发展与深入，双方论争的内容和方式也在相应地发生转变。首先，关于各种不同主题的实在论或反实在论的观点日益明显；其次，双方的支持者所关注的主题和进路也呈现出共同的倾向，即重点探讨的问题已经不再是某一"实体"或者"对象"是否存在，他们主要分析的是，对所争论对象的陈述意义的阐明是否具有合理性。如前所述，在达米特的相关论述中可以看到，在探讨涉及"实在"的问题时，他并没有直接使用"实在的或对象的争议集"，而更多使用的是关于所讨论对象的"有争议的陈述集"，这种有争议的陈述集展现的是双方在争论过程中所讨论的某些对象的集合，以及相关的陈述具有的意义类型。这种方式正体现了一种较为常见的研究策略，即"语义上溯"，它主张将关于对象的问题研究转变为关于语词的问题分析，将用来指涉外在世界的语言转变为我们讨论的一些话题。可见，通过此种方式，我们可以尝试将关于"实在"的这类哲学问题转化为语言层面的问题。因此，语言表达式是在一种新的层次上来探讨语词和语句的语义属性，可以被看作处于更高级的"元语言"层面。按照这种观点，实在论与反实在论之间论争的关键之处并不在于某一"对象"或"实在"本身，而在于对相关陈述的意义阐明方面存在着争议或不同见解。

尽管"语义上溯"这一概念是由蒯因提出来的，但在分析哲学领域自弗雷格开始就从未脱离过这种研究方式。在这一方法的引导下，分析哲学家所进行的研究由关于对象本质的研究转向概念和语法性的考察分析。蒯因清晰地将该方法称为"语义上溯"，在《语词和对象》中，他指出，我们现在所看到的和讨论的很多问题都例证了卡尔纳普长期坚持的一种观点，即哲学问题就其作为真正的问题来讲，实质上都是语言问题，而有关何物存在的这类哲学问题可以看作何以能最便利地设计我们的"语言架构"的问题。这些哲学问题表面上看起来似乎是关于对象的种类，实际上是有关语言使用策略方面的实用性问题。[①] 关于"语义上溯"的具体策略，蒯因曾这样描述："语义上溯的策略是，它将讨论

---

① 当然，蒯因也强调，他这里所指的将何物存在的哲学问题看作我们如何方便地涉及"语言架构"的问题，并不是将其应用于诸如"是否存在袋熊或者独角兽"这类涉及具体对象的讨论，他的"语义上溯"要解决的不是关于语言之外的这类实在的问题。也就是说，涉及具体对象的存在及其名称时就不必运用"语义上溯"这种方法了，该方法只有在讨论概念语词这类主题的时候才更好地体现出其使用的价值。比如，当我们讨论"点"、"英里"、"数"、"命题"、"事实"和"属性"等对象是否存在时，就不再局限于具体的对象，而我们所谈论的也将仅仅是语词而排除了所讨论的那些非语言对象。参见：Quine W V O. *Word and Object*. Cambridge: MIT Press, 1960：270-276；蒯因. 语词和对象. 陈启伟，朱锐，张学广译 // 涂纪亮，陈波. 蒯因著作集（第4卷）. 北京：中国人民大学出版社，2007：462-467.

引入这样一个领域，双方在其中对于那些对象（也就是语词）以及和它们相关的主要词项可以更好地达成一致。语词或者它们的书写文字，这类与那些点、英里、类别以及其他东西有所不同，它们是市场中非常流行的、可触知的切实对象，拥有不同概念图式的人们可以在这里进行最充分的交流。它是这样一种策略，即上溯至在根本上迥然相异的两个概念图式的共同部分，可以更好地探讨这两个不同的基础部分。它在哲学中很有帮助就不足为奇了。"①由此可知，语义上溯的要点在于，将有关对象的本质差异的分析转变为语言层面有关语词差异的探讨，而且这种转变可以帮助我们不再针对一些毫无意义的哲学讨论争论不休。一个最典型的例子是，可以避免陷入有关外部实体是否存在的无尽争论，而去关注应采取何种角度和言说方式来探讨"存在"或"实在"，这样才会有助于我们澄清和解决问题。

再考虑哈特甘迪对语义实在论基本内涵的阐释及对于规范性的探讨可以发现，这些论述仍然在某种程度上延续着当代语义实在论与反实在论的争论特点与研究进路。这可以体现为以下几个方面。

第一，克里普克的怀疑论论证不仅质疑了传统实在论意义上的真值条件，同时也再次追问了任何对语言表达式的意义有所断定的那些条件的合理性。而且，在理解语词使用的正确性条件时，我们并不需要直接探讨关于外在"对象"或"实在"的存在条件是什么，但却可以转而关注这类对象的意义阐明需要怎样的正确性条件集。也就是说，对于什么是"正确性条件"这类问题，我们不必再诉诸某种外在的方式，从而使"正确的"与传统实在论意义上的"对象"相符合；也不必将其与某一实在的性质关联起来。

第二，如何遵循"语义上溯"的思路理解一个语词能够指称某个对象或者能够适用于它的外延或载体？这就需要对构成语词合理使用之基础的那种正确性条件集进行分析，而该分析又要求我们对指示这种正确性条件的特征集有所说明。具体地讲，要解释与某一语词的意谓相关的正确性条件集，实质上就相当于界定这样一个特征集，它是那些所有可以被该语词指称的对象（并且仅仅是这些对象）必须具有的集合。通过这一特征集，我们就可以指定或详述一位使用该语词的说话者通过它所意谓的东西。例如，"绿色"这一语词的正确使用条件表示为：对于任一对象 x，"绿色"正确地用于 x，当且仅当 x 是"绿色"的。语词"绿色"的正确性条件涉及的特征集可以表述为：它表示所有那些可被称

---

① Quine W V O. *Word and Object*. Cambridge: MIT Press, 1960：272.

为"绿色"的对象并且仅仅是（为了能被称为"绿色"的或适于"绿色"这一语词的使用）这些对象必须具有的一组特征。

第三，在对哈特甘迪与爱卢华多相关论述的分析中，我们根据有关表达式的"真之消除引号理论"模式来解读和重构了语词的"正确性条件"，并将其称为语词的"正确性之消除引号理论"，这一过程也凸显了关于语义实在论的"语义上溯"式的解读与建构。在我们看来，在这种重构中，语词的"正确"和语句的"真"只是关乎一个表达式的言语作用，而不是以某种方式与外在的世界或某一性质相一致。因此，我们不必借助语言与世界的外在关联就可以理解"正确"与"真"，或者说可以基于更高级的"元语言"层次来解读语词和语句的语义属性。另外，需要说明的是，无论是有关语义实在论基本内容的解释，还是从较宽泛的角度来探讨语言表达式正确使用的条件，我们都主张不必将探讨的论域仅仅局限于语言表达式的"真值条件"，而是要在言语实践过程中对表达式正确使用的条件进行分析。其原因主要在于，如果仅仅对表达式的使用及其意义进行"真值条件"式的实在论解读，往往难以避免地会追问该表达式背后那种作为根据和基础的"语义事实"，而不论该"事实"是何种领域的。从这种意义上讲，在对语义实在论的重新考察中，"正确性条件"的应用范围实际上也同时得到了适度的扩展。在哈特甘迪对"语义实在论"的说明中，她仍然主要在语词的意谓方面探讨了其正确性条件，但我们通过"正确性条件"进一步解读与建构表明，它的使用和探讨不应再仅局限于原来语词使用的层面，而需要首先被置于说话者的言语交流与实践的语境中进行全面考量，这就包括语言表达式的发生、使用过程及效用等不同角度的分析，从而具体阐释说话者如何能作出一种得到辩护的断言。

第四，我们所主张的"正确性条件"式的分析进路既没有摒弃对"真值条件"的阐明，也会考虑到进行合理断言的各种条件，因而体现了适度的包容性与全面性。由此可知，这里的"正确性"显然比"真值条件"式的"语义事实"涉及更丰富的内容，也在更宽泛的意义上呈现了"语义上溯"作为一种方法论的适用性。在这一探讨模式的引导下，有关"正确性条件"的分析特征主要体现为以下几个方面。

（1）从发生学的角度看语言表达式的使用和意义的形成过程，结合言语实践的规范性特征来考察正确使用表达式的条件集。而且，基于这一较为宽泛的"正确性"角度的分析，可以使对"真值条件"与"可断言条件"的探讨更加明晰化。

（2）厘清有关语言表达式的正确性条件的不同层次与基本特征，特别是了解表达式的"正确使用"与不同性质的规则之间的关系。正如本章 3.1 节所指出的那样，表达式正确使用的条件总是与规则密切相关。首先，描述性或调节性规则可被认为对说话者的言语行为指出了一些必要的限制性条件，但不能充分地决定表达式的意义；其次，构成性规则对表达式的意义具有较强的规定性作用，同时也会对说话者"应该"如何正确地使用一个表达式提出一些要求。

（3）通过将言语实践的过程与规范性论题相结合来解读"正确性条件"等问题，可以构建一种对"语义实在论"进行整体分析的规范性语境。"正确性条件"与"规范相关性"相结合的探讨表明，"正确使用"表达式的相关事实并不会导致强解释意义上的"规范性"。可见，尽管语义实在论的基本内涵指出了表达式的意谓与其正确性条件的密切关系，但却不必规定这种意谓与外在对象或性质的对应。通过将这类"事实"、"对象"或"性质"上溯到语义学层面，再描述并构建"正确性条件"的特征集，可以继续拓展语义实在论的研究，特别是对它进行"元语言"意义上的再考察。

3. "语义上溯"——哲学考察与概念分析的应有之义

从当代分析哲学的整体发展来看，对于一直被哲学家们频繁使用的"语义上溯"的研究法，与其说是一种特有的策略或进路，不如说它是哲学考察和概念分析的基本内容和应备之项。事实上，维特根斯坦曾经表达过类似的看法并提出了更为深刻的见解。如果我们对维特根斯坦的后期哲学观作一种全面性解读并从中寻找他对哲学的界定，那么至少会得出这样一种基本观点，即哲学的考察主要是概念的和语法性的考察与探讨。在维特根斯坦看来，哲学的考察方式并不是直接对某种外在的对象或事物的本质进行研究，哲学的探讨与一般科学研究的目标和任务有所不同，它不需要追问挖掘事物现象之后的本质或者根本机制，而关注的是人们对这些被考察"对象"的陈述种类和方式是否合理或者能够得到辩护。由此可以理解维特根斯坦所说的"本质表达在语法之中"及"语法说出某种东西是哪一种对象"等表述中蕴含的深意。[①]可见，哲学的探讨方式和研究进路直接面向的是概念层次的考察而不是物理现象之后的本质。此外，维特根斯坦在《哲学研究》的多处都曾表达了类似的思想。例如，他在第90 节中指出：

---

① 参见维特根斯坦在《哲学研究》371 节和 373 节中的论述。维特根斯坦. 哲学研究. 韩林合译. 北京：商务印书馆，2013：197-198.

好像我们必须透视现象：但是，我们的研究并不是指向诸现象的，而是可以说，指向现象的"诸多可能性"的。这也就是说，我们想起我们就诸现象所做的那些陈述的种类。因此，奥古斯丁也想起人们就事件的延续，就其过去、现在或者将来所做的不同的陈述（这些陈述自然不是关于时间、过去、现在和将来的哲学陈述）。[①]

在厘清了哲学研究的主要方式之后，维特根斯坦由此认为，我们的哲学考察应该是一种语法上的考察，所谓的"本质"不可能脱离我们的表达形式或陈述方式。哲学考察与概念分析的目的不应定位于提供什么新的知识理论，而是要通过这种考察消除误解以便澄清问题。而且，人们对概念的分析、考察与使用方式中就一直存在着各种争论与分歧，相关的陈述方式及其意义也亟待澄清与明晰化。

维特根斯坦进一步指出，我们要注意消除关于各种语词用法方面的误解，形成这种误解的部分原因是语言不同领域中的表达形式之间存在某些相似性。消除这种现象的一种方式为：用一种表达形式来替代另一种表达形式，也就是试图通过表达形式替换的方式来消除此类误解。我们可将这种方法看作对表达形式的一种"分析"，而这一过程有时看起来类似于对某个东西的分解。按照维特根斯坦的观点，之所以要对语言形式进行充分的分析，是因为我们已经习惯使用的那些表达形式就其本质而言仍然是未经分析的，因而看似有某种尚未揭示的东西隐藏于其中。如果我们能够揭示其中隐藏的东西，就能够使这种表达形式变得非常清楚和明晰，也就是说，我们由此就澄清了该表达式，也达到了原来的目标。总之，我们会考虑是否存在对表达形式的一种"最终"的分析，从而使得表达形式能得到一种完全充分的解析或分解。维特根斯坦在此基础上作出总结，如果将我们的表达式进行解析从而使之更为精确，就可以借此消除误解。但是也要注意可能存在另外一种形式的误解：在对表达式进行分解的过程中，我们会认为自己在追求某种特定的完全精确的状态，并将这种追求当作进行研究的真正目标。因此，我们会在研究中试图理解语言的本质，包括语言的功能及其结构，其表现形式就是一直在追问语言、命题及思维的本质，但是这种本质并不是经过整理便可以加以综观的，也不是一目了然、清晰可见的东西。这种本质向我们隐藏起来了，它是需要凭借分析而从内部挖掘出来的东西。[②]

---

① 维特根斯坦.哲学研究.韩林合译.北京：商务印书馆，2013：77.

② 维特根斯坦论述的相关内容可参见《哲学研究》的90、91、92节。维特根斯坦.哲学研究.韩林合译.北京：商务印书馆，2013：77-78.

关于哲学之为概念考察的观点,陈嘉映先生在维特根斯坦论述的基础上又作了进一步的解读与拓展,特别是对"概念考察"一词作了深入浅出的分析。在他看来,我们在平常的言谈及问题的探讨中总是在使用概念,但是并没有对它们进行合理考察。在言谈中使用概念和对概念进行分析考察绝不是同一件事。"用概念来进行言说"这类日常的谈话可以被看作是一阶的,但哲学却是对这些被使用的概念进行言说和界定,因此可以把哲学看作是二阶的。陈嘉映先生提醒我们,虽然维特根斯坦的后期哲学体现了将哲学作为一种概念分析与语法考察,但是这一观点的渊源却由来已久。在苏格拉底与柏拉图的哲学中即可以看到他们对于诸多概念的考察,这在柏拉图的各种对话中体现得尤为明显,比如,什么是"美德""善""正义"等诸如此类的主题。柏拉图对话集中的各种人物总是在围绕类似的主题进行回答和争论,然而,我们在日常的生活中只是在使用这些概念却未对它们进行反思。在柏拉图的对话集中,苏格拉底对概念考察的方法运用娴熟,而且能够引领谈话的对方按照自己的目标对涉及的概念进行详细入微的分析与界定。[1]

众所周知,苏格拉底往往从最常见的话题入手,首先表明一种真诚的无知态度从而在对话中处于主动提问者的位置,然后暂且接受对方的观点,通过一步步的诘问而暴露对方论点中的矛盾。在苏格拉底看来,人们常常在使用各种概念却缺乏对其必要的审视与反思。面对苏格拉底的问题和反诘,对话者往往被迫放弃自己原来深信不疑的观点,并在他的引导下继续对概念进行探索。他使对方意识到具体现象后面的一般性,从中分离和挖掘出有价值的思想。经由这种"陶铸"式的有特定方向的问答过程,苏格拉底可以达到清除蒙蔽、显露真理的效果,最后在归纳总结中找出所探讨对象的共性与"一般",从而得出对于一些概念较为客观与准确的界定,同时也使对方放弃了对这些概念充满矛盾与偏见的定义方式。

陈嘉映指出,苏格拉底在其对话中就在践行着二阶式的思考,即把通常一阶意义上的谈话上升到二阶式的关于概念的考察。这种二阶式的分析进路在维特根斯坦那里体现得尤为明显,他认为所谓的"本质"从来不能独立于表达的方式,"本质"只有在语法中才能表达出来或道出它自身。因此,陈嘉映将维特根斯坦的主张归结为:哲学不是从现象继续深入到背后的本质或根据,而是采取了相反的进路,即在现象面前撤退并回到关于它的陈述方式或表达形式上,

---

① 参见:陈嘉映.维特根斯坦的哲学观.现代哲学,2006,5:90-102.

退回到对概念的分析层次上。这就是"语义上溯"在后期维特根斯坦哲学中的鲜明体现。[①] 维特根斯坦的"本质在语法中道出自身"这一著名陈述已经彰显了"语义上溯"的本质和要义。此外,维特根斯坦在《哲学研究》的 371 节中也表达了类似的观点:

> 人们必须要问的不是想象是什么或者当人们想象什么时在那里发生了什么,而是:"想象"这个词是如何被使用的。不过,这并非意谓着我只想谈论语词。因为如果说在我的问题中谈到了"想象"这个词,那么在有关想象的本质的问题中也谈到了它。我只是说:这个问题不能经由某种指向来解释……[②]

维特根斯坦通过关于"想象"的理解想要说明的是,就像理解什么是"想象"、"想象"的本质这类问题一样,尽管涉及"什么是……"、"本质"的问题常常会使我们满怀错误地期待,想要追问它指向什么对应物,但实际上它们并不是经由指向某种"对象"或"实在"而获得其意义并得到解释的,也不可能通过对某一过程的描述而得到阐明。维特根斯坦表示,虽然自己所要讨论的并不只是语词,但是要追问"想象"等语词所表示的"本质"时,无论是对于具有这种"想象"的人还是对于其他任何人,对这类问题的描述和解释只能通过相关语词才能进行,也就是说,只有通过表达的形式才能触及所询问的对象及其"本质"。在《纸条集》的 458 节中,维特根斯坦也表达了哲学研究之为概念考察的想法,他说:"哲学研究:概念研究。"[③] 按照维特根斯坦的观点,我们所使用的语词或语句基本上都可以看作是对一些概念的表达,而这些概念总是处于特定的陈述方式与相关结构的语境之中的。由此可知,在对这些语词和语句进行语法、陈述方式及使用语境的考察时,也就相当于对相关的概念进行了分析与说明,而语法的使用又处处体现着与语言游戏之间的密切联系,发挥着对语言游戏的规定作用,因此这种分析路径又内在地要求我们只有结合语言游戏及其根植的生活形式才能理解和解释这些概念。所以,维特根斯坦在本节中又接着指出,形而上学的本质的一种表现就在于,通过形而上学我们无法清晰地区分事实研究和概念研究,它们之间的区别是模糊的。

就维特根斯坦此类论述的意义而言,概念的分析及人们由此产生的各种分

---

① 参见:陈嘉映.维特根斯坦的哲学观.现代哲学,2006,5:90–102.

② 维特根斯坦.哲学研究.韩林合译,北京:商务印书馆,2013:197.

③ 维特根斯坦.纸条集(1929-1948 年).吴晓红译//涂纪亮.维特根斯坦全集(第 11 卷).石家庄:河北教育出版社,2003:225.

歧与争论并不在于那些对象及其本质究竟是怎样的，而是在如何描述与表达这些对象时产生了不同意见及各种混淆。一个很明显的现象是，这些异议与混淆又常常是关于那些已经获得的经验事实的，于是，对人们已知内容中的模糊和混乱进行区分与澄清本身就成为一项复杂的工作，这由此也形成了维特根斯坦哲学的一个目标与特色。他从不认为自己的哲学要提供什么理论或者为人们获得新的经验事实提供什么助益，因为这些本来就不是哲学作为概念分析与考察的题中之义。因为从传统的哲学理论与自然科学理论中可以看到，我们通常所说的提出"新"的理论主要在于发现一些新的"本质"或"对象"及与此相关的各种解释体系，但这种关于所探讨对象的本质与因果层次的阐释并不是（也不可能是）后期维特根斯坦从事哲学活动的目标，他的主要目标在于意义的澄清，消除那些语法上的各种误解与语词用法上的混淆，从而消除人们在哲学研究与表达交流中的困惑，并区分言说的有意义与无意义及不可言说的界限。

维特根斯坦说明了"本质"经由语法而表达出来之后，在《哲学研究》的372 节他继续说明，一种本质的必然性（或自然的必然性）与语言中唯一相关联的东西或者唯一的对应物就是一种任意的规则。该规则是我们能够从这种本质的必然性中抽出来放进一个语句（或命题）之中的唯一的东西①。可见，对于语言使用中的规则，从其实质或原初意义上讲就与一种"本质的"或"自然的"必然性相联系，它是由所探讨事物的本性或者本质决定的，如此一来也便于我们理解为什么在解读语言表达式的使用及意义等相关问题时，始终无法脱离表达式的规则性及语言意义的规范性；而且，这也构成了研究语言规则与规范性的必然理由，因为要了解事物或对象的本质必然性，就必定需要诉诸它的表现方式——语言表达式或命题中的各种规则。

---

① 这里参照了涂纪亮、陈嘉映与韩林合等几位先生对《哲学研究》的翻译。维特根斯坦在这里所讲的"本质的必然性"（原文：Naturnotwendigkeit）一词的翻译颇有难度，涂纪亮与陈嘉映将其译为"自然的必然性"，而韩林合将其译为"本质的必然性"，并特意做了一些解释。韩林合参照了安斯康姆、哈克与舒尔特（Herausgegeben von Joachim Schulte）等的译文，这些译法有"内在的必然性"（intrinsic necessity）、"自然的必然性"（natural necessity）、"客观的必然性"（objective necessity）等。韩林合注意到康德也曾在其《实践理性批判》与《道德形而上学基础》等著作中用过该语词，在康德哲学语境中，该语词应当被解释为"自然的必然性"，因为它表示一种源自自然规律的规定性，与意志的自由相对照。但是，在维特根斯坦哲学中并无此意，韩林合倾向于将其理解为一种由相关事物的本性或者本质而决定的必然性，因此他在这里译为"本质的必然性"。另外，他也赞同"自然的必然性"这一译法，因为如果我们从一种原初的意义上来理解，"自然"这一语词的一种原初意义即为"本性"或者"本然"。参见：维特根斯坦.哲学研究.韩林合译.北京：商务印书馆，2013：198；维特根斯坦.哲学研究.涂纪亮译//涂纪亮.维特根斯坦全集（第8卷）.石家庄：河北教育出版社，2003：162；维特根斯坦.哲学研究.陈嘉映译.上海：上海人民出版社，2001：178-179；韩林合.维特根斯坦的"哥白尼式革命".云南大学学报：社会科学版，2010，2：25-29.

四、语义学视域中规范性内涵的再考量

对于哈特甘迪界定的语义实在论的基本内涵，我们从其中涉及的语言表达式的"正确性条件"与"规范相关性"等方面进行了分析，并简要论述了"规范性"的基本内涵与不同层次的解释，以及意义的规范性与语义实在论之间的关系。但是，对于所谓的"语义规范性"，又可以如何进行界定和分析？从哈特甘迪的相关著述中可以发现，我们对语义规范性的理解和探讨方式与她存在一些差异，但是通过哈特甘迪对语义规范性基本内涵的界定和对具体案例的论述，可以为相关概念内涵的澄清提供一种独特的视角，并为由此展开的讨论和评价奠定了基础。

1. 哈特甘迪的"语义规范性"的基本内涵

这需要我们再回到哈特甘迪的著述中，首先基于语义学的视角来考量她对语义规范性这一概念的界定与分析。同样地，以 S 表示一位说话者，x 为任一表达式，F 为说话者以 x 所意谓的东西，而 f 体现这种意谓的特征和属性，哈特甘迪认为，所谓的"规范性"或"语义规范性"可以表述如下：

规范性：S 以 x 意谓 $F \rightarrow (a)(S$ 应该（将 x 运用于 a）$\leftrightarrow a$ 是 $f)$

即 *Normativity*：S means F by $x \rightarrow (a)$ (S ought to (apply x to a)$\leftrightarrow a$ is f)[①]

而该表达式实际上体现的正是哈特甘迪所称的第一原则的规范性。在前面"哈特甘迪论'意义的规范性'"一节中，我们已经探讨了哈特甘迪区分的"规范性"（Normativity）和"规范相关性"（Norm-Relativity），并从规范性论题的"强解释"与"弱解释"的角度对不同的规范性作出了相应分析。从哈特甘迪关于规范性的整体论述来看，她提及和描述的"规范性"常常是在该论题的强解释语境中来使用的。正如这里所援引的她对于"规范性"的界定，从上面这一表达式所包含的意义来讲，其中的"Normativity"不是宽泛意义上的"规范性"，而涉及说话者负有一种"应该……"的责任。例如，假设说话者 S 以表达式"猫"意谓猫这个对象，那么根据哈特甘迪所界定的"规范性"，S 就"应该"或"必须"以指定的方式意谓作为对象的猫。这表示 S 同意了承担一项语义义务的协定，也因而会负有相应的义务。根据这种语义规范性所示的"义务"内容，只要任一对象 a 具有语词"猫"所意谓的那种对象的特征与属性 f，则 S 就

---

① Hattiangadi A. *Oughts and thoughts: Rule-following and the Normativity of Content*. Oxford：Clarendon Press, 2007：57.

肩负着一种把"猫"这一语词用于所有的符合这一条件的 a，也就是说一种把"猫"运用于所有的猫并且仅仅是猫这类对象的义务。这是说话者 S 应该做的事，而且这种"应该"独立于构成她可能做出如此行为的其他具体原因，如那些可能的道德原因、合法的理由、审美的考虑或审慎的态度。

我们在哈特甘迪论克里普克的怀疑论论证的相关分析中已经指出，如果要使怀疑论论证的结论成立，使其能够先天地排除所有可能的意义理论，则该论证必须依赖于"意义是规范性的"这一论题，而这里"意义是规范性的"指的是强解释意义上的规范性。确切地讲，怀疑论论证所依赖的是这样一种假设，即在"意义是规范性的"论断中，其语义上的"应该"是范畴意义上的。这就是哈特甘迪所谓的第一原则的"规范性"中蕴含的范畴层面的"应该"。为了更清晰地说明这种范畴意义上的"应该"如何区别于一般意义上的"应该"，她通过划分不同类型的规范性指示来予以说明，即："手段／目标"的规范性指示与范畴意义上的规范性指示。

1）"手段／目标"的规范性指示

这种"手段／目标"的规范性指示表明，与其相关的"应该"涉及的是某人想要达到某一目标而应该要做的事，或者他为了实现某一愿望（或欲望）而需要做的事。为了说明这种通常意义上的"手段／目标"的规范性指示，哈特甘迪举了一个具体的例子予以说明。比如，如果某人想要从牛津出发在中午到达剑桥，那么他应该搭乘早班火车。在此例中，也明显地存在一种"应该"，但在这里某人"应该"做的事是为了满足他在中午到达剑桥的欲望而需做的事；相反地，如果他不再拥有中午时分从牛津到达剑桥的欲望，就不会再有此类"应该"，即他就不再"应该"搭乘早班火车。可见，"手段／目标"的规范性指示更多地体现的是一种工具性意义，可以将这种规范性指示看作人们为了满足某种欲望而进行的工具性的说明。

2）范畴意义上的规范性指示

与"手段／目标"的规范性指示有所不同，范畴意义上的规范性指示要说明的是，某人"应该"做的事不能仅仅作为他为满足自己某一欲望而使用的方式，或者仅仅是为了达到他的某一目标而采取的手段。基于语义学视域，这一范畴意义上的"应该"不能仅仅局限于"手段／目标"的规范性指示，也就是说，作为第一原则的强解释意义上的"规范性"，它所界定的那种"应该"体现的是对说话者的一种明确规定性，指定了他需要承担的语义义务，而这种义务在"手段 / 目标"的规范性指示结构中是不足以得到说明的。而且，这两种规范性指示之间的区别主要不是关于形式上的差异。哈特甘迪指出，范畴意义上的规范性指示也可以具有一种条件句的结构，但是在该条件句中，它的后件不能作为或者不能构成达到前件中所表达的某种目标的一个手段。也就是说，在"手段 / 目标"的规范性条件句分析中，它的后件是作为一种达到前件中所述目标的手段而出现的，但范畴意义上的规范性要求并不满足于此，它涉及的是一种关于主体的内在驱动力或动机。正因为这种驱动力或动机的存在，主体就会有一种必须要履行自己义务的责任感，因此，该主体的行为表现实际上更类似于一种理性主体或道德主体。从宽泛的意义上讲，一种理性的或道德上的"应该"就是典型的例子。所以，如果借用伦理学意义上的表达方式来举例，可以说这种"应该"的条件句与如下指示类似，即如果某人是一个道德主体，则他"应该"坚守自己的承诺。其中蕴含的条件与要求就是一种范畴意义上的规范性指示。①

正是基于范畴意义上的规范性这一角度，哈特甘迪提出了语义的规范性这一概念，需注意她在这里使用的语词是"semantic prescriptions"。可见，她所认为的"语义规范性"实际上表达的是一种"规定性"，即强解释意义上的规范性或者是范畴意义上的规范性，这就与那种工具性意义上的"手段 / 目标"规范性形成了明显的区别。怀疑论者在其论证中使用的"规范性"预设正是基于这种语义的规范性而作出的。需要指出的是，正像本书在解读规范性论题时首先是基于一般意义上的规范性而探讨，然后再对其进行不同层次的区分，同样地，在涉及"语义的规范性"论题时，笔者也主张首先从较宽泛的角度予以说明，再对其进行更进一步的详细划分。然而，哈特甘迪对"语义规范性"一词的使用与相关论述多是基于一种"规定性"的角度而展开的。因此，这里对语义规范性的使用方式与哈特甘迪存在一些差异，但这只是解释进路上的不同，并不代表在规范性论题的分析方面存在矛盾。

再回到休谟法则中的推论，众所周知，我们不能从一组有关"是"的融贯的陈述集中得出一种有关"应该"的陈述，该法则中对于"是"推不出"应该"的断言同样是基于范畴层次上的规范性，而不是指工具性的"应该"，因为休谟法则中涉及"应该"的陈述与主体的动机及意愿之间具有一种必然性联系，拥有这种动机与意愿的主体会由于内在的驱动力而负有"应该"做某事的责任，

---

① 关于两种"规范性指示"的划分参见：Hattiangadi A. *Oughts and thoughts: Rule-following and the Normativity of Content*. Oxford: Clarendon Press, 2007：182-184.

因而该主体也更富有理性主体与道德主体的意义。哈特甘迪在这里又通过例子予以说明：如果某人判断自己"应该"给慈善机构捐款，那么由此可知，他必然有给慈善机构捐款的意愿、内在驱动力或动机，也可以说他由于一种责任感而下定决心准备好了给慈善机构捐款①。这种内在的驱动力与责任感的自觉显然不同于工具性的"应该"，不能从"手段/目标"的规范性指示进行理解。实际上，休谟法则中从"是"推不出的那种"应该"正是体现了责任与义务的明确规定性。

2. 描述性的"应该"与范畴意义上的"应该"

结合哈特甘迪对一些例子的分析，可以对描述性的"应该"与范畴意义上的规范性的"应该"有进一步的区分与了解。假定现在有一位说话者，他可以作出这样的判断：如果某人想要从牛津出发并在中午到达剑桥，那么就应该搭乘早班火车。仅凭这一陈述本身，我们就可以将其看作一种纯粹的描述性判断，而且从该判断传达的信息中也无法断定某人是否会搭乘早班火车前往剑桥，或者是否会促成他采取这一行动。因此，对于作出此判断的主体可能采取的行动，大致会有以下几种情况。

（1）即使该主体拥有"去剑桥"的信念，我们也不能认为他必然会受到一种驱动力的驱使或拥有此动机而搭乘早班火车到剑桥。因为对搭乘早班火车的判断及相关信念的持有仅仅可能表示了主体对这些情况具备一些认知与描述能力，但并不能表示他做此行为的意愿与动机。

（2）反过来讲，如果作出此判断的主体成功地在中午到达了剑桥，我们也不能由此断定他一定拥有相关的驱动力或者动机，因为他完全可能在没有受到什么动机驱使的情况下就达成此行。

（3）还要考虑这样一种情况，即该主体确实存在一种从牛津出发而在中午到达剑桥的欲望，这一欲望也会使得他达成此行。但是要明确的是，对驱使或激发他采取行动发挥主要作用的是那种欲望而非信念。如果没有此欲望，即使该主体拥有"要从牛津出发并在中午到达剑桥需搭乘早班火车"这一判断，或者说他有此类信念，也不会有关于这些判断与信念的动机或驱动力。

可见，在主体没有任何动机或欲望的前提下，尽管其中可能存在一种假设意义上的"应该"，但严格来讲，这只能是一种描述性的"应该"，而与范畴意

---

① 参见：Hattiangadi A. *Oughts and thoughts: Rule-following and the Normativity of Content*. Oxford: Clarendon Press, 2007: 182-184.

义上的"应该"无关。例如，仅通过"想中午到达剑桥就应该搭乘早班火车"的陈述，无法判断它与主体的意愿和动机之间有一种必然的关联，这种必然性关联并非内在地包含在该描述性陈述中，因而没有合理的理由将主体的动机加入其中。从这一角度讲，虽然有些陈述中表达了"应该"的含义，但却不一定在范畴上是规范性的。按照哈特甘迪的观点，至少从休谟法则的角度来看，这类"应该"陈述不是规范性的，它们不具备休谟论证中所必需的那种规范性，充其量可被视作"手段／目标"式的工具性"应该"。

与上述描述性判断的例子不同，给慈善机构捐款的例子体现的是一种道德上的"善"或者道德命令，这一事实为进行捐赠的主体提供了一种理由或驱动力。即使这可能不是他想要做的事或者与他的欲望不符，但也无疑可以成为他进行捐赠的理由。而且，哈特甘迪让我们想象一种动机内在论的假设，如果某人是一个理性主体，而且倘若他能够判断实行捐赠是好的，那么事实上他就会受到一种驱使力的影响或被激发而实行捐赠。这可以看作一个理性主体所作的判断与他的动机之间的必然联系。哈特甘迪指出，这种联系也正是摩尔（George Edward Moore）和麦基（John Leslie Mackie）的相关论证的关键之处，他们的论证致力于反驳规范性的还原论解释与反还原论解释[①]。其中，摩尔提出的"开放问题论证"或"未决问题论证"（Open Question Argument）对伦理自然主义者进行了反驳，他认为"善"这一道德概念不能分析地等同于任何其他的自然主义概念或概念集，也不能用自然属性给"善"这类概念下定义。而且，"善"本身是不可下定义的，只能靠直觉去领会和把握。如果以非道德性质的自然主义概念来界定"善"，就会出现一种错误，即使得原本的封闭性论题变成开放性论题。因此，摩尔的论证声称要消除所有对规范性道德概念和属性进行的自然主义还原。但是，理性主体的判断与其动机之间的必然联系不会出现于那些在规范性上无效的事实中，也就是说，在纯粹描述性判断的结构之内无法找到这种规范性的理由和驱动力。再看"想中午到达剑桥就应该搭乘早班火车"的例子，尽管该主体可能会有一种到剑桥的理由，如他想要在中午之前尽可能早地到达那里，但是我们也不能由此断言：如果能判断搭乘早班火车可以使他在中午到达剑桥，那么事实上他就有驱动力或者动机去这样做。具体比较这些

---

① 关于摩尔和麦基的相关论证及解释可参见：Hattiangadi A. *Oughts and thoughts: Rule-following and the Normativity of Content*. Oxford: Clarendon Press, 2007：42-47; Moore GE. *Principia Ethica*. Thomas Baldwin (ed.). Cambridge: Cambridge University Press, 1993：53-110; Mackie JL. *Ethics: Inventing Right and Wrong*. London：Penguin Books, 1990：64-77; 徐梦秋，杨松 ."开放性问题" 论证：反驳与辩护——当代西方元伦理学的走向 . 厦门大学学报：哲学社会科学版，2011，2：85-92.

不同情况来看，"如果在中午到剑桥则'应该'搭乘早班火车"与"他判断自己'应该'搭乘早班火车并在中午到达剑桥"两种陈述尽管都表达了某种事实，但前者并不等同于一种范畴意义上的规范性事实。"在中午到剑桥需搭乘早班火车"的描述性判断本身不足以构成驱使或激发他作出如此行为的规范性理由。

　　由此可知，如果克里普克的怀疑论者想要遵循摩尔和麦基的论证路线，就需要提供更多的论据，在语言表达式的使用中，由语义上的正确性仍然不能直接推出说话者"应该"如此使用该表达式，这种推论还需要一种范畴意义上的规范性理由和根据。通过某一语言表达式的某种使用方式是正确的这一事实，尽管可以体现"正确性"与"规范相关性"之间的一些关联，但这并不涉及范畴层次的规范性指示。用休谟法则式的陈述可以表达为：有关语义正确性的"是"的断言不能得到有关说话者"应该……"或"必须……"的断言。要想弥合这两者之间的鸿沟，说话者就必须能够作出如下判断：一个语言表达式的某种使用是正确的，这一事实必然会驱使他使用该表达式及以某种方式来使用，也就是必须为他作出如此行为提供一种驱动力或动机。

　　尽管我们通过各个角度表明了描述性的"应该"与范畴意义上的"应该"之间存在难以弥合的鸿沟，但是可能还会存在这样的质疑，即假设有一位富有理智、能力及反思精神的说话者，他能够作出这样的判断：他认为自己"应该"将某一个语言表达式用于所有的并且仅仅是它意谓的或在其外延中的那个对象，而无论他的意向、爱好与交流的目标是什么，更无需考虑诸如道德原因、合法理由、审美角度与审慎态度等其他原因。事实上，这位说话者仅仅因为反思性判断这一理由而具有了以某种方式使用该表达式的动机，从而能够被激发或被驱使这样做。例如，如果说"绿"这一语词可以正确地用于体现该属性的对象，或者说以"绿"来意谓具有绿色这一属性的那些对象是正确的，那么这位富于反思精神的说话者就能够判断说，他"应该"将"绿"这个语词用于所有的并且仅仅是体现绿色属性的那些对象。一般认为，这种观点可以看作"动机内在论"，按照这一观点，一位说话者的规范性判断与他的动机（或意愿）之间并不存在概念上的鸿沟，他采取行动的驱动力或者动机不依赖于他的感觉、欲望，也独立于构成他规范性判断的那些目标。①

　　再回到克里普克的论证中，现在看似能够厘清克里普克的怀疑论论证成立

---

① 参见：Hattiangadi A. *Oughts and thoughts: Rule-following and the Normativity of Content*. Oxford: Clarendon Press, 2007: 41-44; Elugardo R. Review of Anandi Hattiangadi, oughts and thoughts: Scepticism and the normativity of meaning. *Notre Dame Philosophical Reviews*, 2008, (4). 参见：http://ndpr.nd.edu/news/23433/?id=12784.

的一些基本条件。假设哈特甘迪定义的语义规范性及其与动机内在论之间的关系有效，那么仍以语词"猫"的运用为例。任何构成说话者使用表达式的自然事实将形而上学地保证他有动机将"猫"运用于所有的并且仅仅是"猫"这个对象。如果按照哈特甘迪定义的语义规范性，说话者判断自己"应该"这样做，而不管他存在的具体意向、欲望及其他各种语境要素，那么在"规范性：S 以 x 意谓 F →（a）（S 应该（将 a 用于 x）↔ a 是 F）"中，假设把 F 看作与任何可能的自然事实有关的意义，如果克里普克的怀疑论疑问是正确的，那么就没有相关事实能够保证说话者被激发或具有这样的动机，因而也就不存在这类事实，即可以通过说话者使用某一语词（如"猫"）的资格来确定他"应该"做什么。毕竟说话者在过去、现在和将来对"猫"的运用可能符合不同的、不规范的语义解释（也包括在反事实的意义上对相关语词的使用），这种语义解释在它们截然不同的外延中既涉及"猫"也涉及"非猫"的对象。

其原因在于，我们很自然地会想到，这位说话者完全有可能在一种不同寻常的意义上使用"猫"这一语词。也就是说，说话者在这些情形中是否会犯语义错误或者她是否会按与以前一样的方式来使用该语词，不能由与说话者有关的自然事实所决定，关键在于那些可能的关于使用"猫"的语义解释是适合它的意义的。因此，上面那个表达式中的"F"不会是一种意义构成性的事实，通过相似的论证形式同样可以排除那些先天的、任何不可还原的非自然事实。也就是说，不存在构成"F"意义的事实，并且这意味着对涉及语言意义的元语义学理论的正确性产生质疑。同时，它也意味着表达式的意义归因缺乏真值条件，这不符合语义实在论的第（3）种内涵"把意义归因为语言的表达和心灵状态是'事实的'……"所表达的内容，因而也就质疑了语义实在论的正确性。反过来讲，倘若哈特甘迪接受了语义实在论，她将拒绝上述论证，因为怀疑论论证式的思路如果要发挥作用，则必然需要预设这样一种前提，即强意义上的语义规范性。当然，尽管哈特甘迪没有表现出对动机内在论的充分确信，但至少在她的论述中并没有体现对动机内在论的质疑和批评。

从根本上讲，内在论、动机与规范性理由的相关阐释属于实践理性的题中之义，这些方面都与"内容的规范性"具有更密切的关联，而且实践理性的诠释路径也有助于规范性论题的多角度解读，因而我们将在第四章"内容的规范性"中作出进一步的详细分析。

总体来看，语义的规范性原本不属于克里普克为之辩护的意义理论的组成部分，而是作为相关意义理论的一种前理论预设或试金石。哈特甘迪的"语义规范性”主要是在强规范性的意义上展开论述的，但是当我们从较宽泛的意义上来理解语言的“规范性”时就会发现，任何没有考虑到规范性维度的意义理论都缺乏一种全面性和系统性，也存在被拒绝的可能性。因此，那些仅仅通过说话者的行为或倾向性行为来解释表达式的使用而对其中规范性维度缺乏考虑的意义理论都可能被摒弃。

然而，当我们回到怀疑论论证及相关的解读方式中来时可以发现，从“规范性”和“实在论”的角度作出的相关分析至少需注意以下几个方面的问题：①尽管我们对规范性的“强解释”提出了质疑，但不能由此彻底地否定语义实在论，而且如果要使怀疑论论证的结论不至于自相矛盾，就不能彻底贯彻那种排斥任何成真条件的非事实论，这表明语义实在论的预设是必要的；②如果认可语义实在论的预设，则往往会由此寻找构成“意义事实”的那种存在，然而这样一来，我们似乎无法在反驳已有元语义学理论的基础上再为这种意义事实的存在提供一种诠释。正如哈特甘迪已经在其“规范性”的探讨中拒绝了所有还原的与反还原的语义学理论，尽管她展示了一种先天地排除所有可能的关于意义阐释理论的计划，但是所谓“语义事实”是否存在及在何种意义上存在，仍然难以理解。

由此可知，如果仅仅从第（2）个方面来看，似乎我们再次遭遇了克里普克的怀疑论者关于“意义事实”的追问，由于找不出构成意义基础的事实而处于困境之中。实际上，语义实在论的预设并不会必然地使我们处于这种境地，只要能够转变一种对“意义事实”的解读方式。

首先，我们可以肯定哈特甘迪所提出的讨论前提，即那种声称构成语言表达式意义的“事实”需要考虑到并容纳所有可能的语义学不确定性，否则它不可能被看作一种构成意义的事实。

其次，将实在论意义上的“事实”转化为使用中的“关系事实”。这要求我们不能仅仅局限于“真值条件”式的意义理解方式，还要关注表达式的习得与意义的阐明过程。这表明需将“意义事实”置于一种相互联系之网中才能理解，而这种联系不可能在一种完全个体层次的和功能主义的框架之内得到解释。无论是对表达式的意义的阐明，还是对说话者的心灵内容的解读，都要在说话者的实践语境与交流过程中进行考察，分析表达式的使用及其效用。基于这种相互关联的框架来解读“意义事实”可知，对语言表达式的意义具有直接确定作用的并不是某种独立的自然事实，因而我们应该从实在论还是非实在论的角度来理解它并无根本性的差异，关键在于这一框架的整体结构和关联方式。从根本上将，表达式所涉及的对象仅仅是孤立的"事实"，如果不了解它们的关联和组织方式，即使找到了这些对象，也无法对意义予以清晰地说明。可见，我们并非不能追溯"意义事实"，而是要转换讨论的方式，摆脱对传统"意义事实"的追问是必要的，这也正是我们在上一小节中所强调的"语义上溯"的另一种体现。

最后，在对"规范性"问题进行解读时，实际上也是将它置于一种关联之中来理解的，我们总倾向于通过"意义"和"内容"的彼此关联和相互作用来分析"规范性"的本质。在这方面，麦克道尔曾表达了对戴维森（Donald Dawidson）式思路的偏好，他指出：对于我们精神生活的整体图景而言，（心灵）内容的存在能够成为可理解的（方面）非常必要。而我们对心灵内容的处理必须依据这样的观点来进行，即有关能动者心理活动的考察开始于对规则的遵从方面。[①] 可见，"规范性"问题不能被置于一种孤立的情境之中，这种解读方式既要求超越说话者的个体主义框架，也包括相关论题之间的彼此渗透与互为阐明，即将"意义"与"内容"都置于语言共同体成员共享的共同体规则和实践语境之中进行讨论。

第三节　对意义的规范性的质疑与辩护

尽管言语实践及意义具有规范性维度已经广为认可，但仍然需要通过多角度的论证来为其进行合理性辩护，并进一步澄清其内涵和本质。克里普克的怀疑论论证将"规范性"的重要性和独特性彰显出来，而蒯因在语言意义方面的相关主张则体现了他对"意义实体"的质疑，那么这种主张是否表明其对意义规范性的一种否定？通过将规则遵循问题、怀疑论论证与蒯因的相关论证进行比较，我们试图对这一质疑作出回应。

一、蒯因的"翻译的不确定性"与"指称的不可测度性"

克里普克的怀疑论论证体现了对经典实在论式的"语义事实"的质疑，这种质疑很容易使人想到蒯因对独立的"意义实体"的驳难。本节就将其与蒯因的著名论证——"翻译的不确定性"与"指称的不可测度性"进行比较和分析，

---

① McDowell J, Pettit P. Introduction//Pettit P, McDowell J.(eds.). *Subject, Thought, and Context.* Oxford: Clarendon Press, 1986：11-12.

进而再度考察意义的规范性问题。

蒯因要表明的是，某一译者将一种外文的表达式翻译为英文时，可能总是存在这样一种情况：它们在经验上是等价的，但各种翻译手册之间却不可比较。与非充分决定性的平常情况远远不同，蒯因认为在语言的归因中，不存在决定我们将选择哪种翻译手册的确定意义，没有以独立的方式确定下来的指称。"指称的不可测度性"与"翻译的不确定性"可以说是同时成立的。通过蒯因的例子可以说明"指称的不可测度性"：对语言学家而言，"gavagai"所指称的对象是否为"兔子"，是不能以独立的方式确定的，正像"意义"的确定过程那样。因此，我们也无法独立地确定任何单个语词的指称。蒯因由此得出的结论与克里普克的那种激进的结论很相似。[①] 蒯因认为，意义具有不确定性但又是客观的，尽管它的判定标准不能被语言共同体成员的言语行为充分地决定，但该标准首先要建立在这种言语行为的基础之上。根据蒯因的观点，我们可以从经验内容的视角来解读意义，它依赖于共同体成员之间的相互交流及一致约定。

既然蒯因的"翻译的不确定性与指称的不可测度性"蕴含着对"意义是实体"的一种否定，那么可否由此认为蒯因的语义理论是对意义的规范性的一种质疑或挑战？也就是说，能否由蒯因的理论得出：语言表达式的正确使用与错误使用之间的区别实际上失去了判断标准，甚至根本无法区分这些使

---

① 当然，"翻译的不确定性"与克里普克的论证之间既有相似之处又有很大差异，这需要从它们各自的内涵和特征来探讨，稍后将对此加以分析和概括。关于"翻译的不确定性"：不同的译者根据不同的翻译手册把另一种语言译为自己的语言，这些手册可能适合已知的语言倾向，但它们彼此之间却是不可比较的。蒯因的"翻译的不确定性"是要向这样一种传统的假定发起挑战：人们总是自然地假定，外文词与我们语言中的某些词是同义的，而且我们可以确定哪一个翻译手册是正确的或更好地表达这种意义，译者在翻译中认为这一事实是客观的。蒯因指出，并不存在这类事实，它们使得译者可以由此决定哪一种翻译手册是正确的或更好的。我们对翻译手册的选择，主要是基于主观和实用的角度而作出决定的，这与翻译手册在我们交流的过程中体现的作用和效力有关，而不是由于相信只有该手册才赋予了某一语言表达式真正的意义。我们也无法找到与该手册相关的何种事实影响了自己的决定。因此，任何单一的语言表达式都可以得到不同的解释。在蒯因看来，表达式的同义性不能满足一阶逻辑的外延性要求，进而也否定了意义是实体。物理意义上的事实并不能决定我们对同义词问题的讨论。说话者对语言表达式的把握和使用是基于一种"刺激—反应"模式，而且由这一模式所产生的"刺激意义"可以满足一阶逻辑的外延性原则。此外，我们需要基于语境来考察这种"刺激意义"的变化，如果与"刺激意义"相符，那么一种翻译手册就可以说是合适的。蒯因认为，翻译的不确定性导致了指称的不确定性、本体论承诺的不确定性及真理的不确定性。一般认为，"翻译的不确定性"论题与蒯因的两种理论相关：①它与蒯因的外延论相符，因为它拒斥作为内涵性对象的意义，认为将确定的内涵性内容赋予命题的基础不存在。但这些探讨由于引发了对确定性意义的普遍怀疑，因而也成为学界重要争论的焦点。例如，以乔姆斯基为代表的哲学家认为，对所有可能的经验证据来说，物理理论本身都是不确定的，这已经是一种被普遍接受的观点，对蒯因也没有对这一观点增加新的内容。②它与蒯因反对分析命题和综合命题之间的区分相一致。其原因在于，正是由于探讨另一种语言中的表达式是否应该翻译成分析陈述或综合陈述，蒯因的这种区分才具有其意义。参见：Quine W V O. *Word and Object*. Cambridge: MIT Press, 1960：26-79；Quine W V O. Ontological relativity//*Ontological Relativity and other Essays*. New York: Columbia University Press, 1969：26-68.

用？按照蒯因设计的翻译情境，对于同一个需要理解和把握的语言表达式，不同的语言学家可以建构一些彼此之间互不相容的语义描述和翻译。仅从直觉上讲，似乎蒯因所讲的"不确定性"不但会使语言意义的规范性意蕴面临困境，还会使我们无法判断什么样的行为才是"正确地"使用了一个语言表达式。那么，"翻译的不确定性"会对意义的规范性特征造成威胁吗？那种"直觉"是否可靠并接受进一步的检查？这就需要结合蒯因的论述再次考量其中的意义问题。

在《语词和对象》中，蒯因这样讲述翻译的不确定性论题："通过转而论及翻译问题，我们可以将这一观点说得更具体更实在一些①。那么这一论题是这样的：可以通过不同的方式编写一些将一种语言译为另一种语言的翻译手册，所有这些手册都与总体的言语倾向相容，手册彼此之间却不相容。在无数的场合中，对于一种语言中某一语句，这些翻译手册在给出另一种语言的一些相应语句作为其翻译时会有差异，然而这些语句之间却没有尽管松散却看似合理的等价关系。当然，一个语句与非言语刺激之间的直接关联越紧密，不同翻译手册中的译文之间的差异就会越小。"②蒯因正是通过这种翻译的不确定性原则的上述形式来说明其观点的。他的论述表面上看起来是在探讨翻译的问题，事实上是为语言表达式的意义进行了考察。考虑到这一点，我们就不能一般性地从语言翻译的角度来理解他所讲的"不确定性"，诸如：不同的语言系统所处历史、文化等背景方面存在较大差异；译者的用语习惯、认知能力、知识结构方面有明显不同；译者遵循了各自语言系统中有差别的使用规则等。这些问题并不是蒯因的"翻译的不确定性"的用意所在，他的阐述是要表明，我们通常所理解的那种作为实体的"意义"是不存在的，也就是说，即使上述所有造成译文之间那些分歧的各种条件都预先地得到满足，翻译也仍然是不确定的，或者说是不

---

① 蒯因在这里考察的是有多少语言可以通过其刺激条件而具有其意义，以及它为我们的概念结构中经验上无条件的变化留下了多大空间。要描述经验上无条件的变化的范围，第一个非批判方式为：在所有可能的感觉刺激之下，两个人所有的言语行为倾向可能恰巧相同，然而尽管触发条件相同，说出的话语也听起来完全相同，他们话语中表达的意义或观点却可能大相径庭。但是，这一问题可能会导致无意义的指责：人们可能会反对说，如果在所有的言语行为倾向上没有表现出来那种意义的差别，那么这种差别就是人为制造的差别（没有本质的区别）。蒯因认为，为了了解这一点，我们可以将其重述如下：任一特定的说话者的语言的无穷语句总体可以被转换或者这样映射到它自身：①说话者的言语行为倾向的总体保持不变；②这种映射不仅仅是语句与等价语句之间的一种关联，这种等价意义是看似合理的，无论多么松散。无数的语句可能与其各自的相关句有极大分歧，然而这种分歧可以系统性地彼此抵消，因此语句之间以及语句与非言语刺激之间的整体关联模式被保留下来了。当然，一个语句与非言语刺激之间的直接联系越紧密，那个语句在任一这种映射中就与其关联句之间的差异越少。参见：Quine W V O. *Word and Object*. Cambridge: MIT Press, 1960：26-27.

② Quine W V O. *Word and Object*. Cambridge: MIT Press, 1960：27.

可能确定的。这种不确定性主要包含两个方面：①作为内涵的语言意义本身的不确定性；②指称或外延方面的不确定性。第②点所体现的正是"指称的不可测度性"。这一论证是与说话者的言语交流密切相关的，而且对"意义"的怀疑也会进一步导致在心灵内容层面的怀疑，如对能够体现表达式意义的"信念"的怀疑。因此，与其说蒯因的"翻译的不确定性"是关于语言翻译的论题，不如说它是关于意义理论、认知甚至形而上学领域的论题。

　　为了了解蒯因的翻译标准，我们可以再设想他设计的关于语言翻译的一种较为极端的情境，即"彻底翻译"的思想实验。"彻底翻译"主要涉及的是我们迄今为止从未接触过的对土著民族的语言进行翻译，这种极端的情境实际上是难以存在的，因为一个土著部落无论怎样与世隔绝和偏僻蒙昧，总会找到一些可以稍作翻译和交流的人。但是，蒯因的这一设计旨在对语言的意义和理解的客观性提出批评。我们越能设想出一种没有任何译者的极致情形，就越有助于理解蒯因的理论。因此，想象一位语言学家来到一个他完全陌生的土著部落，面对一种异己的语言和文化，他没有任何已经存在的翻译手册或有关这两种语言的手册可以利用。由于语言学家的认知处境，他翻译的起点不可能是语词或语句，他理解和把握这种陌生语言的途径是那些与特定的刺激紧密联系起来的一些话语或场合句。具体来讲，作为翻译对象的那些最原始及最可靠的话语谈论的是当下正在发生的事件，这种事件对于土著人和语言学家都是清楚明白的。语言学家对土著人的想法和话语的含义一无所知，只能通过土著人的言语行为和身体动作、当时的发音及说出那些话语的情境等方面进行观察，将他们的话语与观察到的言语刺激相关联，并通过质询的方式尝试性地在某一场合中对土著人说出符合其发音的话语，进而观察他们的反应（肯定、否定或没有反应），对自己的翻译过程进行检验。因此，语言学家能凭借的不可能是土著人的话语含义和内在心理状态，而只能是一些可观察的外部行为倾向，并通过试探性质询的方式逐步确立土著语言与母语之间的对应，并在此基础上形成自己的翻译手册。[①]

　　蒯因在"彻底翻译"的论述中想强调的是这样的情况：对于同一个话语，

---

　　① 需要注意的是，语言学家在检验自己建立起来的翻译手册的过程中，他在模仿和学习土著人的发音，但他的话语发音仅能被看作是对土著人的一种刺激。因为虽然土著人可能理解他所说的话语并能够根据自己当时的心灵状态作出回应，但对语言学家而言，土著人的信念等心灵状态却无法通过直接的方式对他施加影响或作用，他对这种心灵状态一无所知而只能通过逐步试探的方式对土著人发出"刺激"的信号，再观察对方作何反应。因此，语言学家发出的"刺激"信号与土著人的心灵状态是没有直接关联的。

尽管两种不同的翻译方式可能都正确，但它们之间却互不相容。比如，面前有一只兔子跑过，此时语言学家和土著人面对同样的"刺激"因素，土著人说"gavagai"，语言学家就记下了"rabbit"（"兔子"）或者"Lo，a rabbit"（看啊，一只兔子）。当然，这时语言学家的翻译只是尝试性翻译，很有可能出错。为了检验他的翻译，每当有兔子经过时，他就对土著人说"gavagai"这个语词以进行询问，如果土著人表示肯定，那么语言学家就很可能把"gavagai"记为"兔子"。但是，我们不能忽视这样的可能性，即如果语言学家把"gavagai"译为"构成兔子的各部分"、"某一阶段的兔子"或"兔子经过的那个时间段"，甚至是"兔性"（rabbithood），并且只能把土著人可观察的外部行为作为判断标准时，那么这并不妨碍语言学家心中所想的是另外两种意义却说出了同一语词，而土著人仍然表示赞同。甚至也有理由认为，当语言学家说出"gavagai"时，他所想的是一些差距更大的语词意义，如"动物""白的"等。从行为主义的视角来看，暂时不能否定这些翻译形式的正确性，但它们之间却彼此不相容。显然，"兔子"绝不是"构成兔子的各部分"、"兔子经过的那个时间段"、"动物"或"白的"。

或许有人会反驳说，为了保证翻译的确定性和指称的可测度，可以让语言学家通过在不同情境中向土著人多次试探性质询来逐步缩小范围，从而达到令人满意的结果。诚然，其中"动物"和"白的"这类语词有可能通过反复质询而从"gavagai"的译文范围中排除。从理论上讲，我们可以想象这种假说的演绎方法通过不断的实验来确定"gavagai"的唯一指称，但是仅仅凭借"刺激—反应"的行为主义模式，这种原始性的实指学习阶段与层次仍然无法保证该指称的确定性和唯一性。例如，尽管语言学家经过多次尝试而认为"gavagai"的意义和指称等价于"兔子"这一语词，但他在现有层次上无法排除这种可能性：在穷尽观察到的所有可能的行为倾向之后，当他把该词译为"构成兔子的各部分"或"兔子经过的那个时间段"时，获得的是与"兔子"一词无法区分的观察证据。因此，该词的指称仍是不可测度的，且这些译文又有明显不同的意义。我们假设 S_1 是被翻译的某一表达式，表达式 S_2 与 S_3 都是对 S_1 的翻译，在现有的实指学习和原始翻译层次上，根据所有的观察证据，两种译文与 S_1 之间都建立起了可以称为"正确"的对应关系，而且土著人对 S_2 与 S_3 的行为倾向和反应都完全相同。如果认为表达式之间"正确地翻译"意味着二者"意义相同"，那么当且仅当 S_2 与 S_1 意义相同时，S_2 可被看作"正确地"翻译了 S_1；同样，当且仅当 S_3 与 S_1 意义相同时，S_3 可被看作"正确地"翻译了 S_1。由此可知，S_2 应与 S_3 具有相同的意义，两种翻译应彼此相容。但事实上却存在这样的情形：S_2 与 S_3 具有相同的可观察的行为证据，但在逻辑上却彼此不相容，即具有完全不同的意义。

此外，按照蒯因的观点，"指称的不可测度性"很容易被误解为我们认知能力和范围的原因造成了这种不可测度性。然而，蒯因在这里并不是要提醒我们现有认知层次和水平存在诸多局限和不足，它实际上仍指的是一种不确定性。这种"不可测度"并不是指某种事实的不可测度，关于翻译的正确与否并不存在任何"事实"的问题，即不存在作为"实体"的意义。[①]

当然，蒯因也指出，为了提高翻译的准确性，语言学家会运用分析假设。在构成这种分析假设时，由于语言学家有自己的母语作为一种先在的言语行为习惯的投影，所以他首先预设了与土著人的用语相对应的一个母语系统，即他领会到被翻译的土著语句子的某一组成部分与作为该句子译文的某个语词成分之间有一种功能上的平行对应关系。只有通过这种方式，我们才可以解释为什么会有将某一土著语表达式译为自己的母语（如英语）的这种可能性。蒯因比喻说，分析假设的方法是以母语作为动力而将人们抛向丛林（土著）语言中，就像将异域的新枝嫁接到熟悉常见的老树上，直到这些异域的新枝触目皆是，也成为我们习以为常的东西。于是，语言学家在自己母语系统的投影的影响下就可以发现土著语中的普遍性词项，并且将它们与自己母语中的语词相匹配，刺激意义本身不足以决定哪些语词是这种词项，当然也无法确定哪些词项是共外延的。[②]具体来讲，语言学家需要对观察到的一些话语进行猜测性的扩展和外推从而建立分析假设，并通过与土著人的互动和交流来检验它们的有效性。语言学家通过观察土著人说出的话语及他们所处的环境，从而有选择、有计划地询问他们一些土著发音的语句，由此在不同的场合中考察他们作出了肯定还是否定的反应。蒯因进一步对这些方法作了总结：①观察语句是可以翻译的。虽然这里存在不确定性，但这是正常归纳的情形。②真值函项是可以翻译的。③刺激—分析语句是可以被识别认可的。因此，相反类型的"刺激矛盾性"语句会得到绝对的异议。④对土著人的场合句而言（即便它们是非观察性的），它们主体内在的刺激同义性（intrasubjective stimulus synonymy）问题是可以解决的，不过这种语句是不可以翻译的。总之，语言学家可以把听到的话语分成一些简单的部分，并编

---

① 陈波. 奎因哲学研究——从逻辑和语言的观点看. 北京：生活·读书·新知三联书店，1998：133-134.

② 比如，按照蒯因的观点，"gavagai"和"rabbit"这些场合句的刺激同义性甚至不能保证它们是外延相同的两个词项，不能保证它们适用于同一个对象。

纂一个土著语词汇表。按照以上四个方面所示，他可以将土著语词汇表中的各种语词成分等同地对应于英语中的语词和短语。[①]

分析假设的形成完美地解决了翻译的不确定性和指称的不可测度性问题吗？仍以"gavagai"为例。正如前面所述，刺激意义不能作为"gavagai"应翻译为"兔子"、"构成兔子的各部分"、"某一阶段的兔子"、"兔子经过的那个时间段"或"兔性"的判断标准。根据分析假设，如果我们将"相同"作为土著语言中某一结构的翻译，那么在此基础上可以继续询问作为向导的土著人，质询他不同场合中的"gavagai"的同一性问题，就可以因此而得出结论说"gavagai"是指"兔子"而不是"某一阶段的兔子"或"兔子经过的那个时间段"。但是，如果我们以"同一个动物的各阶段"作为土著语言结构的翻译，就会通过随后对土著向导类似的质询而得出结论说，"gavagai"指的是"兔子的各阶段"。在这两种情况中，分析假设都被预定为可能的。通过对其他相关惯用语的分析假设作一些补充性的改变，这两种分析假设都可以同样地符合于整个语句的所有可能的翻译，也符合于所有相关的说话者的全部言语倾向。[②]当然，蒯因也认为，要对那些难以计数的土著语句都逐一作独立的检验是无法实现的，能够通过那些独立的刺激场合的证据而被直接翻译的语句非常少，它们不足以说明其他所有语句的翻译需依赖的那些分析假设。然而，不可否认的是，一些分析假设系统尽管是互相对立和彼此竞争的，但它们却有可能近乎完美地与整体的言语行为相符，也仍然可以详细说明那些无数语句的彼此互不相容的翻译。因此，语言学家在向土著人询问"gavagai"的过程中，尽管无论土著人会有肯定还是否定的反应，语言学家都可以调整自己母语系统中与该词相对应的翻译而融贯性地解释土著人的任何反应，但这实际上表明语言学家的翻译的可靠性是不可能通过这种方式得到检验的。

---

① 蒯因也提醒我们，通过进一步考察分析假设的形式和内容可知，它们一般并不要求一种等式的形式。没有必要坚持认为土著语的语词都完全与英语的语词或短语相等同。可以详细指明某些语境，在这种语境中以某种方式来翻译某一语词，而在其他一些语境中会以另外一种方式来翻译该语词。等式的形式可能会被任意叠加一些辅助性的语义说明。由于一种语言中的语词与其另一语言中的翻译没有位置上的逐一对应，所以也需要以某些分析假设来解释句法的结构，而这些说明通常是借助有关各类土著语词和短语的辅助性词项来描述。将分析假设与辅助性定义联合在一起就构成了语言学家的"丛林"（要学习的土著人的语言）相应于英语之间的词典和语法。它们会被给予什么形式并不重要，因为目的不在于对语词和语句结构的翻译，而在于一种融贯流畅的话语翻译；即使单一的语词和语句结构会引起我们的关注，那也只是因为它们可以作为达到这一目的的手段。参见：Quine W V O. *Word and Object*. Cambridge: MIT Press, 1960：68-73.

② 参见：Quine W V O. *Word and Object*. Cambridge: MIT Press, 1960：72-73.

二、怀疑论论证 vs. "翻译的不确定性"

如上所述，语言学家对诸如"gavagai"等陌生的土著话语的翻译似乎总是能够通过调整母语系统中的相应部分，从而使其与土著人的任何反应相符合，这使得我们很自然地会联想到维特根斯坦的《哲学研究》中提到的规则遵循悖论及其对规则的各种解释。在这里，蒯因的"翻译"论题与维特根斯坦对规则遵循的考察似乎遇到了同样的难题。可以再次回到《哲学研究》201 节进行解读：

> 我们的悖论是这样的：一条规则不能决定任何一种行动方式，因为我们可以使每一种行动方式均与这条规则协调一致。回答是：如果可以使每一种行动方式均与这条规则协调一致，那么也可以使二者互相矛盾。因此，在此既不存在一致也不存在矛盾。①

按照对维特根斯坦这段论述的通常理解，我们在面对遵守规则的问题时，总是会遭遇这种"悖论"：一条规则"应该"能决定什么是规则遵循行为及违反规则的行为，但实际上似乎又不能决定任何一种行动方式。正如这一小节所指出的那样，我们可以使任何一种行动方式与某一规则相符合或与之相矛盾，这样就无所谓符合或矛盾。这一解读方式通常是在经验层面来追溯和探讨规则与行动的因果关系，因而规则一方面会被认为是行动发生的原因，另一方面也可以看作是行动导致的结果。而且，按照对这一"悖论"的通常理解，对于一条规则总是存在着各种各样的解释，按照以上思路，这些解释都可以从各自的角度使相关行动与该规则相符合。此外，我们能够作出这种解释的行为本身也需要解释，这就导致了解释的无穷后退。从这个角度讲，解释规则遵循活动的人就如同对土著话语进行翻译的语言学家那样，任何行动都可以被解释成与规则相符合；任何关于土著话语的翻译，也可以通过对分析假设作一些辅助性的变化而使其融贯性地解释土著人的全部言语倾向。但是，在从规范性的视角分析维特根斯坦与蒯因的案例之前，还是有必要对其中涉及的"悖论"或"难题"本身进行比较与区分。

第一，维特根斯坦的规则遵循问题中不存在本质上固有的"悖论"，从不同的视角解读所谓的"规则悖论"，会有不同的理解，因而是否存在关于规则的各种解释也是值得商榷的。因为这涉及对规则与规则遵循行动之间关系的两个层面的

---

① 维特根斯坦. 哲学研究. 韩林合译. 北京：商务印书馆，2013：143.

解读：①“规则”之为能动者的规则遵循行为的充分根据和基本理由。②“规则”在某次具体的使用中导致了一位能动者特定的行动，该规则与能动者实施这次行动处于“因果”关联之中，因而此规则可被看作这一特定行动的原因。[①]

　　结合维特根斯坦本人在其作品中的思想倾向与相关论述不难看出，他在考察规则遵循行动时，总是强调处于特定的生活形式和语言游戏之中的“规则”，这种规则需要以具体的言语行为、习惯、技术和制度等方面作为其基础。这就是上述第①个层面的“规则”所体现的意蕴。在这一包容了各种因素的言语实践与动态语境中，规则与规则遵循之间的关系实际上是一种内在的非经验层次的联系。从这个层面讲，规则体现了它指令性和规范性的意蕴。也就是说，规则明确指出了“应该”怎样做，什么样的行动才是“遵守”一条规则，如果不这样做就不能称之为规则遵循行为。只有如此的“遵守”才能体现该规则的全部意义，这种“应该”对一条规则是构成性的。比如，棋类游戏的一些规则指定了下棋的步骤和过程，只有按照这种指示的步骤进行对弈才能体现该规则本身的意义，对弈者也才能被称为遵守了规则，反之就是违背了规则。[②]

---

　　① 韩林合教授的相关解释明确而详细地指出了规则与行动之间的内在的与外在的关联，并探讨了二者之间的区别与联系。对于行动的根据（理由）与原因之间的区别，他进一步通过维特根斯坦的相关论述及科学假设和理论问题作出了探讨和区分。他指出，正如作为能动者规则遵循行动的根据和基本理由的“规则”那样，“根据”或“理由”与它要为之辩护的科学假设或理论之间的关系是内在的，而我们所谓的“原因”与其所导致的假设或理论之间的关系则是外在的。因为按照一般的观点，我们通常是把握了充分的根据才能够作出某种科学假设或提出某一科学理论，但事实上常见的情况是，一种科学理论或假设的提出并非基于完全可靠而充分的相关根据，而完全是某种外在的经验方面的因素。因此，这就导致了我们在理解科学假设和理论方面也常常混淆“根据”与“原因”之间的区别。准确地讲，人们提出或相信一个科学假设，其“根据”与引起某一事件的那种“原因”处于不同的层面。正如韩教授所提出的那样，对一种科学假设或理论的根据的考量总是要结合一个特定的科学体系，这种根据虽然常常以相关已有经验的形式来表述，但这并不表示“根据”与它所辩护的假设和理论之间具有某种外在的联系，或者认为它们之间存在一种逻辑上的推论。而且，我们在思考一个假设和理论的“根据”和“原因”时所想的内容是不同的。考察一个假设或理论的“根据”时，我们更多地是考虑它是否属于某一科学体系或者与该体系相融贯。从本质上讲，这一意义上的“根据”与其辩护的假设和理论之间具有内在的关联；而在分析某一发生的事件的“原因”时，我们更多地考虑的是这类事件是否以归结为是由另一类事件所引起或导致的，其中体现的是一种外在的因果关联。参见：韩林合. 维特根斯坦《哲学研究》解读. 北京：商务印书馆，2010：1170-1266.

　　② 如果我们联系某一语言表达式的使用来讲规则与其应用之间的关系，会发现语言表达式的使用情况与棋类游戏的构成性规则还是有一些区别的，这需要具体分析。比如，一个语言共同体中的成员约定以“green”这个语词意谓那些体现了“green”这一性质的对象，如果说话者按照这种方式使用了该语词，我们就认为他对“green”的使用体现了该语词的意义，或者说他以符合“green”意义的方式使用了该语词。但是还要考虑这种情况：如果对弈者下棋时违反了棋类游戏指定的规则，那么这类游戏本身就会就失去其意义，因为棋类游戏的意义正是由规则构成的。然而，对语言表达式来说则有所不同，如果没有按照约定的那样使用“green”这一语词，如说话者出于特殊情况的考虑而故意将该词用于那些没有体现“green”这一性质的对象，那么我们可以判断他没有按照符合“green”本身意义的方式而使用该词，但却不能由此直接判定他的特殊使用没有意义。当然，需注意的是，我们这里的“特殊”用法并不是指说话者使用“私人语言”的情况，这也是维特根斯坦本人所反对的。这里考虑的是说话者出于认知、意向、欲望及审美等一些语用层面的原因而使用某一语言表达式的特殊情况。关于这种语用层面的相关分析，笔者在后面几章中作了更进一步的解释。

规则和行动的内在关联使人们可以由此判断各种经验活动，但需注意的是，这种内在关联性即便是一种"事实"，也并不是经验层面的。从这个角度而言，何为"遵守一条规则"是该规则已经指定的。对于作为行动的深层根据的"规则"，不存在可以使任何行为符合规则或与之矛盾的情况，实际上也不存在这些行动凭借各种解释而与规则相符的情况。之所以会认为这里必然出现一种无法回避的"悖论"，主要是由于人们通常局限于上述第②个层面来理解"规则"及其与行动之间的关系。如果避开与规则密切相关的生活形式，脱离作为其基础和语境的言语行为实践，那么很容易停留在因果关系的层次上来探讨规则与行动，仅仅将二者的关系解读为外在的经验事实，而不追问其深层根据和理由。于是，要么将规则理解为导致某一特定行动的"原因"，要么将其归结为行动的"结果"，这样就出现了所谓的"悖论"或困境。按此思路，当然无论怎样解释都可以符合一条规则，其实也就相当于无论怎样解释都可以违反一条规则，于是就无所谓符合还是违反。其实，如果仅局限于这一层面的解读，规则遵循问题本身也无所谓存在与否了。

维特根斯坦本人的一些相关论述也说明了规则与行动之间的内在关联，以及这种关联性与外在因果关系之间的区别。例如，他在《哲学研究》的198节指出：

"但是，一条规则如何能够教导我在这个位置我必须做什么？无论我做了什么经由某一种释义，它可是都可以与这条规则一致起来。"——不，人们不应当这样说。相反，人们应当说：每一种释义均与被释义的东西一起悬于空中；它不能用作后者的支撑物。孤立地看，诸释义并没有决定意义。

"因此，无论我做了什么，它们与规则都可以一致起来吗？"——让我这样来问一下：一条规则的表达——比如说那个路标——与我的行动具有什么样的关系？在此存在着一种什么样的结合？——好的，或许是这样的结合：我被训练着对这个符号做出一种特定的反应，而且现在我这样进行反应。

但是，借此你仅仅是给出了一种因果的关联，仅仅解释了，事情如何到了这样的地步：我们现在按照这个路标行走；而并没有解释这种遵从——这个——符号的活动真正说来在于什么。不是，我也还暗示了：一个人只有在这样的范围内才按照一个路标行走，即存在着一种惯常的用法，一种习惯。①

而在《哲学研究》的 199 节，维特根斯坦也明确地说明了作为规则与规则遵循行动之基础的习惯、习俗、技术和制度等：

> 我们称之为"遵守一条规则"的东西是仅仅一个人在一生中仅仅做一次的事情吗？——这自然是一个有关"遵守规则"这个表达式的语法的评论。

> 一条规则不可能被仅仅一个人遵守了仅仅一次。仅仅一个报告不可能被做出了仅仅一次，仅仅一个命令不可能被下达了仅仅一次，或者仅仅一个命令不可能被理解了仅仅一次，等等。——遵守一条规则，做一个报告，下达一个命令，玩一局棋，是习惯（习俗，制度）。

> 理解一个命题，意味着理解一个语言。理解一个语言，意味着掌握一门技术。②

在区分了规则和行动的内在关联与外在因果联系之后，可能有人对规则的解释问题还存在疑问，因为即使充分考虑到了特定的语言游戏和言语实践过程，事实上也存在对某一规则的多种解释情况。然而，这一疑虑可以通过两方面的分析来消除：首先，从广义上讲，能动者在规则的指引下实施的各种行为都可以看作对规则的一种诠释，即使对同一条规则而言，也存在多位能动者遵守规则的行为及一位能动者多次遵守规则的行为。这些实践过程即相当于对规则的各种解释。维特根斯坦的论述也表明了这一解读方式："存在着一种给出这样一种说法的倾向：每一次遵守规则的行动都是一次释义。"③ 其次，特别要指出的是，这里质疑的关于规则的多种"解释"，更准确地说应为对规则进行解释的多种表达方式。也就是说，从前文第①种意义上讲，规则作为能动者实施一项行动所"基于"的理由和根据，已经指定了"遵守"的含义及对它的解释，但这并不排除可以通过形式上的变换而以多种表达式对一条规则进行解释。可见，解释的多种表达式与前文的相关分析并不冲突。作了如上分析之后，也可以更好地理解维特根斯坦在《哲学研究》201 节最后所说的内容：能动者的规则遵循活动都解释了规则，"但是，人们只应当将这样的东西称为'释义'；用规则的一种表达来代替其另一种表达"④。

---

① 维特根斯坦.哲学研究.韩林合译.北京：商务印书馆，2013：142.
② 维特根斯坦.哲学研究.韩林合译.北京：商务印书馆，2013：143.
③ 维特根斯坦.哲学研究.韩林合译.北京：商务印书馆，2013：144.
④ 维特根斯坦.哲学研究.韩林合译.北京：商务印书馆，2013：144.

　　第二，尽管克里普克的怀疑论论证与蒯因的"翻译的不确定性"都在某种程度上被解读为对意义的怀疑和重新考量，但是它们所描述的问题却既有相似之处又各有其特点。在克里普克的论证中，说话者未来"应该"怎样使用某一语言表达式无法从已有的各种倾向性行为中找到根据，因为有限的倾向性事实只具有描述性特征，不能为说话者使用语言表达式的各种情况进行辩护。因此，无论目前对说话者在某一情形中使用一个表达式的倾向性行为把握得多么深入、全面，都可能与他未来在新情况中的倾向性行为相差甚远，甚至无法证明我们从已有的倾向性事实中获得的理解。相比之下，蒯因对作为独立实体的"意义"的责难似乎走得更远。他关注的并不是言语倾向行为的有限性和倾向性解释的不完善性，而是在分析时就预设了与翻译对应的一切言语倾向行为都可以被观察到。通过"翻译的不确定性"中的案例，蒯因指出，语言学家以某一陌生的语词向土著人问询并观察他们的言语倾向，并调整自己的母语系统中相对应的部分来使土著人的任何倾向或反应都能得到融贯性解释。这里预设的母语系统及构建的分析假设是可以调整并能够与土著人所有的言语行为倾向相适应的。因此，蒯因在考察一个语词的翻译时，他的案例已经覆盖了与该语词相对应的土著人所有的行为倾向。而且，他要强调的是，即使这些翻译形式都与土著人的言语行为倾向相容，但翻译之间仍然可能互不相容，不同的翻译者之间仍然无法达到真正意义上的互相理解。

　　第三，如果说克里普克构建的怀疑论论证一般被解读为对经典实在论式"意义事实"的质疑和挑战，那么能否同样认为蒯因的"翻译的不确定性"也遭遇了意义怀疑论式的困境？准确地讲，这样的解读可能有失公允。因为这样分析的前提是，蒯因已经预设了一种意义事实（即"实体"意义上的事实）问题的存在，然后再比较不同主体心中的意义的同一性或差异性。但是，通过蒯因的理论可知，这种意义上的事实必然是主体所不能了解和把握的。20世纪以来，英语世界的哲学家们专心致志地沉浸于意义理论的研究中，而蒯因反对意义的指称论与观念论，因为二者都将意义视为独立的实体。蒯因既反对将语词的意义看作它指称的对象，也反对将意义视为语言表达式所表述的观念或心理对应物。[①] 蒯因不但反对把意

---

　　① 意义的指称论：一个语言表达式之所以有意义，是因为存在某种它所指称、意谓或指谓的东西或对象。一个语词的意义就是它所指称的对象，语句的意义是它所表达的命题。这种理论预先假定了语言要谈论语言之外的事物，语言表达式可以被看作一种符号，代表了外在于它的那些事物。一般认为指称论可追溯到柏拉图，而穆勒、罗素和早期的维特根斯坦等人也是这一理论的代表人物。

　　意义的观念论认为，语言表达式的意义就是它所代表的那个观念或心理对应物，这一对应物与意义有固定的关联。按照意义的观念论，观念是私人的且独立于语言。一个语言表达式由于被用来表明或指示观念而具有它的意义。语言是一种思想交流工具，凭借这种工具，私人的观念可以通过一些公共的、

义看作独立的实体，甚至讨厌和拒斥意义。在他看来，与其说"意义（meaning）"这个词，不如直接说语言表达式是 significant（有意思的）或 insignificant（无意思的），它们是同义或异义。而对于我们称之为"意义"的那些特殊而不可还原的中介实体，其说明性价值（explanatory value）其实是虚幻不实的。[①]而且，他主张以其他的方式来探讨语言的意义问题，最好是根据说话者的行为来解释。在《从逻辑的观点看》中，蒯因指出：

> 就意义理论来说，一个显著问题就是它的对象的本性问题：意义是一种什么东西？可能由于以前不曾懂得意义与所指是有区别的，才感到需要有被意谓的东西。一旦把意义理论与指称理论严格分开，就很容易认识到，只有语言形式的同义性和陈述的分析性才是意义理论要加以探讨的首要问题；至于意义本身，当做隐晦的中介物，则完全可以丢弃。[②]

（接上页）可观察的指示传达给其他人。洛克是观念论的一个代表人物，他驳斥"天赋观念"，但认可心灵通过观念而形成世界图景这一假设。洛克在较宽泛的意义上使用"观念"一词，他认为观念是我们思想或者感觉经验的内容，即对某一对象的思想。有时观念就是对象，即心灵的直接对象。洛克常用"观念"这一语词指谓"心理图像"，因而意义的观念论也被称为"意义的图像论"。按照这一理论，我们要想了解说话者的语言表达式的意义，就必须要获得与该意义相对应的那个"观念"或"心理图像"，否则就无法把握说话者表达的内容。这就与另一种我们所了解的常见情形相反，因为这一观点认为，这些"观念"或"心理图像"源自语言表达式的意义。洛克指出，语词的使用是人们观念的标记，语词所代表的那些观念就是它们恰当而直接的意义。我们在同意一些文字或话语时，一定要看它们是否与我们所有的观念相契合。因为这些文字或话语在超出它们代表的观念这一范围之外，都只是一些空洞的声音。而且，我们的同意也是以它们标记的范围为界限的。另外，随着20世纪心灵哲学、语言哲学等领域的发展，福多等一些哲学家的观点为我们理解意义的观念论带来了新的启示。在福多看来，在这样一种思维理论的基础上，思想具有优先性，这种思维理论即认为思想和语言具有相同的句法结构。福多在对命题态度进行重构并提出心灵的表征理论时，其主要基础就是思维语言或心理语言（mentalese）假说。他认为，就像计算机能够加工机器语言而非自然语言那样，在人脑中作为思维媒介的语言就是思维语言。我们的思维等心理活动与符号不可分离，心灵加工的符号就是一种专门的思维语言，这种思维语言有特定的有限词汇，代表了具体的心理表征案例，在此基础上可以生成无限心理语句。思维语言或心灵语言有其语义属性，心理表征是思维语言中的符号，它有句法结构、内容和成真的条件。心理表征可以揭示我们的意向状态，根据福多的心灵的表征理论，意向状态指的是主体与心理表征的一种计算关系。参见：洛克．人类理解论（上册）．关文运译．北京：商务印书馆，1983：6-25；高新民，刘占锋．心灵的解构——心灵哲学本体论变革研究．北京：中国社会科学出版社，2005：198-211；Fodor JA. *The Mind doesn't Work that Way: The Scope and Limits of Computational Psychology.* Cambridge: MIT Press, 2001：21-23.

① 蒯因认为，人们通常谈论的"意义"的有用方式可以归结为两种，即具有意义（有意思）与意义相同（同义性）。通常所谓的对某一句话予以意义，其实相当于用一个同义语来表述，它只是比原有的语言表达式更清楚。蒯因指出：如果厌恶"意义"这个语词，我们也可以直接说某些话语是具有意涵（即有意思的，significant）或没有意涵（即无意思的，insignificant），它们是同义或者异义的。他提议最好根据被观察对象的外部言语行为来解释"有意义的"和"同义的"等诸如此类的形容词的问题。但是对于我们称之为'意义'的那些特殊而不可还原的中介性实体，它们的说明性价值必然是虚幻不实的。参见：Quine W V O. *From a Logical Point of View.* Cambridge: Harvard University Press, 1953：11-12；蒯因．从逻辑的观点看．陈启伟，江天骥，张家龙等译∥涂纪亮，陈波．蒯因著作集（第4卷）．北京：中国人民大学出版社，2007：22.

② 蒯因．从逻辑的观点看．陈启伟，江天骥，张家龙等译∥涂纪亮，陈波．蒯因著作集（第4卷）．北京：中国人民大学出版社，2007：31.

在蒯因看来，如果通过探讨不同说话者心灵中的"意义"的同一与差异，进而假定存在一种独立实体层次上的"意义事实"，实际上这种语义学观念就是一种"博物馆神话"。其中，博物馆里的展品就是所谓的"意义"，而各个语词就是其标签，而语言的转换就是标签的改变。[①]它假定讨论意义的主体有其确定的心灵领域，包括一些概念或观念。这种语义学理论被看作以某种方式在主体的心灵中确立，而与他的外部倾向性行为所体现的东西无关。就翻译"gavagai"的例子而言，它预设了这一语言表达式的意义在土著人的"精神博物馆"即心灵中是确定的，甚至当土著人的行为倾向不足以为我们发现该语词的意义提供标准时，我们也确信这一意义的存在，而且认为它比表现出来的行为倾向更加具体和明确。蒯因对这一观点持取消论的态度，关于"精神博物馆"中的"事实"，无论它在主体的心灵中是同一的还是有差异的，都可以被消解。如果要讲意义理论，则只能根据人们的言语行为倾向进行说明，这些行为倾向的相同或差异就是我们要关注和考察的一切东西。蒯因认为，必须根据行为来解释的东西正是关于意义的事实本身，而不是意义所意指的实体。语言是人们相互影响的方式和社会技艺，它自然地要求在一个有组织的群体中发生，其成员就是基于彼此的外部行为倾向而获得语言习惯的，语言正是一种关系的体现。这些观点正凸显了蒯因自然主义的语言观与行为主义的意义理论。[②]

第四，从有关意义的"事实"与行为和观察经验的关联来看，克里普克的论证与蒯因的论证同样存在着明显区别，这也是哈特甘迪在其相关分析中所持

---

① 蒯因认为，自然主义者反对这种博物馆式的语义学观念，他们主要反对的不是或不仅仅是那种作为精神实体的意义（尽管这也是完全能加以反对的）。因为即使我们不把这些加上标签的展品当作精神性的观念，而是当作柏拉图意义上的"理念"，甚至当作被指称的具体对象，自然主义者的这种反对意见依然成立。蒯因进而指出，如果坚持语义学与主体的外部言语行为倾向无关，而是以某种方式在我们的心灵中确定的东西，那么这种语义学理论就被一种有害的心灵主义所败坏了。参见：Quine W V O. *Ontological relativity and other Essays*. New York: Columbia University Press, 1969：27-28. 蒯因 . 本体论的相对性及其他论文 . 贾可春译 // 涂纪亮，陈波 . 蒯因著作集（第 2 卷）. 北京：中国人民大学出版社，2007：369.

② 蒯因在《本体论的相对性及其他论文》中指出：根据"博物馆神话"这种语义学观念，某种语言中的语词和语句都有其确定的意义。我们为了了解土著话语的意义，就必须要观察土著人的行为。这表明，尽管现有的材料已经证明土著人的言语行为证据无法为这种确定的意义提供判断标准，但我们预设或设想了语言表达式的意义在土著人的心灵（精神博物馆）中是确定的。自然主义者坚持认为，即使在语言学习的那些复杂与模糊的部分，学习者能够加以处置的材料也只是所观察的说话者的外部行为。当我们转向自然主义的语言观及行为主义的理论时，这就意味着我们所放弃的不仅仅是语言的博物馆图像，同时也放弃了对土著人的心灵中那种确定意义的信念。我们会承认，意义就内含于人们的外部的言语行为倾向之中，除此之外，并不存在意义或者意义之间的相似与差别。按照这种观点，如果要询问两个语言表达式的意义相似与否，答案只能从人们已知或未知的言语行为倾向中去寻找，除此之外没有任何通过其他途径确定下来的答案。参见：Quine W V O. *Ontological relativity and other Essays*. New York: Columbia University Press, 1969：28-29; 蒯因 . 本体论的相对性及其他论文 . 贾可春译 // 涂纪亮，陈波 . 蒯因著作集（第 2 卷）. 北京：中国人民大学出版社，2007：369-370.

的观点。观察检验过程与说话者的外部言语行为倾向对于蒯因的意义理论的重要性不言而喻，蒯因的"彻底翻译"与不确定性论题是建立在经验证据的基础之上的，而克里普克对意义归因的解读没有作经验主义的假定，他只是借助怀疑论者引导我们寻找这些语义事实，该事实可能是构成说话者意谓什么的任何候选选项（甚至也要考虑到那些只有全知全能的上帝才可理解的"事实"）。然而，随着怀疑论论证的发展可知，我们无法找到决定说话者意谓什么的那种"事实"候选选项。这里要注意并排除两种不恰当的意义归因方式：①关于"意义事实"的还原理论。这种理论认为，要判断有关说话者意谓什么的语言表达式的"真"，可以将其还原为某种非语义的、非意向的事实；②与之完全对立的反还原理论，即存在这种确定的"意义事实"，它们是独一无二且不可还原的，这种倾向也是令人质疑的。

三、意义的规范性被否定了吗？

克里普克的怀疑论论证体现了"规范性"在分析语言表达式意义中的重要性和独特性，而蒯因在语言意义方面的主张体现了他是一位行为主义者及对"意义实体"的质疑。在蒯因看来，语言表达式的意义只能体现在说话者的言语行为中，所谓的"意义"只是人们的言语行为的意义，相关的"语义事实"也指的是说话者的行为事实。如果说有某种"标准"可以确定和阐明意义，那也只能是言语倾向行为的标准。通过对蒯因理论的探讨和分析，这种行为事实实际上可以归结为可以观察到的外部言语行为倾向。因此，尽管语言学家所持的翻译手册之间互不相容，但总可以通过调整而使得各种翻译都与观察到的言语行为倾向的总体相符合，即这些翻译手册与说话者总体的行为事实相一致。可见，彼此不同的翻译手册由于都与言语行为事实相符，所以都可以被看作是正确的，或者更准确地说，也就相当于它们无所谓正确与错误之分。由此很自然地会产生的理解是：作为翻译对象的某一语言表达式似乎并不存在已确立的唯一意义。由于不存在某一必然的正确性，也没有彼此相异的表达式所表述的确定意义这类命题。那么，这是否意味着对语言意义的规范性甚至"意义"本身构成了挑战？蒯因的"翻译的不确定性"会对语言的规范性维度造成威胁吗？我们可以从以下几个方面作出分析。

第一，不可否认的是，"翻译的不确定性"论证非常有力且具有很强的渗透性。它所揭示的语言的翻译和意义问题不仅仅局限于土著话语的案例，而可以在扩展性解读中应用于各种不同的语言系统，甚至是同一种语言系统中。因为即使在同一语言系统中，对不同的说话者的表达进行观察和解释时也会出现这种不确定性，而且更严格地讲，如果要翻译一个语言系统中的同一位说话者在 t_1 和 t_2 两个时刻或者两种场合中表达的语句，仍然会存在某种程度上的不确定性。那么，这是否表明语言表达式没有所谓的"意义"，我们也无法使用和探讨"意义"这一语词？这就需要对"意义"作出一些区分和澄清。首先要明确的是，蒯因否定的是语言表达式的意义本身还是拒斥某种探讨意义的方式。他的态度在其行为主义的意义理论中体现得非常明显。蒯因强调只有基于外部言语行为才能使意义得到阐明，除此之外无法获得意义或者探讨其中的差别与联系。就意义理论而言，他既反对把意义等同于指称的对象，也反驳了观念论等内涵主义语义学，他由此要确立的是一种行为标准和自然主义语言观。因此，与其说蒯因否定的是"意义"这一概念本身，不如说他拒斥的是作为独立心理实体的"意义"。在蒯因看来，他并没有因为拒绝承认"意义"就否定语词和陈述这些语言表达式是有意义的。

在《论何物存在》一文中，蒯因设想了一位哲学家麦克西（McX）[①]，麦克西把有意义性解读为"具有"（蒯因特别指出是某种意义上的"具有"）某种他称之为"意义"的抽象实体，蒯因却对此有不同观点。但蒯因认为，这种差异这无碍于他仍然可以坚持主张这种事实，即某一特定的言语表达是有意义的（meaningful）或有意涵的（significant），这是一个终极而不可还原的事实。蒯因在这里更倾向于使用 significant，以免导致人们把意义的本质当作实体层面的存在物。在此基础上，蒯因进一步明确指出：说话者能够在语句中有意义地（蒯因在这里使用的是 significantly）使用单一词项，而不必预设那些词项所命名的实体是存在的。他还由此认为，我们可以使用诸如"谓词"这类一般词项，而不必承认它们是那些抽象实体的名称。再继续扩展来讲，我们可以将一些话语看作是有意义的（即有意涵的，significant），它们彼此是同义的或异义的，但不必赞同有一个所谓的"意义"（meanings）这类实体存在的领域。[②]

---

　① 麦克西：蒯因在其著作中假设的一位哲学家，麦克西与蒯因对本体论有不同的看法，假定麦克西主张某个东西存在，而蒯因主张这个东西不存在。相关内容参见：Quine W V O. *From a Logical Point of View*. Cambridge: Harvard University Press, 1953: 1-19；蒯因. 从逻辑的观点看. 陈启伟，江天骥，张家龙等译 // 涂纪亮，陈波. 蒯因著作集（第4卷）. 北京：中国人民大学出版社，2007: 13-28.

　② 蒯因在这里说"意义"的实体领域时，用"meanings"（复数）指"意义"，正表明了所探讨的这一领域中那些称之为"意义"的东西是一种实体的存在。蒯因进一步追问，在说出一个有意义的语言表达式时是否一定要承诺某种"共相"或实体？蒯因指出，无论整个本体论可能是什么形态的，都在"有

也就是说，或许无法找到可以称之为"意义"的那类实体，但不能否认语言表达式具有意义这种事实，这就与克里普克的怀疑论解读和解决方案中的主张相契合了。克里普克的怀疑论解决方案蕴含了两个方面：①找不到能够判断意义归因是真还是假的事实根据，即不存在确定说话者意谓的唯一性的那种"事实"标准，而且克里普克的维特根斯坦也接受了这一怀疑论结论；②不接受彻底的怀疑论立场，即不能将怀疑论论证进一步扩展而导致彻底的意义怀疑论或虚无论，进而表明语言表达式本身是无意义的。在维特根斯坦的相关论述及克里普克的解读中，维特根斯坦实际上也拒绝了"没有人曾以任何词项意谓任何东西"这种彻底而激进的结论，他同样不是这种意义上的怀疑论者。因此，否定了经典实在论意义上的语义事实，并不表示我们无法将"意义"归于语言表达式。克里普克主张在语言共同体成员的言语行为实践中考量表达式的意义，这种意义归因的过程无需某种确定的语义事实作辩护。比如，我们可以说不存在能唯一地决定说话者以"绿色"这一语词意谓什么的那种实体，但不能否认说话者表达"……是绿色的"的话语是有意义的，也仍然可以有意义地谈论某个对象是"绿色"的。结合蒯因关于土著人话语的例子，尽管没有独立的意义实体可以确定"gavagai"的准确翻译及不同翻译语句之间的同义性，更无法保证它们之间同义关系或等价关系的可传递性，但这并不能排除我们可以说两个语句具有相同的意义。不同的语言学家可能建立了各自独立的翻译手册，而其中每种手册又会拒绝另一种手册的翻译。但蒯因的意旨并不是要对此全部予以否认或者确立某一种翻译的正确性，他更倾向于认为这些翻译手册都可以是有用的。然而，具体来讲每一部手册是正确的还是错误的，不是由任何事实决定的。简言之，通过蒯因的不确定性理论，只能说他反对的是脱离了言语行为基础的意义实体，而不能说他拒斥的是语言表达式是否具有意义这类事实。

因此，虽然各类意义理论中常提到关于表达式意义的"事实"，但对"意义事实"的理解却需要结合该理论的具体语境，否则很容易混淆它的不同层面和含义。这就需要澄清所指的究竟是类似于心理"实体"意义上的"事实"，还是某一语言表达式有无意义的"事实"（即能否有意义地使用该表达式这类"事

某物"（something）、"无物"（nothing）及"每一物"（everything）这类量化变项所包含的范围内。当且仅当为了我们的断言为真，所声称的假定对象必须被看作处于我们的变项所包括的范围，我们才能判定某一特定的本体论假设。蒯因举例说，我们可以说"一些狗是白的"，但并不因此就使自己作出某种承诺，认可了"狗性"或"白性"是实体。"一些狗是白的"只是表明，一些是狗的东西是白的。要使这一陈述为真，则约束变项"something"所包括或涉及的范围必须包括一些白狗，但不必包括"狗性"或者"白性"……参见：Quine W V O. *From a Logical Point of View*. Cambridge: Harvard University Press, 1953：11-14.

实"）。①而对于后者的意义归因过程，实体层面的"事实"并非其必要条件，正如克里普克在其怀疑论解决方案中所分析的，意义归因可以是非事实陈述的，无需经典实在论式的语义事实或真值条件来作辩护，这不会导致语言表达式在语用学意义上的不融贯。

第二，克里普克的怀疑论论证无疑彰显了规范性维度的地位和作用，那么蒯因的不确定性论题是否质疑了这种规范性维度？笔者认为，不确定性论题不但没有构成对语言规范性的威胁，甚至可以说在某种程度上还预设和肯定了语言意义的规范性特征。最显而易见的是，在蒯因的论证中并没有拒绝讨论语言使用的正确性问题。当语言学家试图对观察到的话语（如"gavagai"）进行翻译和猜测性的扩展时，他要通过与土著人的互动和对土著人的质询来检验自己的理解和翻译。通过在不同场合中有选择、有计划地询问他们一些土著发音的语句，可以观察他们作出的是肯定还是否定的反应。而土著人所作出的肯定和否定的反应本身就表明存在语言使用的正确性问题，或者说存在"应该"如何使用"gavagai"这类土著语表达式的要求，而这类问题正是意义的规范性所要探讨的内容。相关分析假设的建立及在询问中对其有效性的测试检验也是言语行为的规范性特征的体现，这一特征为语言学家的彻底翻译提供了判断和检验其正确性的标准。同样，言语行为的规范性特征构成了说话者理解和把握某一语言表达式的基础，并为使用该表达式的说话者奠定了彼此理解和相互交流的基础。

第三，蒯因关于语言意义的相关论述也体现了语言的社会维度，他认为语言是一种社会技艺，语言的习得也依赖于一种公共的可认识的情境及说话者的外部言语行为。尽管蒯因的意义理论立足于行为主义，但同样没有脱离语言的规范性层面。蒯因曾经指出：自然主义哲学家在其关于心灵哲学的研究中倾向于谈到语言，而当说到意义时，首先并且最重要的是语言的意义。语言可以看

---

① 罗素的相关理论或许也可以提供一些借鉴。罗素也通过对"意谓"的分析指出，构成"意谓"的是一个语词与其指示的那个对象之间的关系，而不是那个被指示的个体究竟是什么。韩林合教授在探讨语言的规范性时对罗素的相关论述作出了进一步分析，他提醒我们不要忽视罗素作出的关于意义关系和意义本身的区别。在罗素看来，在考虑什么可以被称为"意谓"这种关系时，比如，以某一语词"w"意谓某个人，这种表达断言了该语词与其所指示的那个人之间的关系，我们要关注的主要就是这种关系。因此，当我们追问什么构成了这种"意谓"时，并不是在询问这类语词的意义是什么，尽管"w"意谓某一对象，但我们并不是要追问被意谓的那个对象究竟对应哪个个体，或者说谁是被意谓的那个对象。根据罗素的观点，我们关注的是什么构成了"w"这个语词与其所指对象之间的关系。韩教授指出，我们需要注意的是，在英语中，"meaning"既可以表示"意义"，也可以表示"意义关系"，有时又表示维特根斯坦经常使用的"meinung"这一德词，它通常被译为"意指"。罗素所关注和研究的是一个语词与其意义之间的关系，而不是一个语词的意义。参见：韩林合.维特根斯坦《哲学研究》解读.北京：商务印书馆，2010：1267-1285.

作一种社会的技艺，而该技艺的获得需要凭借这样一种根据，即其他人在公共的可认识的情形中所体现的那些可观察的外显行为，因而我们要抛弃作为精神实体的"意义"。在这方面，蒯因认同杜威的观点，即意义首要地是行为的性质，而不是一种精神或心灵的存在。[①]

根据蒯因的观点，意义的理解与解释需结合说话者的外部行为倾向，而语言是说话者通过经验的方式学习和获得的社会技艺。蒯因的论述再次表明了语言和意义的社会实践维度。一方面，在具体的言语行为中，说话者使用某一语言表达式自然有其正确或错误的方式，语言共同体的其他成员由此也可以判断该说话者是否正确地使用了一个语言表达式，因此语言使用中的规范性维度是不可否认的；另一方面，这也证明了语言共同体的作用和地位。蒯因所指的"公共的可认识的情形"也肯定或预设了说话者应该有其归属的语言共同体，这是他习得语言的根据或基础。可见，正如其他共有的社会约定所体现的规范性那样，语言的规范性也无法脱离共有的社会实践维度。布莱克本和佩蒂特也在这种意义上指出了语言的规范性特征，他们认为，语言表达式本质上是能够被正确或不正确地使用的一种事物，否则就无法将它们与纯粹的"噪声"区分开来。从发生和起源的角度讲，语言的规范性特征只能从共有的社会维度中产生；而从产生的具体过程来看，这种规范性必定是不同的生物体之间彼此交流和预期的结果。由于生物体之间互相传递信号或符号，从而可以传送正确或不正确的信息。生物体的行为方式本质上就是我们如何与他人进行交往的问题，使用语言表达式就是这种行为方式之一。因此，语言的规范特性与其他行为方式的规范特性一样，不能通过处于孤立状态中的个人来实现或复制。[②]

第四，通过对克里普克的论证和蒯因的不确定性论题的比较分析可以发现，这两种理论也殊途同归地揭示了关于意义理解的共同问题或给予了我们同样的启示。之所以要拒斥唯一地决定说话者意谓什么的"语义事实"或独立的"意义实体"，其原因也可以从另一个角度来进行探讨。如果把一个语言表达式看作一个语句系统或者构造合理的框架，那么所指谓的那些对象就相当于这一系统中的各个元素或者该框架中的各个节点。要探讨该系统或框架如何构成合理而

---

① 参见：Quine W V O. *Ontological relativity* and Other Essays. New York: Columbia University Press, 1969：26-27；蒯因. 本体论的相对性及其他论文. 贾可春译//涂纪亮，陈波. 蒯因著作集（第2卷）. 北京：中国人民大学出版社，2007：368-369.

② 参见：Blackburn S. *Essays in Quasi-Realism*. New York: Harvard University Press, 1993：221-228；Pettit P. Join the dots//Brennan G, Goodin R, Jackson F, et al. *Common Minds: Themes from the philosophy of Philip Pettit*. Oxford: Clarendon Press, 2007：243-253.

行之有效，最关键的恐怕不是追究那些元素或节点本身具体表示什么，而是这些元素和节点彼此之间是怎样关联起来的，它们处于怎样的关系之中因而形成了这种合理结构。同样，追问一个语言表达式的意义时，它是否确切地对应、意谓或表征了某一具体对象也并非那么重要；是否有某种独立的实体意义上的事实（无论是外部世界存在的还是观念上的、心理的）决定了说话者指谓的唯一性与确定性也并非一个必要条件。这实际上从另一个角度间接地体现了蒯因的本体论承诺观点。蒯因认为，所谓的"本体论"，必定是相对于其背景语言或背景理论而言的。孤立地、绝对地询问某一表达式是否指称某个对象没有意义，因为不存在绝对不变的与其所处系统无关的指称。一种语言的指称只有相对于它的背景语言才有意义，而一种理论只有被置于一个更大的作为背景的理论系统之中才能实现其本体论承诺的意义。从这种意义上讲，一种语言或理论具体承诺了哪种本体论就是较为次要的问题，它与我们领会一个语言表达式的意义或者了解和把握一种理论没有直接紧密的关联。

类似地，就语言意义的理解问题而言，我们更需要追问的是一种使用中的"事实"，即处于关系之中的"事实"，与语言表达式的意义直接相关的正是这一系统中的整体结构和彼此关联。至于每一个构成部分指谓的是实在论意义上的事实还是非实在论的对象，对该表达式意义的体现与阐明并无直接影响。蒯因所说的"语言是一种社会技艺"也正表明了人们是凭借某种共同体而获得其言语习惯的，在此共同体中，其成员通过语言这一方式彼此施加影响。语言的习得与意义的阐明都是在一种"关系"之中实现的，如果据此来分析语言和意义形成的机制，就会基于语言的可表达、可使用与可理解这一立足点而拒绝私人语言的存在。另外，之所以要强调使用和关系之中的"事实"对于体现语言表达式意义的作用，也正是意义的规范性要求的体现。因为在语言表达式系统中，只有其各构成部分彼此关联的结构合理而有效，该表达式才能被有意义地使用，而分析有意义的语言表达式"应该"有怎样的结构，以及结构合理的表达式如何被正确地使用等诸如此类的问题，都可以归于意义的规范性论题所关注的论域。

第四章 内容的规范性："规范性"的语用分析

　　"规范性"的语义分析指出了语言表达式运用的一些必要条件，表明规范性首要地是一种较弱意义上的规范性，它对表达式的使用起到的是一种调节和指引作用。更重要的是，这种语义分析不会局限于对语言的形式化分析，而会扩展到说话者言语行为的心灵状态和语境因素。因为事实上很难设想一种仅仅产生于语义本身的"应该"，这种"应该"不可避免地会涉及信念、意欲、希望、意向等命题态度，命题态度所涉及或意指的东西就是心灵状态所具有的内容或命题内容。这就意味着意义规范性的考察要结合内容的规范性。

第一节　规则遵循诠释中的认知与实践

　　基于"意义"和"内容"两个角度对规范性问题进行综合考量，这种必然性及其理论基础在规则遵循的语义分析中就已经体现出来。通过规则遵循与意义归因的相关讨论可知，能够为语言意义提供辩护的理由并不能通过柏拉图主义的诠释进路得到阐明，也不能以建构主义的方式在语言共同体成员的具体行动步骤中去寻找，寂静主义的诠释方法同样难以提供令人满意的解答。回到维特根斯坦的文本中来，当他说"当我遵守规则时并不做出选择"及"我盲目地遵守规则"[1]时

---

[1] 维特根斯坦的《哲学研究》中的 219 节指出：

　　"那些过渡真正说来已经全部做出了"意味着：我不再有任何选择了。一旦被打上了一个特定的意义的印记，这条规则便画出了贯穿于整个空间的其遵守的线条。——但是，如果这样的某种东西真的是实际情况，那么它对我有什么帮助？

　　它对我没有帮助；只有在其要被象征式地加以理解的时候，我的描述才是有意义的。——我感觉如此——我应当说。

　　当我遵守规则时，我不做出选择。

　　我盲目地遵守规则。

参见：维特根斯坦.哲学研究.韩林合译.北京：商务印书馆，2013：150.

要表明什么？可以肯定的是，其中明显涉及规则遵循活动中的信念、意向与经验内容等问题，其中既包括能动者对描述规范性理由的规则的认知和把握，也体现了对这些规则的践行问题。关于能动者在遵守规则时如何体现对规则的"符合"，特别是如何理解其中的"直接性"与"盲目性"问题，主要的观点和诠释路径可以归结为以下几种。

一、现象学诠释路径与印象主义诠释路径

第一，现象学诠释。构成这一解释方式的原因主要在于，在遵从规则的情形中，难以找到一个确切的理由作为中介，至少能动者没有意识到有任何中间过程作为理由，而是以一种"直接"的反应来遵从规则的。这一观点的支持者多以维特根斯坦在《哲学研究》219 节的论述作为根据，即人们并不是在选择的过程中遵从规则的，他们是"盲目地"遵从规则。因此，当规则应用于实践中，如某一数列的延续和公式的展开会体现一定的规则性，这种延续或展开就可以像铁轨那样在无限的空间中延伸，这种延续或展开并不是能动者出于某种规划或理由而进行的选择。

然而，如果将遵从规则中的"直接"和"盲目"与现象学方法中"本质直观"的直觉主义认识论进行对比，就会看到二者有根本区别。现象学方法中的"本质直观"不是对客观事物的洞察或对具体事实的认识，而是一种自我内省的意识活动，它强调的是观念对象的意识指向，与感性直观提供的被给予之物发生联系。这种观念之物既不是主体之外的空间中的实在，也并非思维之中的时间性存在，而是一种客观自在的精神性存在，这一概念尤为明显地体现在胡塞尔（Edmund Husserl）的《逻辑研究》里使用的本质还原方法中。而在规则遵循的相关问题中，共同体成员在语言游戏中"盲目"地领会并遵从规则尽管也体现了一定的直觉性，但规则本身恐怕不能被界定为一种客观自在的精神性存在，遵从规则的过程更多地体现了一种习惯、技术、实践和制度。我们很难认为规则具有指向"一般"观念的内涵和意蕴，因此它不能简单地类比为现象学意义上的那种"直觉"。

第二，印象主义诠释。这种方法通过主体的心理印象来解释规则遵循中的意向性和经验内容问题，维特根斯坦对意向性问题的解读也是与他对规则及规则遵循活动的阐释密切相关的。根据印象主义的观点，主体之所以能够体现出对客体对象的意向或欲望，是基于他形成的对该客体的心理印象，也就是说，

构成他对某一客体的意向或欲望的东西就包含着对该客体的心理印象，领会和理解一条规则的要求就包含着某人对于他被要求去做的事的印象。维特根斯坦对这种印象主义观点作了举例说明：如果某人接受了一个命令，要去草坪上采一朵红花，那么他如何仅通过"红花"这一语词而知道应该怎样做？印象主义者的回答是，当他去寻找"红花"时，在头脑中会有一个相关的印象，因此他可以将这一印象与那些花相比较，以看出其中哪个有这种印象的颜色。① 遵守规则也是类似的情况，如果某人能够遵从规则发出的训令或要求，这是由于构成他这一活动的意向中包含了该要求所涉及的心理印象。

　　实际上，印象主义诠释路径具有其经验论的传统，它所体现的思路可以追溯至贝克莱和休谟等英国经验论者的观点。贝克莱在改造洛克的"两种性质"的学说的基础上，将事物的一切感性性质都看作我们心中的观念，认为我们所能接触和知道的只是观念而非观念之外的事物。他通过说明不同的感官印象而把事物看作来自不同感官的各种观念的集合。贝克莱对"广延"的解释就明显体现了这一特点，霍布斯（Thomas Hobbes）、洛克等常把"广延"这一物质的基本属性当作触觉的对象，而贝克莱却认为人们触觉中的物体的广延，事实上来自视觉中的广延，是根据已有的视觉印象所形成的。人们在观察物体时，首先对这一对象的形状形成一种心理印象，再根据这一印象来影响触觉，这就形成了触觉中的广延。休谟也认为感觉经验是知识的前提和基础，他把通过感觉经验获得的东西称为"知觉"，并将其视为认识的来源，知觉又可以分为"印象"和"观念"，后者是对前者的加工和摹写，印象又可以分为感觉印象与反省印象，感觉印象是最基础的，反省印象由它派生，因而一切认识都源于感觉印象，但休谟对感觉印象的来源持"存疑"的态度。我们经验到的只是印象和观念，而没有关于外物的经验及它与知觉之间关系的经验。② 可见，虽然贝克莱和休谟对认识来源的具体分析有所不同，但他们都预设了自我的心灵与世界之间的一种二元论分界与鸿沟，感觉经验不仅不能作为沟通心灵与外物、思想与实在之间的桥梁，而且因为心灵与世界之间的彼此独立、相互脱离而难以说明，甚至只能存而不论。心灵认识的只是观念，而当它试图突破自身领域而认识和把握世界时，就会遇到上述难以逾越的鸿沟，由此形成的心理印象、感觉、影像和观念等也只能作为自我心灵与世界之间的一道屏障和分界。

---

　　① 维特根斯坦.蓝皮书，一种哲学考察（褐皮书）.涂纪亮译//涂纪亮.维特根斯坦全集（第6卷）.石家庄：河北教育出版社，2003：5.

　　② 参见：休谟.人性论.关文运译.北京：商务印书馆，1980:18-21,100-102.

二、维特根斯坦的反驳

维特根斯坦对表征的印象主义观点也提出了反驳, 他的质疑主要可以归结为以下几个方面。

首先, 心理印象并不是主体理解并完成一个训令的必要条件。尽管主体在履行一个训令或完成规则的要求时可能会形成与这一过程相关的心理印象, 但这并不表示只有在这一心理印象的引导下才能完成该过程。例如, 某一主体同样接受了在草坪上采一朵红花的命令, 但他可以不必诉诸相关的心理印象而达到目标。他至少还可以采取以下两种方式: ①该主体可能带有一张图表, 上面已把名称和有颜色的方块对应地排列出来, 当他听到 "带来红花" 这个命令时, 他边走边用手指在图表上从 "红色" 一词移到一个特定方块, 然后对照这个方块来寻找与其有同样颜色的花; ②主体可能没有与任何东西相比较, 他自然地边走边望而找到了目标, 我们可以考虑 "想象一个红色的斑点" 这样的命令, 它不会要求我们在接受此命令之前必须想到一个红色斑点作为那个想象目标的心理模型。[①] 同时, 维特根斯坦认为, 一些理解和意指的特定心理过程是与语言活动相联系的, 也正是通过这个过程, 语言才能发挥作用。

其次, 心理印象并不是主体理解并完成一个训令的充分条件。心理印象的重要性并不在于它自身能够充分决定主体完成命令或者遵从规则的要求, 而在于它可以通过各种方式被主体理解、解读和运用。当主体面对一条规则或听到一个语词时, 可能在心里会呈现某种印象或图画, 这一印象或图画并不表征内在于该规则或语词的本质层面的东西, 也没有指定主体运用该规则或语词的唯一方式, 它的重要意义正体现在主体运用所形成的心理印象的具体方式之中。因此, 主体要想把握一条规则或一个语词的意义, 仅仅凭借联系心理印象本身是无法为这一过程的正确性提供保证的。虽然主体的意向和欲望可能涉及一些心理印象, 但其中并不包含对客体的决定性表征方式和使用方式, 因而不存在一种毋庸置疑的意义图景, 主体对心理印象和模型的理解和运用方式才是发挥主要作用的方面。如果将心理印象看作其所涉及事态和对象的影像并与它们严格对应, 通过与主体的解释和运用无关的 "超级" 心理印象或图画来解释意向性, 这体现的仍然是思想对实在的传统表征方式, 而这无疑与维特根斯坦的后期哲学思想相悖, 他要质疑的正是这种 "超级事实" 的思维模式与建构性的哲

---

① 维特根斯坦.蓝皮书,一种哲学考察(褐皮书).涂纪亮译//涂纪亮.维特根斯坦全集(第6卷).石家庄:河北教育出版社,2003:5-6.

学分析纲领。

　　总体来看，以上两种诠释路径从不同角度体现了规则遵循活动中的认知与实践问题，但都从经验层面描绘了能动者在遵守规则或学习使用表达式时如何以心灵来俘获规则的图画，进而将规则的指示践行在其具体的行动中。但正如维特根斯坦所指出的那样，如果将心灵对规则的认知和把握方式看作一种关于对象的影像，要与规则的指令严格对应，那么这种意义图景往往会引导人们去寻找其背后那种"超级事实"的存在。因此，这种关于规则或表达式的心理图画似乎与能动者的实践之间缺乏直接的关联。在这种模式之下，似乎能动者的规则遵循行为都是由一种与规则相"符合"的过程所支配的，而这一规则先有地独立于我们的心灵而存在。于是，对规则遵循问题的关注点就转变为如何使能动者的行动与已有的规则"相符合"，但结合维特根斯坦在其《哲学研究》中的相关陈述来看，这种解读方式显然有悖于维特根斯坦的原意。

三、规则遵循的实践图景：从"符合"到"超越"

　　如果按照对规则及其应用的传统解释，坚持规则遵循的行动过程与规则本身的二分，那么必然会面临这样的难题，即主体的心灵如何把握外在的规则，形成一种俘获规则的意义图景及相关信念，进而将对规则的理解和把握在实践过程中体现出来。按照这种思维模式，能动者的行动总是会出现"符合/不符合"规则的问题，并且追问是否有"超级事实"作为这种"符合"的基础和根据。循此思路，当我们寻求对这种"超级事实"进行解释的时候，必然会面临行动与规则之间"符合/不符合"的张力。贝克在对规则遵循行动进行诠释时将这种理解方式评价为"按照确定的规则进行演算"[①]，说话者在使用语言表达式时就把这一过程看作关于表达式规则的一种演算，把对表达式的使用当作按照数学领域定义的规则执行计算的过程，按照这种观点及我们在第3章中对规则的分类，这里的规则对语言表达式的使用具有规定性的作用。然而，维特根斯坦关于规则遵循问题的讨论的目标之一就是要清除这种受规定性规则支配的语言意义图景。

　　贝克对这种规定性规则及相应的演算模式进行了解释，他指出："我们的思想受制于一些机械的图景，我们可以把某一规则系统看作一个正在运行的巨大

---

　　① Baker G. Following Wittgenstein: Some signposts for philosophical investigation §§ 143-242 // Holtzman SH, Leich C M. *Wittgenstein: To Follow a Rule*. London: Routledge, 1981: 42.

机器，它可以产生各种应用以及派生的规则；所有这些都像星体的运动一样独立于我们的意志而存在，或者我们把一种计算规则看作延伸至无限的路轨；因此应用的正确性是由于我们继续停留在轨道内。这些图画产生了一种有害的影响。它们把某种语法的'真'装扮成了形而上学原则。"①

从贝克的论述中可知，如果认为能动者首先把握了作为外在理由的规则然后再试图使行动"符合"它，那么这一思想主要是受到一种机械图景的支配。这种机械的思维模式已经预设了规则与遵守规则的行为之间的分界面，因而把语法和语义的规则当作了形而上学意义上的原则，这种预设必然要求填补规则与规则遵循行为之间的鸿沟，为能动者的心灵与外部世界之间找到一种连接点，进而可以把对规则的形而上学认知转化为对规则的执行过程。然而，在我们看来，之所以会存在规则与规则遵循行为之间的鸿沟，从根本上讲仍然是受到关于心灵与外部世界二元论预设的影响。

从遵守规则的行动过程来看，其中对规则从认知到执行的转换过程必然涉及能动者的意向、信念、欲望及反应模式等方面的解释，也涉及经验内容、判断与概念之间的关系。现象学诠释路径强调能动者遵守规则过程中的"直接性"与"盲目性"，认为能动者可以直接意识和把握到对象，无需加以解释的中间过程。印象主义和心理模型诠释路径也涉及能动者的心灵图景，包括对客体的感受、理解、运用及符合程度等问题。总体来看，这些诠释路径虽然体现了能动者的认知过程中感觉经验的形成及其特征，但它们同时较容易导致这样的倾向：那些无需理由和解释的"事实"被看作经验内容的直接构成要素，这些未经推论、未被概念化的"直接经验"是呈现于心灵的感觉予料，在因果空间内被看作知识的确证赖以形成的来源和基础。另外，经验所予又要在理由的逻辑空间内通过推论为经验知识的证成提供根据，而经验所予何以能成为一种非推论的知识，或者认知主体如何仅凭借这种所予而形成有关外部世界的信念进而作出判断？这一问题也正是塞拉斯、麦克道尔等关注的焦点。

一般认为，主体有关对象的信念存在确证的问题，只有被确证才能被看作知识。我们通常把命题看作确证信念的证据，但这些命题本身也存在需要确证的问题，为了找到一种不需要再被确证的知识作为起点，停止这种不断倒退的过程，传统的经验论最终在所获得的经验知识中找到了一种非推论性的知识，即"所予"知识，其他知识需要以它为前提，而它自身却无需依赖其他知识。众所周知，塞

---

① Baker G. Following Wittgenstein: Some signposts for philosophical investigation §§ 143-242 // Holtzman SH,Leich C M. *Wittgenstein: To Follow a Rule*. London: Routledge, 1981: 54.

拉斯在他的《经验论与心灵哲学》中对这种"所予神话"进行了批判，认为它混淆了人们通过经验得到的对事物的感觉印象和非推论性的知识[1]。前者是人们获得认识的必要途径，但它本身不能被归为认识的范围，不能作为其他知识的基础和前提；后者可以作为知识的基础但却需要借助其他概念来理解，但他仍然没有否定经验知识需要基础，也没有在根本上解决经验知识的确证问题。对于经验知识的确证应该以什么为基础，戴维森等也提出了不同观点，认为经验对于主体的信念来说只有因果层面的联系，它不能作为我们坚持信念的理由，确证信念的只能是其所属系统中的另一个信念，这取决于它与整个概念系统是不是融贯的。[2]但在麦克道尔看来，融贯论主张信念的确证主要在于信念之间是否融贯，这也容易遭遇确证上的不断倒退问题。麦克道尔没有陷入"所予论"与"融贯论"的争论之中，认为双方实际上都预设了经验与概念系统之间的对立。[3]要消解这种知识辩护问题上的难题，就要走一种中间道路，接受经验的概念化，感觉经验既体现了自发运作的主动性，又体现了接受概念构建的一面，它是这两种运作过程的合一，由此心灵与世界之间二元化的预设被消解了。

当然，麦克道尔的"经验的概念化"思想也并未受到普遍认同，如埃文斯（Gareth Evans）就提出了质疑。这里暂且不论关于经验与概念化的各种论争，而要表明的是，麦克道尔对"所予论"与"融贯论"的评论显然揭示出了主体在认知和把握外部对象时常常会陷入的困境及其根源。事实上，心灵与外部世界的二元论预设不仅会引发信念确证的困难，而且其中蕴含的思维模式会延伸到很多方面，比如，规则确实表达了对能动者的规范性要求，但如果仅仅从规则的命题含义上进行解读，预设了规则与遵循规则行为之间的分界面，从而试图将对规则的形而上学理解转化为对它的遵守和施行，那么就无法避免地会陷入一种"符合 / 不符合"的困境及相关解释的无穷后退。

贝克指出："我们有使自己感到困惑的危险，如果我们主张真正遵守'+2'规则的人对于'1000'这个参数必定会得到'1002'这个答案；关键在于在这种特定情形中得到这一答案对于一位正在遵守规则的人来说是一个准则。同样的机械图画会诱使我们忽略这样的事实，即某个东西是否被看作规则仅仅取决于我们如何共同地使用它。一个规则的规范性使用可以作为行动的向导，作为

---

① Sellars W. *Empiricism and the Philosophy of Mind*. Cambridge: Harvard University Press, 1997: 77-79.

② LePore E. *Truth and Interpretation: Perspectives on the Philosophy of Donald Davidson*. Oxford: Basil Blackwell, 1986: 309-311.

③ 麦克道尔的具体分析与论述可参见：McDowell J. *Mind and World*. Cambridge: Harvard University Press, 1996: 3-23.

一种有关规则应用的正确性判断标准，而不是内在本质的。"①显然贝克在揭示其中困境的同时也指出了规则含义的多重性，这就要求我们不仅从"责任""义务"的角度去理解规则，也要从构成性、一般性与特殊性等诸方面去理解它，才能体会到规则本身不能决定它自身的应用，规则的无穷应用情形本质上并没有规则可循，也并不是凭借各种解释可以穷尽的。规则的表达方式并不是局限在命题或语言层面，而是在实践的过程中不断地显现和确证其自身。

因此，规则遵循行为实际上是超越了规则本身，超越了它通过语法和语义形式所表述的内涵，它的确切含义是能动者在实践中才能把握的。这正是维特根斯坦在《哲学研究》201 节中所表达的内容之一："存在着这样一种对于规则的把握，它不是一种释义；相反，在一个又一个的应用情形中……"②郁振华教授通过默会知识论的角度来解释规则的多样性，认为规则具有不同的认识论地位，有些接近于"严格规则"，有些则更像"模糊规则"，还有一些处于两者之间，因此，现实的规则系统往往呈现为一个光谱，它逐级地展开于两种规则之间，而且需要我们的非传递性理解。贝克所质疑的有关规则和语言的机械图景和演算形式恰恰符合"严格规则"的基本特征。③

总之，规则的实际应用并不是决定于规则本身，在言语实践中我们往往也不是凭借心灵先俘获外部规则再形成关于意义的图景，而常常是在"不知道"规则的情况下作出了规则遵循行为。当然，这并不是否认规则所体现的规范性作用，但是从根本上讲，能动者是"基于"规则而行动，能够感受到它的指引和约束，但其行动并不是由规则决定的。指导行动的规则发挥的是一种实践效力，而不是一种规定性作用，即不能从"强规范性"去理解，而更适合从"弱规范性"和"隐规范性"的角度去解读。可以说，这是一种无需思考规则的规则遵循过程，与其在语法和语义上解读规则的内涵，不如更多地予以实践关注。

第二节　从意义归因到信念归因 ④

如果与表达式运用的正确性条件相关的意义规范性主要涉及显规范性，那

---

① Baker G. Following Wittgenstein: Some signposts for philosophical investigation §§ 143-242// Holtzman SH, Leich C M.*Wittgenstein: To Follow a Rule*. London: Routledge, 1981: 54.

② 维特根斯坦. 哲学研究. 韩林合译. 北京：商务印书馆，2013:144.

③ 郁振华. 人类知识的默会维度. 北京：北京大学出版社，2012:200-211.

④ 本节主要内容曾发表于《中国社会科学》2014 年第 8 期，论文题目为《规范性问题的语义转向与语用进路》。

么内容的规范性主要是一种隐规范性，而内容的规范性首要地体现为内在信念的规范性问题。比如，根据克里普克解读规则遵循悖论时提出的加法例子，如果一位说话者以"＋"来意谓加法，并不能推出说话者在面对"68+57"时将会得出"125"这个结果，而只能认为说话者应该得到这个结果。如果继续追问"应该"是否足以充分说明说话者得出"125"的原因就会发现，尽管说话者知道"＋"的指谓及"125"这一结果符合运用"＋"的正确性条件，但他仍然可能不会得到该结果，因为他可能没有这样做的信念或者故意以违反正确性条件的方式来作断言。因此，克里普克在涉及"规范性"时也提到了有关"意欲"或"希望"等命题态度，他说："关键的并不是说如果我以'＋'来意谓加法，我将回答'125'，而是说如果我想要与我过去'＋'的意义相一致，我应该回答'125'。"①

可以发现，在考察意义的归因与规范性时，我们很难设想一种仅仅产生于意义本身的"应该"，这种"应该"不可避免地会涉及信念、意欲、希望、意向等具有内容的命题态度，并不存在与信念或意欲无关的规范性，意义的规范性与内容的规范性是紧密联系在一起的。因此，规范性的语义分析必然会深入到心灵内容的规范性，而在不同的心灵状态中，信念具有毋庸置疑的优先性，因此要解决内容的规范性问题必须首先解决信念的规范性问题。

一、宽内容与窄内容②

从较宽泛的意义上讲，心灵内容的规范性大致可以结合"内容"的两个方面来探讨。心灵内容可以区分为宽内容（broad content）与窄内容（narrow content），宽内容与说话者所处状态的真值条件有关，而窄内容则强调说话者被个体化的内在本质特性。正因为窄内容体现了说话者的内在特性，一个精确的复制体才可以共享这种特性而不必考虑所处的环境等因素。当然，窄内容存在与否有一些争议，如克里普克、普特南等提出了质疑，这里暂且不评述窄内容存在与否而着重考察内容、意义与规范性的联系。首先，我们考虑在窄内容的心灵状态下，对说话者的规范性要求中不存在索引性问题，规范性条件也不必考虑具体的语境变换等因素。例如，地球上的一个说话者 S 相信自己看到了一杯无色无味的透明液体，而在孪生地球上，另一个说话者 S 也相信自己看到了

---

① Kripke S. *Wittgenstein on Rules and Private Language*. Oxford: Basil Blackwell, 1982: 37.
② 本小节主要内容曾发表于《哲学研究》2011年第5期，论文题目为《意义的非事实论与规范性——规则遵循问题的语义分析》。

这样的透明液体，这时，他们"相信杯子里有无色无味的透明液体"的信念可以看作需满足同样的规则和条件，而且因为不必考虑事实表征的问题，规范性条件的要求和作用并不明显。其次，由于在心灵内容中，具有相同窄内容的说话者可能有其各自的宽内容，所以规范性要求就要结合不同的语境。基于同一个语境的语言共同体的成员通过某种共同的语言类型来表达意义，在不同的语言共同体所使用的语言类型中，存在正确运用一个语言表达式的具体条件，也涉及特定的语义义务。再来看以下这个例子。地球上的说话者 S 和孪生地球上的说话者 S 可能具有相同的窄内容并且都用这一表达式"杯子里有无色无味的透明液体"来表述，但他们的宽内容有不同的事实表征。对地球上的 S 来说，当且仅当他意指的"水"是无色无味、化学结构为 H_2O 的透明液体时，S 的信念为真；而对孪生地球上的 S 而言，当且仅当他所谓的"水"是无色无味、化学结构为 XYZ 的透明液体时，他的信念为真。可见，涉及宽内容时，看似相同的语言表达式可能涉及不同的语义内容或意义，表明其正确性条件和说话者的语义义务的具体规则也有差异，对各种信念和断言的规范性要求也更加丰富。

二、信念的优先性

信念问题在内容的规范性解读中具有优先性。心灵内容的规范性解读使语义学分析突破了传统形式语义学的局限性，它并不强调语句的结构表征与句法算子的描述，而是侧重于在语言实践的基础上来考察说话者的信念、意向等问题，从而使意义理解的条件更有充分性和具体性。

人们对同一个命题可以有不同的命题态度，而命题态度所涉及或意指的东西就是内容或命题内容。命题态度可以由"相信""希望""认为""要求"等命题动词来表示，也可以由"知道""看见""感觉到"等认知动词来表示。前一类动词体现了世界向心灵的适应指向，而后一类动词则体现了心灵向世界的适应指向。当然，还有一些是零适应指向的，仅以相关命题内容的满足为前提，难以在适应指向的意义上加以探讨，如"对……感到高兴""对……感到生气"。[①]可见，它们虽然都对语法的宾词有要求，但不一定都要求有现实中的真实对象与这种宾词相对应，因此内容的规范性条件要考虑不同的命题态度。无论这些命题态度体现了心灵状态的何种特征，它们基本上都非对称性地依赖于"信念"

---

① 有关"适应指向"问题的详细区分可以参见：Searle J. *Mind, Language and Society*. New York: Basic Books, 1998: 99-104.

的概念；换句话说，在规范性问题的论域中对具有命题内容的各种概念进行考察时，会发现这些概念实际上并非处于同等的层次，即使是对非信念概念的理解，实际上也都隐含了信念的首要性与优先性。例如，对"意欲"这一命题态度的理解，就包含了有关"信念"的前理论预设。[①]

第一，某种感觉状态、事态或命题成为"信念"的对象而非"意欲"的对象是可能的。可以设想这样一种情况：即使说话者"意欲"或"想要"的对象并不为真，但他却可能"相信"或"认为"该对象是真的，因为说话者可能有关于对象"如何"的想法却没有"想要"这一对象"如何"的欲望。对此，有人可能会提出质疑说：欲望和信念两个因素的结合正是构成行动理由的充分条件，那么信念的优先性实际上存在吗？诚然，如果从行为者的行动动机和理由来看，我们可能会更倾向于强调欲望的作用并将其看作与动机有关的本质状态，从而认为信念只是促成行动的一种偶然和辅助的方式。显然，这种分析进路可追溯至休谟的"信念-欲望"理论。需要明确指出的是，内容的规范性旨在解释的要点并不是行动理由和动机，内容的规范性所探讨的那种"应该"首先是与意义归因、信念归因、"真"等问题密切相关的；另外，从出发点来讲，尽管内容的规范性要解释的目标并非动机状态与行动理由的来源及构成[②]，但是规范性

---

① 在内容的规范性的相关探讨中，信念问题的重要性已经明显体现出来。但关于信念与其他一些心灵状态之间的具体关系问题，则存在不同见解。态度问题的功能主义者认为，信念和意欲这类概念是彼此密切关联的，它们之间并不存在任何不对称性。然而，博格西恩等对此予以反驳，认为对意欲等概念的理解不对称地依赖于对信念的理解。在这里，我们赞同后者的观点。需指出的是，博格西恩在分析了信念的特殊性之后，主要将信念的规范性与心灵内容的自然主义论题相联系来进行讨论，而没有进一步分析信念归因中的构成性与评价性问题。我们主要从信念在内容的规范性中的优先性地位出发，从不同角度分析意欲等心灵状态对信念的依赖性，进而从构成性与评价性两个维度来看信念的规范性，同时强调其中的合理性问题。参见：Boghossian P. Is meaning normative? // Boghossian P.*Content and Justification*：*Philosophical Papers*. Oxford: Clarendon Press, 2008: 101-107; Hattiangadi A. Is meaning normative? *Mind and Language*. 2006, 21(2): 220-240; Glock H J. Meanig, rules, and conventions // Zamuner E,Levy D K.*Wittgenstein's Enduring Arguments*. London,New York: Routledge, 2009: 161-165.

② 需注意的是，这里所讲的关于行动的理由要与前面几章提到的作为规则遵循活动之基础和根据的"理由"区分开。而且具体来讲，关于行动的"理由"和"原因"等问题也存在一些争论。在心灵哲学中，一种较为传统的观点认为，心灵状态与行动之间具有一种因果关系，即行动的理由就是原因；另一种反理由论的观点在20世纪50~60年代颇为流行，它认为行动的理由并不可能是原因。按照后者的观点，诸如能动者的信念和愿望等理由使人们可以理解和说明行动，因此，理由是说明行动的一个组成部分，但是它并不能作为行动的原因。这是由于"理由"一定是由于导致的行动才能成为理由，因而只从逻辑上讲，"理由"不能独立于行动而存在。例如，一位能动者跑步的"理由"就蕴含着这样的内容：他想跑步，并且相信自己迈动双腿之后就可以跑步，这包含着对"行动"（即能动者"跑步"）的描述成分。而且，能动者为了完成"跑步"这一行动，可能会有一系列的身体动作，而这一系列动作之所以可以构成"跑步"这一行动，主要是由于他希望达到的目标，即能动者的"理由"。所以，能动者所做的某一行动可以看作是特定的，这主要源于他做这一行动的"理由"。然而，"原因"和"结果"之间的关系就并非如此，比如，休谟早已指出，从逻辑上而言，"原因"一定是不依赖于"结果"而独立存在的。相比之下，行动与行动的理由之间就不会具有类似于"原因"和"结果"之间这种逻辑上的独立性或概念上的互不依赖特性。可见，行动的理由并不等同于原因。戴维森则为"心灵状态与行动之间具有因果关系"这一传统观点进行了辩护。他认为，实际上我们既可以接受休谟的原则，承认在逻辑上原因和结果是彼此独立、相互

论题的阐明却无法脱离对能动者的动机和理由等问题的讨论，这些相关问题的分析也具有其必要的方法论作用，这一点首先需要澄清，笔者将在稍后一节中予以说明。

第二，难以设想这样一种情况，说话者有"意欲"的对象却没有关于这一对象的任何信念。比如，无法融贯地设想一位说话者完全不了解或不认为对象处于某种状态，但他却有"想要"该对象处于这一状态的欲望。欲望与信念的这种不对称性可以通过"从言的"（de dicto）和"从物的"（de re）两个层面来分析。首先，从"从言的"层面来看，假设有一个命题 p，在某一情境中，仅当一位说话者拥有关于 p 的某种命题信念（de dicto belief）时，他才能"意欲"或"想要" p，也就是说，只有以这种信念为前提，他关于 p 的欲望才是可以谈论的。例如，如果说话者 S "想要"天气变得更加晴朗，那么仅可能是由于他对晴朗的天气已经有某种信念。其次，从"从物的"层面来看，说话者对某一对象的欲望也依赖于他对该对象的客体信念。例如，假设一位说话者"想要"某一事物，但他若没有关于该事物是否存在的任何信念，那么其欲望便无从谈起。由此可见，就同一命题的规范性问题而言，对"意欲"与"信念"的分析必须要考虑到这种不对称性。

推广来看，在有关某一命题的各种命题态度中，除了对"意欲"的分析体现了对"信念"的依赖性之外，其他命题态度如"希望""生气""高兴""恐惧""担忧""要求""猜测"等，也都隐含了对"信念"的前理论预设。

三、信念的构成性维度与评价性维度

信念的规范性需要在其构成性与评价性两个基本的维度上分别予以分析。

第一，从信念的构成性来看，首先要明确是什么构成了一个说话者"相

（接上页）区分的，同时对任一原因（或者结果）的描述都可以通过某一方式与其结果（或原因）逻辑地联系起来，也就是说，不必假定对"原因"的所有描述都要逻辑上独立于"结果"。我们可以举个例子：一阵风刮起来并吹散了云。其中，"一阵风刮起来"可以被描述为"吹散了云"这个事件的原因，也可以将作为结果的"云被吹散了"描述为"一阵风刮起来"所引起的事件。这样的描述就在原因和结果之间提供了一种逻辑上或概念上的相互联系，但是另一方面，这种关联并不会否定这样的事实，即"风吹散了云"仍然具有它原来应有的因果顺序。因此，如果保持原有的因果顺序，也并不一定必然要使"原因"和"结果"之间彼此独立。我们把一种心理意向或理由归于一位能动者，总是依据他当时所处的特定情形，而对于这一情形，我们完全可以有不同的方式来描述。因此，我们既可以根据某一行动的"结果"来说明其原因，也可以按照行动的原因来说明其结果，行动的结果也可以被看作"理由"所内含的目的，而行动的原因也可以看作归属给能动者的"意向"。在这种情况下，导致某一行动的"理由"与引起某一行动的"原因"是相容的。参见：约翰·海尔．心灵哲学．张明仓译，// 欧阳康．当代英美哲学地图．北京：人民出版社，2005:232-244；Davidson D. Actions, reasons, and causes. Davidson D. *Essays on Actions and Events*. Oxford: Clarendon Press, 2001: 3-20.

信……"，或者是什么构成了一个具有合理性特征的信念。此外，从"应该"的角度来解析以"真"为目标的信念的构成性条件，也可以体现信念归因与意义归因之间的关联。首先考虑与某一个词项相关的信念：如果说话者 S 拥有将词项 w 用于某个对象 x 的信念，且这一信念对"真"的目标来说是构成性的，那么他就"不应该"将 w 用于那些非 x 的对象，否则他就无法正确地把握该词项的意义。然而，需要注意的是，所谓的"不应该"并不是指说话者具有不将 w 用于非 x 的义务或责任，而只是表明说话者将 w 用于非 x 是不正确或不恰当的。其次，再来考虑关于命题的信念：如果说话者 S 相信一个命题 p，那么他"应该"相信 p 是真的。如果这种构成性条件没有得到满足，那么这个说话者就会陷入自相矛盾的困境。如果他拥有"相信" p 的信念，却同时认为 p 是假的，这显然是不合理的。

第二，从信念的评价性来看，主要需考察构成一个说话者"相信……"的理由是什么，或者说话者能够将其信念评价为"真"需要满足什么样的准则。这种准则突出地体现在命题信念方面。因为有关客体信念的评价性条件是显而易见的，如果信念与其对象之间构成一种适应指向的关系，"相信"的条件就得到了满足，我们就可以作出相关判断。而命题信念的评价性准则可以表述为：对于一个命题 p，仅当 p 是真的（或能够得到辩护的），（主体）应该相信 p。对此可能会存在一些争议，比如：如何界定"真"或得到辩护的条件？在命题 p 得到辩护时，一个主体"相信 p"的信念会涉及他"应该"如何的义务吗？需要指出的是，一个主体在遵循这一准则时也要避免将"应该"扩大化，"真"或"得到辩护"只是构成了信念规范性的条件或前提，但并不意味着只要满足了这种条件，主体就有一种"应该……"的内在义务或责任。另外，需要澄清的是，在信念的评价性维度上，关键问题并不是"真"信念的辨明与命题知识之间的关系，也就是说，我们并不是在知识论的层面进行探讨的。

四、信念的规范性及其合理性

如果一个信念体现了心灵向世界的适应指向，这仍不表明信念本身具有一种强规范性。正确性条件可以作为信念归因的一个必要前提，但不能作为信念归因的充分条件，否则会导致规范性问题的扩大化和规范性要求的不合理性。

前文在分析语义规范性的正确性条件时已经指出，语言表达式规则的正确性并不蕴涵强规范性。在信念的规范性中也存在类似的情况：如果可以将一位说话者的信念评价为"真"或者该信念的正确性条件得到满足,能够就此推出说话者"应该"甚至"必须"做某事的义务吗? 通过对信念的规范性进行双条件式分析可以澄清这一点。[①]以命题信念为例,对于任一主体 S 与任一命题 p,则有:

"S 相信 p"是正确的,当且仅当 p 是真的(能够得到辩护)。

在上述双条件表达式中,这种"正确性"是可以接受的,但能否进一步在规范性的意义上理解这种"正确性"呢? 假设"正确性"蕴涵"应该"的意义,同样可以得到一个双条件式:

S"应该"相信 p,当且仅当 p 是真的(能够得到辩护)。

但这里的"应该"能否成立呢? 可以将此双条件式分解为两部分来考察它们是否具有一种分析的等价性。这两部分可以分别表述为

(1)如果 p 是真的(能够得到辩护),则 S"应该"相信 p。

(2)仅当 p 是真的(能够得到辩护),S"应该"相信 p。

其中,(2)是可以接受的,它表明了构成一个说话者"相信……"的信念需要满足的正确性条件,这符合前面提到的信念的评价性维度。然而,(1)表明,只要 p 是"真"的,就"应该"相信 p。这一层面的规范性要求无疑指出了有关"应该"的充分条件。但这种充分条件难以满足,因为要求人们相信一切可以评价为"真"的东西这一过强的规范性要求显然是不合理也不符合实际情况的。例如,如果 p 恰当地表述了一种客观事实,那么"(主体)相信 p"就是正确的,但如果把 p 表述了客观性事实当作主体"应该"相信 p 的充分条件,就意味着主体"应该"相信所有表述客观性事实的 p,这种过高的规范性要求实际上难以达到。因此,我们由正确性、客观性不能直接推出信念的规范性,信念的规范性要求也应被限于一个合理的范围内,否则就会导致规范性问题的扩大化。

此外,内容的规范性解读还需要注意这样几个方面:①语言表达式运用的正确性条件或规则与能动者的意向有内在关联。这些规则并非仅仅通过构造表达式的句法符号操作来发挥作用,在表层的形式规定之下首先隐含着对构造表达式行为的约束和限定,因此对表达式规则的探讨就需要从表层形式扩展到构

---

① 关于内容的规范性中的信念问题,博格西恩曾引述吉伯德的具体事例进行了分析,试图表明事实上的"真"并不蕴涵一种内容的规范性。参见:Boghossian P. Is meaning normative? // Boghossian P.Content and Justification:Philosophical Papers.Oxford:clarendon Press,2008:95-101. 然而,笔者认为,这种结论虽有一定的合理性,但博格西恩没有详细区分规范性的不同层次,因而仅止于此还不能充分说明内容的规范性问题。这里试图基于对信念的分析进一步说明,规范性可以体现为强弱和显隐等不同层次,而内容的规范性则主要体现出一种隐规范性与弱规范性的特征。

造表达式的行为意向等方面。②主体的意向性与实践语境相关，体现出其所处语言共同体的规范性特点。个体的意向性渗透着语言共同体的整体意向性，它们都处于特定的社会背景中并承载着社会文化特征，必然会受到语言共同体的行为准则、价值判断等规范性条件的限定和影响。③对意义的规范性与内容的规范性进行理解和阐释时，还应考虑到语境的不透明性问题。当提出关于说话者信念的某些规范性条件时，需要先考察特定语境中的不同说话者以不同方式表征事态的能力及其合理性，然后才能探讨对意义和内容有所描述或限定的各种规则的合理性问题。

　　总体上讲，规范性的语义分析与内容的规范性密切相关，主体说出语言表达式的行为不能脱离他的各种心灵状态（如意向、欲望、信念等），而这些心灵状态是具有概念内容的。因此，探讨一个语言表达式的正确性条件也在某种程度上意味着理解相关心灵内容的正确性条件，断言与心灵内容是互为说明的。但是，与表达式的正确性条件不同的是，心灵内容的正确性条件通常并不体现为明确的规则，而是根植于语言共同体的文化传统与语言习惯中，在此意义上，语义规范性主要体现为一种显规范性，而内容的规范性主要体现为一种隐规范性。意义的规范性与内容的规范性的密切关联意味着，语言表达式意义方面的"应该"（即显规范性）无法脱离说话者信念方面的"应该"（即隐规范性），语义规范性不能脱离信念的规范性而获得独立的说明。意义归因与信念归因的分析都内含于规范性的论域之中，这些论题从不同的侧面体现了规范性问题的维度和特征。

第三节　理由与动机："规范性"问题的实践理性意蕴

　　前面几节的分析表明，语言表达式意义的"应该"需要结合说话者心灵内容的"应该"，而且语言表达式的正确性条件需要结合说话者的心灵状态及其所处语境中的各种要素。特别是在对语义规范性的探讨中，我们区分了不同形式的规范性要求，指出了不同意义上的"应该"，如"手段/目标"的规范性指示与范畴意义上的规范性指示之间有明显差异、描述性的"应该"与范畴意义上的"应该"之间也存在难以弥合的鸿沟。综合以上论述，我们似乎已经能够很有把握地作出断言：如果一位说话者作出"如何正确地使用一个语言表达式"的判断，并不能由此必然地推出他会按照"应该"的那种方式去使用该表达式。但是，仅凭休谟法则与克里普克的怀疑论论证等内容作为论证的基础是否能够应对各种可能的质疑与挑战？比如，源自"动机内在论"的解释方法就为这种质疑提供了一种可能性；而一般来讲，关于动机、理由，与此相关的内在论与外在论的诠释进路和论争都包含在实践理性的视域之中。

因此，基于实践理性视角的考察实际上是对前几章焦点问题的延续，在有关意义的规范性与内容的规范性的探讨中，"是"与"应该"之间的关系是我们所关注的一个重要问题（即由语言表达式使用的正确性能否推出说话者"应该"如此使用该表达式），而随着此论题的进一步深化必然要求回答：如果说话者"应该"以某种方式正确地使用某一语言表达式，那么是否蕴涵着他有动机或欲望这样去做？推广来看，它关注的是理性的"应该"与能动者的"动机"之间是否存在必然性关联。这些考虑也从另一个角度推进着语义规范性和内容规范性等论题的发展，本节就基于这一视域对上述问题作出分析，力图对语义和语用层面的"规范性"作出补充性说明，阐明其实践性维度，从而对"规范性"论题作出较为全面的考察与诠释。

一、"规范性"解读中的实践理性视角

在对内容的规范性问题进行解读的过程中，对说话者或能动者各种心灵状态的合理性探讨隐含着一种实践理性的分析指向，因而实践理性的诠释维度越来越显示出其必要性与独特意义，这至少可以归结为以下几个方面。

（1）合理的规范性条件与要求需要以理性的实践应用为基础，而且通过对"内容的规范性"的进一步探讨，也凸显了作为一种前提或语境的实践理性维度相对于理论理性维度的方法论优先性。对规范性论题特别是"内容的规范性"的分析已经表明：我们不可能仅满足于语义层面上对"应该"的解释，语义规范性不可避免地会涉及关于能动者的希望、信念、欲望等体现不同心灵状态的问题，并不存在与信念或意欲相分离的规范性。而在心灵内容的规范性诠释或者规范性的语用分析中，我们已经指出信念分析的优先性地位，相对于"意欲""要求""担忧"等其他体现各种心灵状态的命题态度，信念的规范性是首要问题及基础，而"意欲"等基本上都非对称性地依赖于"信念"这一概念。然而，对这些问题的充分探讨与澄清都需要将其引申到规范性论题的实践性层面，由此，实践理性视角的解读是阐明规范性论题进而构建规范性语境的必然诉求。

具体地讲，如果仅仅基于能动者理性的理论性应用视域，在谈到能动者"应该"期望、要求、相信、意欲什么时，尽管同样可以探讨其中体现了怎样的规范

性问题，但这始终局限于这些心灵内容"是什么"的问题层次，也就是说，其关注的重点是"意欲""信念"等"内容"的规范性的构成性维度，但要对相关问题进行评价时就会受到能动者经验等方面的限制。当我们分析"……是正确的""……是错误的""……是合理的"等诸如此类的问题时，很明显地也要应用并依赖于能动者的信念，并由此应用到与信念有关的一些心灵状态，而这时作为基础的信念的合理性往往会发挥至关重要的作用，因为其他心灵状态的合理性问题也一般依赖于信念本身的合理性；反之，对信念的规范性的合理性探讨的失败也往往会导致其他相关心灵状态的规范性的不合理后果。例如，有人因为极度畏惧黑夜，所以不顾一切地期望或想要每天都生活在一个没有黑夜只有白昼的环境里（注意并非在某一环境中短暂极昼情况）。我们评价说这是不理性的或不合理的，因为这种不切实际的期望或者相信黑暗对人的威胁是愚蠢而不理性的。在这一案例中，这种畏惧与期望等状态的不合理是由于它们所依赖的信念本身的不合理性。然而，如果在能动者理性的实践性应用视域之内，那么对能动者的行动分析就会首先要求其符合合理的规范性，并且其行动中会涉及的期望、意向、要求和意欲等心灵状态也将在合理的规范性范围内进行探讨，而这些内容的规范性问题也不再奠基于不合理的信念之上。总之，规范性论题的阐明必然会要求深入到"意欲""信念"等"内容"的规范性的评价性维度，关注其"应该如何"的层次，特别是要在对动机和理由等相关问题的澄清中予以说明，而综合这些方面，已经鲜明地体现出规范性论题的实践性意蕴与指向。

（2）规范性问题的相关探讨本身体现了对多种领域的借鉴与融合，最为明显的是，对规范性论题特别是"内容的规范性"的阐明不可避免地会涉及理由、动机等相关理论，而在对这些理论进行追溯和考察时就会涉及元伦理学（如情感主义、规定主义、直觉主义等理论）、规范伦理学（如义务论、目的论等）与实践哲学等相关研究。此外，"理由""规范""应该/应当""义务"及"责任"等关键词本身就呈现了对规范性的探讨涉及的广泛论域，也始终未脱离实践理性的探讨与应用范围。这一角度的考察要求我们在内在论与外在论的论争中比较不同的研究路径，在对规范性断言与非规范性断言作出区分的基础上，体现动机内在论的理论要旨与不同的理论形式。这种考察方式都不同程度地呈现了实践性视角的不可或缺性。

（3）从较为广泛的意义上讲，正因为由规范性论题建构的解释空间包容了多种不同的领域，这就意味着这些相关领域尽管在探讨的角度与进路上存在差异，却存在着共同的话题与关注焦点，而且在一定程度上还体现着对同一主题的继承性与研究风格的相似性。比如，“应该蕴含能够”这一较为传统的“自主性”问题本身应归为实践理性关注的领域，但它以其自身的理论特征与旨趣呈现在不同的领域中，进而成为伦理学、实践哲学、政治学甚至语义学等领域的共同话题，同时体现出其作为独特的分析方法的价值。这里仍以“自主性”问题为例来说明不同探讨领域之间的理论关联。

第一，概念上的自主性。无论是基于实践理性的视域来考量伦理学中的道德概念，还是基于语义学视域来分析语言与意义的概念，都会同样面临自主性问题。这具体地体现为：在伦理学或道德哲学中，以摩尔为代表的哲学家主张，类似于“善”这样的道德概念不能被还原为或等价于任何其他自然主义概念或概念集，我们不能通过非道德领域的自然性质来为“善”作界定，它只能依靠直觉去领会和把握，而且“善”与“正当”之间是互为定义的，他的开放问题论证就明确体现了这一主张。类似地，从语义学的角度来看，语言和意义在概念上也具有这种自主性特征。我们同样不能将语言和意义简单地还原为自然概念或物理概念，也不能仅仅凭借能动者或说话者的行为特征和使用方式来得到充分的说明。从这种意义上讲，语言及其意义应被视为一种独立的存在，它们应作为自主存在的对象而被探讨，也具有其独立而不可替代的理论特征。[①]可见，无论是道德概念还是意义概念，它们都在一定程度上体现了概念上的自主性与其理论解释力的独立性。

第二，能动者或说话者的内在动机效力与行为选择上的自主性。这一方面主要关注的是，主体在作出规范性判断进而按照该判断去实施某一行为时，促使他履行这一行为的驱使力是外在于主体还是源于主体内部的动机。尽管关于这一问题的外在主义与内在主义解释之间仍然存在争论，但无论就伦理学还是语义学领域而言，持动机内在论的人都力图表明主体自身理性的效力或内在动

---

① 关于语言和意义的自主性问题，叶闯教授曾提出过较为详细的解释。在叶闯教授看来，语言和意义就像物理对象那样，是独立于人们的心灵或者其他对象的存在而存在的，语言和意义不是其他对象的派生物，也不可被行为、语言意向等替代或成为其简写。同时，他指出语义学与语言的形而上学也是独立的研究领域，它们不能被混同于有关语言的行为科学、语言社会学等，这一研究领域有其自主的课题，因而是一门独立的学科，也有其自己的研究对象。在此基础上，叶闯教授驳斥了一些哲学家的传统观点。在这些哲学家看来，语义学、数学等领域并非研究抽象的对象，也不是研究任何实存的对象，因而它们与物理学的研究无法进行比较。他们甚至认为，实际上没有所谓的抽象对象，也就谈不上抽象对象与物理对象之间的区分。与此不同，叶闯教授认为，抽象对象与物理对象有实质性的差异，而且对这两种对象的描述方式也有实质性的区别；但是尽管如此，我们却不能忽视另一个角度的比较，即就存在的实在性与客观性来说，抽象对象与物理对象的地位是并列的，它们可以被称为不同种类的存在，但不是一方高于另一方的存在。因此，他进一步指出，从概念的层面讲，语义学与数学等涉及抽象对象的学科与经验科学（如物理学）具有同样的自主性，它们的基本概念不能混同于任何其他学科的概念，也不能对其作任何还原与化约。与其他的抽象实体一样，意义实体具有存在的独立性。参见：叶闯.语言·意义·指称：自主的意义与实在.北京：北京大学出版社，2010:378-385.

机性效力，这些解释都在某种程度上体现了行为选择上的自主性维度。

举例来讲，自主性问题之于道德主体可以体现为：当能动者将某一行为判断为"好"的或"善"的行为时，如果他被激发去实施此行为，那么这种激发的力量是源于主体自身还是外在于主体？如果这里的"应该"源于主体之外，那么在何种意义上这种对道德问题的思考及相应行为从道德主体的外部获得了其效力与规范性力量？另外，如果这一行为是源于主体内部，那么是主体对实施该行动的理由进行的反思决定了他产生的动机，还是他有动机这一事实决定了他有实施该行动的理由？这就表现为不同的内在论解释方式。

尽管分析方式有差异，但自主性问题同样也体现在语义学中。例如，我们在论述语义规范性时曾经提到规范性判断与相应的语言表达式的使用问题，说话者在这一行为中的"自主性"可以体现为两个截然不同的方面。

（1）如果说一个语言表达式的某种使用方式是正确的，那么由此可以作出这样一种规范性判断：说话者"应该"以这种方式来使用语言表达式。另外，通过规范性的语用分析我们指出，尽管说话者作出的规范性判断会对其使用表达式形成一种效力，但是不能忽略他在具体的使用语境中的交流目标、偏好与意向，也要考虑该语境的其他构成性因素，诸如说话者的审慎态度、审美角度与道德原因等，这些因素都可能造成使用者没有按照"应该"的方式来使用该表达式，即原有的规范性判断没有发挥出它预期的效力。我们可以将这类具体使用情境的考虑看作说话者行为选择自主性的一种表现，但它仅仅是通常理解中较为常见的"自主性"形式。

（2）说话者行为选择的自主性还有一种很容易被忽略的表现形式。设想这样一种情况，考虑到语用的规范性，尽管不能要求说话者在使用语言表达式的过程中必须遵循他"应该"的方式，我们已经强调这一"强规范性"难以达到，但是却仍不能排除这样的质疑，即假设有一位说话者特别地富有理性与慎思精神，他经过深刻反思能够作出这样的判断：自己"应该"将某一个语言表达式 e 用于所有的并且仅仅是它意谓的那一对象 x，而不论自己的偏好与意向如何，也摆脱了上述种种具体因素。[①] 说话者作此判断的"规范性"与"自主性"就体现在，他仅仅由于反思性判断这一理由就受到激发，具有了内在的驱动力与义务感，从而以那种"应该"的方式使用该表达式。这一过程的自主性独立于可能

① 哈特甘迪也曾举例说明类似的语言表达式的特殊使用，也对那种极具反思精神的说话者做过描述，但她并不是旨在说明说话者行为选择的自主性而进行这一讨论，而主要是为了解释范畴意义上的规范性指示问题。参见：Hattiangadi A. *Oughts and Thoughts: Rule-following and the Normativity of Content*. Oxford：Clarendon Press：2007：41-44.

构成他如此行为的其他具体原因，也恰恰是动机内在论的典型表达。仍以具体例子说明，如果说"马"这一语词用于那些体现该属性的对象是正确的，这种使用体现了"马"的意义，那么这位极富理智的说话者经过反思就能够判断说，他"应该"将语词"马"用于所有的并且仅仅是体现该属性的那些对象，而坚决排除其他合法的、道德的、审美的任何因素的影响。这种行为过程体现的"内在动机"也是其"自主性"的另类表现，与第一种在具体语境中不受强规范约束的自主选择相比，这里的行为选择似乎反其道而行之，严格遵守的是主体自身内在动机与意志力的要求。从他排除一切干扰而使内心动机绝对地发挥效力来看，说话者的规范性判断与他的动机（或意愿）之间那种概念上的鸿沟消失了，他从领会规范性指示到完成行为的过程很类似于康德意义上对"绝对命令"的遵从。虽然他的驱动力或者动机不依赖于他的感觉、欲望、意向及能想到的其他所有因素，与通常意义上的"自主"相反，但也不失为一种自主性的体现。可见，这一分析进路更全面地呈现了我们基于实践理性视域对规范性论题的考察。

二、从"理由"到"动机"：内在论与外在论之争

由于对内容的规范性、理由和动机等主题的探讨需要，相关的分析自然地被引至实践理性的视域之内，这一视角的考量也可以看作是对规范性论题的发展与深化。如果说第 2、3 章的论述主要是在语义学的层面上探讨规范性问题，那么这里就是从说话者或能动者的实践性层面的进一步分析。在语言表达式的正确性条件分析中，笔者讨论了"语言表达式的某一使用是正确的或有意义的"与说话者的语义义务之间的关系，指出了语义学意义上的"是"与"应该"之间存在的鸿沟。本节则会延续和推进这一话题，讨论说话者"应该"如何使用表达式（或存在某种使用的理由与义务）与他实施此行为的动机之间的关系。它关注的是：由主体的行动"理由"与"义务"能否推出他存在实施该行动的欲望和动机，理由与动机之间是否存在鸿沟？对此内在论者与外在论者存在不同的见解与交锋。简言之，这一分析指向需要我们在考察内在论与外在论之间分歧与论争的基础上厘清它们的关系，比较不同研究进路中把握它们的理论张力，并了解这些问题的当代发展及其争论焦点，从而在规范性的语义分析与语用分析的整体性脉络中拓展一种实践性维度，由此提供一些可能的启示与借鉴。

1. 相关争论的溯源及其当代发展

众所周知，内在论（或内在主义）与外在论（或外在主义）之间的分歧在语言哲学、心灵哲学、知识论与道德哲学等诸多哲学领域都有体现，也有其各自的论争与特征。然而，当我们以实践理性作为一种切入点来考量内在论与外在论，特别是对能动者的行动、理由、欲望及信念等问题进行分析时，一般可以将"内在"与"外在"等核心词汇的使用与各种主张首先归于普利查德（Harold Arthur Prichard）与福克（W.David Falk）各自的代表性观点及由此引发的争论。福克由普利查德的论述而首先发起了对外在论的连续批评，随后经过弗兰克纳（William Frankena）、内格尔（Thomas Nagel）等的进一步阐发[①]，"内在论"与"外在论"之间的理论区分特别是关于"应该"的不同见解变得更加清晰。

1）普利查德论"正确行为""利益"与"义务"

从实践理性的研究进路来看，普利查德在其《义务与利益》（1928）一文中就开始较为详细地对正确/错误的行为、欲望与义务等问题进行论述，而且引发了其他者对其中涉及的内在论与外在论解释的回应与质疑[②]。普利查德的分析一开始就立足于非常广阔的视域，从哲学史上的相关问题进行梳理和解读。他认为，从哲学史中相关文献的总体情况来看，尽管人们对道德哲学这类文献的研读比较普遍，但是并不精深。而且，这类论述很可能会导致我们作出这样一种评论：这些文献都有的共同特征是，它们要么致力于证明在"义务"与"利益"之间有一种必然性联系，要么试图表明在某些场合这两者之间的联系是不证自明的。从严格的意义上讲，这种评论并不准确，但确实说明了一些事实。在普利查德看来，柏拉图在《理想国》中对"正义"的论述最早为此评论提供了一定的支持，柏拉图的一些观点并未得到充分重视与多角度的发掘。当时学界还存在的一种观点是，认为柏拉图作为一位先知或预言家的重要地位丝毫不亚于其作为一位哲学家的重要地位，而解读柏拉图的真正线索其实在于那些从心理学角度作出的研究。因此，在对柏拉图的解读中，需关注其作品中尚未得到解释的表述或隐含的深意，这要

---

① 福克、弗兰克纳、内格尔等的相关论述可参见 :Falk W D. 'Ought' and motivation// Falk W D. *Ought, Reasons and Morality*. Ithaca: Cornell University Press, 1986: 21-41; Frankena W. Obligation and motivation in recent moral philosophy// Melden A.I. *Essays in Moral Philosophy*, Seattle: University of Washington Press,1958, p.40-81. Nagel T. *The Possibility of Altruism*. Princeton: Princeton University Press, 1978: 3-23.

② 普利查德的主要观点可参见 :Prichard H A. Duty and interest// Prichard H A, Jim Mac Adam. *Moral Writings*. Oxford: Oxford University Press, 2002: 21-49.

求我们保持一种开放的心态及富有洞察力的眼光。

普利查德指出，就我们熟悉的《理想国》而言，可以毫不犹豫地说，除了一般的形而上学问题之外，它所关注的论题就是"正义"与"非正义"，而且柏拉图为了这一主题在其论证中作了详细的阐述。为什么在行动中要体现"正义"？柏拉图认为，通过正义地行动我们会真正获得幸福快乐。然而，他所描述的正义与非正义看似并不对于"正确"与"错误"的分析更精确。那么，柏拉图所谓的"正确"与"错误"是什么？柏拉图在其论述中试图论证的是，所谓的"正确"行为与人们自己的利益相符合，而通过履行我们的义务或者实施在道德上必定会做的事情，我们会变得快乐。不仅柏拉图在其论述中明显地在做这样一种尝试，而且亚里士多德在《伦理学》中也在继续试图作出同样的努力，尽管他的相关论证是较为隐晦而不明显的。作为这一论证的延续与发展，巴特勒（Joseph Butler）与哈奇森（Francis Hutcheson）也认为有必要说明正确行为与能动者利益之间的关系[①]。但是普利查德想要表明，这些努力与尝试并不恰当，因为不应把关注的焦点完全放在这些努力是否成功方面，而要看到真正的问题在于人们是否应该作出上述种种努力。

在普利查德看来，这些尝试都建立在一些不融贯的预设之上，而且从这些论述中可以确立以下几点：①柏拉图与巴特勒都通过某些思想理论的脉络竭力证明，正确的行为（即严格意义上的"正确行为"）是符合能动者利益的；②他们这样做的理由是基于如下信念，即使我们知道哪些行为是正确的时候，我们也不会必然地履行此行为，除非我们认为它符合自己的利益；③在这一信念之后实际上存在的是另一种信念，前者是后者推论的必然结果，也就是说，想要对自身有某些利益的信念是采取慎思或深谋远虑行为的唯一动机。但是，普利查德对此至少在如下几个方面提出了疑问。[②]

第一，关于自身利益的信念对行为的动机会产生影响，但如何证明这些信念为真？在无法表明这些信念为真的情况下，至少会导致这样的后果，即对于柏拉图等人试图论证的"正确行为符合利益"这一观点来说，其理由就无法得到辩护了。

第二，在柏拉图和巴特勒的论证中，作为基础的那些假定或预设中也蕴含着一种矛盾。根据他们的观点，即使能动者知道哪些行为是正确的，也不会必然地

---

① 参见 :Prichard H A. Duty and interest// Prichard H A, Jim Mac Adam. *Moral Writings*. Oxford: Oxford University Press, 2002: 20-21.

② 普利查德的主要观点参见 :Prichard H A. Duty and interest// Prichard H A, Jim Mac Adam. *Moral Writings*. Oxford：Oxford University Press, 2002: 34-35.

去履行这种"应该"的行为，除非他们认为这样做会使自己生活得更好即符合自身利益。普利查德认为凭此表述很自然地会发现其中的矛盾，但这一矛盾很容易被错误地表达。我们可以将其表述为，能动者仅仅是出于自身利益而采取行动的那种信念，恰恰表明了能动者去做所有那些自己"应该"做的事情是不可能的。这是因为如果我们完全出于自身利益而做某种行动，我们就不会做那些可称为"义务"的事情。也就是说，如果说"正确的行为是符合能动者自身利益的行为"，而且"正确性"并不表示此行为必然会发生，这意味着能动者会去实施的只是那些符合自身利益的事情；但反过来讲，如果他们仅仅依照自身利益而行动的话，那么所做的事不可能都是正确的，他所做的事也不会都是"应该"做的事。

第三，在普利查德看来，从柏拉图、巴特勒与哈奇森等的论证中可以发现他们共有的假定或预设，即所讨论的"信念"其实正是我们通常所说的这样一种信条：道德需要一种惩罚与激励的机制；也就是说，该信条表明的是，激励某一能动者去实施某种行为，从而力图让他确信自己在道德上必然要这样做，使得他认为有"义务"这样去做，这不仅仅是不充分的且一无用处，相反地，我们需要诉诸他想要生活得更好的欲望。同时也要注意，没有合理的根据表明能动者实施一个行动时的动机将会与此行为的正确或错误有某种关系。如果能动者因为某一行为正确就存在做此行为的欲望和动机，那么这种预设看似毫无根据，相关论证也显得并非必要。而且，如果认为"正确性"与能动者的动机和欲望有直接联系，那么这一动机和欲望完全可以凭借其自身而指引能动者按照正确的方式采取行动，我们没有理由也没有必要再去诉诸他想要生活得更好、更符合自身利益的欲望。

综合普利查德的主要观点来看，他认为所谓的正确行为或能动者"应该"去做的行为与其实施此行为的动机和欲望没有直接关联，符合动机和欲望的行为也并不能体现能动者做了自己"应该"做的事，某一行为评价上的"正确性"对能动者的动机来说是外在的。

2）福克与内格尔的质疑与批评

福克与内格尔对普利查德提出了质疑与批评，认为他在探讨主体动机产生问题时并不明确清晰，特别是对"内在"与"外在"的关系问题没有区分清楚。此外，他们指出普利查德并没有澄清"义务"与"理由"之间的关系，因而以普利查德为代表的外在主义者在解释能动者的动机和欲望产生的真正原因方面显得有些混乱，他们对道德的辩护是不完全且不合理的。①

　　福克认为，首先，按照普利查德的观点，能动者产生一种行为（如道德行为）的动机似乎会要求多种辩护，这给人带来理解上的困惑。因为普利查德主张，如果要激励或说服某人采取行动，诉诸他的义务将是毫无意义的，而且那些被激励确信自己负有某种"义务"的能动者，一旦对该义务进行了慎思，就会有足够强烈的欲望，这一欲望会引导他按照所谓的"正确"方式去行动。因此，在普利查德那里"义务"与"动机"（或"欲望"）之间看似存在一种很明显的鸿沟。福克对此进行了质疑：根据普利查德的看法，能动者的准备实施的行为就会需要多种辩护，如果我们已经竭尽全力使他确信自己有义务实施此行为，也就是说已经使他相信自己"应该"这么做，那么他就应该已经具备实际去做的充分理由，但普利查德却认为我们还要再度劝说这位能动者相信他有足够的理由去这样做，这显然是充满矛盾的。

　　其次，福克认为，普利查德并没有清晰地表述他认为不可分析的那些语词，诸如他使用的"应该"或"义务"等，可以肯定的是，他认为这些语词指的是某些非心理上的客观事实，即能动者会面临的那种情形的一种突出特征。按照普利查德的观点，"某人应该……"或"有一种义务"意味着他所指的那种行动与"情形"之间在某种程度上是彼此互补的，因而我们也可以说他所说的行动是那种"情形"所要求或需要的，或者将会"适合于"那种情形。按照普利查德所阐释的"应该"的内涵可知，尽管他认为"应该"的义务与动机之间是一种偶然性关联，但他实际所指的"应该"已经暗含了比这更多的联系，也就是他的主张已经隐含着这两者之间的必然性联系。这种混乱的思考反映了关于类似问题的较为普遍的思考倾向。人们总是把关于"应该"的观点看作一种来自外部的要求或者一种特殊性质的内在冲动，并将这种"应该"与能动者的动机之间的关系看作最纯粹的，甚至都不会把道德律看作神的要求或社会约定的需要。事实上，有关"应该"和动机之间的联系的最纯粹的观点总是会体现出来的，只要我们认可它的隐含意义，即确信道德上好的行为对承认这一义务的人是敞开的，只是由于习惯等方面的影响，该观点常常与某种外在主义和非心理学的"应该"概念混同起来。

　　最后，福克指出普利查德在回答一些问题时表现出了答非所问的倾向。比

---

① 福克与内格尔的具体质疑与反驳可参见 :Falk W D. "Ought" and motivation// Falk W D. *Ought, Reasons and Morality*. Ithaca: Cornell University Press, 1986:21-41; Nagel T. *The Possibility of Altruism*. Princeton: Princeton University Press, 1978: 3-23.

如，普利查德对如下问题的回答就很明显：在能动者没有履行其义务的意愿的情况下，为什么他还"应该"这样去做？普利查德仍然将这里体现了内在欲望的"应该"诉诸能动者外部的来源。但在福克看来，这里的"应该"是动机意义上的，体现的是能动者内部的推动力，它表达的是一种实践合理性或者实践必然性。如果能动者对与此义务相关的事实非常了解和认可，而且又能够确证自己对这些事实的反应和表现，那么他自然不会因为自己的心理活动而不做此事，也就是说他必定还会有履行此义务的内在冲动或动机，因而最终会表现出去做此事的结果。总之，根据福克的观点，普利查德并没有回答他自己提出的那一问题，他所谓的外在的"应该"实际上是不成立的，能够成为理由和义务的那种"应该"本来就是与能动者的心理活动密切相关的，不可能脱离欲望和动机而存在，理由和动机之间的鸿沟实际上是不存在的。

内格尔也对普利查德提出了类似的质疑。他认为按照普利查德的看法，如果一位能动者被激励而产生某一行为（如道德行为）的动机，其原因并非源于那些相关的伦理原则和伦理判断，而是需要额外的心理学方面的理由来解释能动者产生相关欲望的理由，这样才能明确能动者为什么会被激发而履行其义务。但是在内格尔看来，普利查德的观点不能被接受，因为其中蕴含了一种看似矛盾的想法，他的观点实际上可以归结为，承认能动者能够意识到自己"应该"实施的行为，而且了解这种"应该"是基于怎样的理由，也就是他清楚为什么需要履行这种义务，但奇怪之处在于，他接下来又追问构成此行为动机的原因是什么，也就是还不清楚"应该"这样做的理由。因为在内格尔看来，那些体现了规范性的原则和判断已经为能动者采取相应行为提供了充分理由，难以想象再到这种理由之外去追问心理学方面的其他原因，而且如果能动者真正了解和把握了那些理由，就自然会产生相应的动机和欲望，这种动机并不是外在于他对那些涉及"理由"的原则和判断的思考，它们之间不存在需要解释的逻辑上的鸿沟，更无需以心理学上的理由来弥补这种鸿沟。

3）其他相关评论

对于福克和内格尔的相关分析，罗伯逊（John Robertson）认为这些反对外在论的观点也存在相应的问题，并对此作出了评论。在罗伯逊看来，福克通过普利查德等外在论者的论述所要反驳的主张本应是，能动者实施某一行动的义务与其产生的相关动机之间存在着鸿沟。然而，福克有时却将这一动机混同于一种所谓"内在冲动"的欲望，因而引发了一些争议。根据福克的评论可知，从其直觉上讲，他认为"义务"与"动机"之间的关联非常紧密，因而这两者之间不可能仅仅是一种偶然的联系。[①] 如果他接下来把"动机"看作是对"义务"的进一步辩护以体现这两者之间的密切关联，那么我们可以将其作为对外在主义主张的反驳，但问题在于，福克有时在使用中没有详细区分"动机"与"欲望"的差异，从而把"何以激发能动者实施行动的欲望"当作普利查德等需要进一步辩护的对象。福克的反驳针对的是这样一种外在主义主张：如果一位能动者由于被劝说而确信自己应负有某种义务，但却缺乏具体履行这一义务的欲望，也就是说，可以认为该能动者是富有理性而能意识到自己的义务的，但却由于缺乏相关欲望而不去履行他的义务。按照内在论的一般理解，动机总是无法脱离行动的理由，如果能动者被说服而意识到存在着某项行动的理由，则他不可能由于缺乏相应的动机而反对去履行该行动。相反地，在外在论者看来，能动者具有做某事的理由与关于他的动机的任何事实没有什么关联。[②]

对内格尔有关外在论观点的总结与质疑，特别是对于他所揭示的外在论中所蕴含的矛盾，考斯嘉德（Christine M.Korsgaard）予以了赞同。[③] 他们都关注了外在论者所谓的义务和动机之间逻辑上的鸿沟问题，同样认为，如果一位能动者能够意识到自己"应该"履行的义务，也就是把握了这种义务是基于怎样的理由，就不可能随后又追问实施此行为的原因是什么，更不必援引其他心理学理由来填补那一鸿沟。然而，尽管其他一些学者也对外在论中蕴含的矛盾进行了批评，但似乎也有很多未切中要害而削减了论证力度。比如，弗兰克纳也注意到了关于义务与动机之间关系的不恰当论述，然而却将这一问题归结为：从义务与动机之间存在的心理上的鸿沟可以推出，如果外在主义的这一观点成立，则人们在实施他们认为"应该"的任何正确行动时都可能会缺乏动机，即任何有理由的事都不能激发他们的动机[④]。弗兰克纳的评论忽略了动机与欲望之间的差异。按照内在论的观点，如果能动者已经确信自己有履行某一义务的理由，则必然不会缺乏相应的动机，因为"动机"已经隐含着能动者对该义务的

① Falk W D. 'Ought' and motivation// Falk W D. *Ought, Reasons and Morality*. Ithaca: Cornell University Press, 1986: 29.

② 罗伯逊的相关论述可参见：约翰·罗伯逊. 内在主义、实践理性与动机// 徐向东编译. 实践理性. 杭州：浙江大学出版社，2011:351-372.

③ 考斯嘉德的相关论述可参见:Korsgaard C M. Skepticism about practical reason// Millgram E. *Varieties of Practical Reasoning*. Cambridge. MIT Press, 2001:103-125.

④ 弗兰克纳的观点可参见:Frankena W. Obligation and motivation in recent moral philosophy// Goodpaster K E. *Perspectives on Morality: Essays of William K. Frankena*. Notre Dame: University of Notre Dame Press, 1976: 71-73.

理性思考和把握，它与福克所谓的"内在冲动"意义上的欲望还是有很大差别的。所谓的义务与动机之间存在鸿沟实际上意味着，如果能动者经过对该理由的理性思考和理解，仍然缺乏做此事的动机，那么这必定不是源于对义务经过理性思考和领会而产生的动机，该"动机"实质上相当于外在主义者所指的内在冲动的欲望。

事实上，内格尔在其关于外在论的评论中，也对"欲望"这一概念作出了详细分析。内格尔首先将"欲望"分为"激发的"与"未激发的"不同形式，并把"欲望"看作能动者实现了他对目标的拥有状态。他指出："只有在欲望被认为既包括了激发的欲望也包括了未激发的欲望时，则认为欲望构成了每项行动之基础这一主张才是正确的，而且该主张只有在如下意义上才是正确的，即当某人对一个目标展开了意向性的追求时，无论他的动机是什么，根据他的追求本身而将对于那一目标的欲望归于他是合适的。但是如果该欲望是一种激发的欲望，则对于它的解释就与对于他的追求的解释相同了……"[①]通过这些论述可知，欲望总是伴随着能动者对某一目标的追求和动机而出现的。另外，对于激发的欲望和未激发的欲望之间的区别，内格尔的观点是，激发的欲望就像很多信念那样，是经过决定和慎思之后才出现的，它们不需要仅仅对我们造成困扰，尽管有一些欲望确实如此（如食欲及某些场合中的那些情绪）[②]。未激发的欲望尽管也可以被解释，但它仅仅是出现于我们的意识中或我们"偶然遭遇"的欲望，比如，饥饿是由于食物的缺乏而产生的，但并不是由此被激发的。在发现家里没有什么满足食欲的东西之后想要去商店买食品，这也是由饥饿激发的另一种欲望。为了解释激发的欲望，我们需要理性的或者动机性的解释，这与解释那一行动本身需要的说明一样。可见，经过内格尔的分类与说明，激发的欲望已经包含了慎思的过程与理性的成分，它与能动者的动机有极大的相似之处。

总之，能动者确信自己"应该"履行某一"义务"时也在某种程度上表明存在着实施此行动的"理由"，但这一"义务"或相关"理由"与"动机"之间的关系问题是内在论者与外在论者争论的焦点，从而在各个角度的论述中都体现出二者的交锋。这就要求我们对内在论和外在论的核心论点予以进一步说明和澄清，同时展示这些核心论点的不同阐释形式。

---

① Nagel T. *The Possibility of Altruism*. Princeton: Princeton University Press, 1978: 29.

② 内格尔认为，信念的情况与激发的欲望相似，常见的情况是，当仅仅感知某事物时，就可以获得一种信念，而不必通过决定来得到此信念。参见 :Nagel T. *The Possibility of Altruism*. Princeton: Princeton University Press, 1978: 28-29.

2. 内在论与外在论的基本观点

通过以上对内在论和外在论有关理由、义务和动机等核心问题的不同见解，我们可以对内在论和外在论的基本立场进行一些总结和分析。

（1）内在论的基本观点可以归结为：如果一位能动者将某一行为判断为"正确"的行为或"好"的行为，那么无论他是否实施了此行为，他都应该会感受到被激发去实施此行为的推动力。内在论的代表性人物主要有：福克、弗兰克纳、内格尔、考斯嘉德、威廉姆斯（Bernard Williams）、华莱士（R. Jay Wallace）与戴维森等[①]。他们通常认为，能动者作出的规范性判断（他们首先是基于道德判断的相关分析）通常也意味着一种实践性效果，即对"应该"履行某种义务的理性思考隐含着采取相应行动的动机。而且，福克、弗兰克纳及内格尔等特别就道德理论中的内在论和外在论区别进行了探讨。在他们看来，按照内在论的理论，无论是关于能动者作出的道德判断的"真"这类问题，还是接受和认可道德判断等问题，它们都涉及道德判断的知识、理由及有关这些问题的理性思考，也包含着能动者按照这种判断而实施具体行为的动机。具体来讲，如果能动者判断一种行动是正确的，那就隐含了他具备了并且认识到依此判断来行动的某一理由和动机，而这种动机和理由的存在也正体现了能动者作此判断的意义。相反地，如果这位能动者从理性上认识到并认可了"应该"采取某一行动，或者赞同该行动是正确的，但是却没有体现出按照这一判断去实施该行为的任何理由和动机，在这些内在论者看来，这种情况恰恰表明，这位能动者在作出"应该"如何的判断时，实际上并未完全了解和把握这一判断的真实含义，也并不清楚行动的正确性意味着什么。

然而，这些关于内在论的解读中也存在一个共同问题，即对内在论内涵本身的理解和阐释方面存在一些分歧，因此，内在论或内在主义在相关哲学文献

---

① 关于"内在论"或"内在主义"的讨论和论争，我们在前文的论述中已经对福克、弗兰克纳、内格尔等的主要观点与相关作品作了介绍，而威廉姆斯、布林克、华莱士、戴维森等人的主要观点可以参见如下作品：Williams B. Internal and external reasons// Williams B. *Moral Luck*. Cambridge: Cambridge University Press, 1981: 101-113; Falk W D. 'Ought' and motivation// Falk W D. *Ought, Reasons and Morality*. Ithaca: Cornell University Press, 1986: 21-41; Darwall S, Gibbard A, Railton P. Toward *Fin de siècle* ethics: Some trends. *Philosophical Review*, 1992, 101: 115-189; Korsgaard C M. Skepticism about practical reason// korsgaard C M. *Creating the Kingdom of Ends*. New York: Cambridge University Press, 1996: 311-334; Foot P. Does moral subjectivism rest on a mistake? // Foot P. *Moral Dilemmas: And Other Topics in Moral Philosophy*. Oxford: Clarendon Press, 2002: 189-208; Davidson D. How is weakness of the will possible// Davidson D. *Essays on Actions and Events*. Oxford: Clarendon Press, 2001: 21-42; Wallace R. J. How to argue about practical reason// Wallace R J. *Normativity and the Will: Selected Papers on Moral Psychology and Practical Reason*. Oxford: Clarendon Press, 2006: 15-42.

的诠释中始终是一个比较模糊的术语，我们常常可以看到这些解读上的差异。史密斯曾讨论过各种阐释带来的模糊性问题，在他看来，"内在论"这一术语可以被用来指那些彼此差异很大的断言，如果就道德问题而言，这些差异很大的断言可能都会涉及道德的事实或道德判断，以及这些事实或判断与其具有的理由或动机之间具有什么联系。例如，布林克（David O.Brink）与华莱士（R.Jay Wallace）就是从这一视角来进行分析的。当然，对道德判断与判断的主体所具有的理由、动机与意志之间的联系等方面的分析也是内在论阐释的题中之义。[①]尽管内在论者的主要倾向具有共同特征，但他们关于这些主题的探讨也可能存在一些具体的差异。内在论者因而也被区分为不同的阵营，如强内在论者和弱内在论者。对于此类具体的差异，笔者在后面会作进一步分析。

（2）外在论的基本观点可以归结为：无论一位能动者能够感受到采取某种行动的推动力还是没有动机采取某一行动，这都不依赖于他对"应该"履行某种义务的理性思考、理解与把握。也就是说，如果能动者将某一行为判断为"正确"的行为或"好"的行为，或者在理性上认识到自己有做某事的义务与理由，那么这并不意味着该能动者一定会按照这种规范性判断去履行其义务或采取某行动。他在被"应该"这一规范性判断所激发情形之外的任何情况下，都有可能产生动机采取行动。按照这种观点，对正确行动的理性判断与未被激发而采取该行动的情况完全有可能共存，对"应该/不应该"这类义务的理性理解与未产生相应动机的情况也可以同时存在。一般认为，外在论的代表人物主要有普利查德、罗斯（William David Ross）、库普（David Copp）与帕菲特等[②]。

需要注意的是，不仅在内在论的界定方面存在一定分歧，而且一般被认为是外在论的代表的那些人由于其主张存在不同的强弱程度，也会区分为强外在论者与弱外在论者。比如，相比于其他外在论者，罗斯与普利查德在较弱的程度上可以被看作是外在论者。因为在他们看来，所谓的那种明确动机（如道德动机）实际上就是对那种正确和"应该"之事的一种感觉，或者是要履行这种义务的一种欲望。从严格的意义上来讲，按照他们的解读，被义务所激发的那种动机实际上更接近于理解和领会义务的一种理性的直觉，而且可能存在的情

---

① 史密斯对这一问题的探讨可参见：Smith M. *The Moral Problem*. Oxford: Basil Blackwell Inc., 1994: 63.

② 这些外在论的代表人物的相关著作主要有：Prichard H A. Duty and interest// Prichard H A, Jim Mac A dam. *Moral Writings*. Oxford: Oxford University Press, 2002: 21-49; Copp D. Morality. *Normativity and Society*. New York: Oxford University Press, 2001: 9-73; Parfit D. Reasons and motivation. *Proceedings of the Aristotelian Society Supplementary*, 1997, 71(1): 99-130; Parfit D. *On What Matters (volume one)*.New York: Oxford University Press, 2011: 1-42.

况是，能动者具有这种直觉，却没有被该直觉所激发，这显然与内在论的核心思想相违背。但之所以将他们归为弱外在论者，主要是因为他们承认，如果能动者事实上采取了某一行动，这种动机的原因与他对该行动的"正确性"判断有关，但是对正确行动的判断本身并不能必然地激发能动者事实上采取该行动。所以，这种立场要表明的是，认可有关正确行动或义务的理性直觉，但并不主张使行动正确的那种理由就等价于能动者的实践性理由，也就是说，正确性理由（或可表述为普利查德所认为的对正确行动的理性直觉）并不蕴涵能动者采取相关行动的动机。简言之，即使对于同一阵营的外在论者，我们仍然可以依据其不同的强弱程度而进行进一步区分。

（3）从总体上来看内在论与外在论观点及其基本内涵可以发现，正像在分别解读这两种观点时，它们已经呈现出了理论内部的差异性，类似地，对于内在论与外在论这两种观点之间的差异，有时我们也很难划分出一种特别清晰、明显的界限。比如，雷尔顿（Peter Railton）被罗伯逊等归为外在论者，但有时他也会被认为是内在论者。然而，即使根据同一位解读者对内在论和外在论的相关讨论，该解读者也有可能根据一种阐释语境 C_1 而把一位代表人物归为内在论者，而在另一种阐释语境 C_2 中又把他作为外在论者来看待。这里以表达主义观点为例，就上述意义而言，表达主义者可以既是外在论者又是内在论者。"表达主义"一般指这样一种观点：对于某一特定的讨论领域来讲，它并不会声称描述了什么事实，而关注的是表达了什么。表达主义者通常认为，我们所探讨的那种对象领域表达的只是一种情感，可能表达了有关赞成或反对的感受。从该观点的发展情况来看，表达主义的解释方式特别是在关于道德和美学的讨论中受到了广泛关注。类似地，与之相关的还有情感主义（Emotivism）的主张，认为诸如道德判断这类断言并不表达信念，而仅仅表达了主体赞同或者反对的情感或情绪，而且这类判断并不能被判定为"真"或"假"。这类观点较为著名的代表人物有艾耶尔，根据他的主张，如果我们作出了"谋杀是错误的"这种判断，该判断并没有表达什么信念，而仅仅相当于表达了人们对谋杀的反对，这就像我们说"Boo! Murder"，它更多是一种不赞同的情感体现。[1]

由于在对内在论和外在论进行解释时可能存在不同的判断标准，所以无论从内在论的角度来看表达主义者或情感主义者，还是基于外在论的立场来考量，似乎都具有可行性。一方面，就表达主义者同样认可和接受关于道德判断的实

[1] 参见 :Ayer A J. *Language, Truth and Logic*. Harmondsworth: Penguin Books, 1971: 104-126.

践性要求而言，可以把他们归为内在论者；但是另一方面，由于表达主义者又可以被看作是与理性主义不相符的，而这却与强外在论的特征相一致，由此似乎又会得出，可以将表达主义者看作外在论者。[①] 这主要体现在：理性主义涉及那些诉诸人们的理性能力和原则的所有理论与实践，它与那种强调主体的道德情感、情绪及其他非理性成分的见解形成对照。但是，表达主义者或情感主义者强调人们通过某些判断（如道德判断）仅仅表达了某些情感和情绪，而且表达主义者关注的并不是能动者是否可以在他是理性的这种情况下按照其判断去实施某行为，而是能动者体现出了赞成还是反对的情绪，这些特征都与理性主义主张不符。进一步讲，表达主义者的反理性主义色彩又符合了外在论的某些特征。这是因为从外在论的一种较强形式而言，它蕴含着对实践性要求的一种否定。然而，由于理性主义与实践性要求的关系密不可分，具体表现之一即为，对规范性判断（如道德判断）的理性认知与把握促使相关的实践性要求成为可能，于是由这种强外在论形式对实践性要求的否定就可以进一步得出它对理性主义的拒斥。综合这些方面，表达主义者和情感主义者又可以被称为外在论者。

也正是在那种较强的外在论意义上，有些否认规范性判断的实践性指向与要求的人可以被认为是外在论者。他们反对表达主义者接受道德判断的实践性意蕴，而声称道德判断的主要目标在于其描述性，这符合了强外在论者对道德判断的实践性予以否定的特征。如果基于这种强外在论的立场，那么雷尔顿、布林克等可能会被归为外在论者。[②]

罗伯逊更进一步指出，如果我们仔细考量对外在的规范性要求（即外在的"应该"）的诸多解释，甚至对休谟、康德等传统哲学家的立场的理解也会具有各种差异和变化。比如，通过有关外在的规范性要求的三种分析方式，我们可以将不同的立场归为康德等哲学家。罗伯逊的讨论主要是基于福克与弗兰克纳对外在论方面的一些见解。[③] 具体可以体现为如下几个方面。

---

① 对于表达主义者或情感主义者这种双重特征的表现，除了在艾耶尔的论述中可以看到这一特征外，在黑尔（Richard Mervyn Hare）与布莱克本等的相关著述中也有所体现。这些作品可参见：Hare R M. *The Language of Morals*. Oxford: Clarendon Press, 1952: 151-197; Blackburn S. *Spreading the Word: Groundings in the Philosophy of Language*. New York: Oxford University Press, 1984: 170-190; Shoemaker S. Simon Blackburn, spreading the word, *Noûs*, 1987, 21(3): 438-442.

② 雷尔顿、布林克等的观点可参见：Railton P. Moral realism. *Philosophical Review*, 1986, 95(2): 163-207; Brink D O. Externalist moral realism. *Southern Journal of Philosophy Supplement*, 1986, 24 (S1): 23-42; Smith M. *The Moral Problem*. Oxford: Basil Blackwell Inc., 1994: 60-63.

③ 罗伯逊的相关分析可参见：约翰·罗伯逊. 内在主义、实践理性与动机 // 徐向东编译. 实践理性. 杭州：浙江大学出版社，2011:352-353.

　　首先，福克在描述外在的"应该"时，采取了两种不同的解读方式：①当我们把外在的"应该"理解为来自能动者外部的规范性要求时，休谟和康德都可以被归为内在论者；而按照普利查德的看法，能动者事实上会采取的行动不会必然地由他对义务的理性认识而得出，该行动的实现需要多重辩护，"应该"的判断与动机之间只是一种偶然性关联，除了以非心理事实为基础的义务可以提供辩护之外，还需要其他理由促使该行动真正实施，因此普利查德在这种意义上被归为外在论者。②把外在的"应该"的一种来源理解为具有特定性质的内在冲动。按照这一理解，如果我们把能动者对"应该"的规范性判断与其激发的动机之间的关联看作内在的，即体现了实践的合理性与必然性的那种"应该"才是内在论意义上的，那么普利查德所指的实施正确行为的欲望、表达主义者和情感主义者在作出道德判断时表达的情感无疑就是外在的"应该"。因为这种"应该"虽然也体现了能动者心理上的冲动，却不是源自对所应履行义务的一种理性理解和把握，因而不符合实践的合理性，从这一角度讲，具有特定性质的冲动仍然是外在论意义上的"应该"。罗伯逊由此指出，如果基于这种立场再看休谟的理论，他有关"应该"的分析也不符合实践理性，因此又可以被归为外在论的一方，康德则明显地仍可被归为内在论的一方。

　　其次，弗兰克纳对外在论的解释使得有关上述阵营的划分又会发生改变。在他看来，外在论者的主张可以归结为：所谓能动者的"义务"意指一种规范性要求或事实，从它不依赖于能动者的内部需求和欲望这种意义上来讲，该义务是源于能动者之外的。这样看来，对义务的理性认知及对其中隐含的实践理性的理解都是基于一种外在于能动者的立场，这种实践合理性与必然性与能动者的内部欲望是相对立的。然而，弗兰克纳的这种解读方式会导致的一种后果是，由于休谟的"应该"并非源自实践理性，所以他会被归为外在论者，但康德由于其规范性论述的实践理性维度反而会被归于外在论的阵营。①

　　总之，尽管内在论与外在论的基本观点和内涵看似表述清晰，但由于阐释者基于不同的解读方式和判断标准，所以它们之间的划分界限并不会截然分明，特别是对这两种观点本身就存在各种分析进路，这就使得它们各自都有强解释形式与弱解释形式。它们各自内部观点的多指向性也使得这两种观点之间存在很多交叉点，甚至对于同一位哲学家，也可以根据其理论的多重意蕴与特征而

---

① Frankena W. Obligation and motivation in recent moral philosophy// Goodpaster K E. *Perspectives on Morality: Essays of William K. Frankena*. Notre Dame: University of Notre Dame Press, 1976: 50-51; Darwall S. Learning from Frankena: A philosophical remembrance. *Ethics*, 1997, 107(4): 685-705.

在不同的意义上将其划归为不同的阵营。事实上，基于实践理性的视域来考察内在论与外在论观点时，很难为它们划分一种截然不同的分界线，内在论与外在论的交叉性与多重特征性也从一种独特的视角体现了对规范性进行实践理性考察的复杂性。

三、规范性断言与非规范性断言

基于实践理性的视域，我们对内在论与外在论的各自观点及其论争进行了较为详细的总结与分析，这种分析过程也为我们进一步了解规范性断言与非规范性断言各自的特征及其区别提供了基础。

前文关于内在论与外在论的分析旨在廓清它们的基本内涵，主要是就通常的理解而进行探讨的，另外，我们也简要地提到，这两种观点各自的内部也存在不同的理论形式。这里继续就其中一些代表性理论形式进行讨论，考虑到与本小节要分析的规范性断言和非规范性断言之间联系的密切程度，我们首先关注的是"判断的内在论"或"判断的内在主义"。史密斯、吉伯德及德雷尔（James Dreier）都为"判断的内在论"进行了辩护，按照判断的内在论的观点，能动者"应该"能够被任何他看作理由的那个东西激发或推动。[①] 也就是说，如果一位能动者可以作出真诚的规范性判断（如道德判断），或者能够处于这一规范性判断所表述的那种状态，他就"应该"或"必须"能够被他认识到的理由所激发，从而按照自己作出的判断采取行动。那么，判断的内在论是否有助于我们理解非规范性断言与规范性断言之间的区别？它们之间的关联能否进一步证明判断的内在论观点的合理性？这里试图通过如下分析来对这些问题有所说明。

1. 规范性断言与非规范性断言的基本区分

众所周知，规范性断言涉及能动者或说话者"应该……"的判断，而非规范性断言却没有体现对能动者的这种要求，而仅仅涉及能动者的信念问题。因此，这两种断言之间的区别也是比较明显的。

---

① 相对于史密斯等辩护的判断的内在论来说，还有一种描述的外在论。简单地讲，该观点认为能动者应该被那些实际上构成行动理由的东西所激发或推动，这不同于判断的内在论，因为后者强调的是能动者只要认为或判断某个东西构成了其行动的理由，就可以被它所激发。史密斯、吉伯德及德雷尔的相关论述可参见：Smith M. *The Moral Problem*. Oxford: Basil Blackwell Inc., 1994: 60-66; Gibbard A. *Wise Choices, Apt Feelings: A Theory of Normative Judgement*. Oxford: Clarendon Press, 2002: 23-82, 233-250; Dreier J. Internalism and speaker relativism. *Ethics*, 1990, 101(1): 6-26.

（1）非规范性断言的特征。对那些非规范性断言来讲，它不会表达对能动者"应该……"的规范性指示，而仅仅体现的是对所断言的内容的一种承诺，涉及能动者所作断言的内容能否得到辩护的问题。只有该断言所呈现的内容能够指示出或符合作出该判断的能动者的心灵状态，亦即符合能动者相信所断言的内容为"真"的信念，我们才能有理由认为这一断言中所承诺的相关内容为"真"。其中，如果断言的内容能符合能动者通过此断言表达的心灵状态，则所断言或承诺的内容就可以被认为是得到辩护的。可见，非规范性断言的特征既体现了信念的构成性维度，也体现了信念的评价性维度。因为这里首先涉及一位能动者或说话者"认为……""相信……"等信念的构成问题，探讨了什么构成了一个具有合理性特征的信念或"真"信念。比如，以关于命题的信念为例，如果能动者对所判断的内容有所承诺，或者说表达了某一信念，那么这就意味着：他若不想陷入自相矛盾的困境并使自己的信念具有融贯性，就应该了解作出断言的同时也承诺了他认为所断言的内容为"真"，即确信这一承诺的内容就内在地蕴含于他所体现的心灵状态之中。简言之，如果能动者相信一个命题 p，那么他"应该"相信 p 是真的。进一步讲，从信念的构成性特征必然会联系到其评价性特征。结合信念的评价性维度，我们还须考察构成一个能动者作出次断言的理由是什么，即他"认为……""相信……"的理由是什么，这就要讨论能动者能够将其信念评价为"真"需要满足什么样的准则和规范性条件。

（2）规范性断言的特征。这种断言涉及能动者有关"应该……"的规范性指示，当然，按照我们作此考察时的必要预设，首先需排除那种表述中包含了"应该"而实际没有表达规范性含义的情况，也就是说，暂不考虑这样一种情形：在语法层面具有相同使用的"应该"，其实际意蕴却呈现出多重指向性特征（如区分手段／目的指向性的"应该"与义务指向性的"应该"），这种区分在目前的讨论中似无必要。因此，我们仅仅将探讨的对象限定于那种表达了实质性规范性要求的断言，即探讨那种"义务"指向性的"应该"。

在对规范性断言的考察中，当能动者作出某一判断时，人们通常会期望他的心灵状态能够与其断言中所作出的承诺相符合。一般认为，涉及实质性要求的那些规范性断言（诸如"应该／不应该……"的道德断言之类）都在某种程度上表达了对一些正确行为或义务的赞同，也可能表达了对某些不正确行为的反对，因此这类断言都体现了能动者对特定情形中应采取的行动的认知，并对采取这些行动的理由有某种理性的把握。特别是在判断的内在论者看来，如果能动者作出了一个真诚的规范性判断，那么他此时的心灵状态必定与其对断言内容的承诺相一致，或者应该被激发而产生按照此判断采取行动的动机。按照这种观点，如果某人真诚地作出了规范性断言之后，却没有与所承诺的内容相符的动机或履行此义务的任何表现，那么我们可能会由此得出，这位能动者事实上对实施该行动或履行该义务的理由缺乏理性的认知，或者并没有真正理解该断言中"应该"所表达的内涵。

2. 对规范性断言中"应该"内涵的澄清

在对非规范性断言与规范性断言作出这些基本区分的基础上，可以发现其中可能仍然存在一些难以区别和处理的问题，特别是基于判断的内在论的角度来看规范性断言时可能存在某些复杂情形，需要作出进一步的澄清。

1）作出规范性断言的能动者视角

在对作出规范性断言的能动者的特征作出考察之后可知，能动者能够按照他所断言的"应该"去采取行动要求一些基本的前提条件，而这种前提指向了能动者实践上的理性特征。具体地讲，就规范性断言的一般要求而言，由于它体现了能动者对断言所承诺内容的一种认知和真诚态度，所以我们自然地会认为，如果某人非常真诚地表明了他对应承担的某种义务与责任的肯定，或者主张某一行动是正确的，那么这种断言应与其实际的心灵状态和行为方式相符。但是，如何解释该能动者实际上没有产生相应动机的情况？我们通常认为，他作出的规范性断言一定存在问题，要么他对所谓的"责任"和"义务"缺少真正了解和认同，要么他作断言时并非真诚。除此之外，可能还有人会提出第三种可能性，即这位能动者既充分认识和把握了其承担义务的内涵，在作出判断时也完全出于真诚，但是他却由于精神抑郁、绝望沮丧等诸如此类特殊的心灵状态而未能采取那种"应该"的行动。罗伯逊指出，这一情形并非表示能动者不具备真诚地作出规范性断言的能力，而只是说明他由于抑郁沮丧等问题而未能呈现出按照其断言而被激发采取行动的能力。[①] 如果再次结合康德"应该"蕴涵"能够"的著名命题，除非能动者愿意并真正能够做某事，否则他就不是"应该"做此事。按照这一原则，如果能动者在上述第三种可能性的意义上未能采取"应该"的行动，我们是否能就此断言他事实上并非真正"应该"采取这种行动？

---

① 约翰·罗伯逊. 内在主义、实践理性与动机 // 徐向东编译. 实践理性. 杭州：浙江大学出版社，2011:359.

在笔者看来，问题的关键不在于这一命题表达的原则本身是否正确，也不必对其适用性进行怀疑，而在于对作出断言的能动者区分不同情况进行分析。根据康德的命题，当判断自己或他人"应该做某事"时，该断言常常隐含的内容是：尽管这件事可能经常是自己或他人很不愿意去实施的行为，但它通常是我们有能力做到的事。因此，如果能动者具备此能力而仅仅缺乏意愿，那么此行为虽事实上未发生，但仍然可以保留"应该做此行为"这一判断和期望。反过来讲，如果从能动者的能力（如一些无法改变的客观因素）上来讲，他不可能去实施此行为，就无法断定他确实应该做此事。但需审慎对待的是，有一种对能动者的心灵状态等方面作出要求的"应该"或许不能按照上述原则的一般意义来理解，如"你不应该存在某种情感（如对某事存在渴望）"这一断言，尽管能动者对这种"不应该"进行了必要的思考和认知，清楚地知道这一判断的意义，但对这一情感的驱除仍然超出了他意志控制的范围。这时我们能否使用"应该蕴涵能够"的原则而认为，如果他不能靠自己的意志来防止这一情感的产生，就"不应该"有这种情感？这显然是不恰当的。然而，这种不恰当性并非源自康德的命题本身，而是缺乏对能动者实际能力的全面考察和把握。

2）摩尔的进路

在《哲学研究》中，摩尔也曾对"应该"与"能够"问题进行过说明，尽管他主要是基于伦理学的视角，但同样可以为我们了解规范性断言的特征提供借鉴。摩尔举了一个典型的例子。《摩西十诫》中的大多数内容是就人们的行为而言的，但第十条戒律却是例外，它指出："不可贪恋人的房屋、妻子、奴仆、牛、驴，以及他所有的任何东西。"如果这里的"贪恋"或"觊觎"实质上不是某一描述行为的词被误用，那么它应是一种关于人的情感或感受而非行为的规范性准则。正像摩尔所指出的，对于这类准则，即使我们知道不应该有"贪恋"的情感也清楚其中的理由，但并非人人都能凭其意志力而控制"贪恋"之情。如果简单地认为不能够避免和控制这类情感就表明不应该感受到这类情感本身，这无疑是令人费解且不可能的。为此，摩尔建议，我们应该区分规范性断言中的两种"应该"。[①] 这里可以将其归结为以下几个方面。

第一，不同的规范性断言中的"应该"揭示了能动者有差异的能力范围，这体现了对能动者的"义务"和"责任"进行重新考量的必要性。摩尔以《摩

---

① 摩尔所举的案例及对"应该"与"能够"问题的说明可参见：乔治·摩尔.哲学研究.杨选译.上海：上海人民出版社，2009:242-263.

西十诫》的第八条和第十条为例说明了"应该"的不同内涵。第八条戒律说："不可偷盗。"它与第十条戒律所表述的"不应该"的最大差异在于：赞同第八条戒律或作出类似判断的人都潜在地认同这样一个前提，即偷盗行为对于那些认同"不可偷盗"的能动者来说，是他们能力范围之内可以避免的行为。因此，确信"不可偷盗"或作出此判断的能动者很可能在此基础上使用"应该/不应该"这个语词。但是，情感和感受等方面的"不应该"却远非如此，如第十条戒律中的"不应该"绝不是那些能体会这种欲望的人只要愿意就可以避免的，可能有相当多的确信此戒律的人发现控制这类感受不在自己的能力范围之内。因此，作出这类规范性断言的能动者比前一类缺少了一种有关"能力"的前提和基础，在判断他能否产生相应动机时也需要对其辅以一些附加性条件。

第二，在区分了这两种"应该"之后，摩尔建议我们对用同样语言表达的规范性准则分别予以考虑：①对于第一种情况，能动者在作出规范性断言时，不仅表明了实施或避免某些行为是一种"责任"和"义务"，而且还潜在地断言了按照这种"应该/不应该"去行动是能动者凭借其能力可以驾驭的。②对于第二种情况，尽管能动者所作的规范性断言也表明了"责任"与"义务"，但它的实现是有条件的，即如果这种"应该"在能动者的能力范围之内，那么就可以将其视为他要承担的一种"责任"与"义务"。然而，仅就这一断言本身而言，它并未断定其中的"应该"总是在能动者能驾驭的范围之内。所以，对待类似于情感等方面的规范性断言要更为审慎和严谨。

第三，为了清楚地区分上述两种规范性准则，摩尔以不同的名称来称谓它们：①责任标准：它用来指第一种规范性准则，即这一准则可以断定能动者事实上应承担的"责任"和"义务"。②理想标准：它用来表明对能动者更高的要求，对那些能动者既能清楚地认知又可能脱离其意志控制范围的行为予以劝诫，力图促使能动者按照作出的规范性断言去行动，同时也表达了对那些因能力不及而违背准则的行为的反对与谴责。

3）实践语境中的"应该"

对于摩尔式的进路可以简要地归纳为：有关可控的外在行为的规范性准则与能动者内在心灵状态的规范性准则体现了不同程度的要求，相较之下，后者的"理想标准"比前者的"责任标准"更难做到。然而，笔者认为，实际中的情况可能更复杂一些，这种"责任"或"理想"也是相对而言的。首先，按照摩尔的第二种理想条件下的"应该"，如果一位能动者"能够……"，那么这就是他要承担的"责任"和"义务"；如果有些能动者"不能够……"，看似对他就无法构成一种"责任"和"义务"。也就是说，对于一位能动者是"义务"的行为对于另一人可能就绝非如此，这样规范性断言就涉及不同主体的相对性，特别是对于那些坚持判断的内在论的人，能动者是否能够被他断言的"应该"所激发就更加不确定，这似乎给我们增加了分析的复杂性。为了使这种被激发的条件更加清晰和简化，判断的内在论者可以考虑一些限定条件，即将讨论的对象限定在那些实践上富于理性的能动者，他们"应该"被所判断的"义务"和"责任"所激发从而具体实施相关行为。

其次，判断的内在论者经常会遇到这样的挑战，即能动者判断中的"应该"与实质上的"应该"是否相同？或者说，能动者根据自己的了解和认知所认为的那种"理由"是否等价于真正能构成规范性断言基础的"理由"？按照判断的内在论的倾向，所谓的实质性的"应该"或规范性的"理由"无法脱离能动者特定的心灵状态，本质上体现的就是能动者采取的某种特定态度及对相关问题的思考和把握。根据这种观点，虽然从直觉上讲，似乎能动者断言的"应该"不能完全等同于实质上的"应该"，但如果考察能动者所处的具体的实践语境及他可能的心灵状态，这两者很难绝对地区分开来。如果用心灵与世界之间的"适应指向"等语词来描述，能动者判断的"应该"似乎可以归为世界向心灵的适应指向；而所谓的实质上的"应该"则体现了心灵向世界的适应指向。然而，即使我们要追问构成那种实质性"应该"的理由，也是无法与提供判断标准的主题绝对分开的；也就是说，在实践的语境中，这种"适应"是双向的，也只有实现了这种双向的"适应"，才能保证能动者所作断言中承诺的东西符合其实际的心灵状态，进而能激发他按照该判断采取行动。或许正是基于判断中的"理由"与实质性的"理由"之间的紧密联系，判断的内在论才会被认为可以用来替代实质性"应该"的说明。

而且，类似于摩尔所提出的一些理论都进一步表明，脱离能动者具体认知与行动能力的绝对意义上的"应该"实际上难以实现，当我们作出一种规范性断言时，即使仅仅将其限于"责任"、"义务"指向的规范性断言，这种"责任"和"义务"也潜在地蕴含了主体的能力情况这个前提，否则就会得出无法实行的荒谬的"应该"。如果说规范性断言一般都体现了作判断的能动者采取的态度，那么作为能动者之外的人，我们可能会从很多角度基于各种理由对这种态度进行评价，但另一方面需承认的是，这种态度对真诚地作出判断的能动者本身而言，用"正确"或"错误"来衡量似乎并不适当，因为对他本人来说，他不可能既认为某一判断是错误的又真诚地作出这一判断，他的信念集中会出现自相矛盾。相对于质疑能动者本身态度的真诚而言，恐怕更重要的是，应综合考察能动者的具体能力与所处情形，从实践的角度将其置于一种规范性语境之中来分析其断言、理由与行动及其相互关联，将通常的范畴意义上的"应该"与能动者语用层次上的"应该"结合起来，这样才能较为客观、全面地衡量规范性断言与相应动机之间的关系，从而体现实践理性这一解释维度的意义。

第四节　动机内在论的回应

通过内在论与外在论的比较、规范性断言与非规范性断言的探讨，有关"应该"判断的内涵及不同层次逐步得到呈现，通过内在论的基本内涵可知，能动者作出的"应该／不应该"的规范性断言为激发能动者产生相应动机提供了理由与可能性。然而，要进一步明确能动者的规范性断言与被激发的动机之间的关系，则对能动者"动机"的更详细考察就体现出其必要性，这种考察方式不可避免地会涉及关于"动机内在论"的分析。另外，休谟法则及相关理论为"动机"与"理由"的解释提供了一种基础和切入点，而且基于休谟的理论，"动机内在论"能够得到实质性的详细说明，同时也有助于我们全面理解规范性断言与非规范性断言之间的差异。

简单地讲，动机内在论的观点的基本内涵可以归结为，在规范性判断与能动者的动机或内在驱动力之间具有一种概念上的密切关联。如果一个能动者能够作出这样的判断"对于该能动者来说，在某一情形中做某件事 e 是正确的"，那么他就会有动力在该情形中去做 e，这可以看作一种概念上的或实质上的真。从本质上而言，"动机内在论"仍然具有实践理性视域中"内在论"的基本主张，但其特征在于，它更关注的是能动者"动机"的问题，如：这种动机产生或被激发的条件是什么？能动者作出的规范性断言与其动机或驱动力之间有无本质的概念上的联系？这种联系能否作为区别于非规范性断言的一个判断标准？这类问题需要我们以能动者的"动机"为核心进行讨论。

一、基于休谟相关理论的分析

我们从"动机内在论"的观点很自然地会想到休谟，因为休谟在陈述其相关法则时也在某种程度上表达了对"动机内在论"的赞同。通常认为，休谟的观点实际上为我们区分规范性断言与非规范性断言提供了一种实质性区分，而且表明了规范性断言不能由一组融贯的非规范性前提集中得到。因为尽管休谟的相关论述主要是就道德体系的评判问题展开的，却蕴含着规范性断言与主体的动机之间具有的一种必然联系；而与此相对的是，在非规范性断言中就找不到这种联系。因此，从休谟的视角来看，这种必然的联系可以为区分这两种陈述或判断提供一种准则。

休谟在《人性论》中指出，所有道德体系都有一种相似之处，即对道德的认识如同真理那样，需凭借某些观念及观念的并列与比较而为人们所认识。所以，为了对这些体系进行评判，只需要考察能否仅仅根据理性来区别道德上的善与恶，或者还必须要借助其他原则，我们才能对此作出区别。分析了道德对人们的情感和行为的影响及很多道德规则与教条的作用之后，休谟表示，哲学通常可以区分为思辨的和实践的两个部分，而既然道德总是被我们归在实践这一部分，由此会作出的假设是，道德会对人们的情感和行为产生影响，而这些就超出了源于知性的那种平静而懒散的判断。而且，这种认识已经被人们的日常经验所证实。因为通过日常经验可知，人们的行为往往会受到他们的"义务"的影响和支配，并且在感受到自己的义务时，就受其激励或推动而去履行某些行为，这可以看作受到了一种"应该……"的规范性力量的指引；相反地，人们在感受到一种非正义或不公正时，就会感受到一种被阻止或被抑制的力量，因而不会去采取这些不义的行为。这实质上也是我们所说的主体将体会到一种"不应该……"的约束性与限制性，这同样也是规范性力量的体现。

休谟在其进一步的论述中对主体动机的说明更加清晰，当然他在这里关注的仍然是道德主体。休谟认为，如果说道德准则对人们的行为及情感能够产生一种影响，那么我们自然就会得出这样的结果，即这种道德准则不能由人的理性得出，因为理性本身无法对行为与感情产生那种影响。所以，我们要承认，理性本身完全没有那种主动力也无法施加这些影响，如果妄称道德仅通过理性的推论而能得到，那是徒费心力的。此外，如果理性自身是不主动的，那么在其显示的各种形象与现象之中也必然同样如此，而无论所研究的对象是涉及自然领域还是道德领域，也无论所考察的那个对象是某个外界物体具有的能力还是某一理性存在者的行为。总之，我们难以想象的是，体现出对情感与行为具有主动影响的道德准则如何能建立在一种不主动的理性之上，即一个主动的原则何以能以一个不主动的原则为基础？这显然是不可能的。因此，休谟指出："道德准则刺激情感，产生或制止行为。理性自身在这一点上是完全无力的，因此道德规则并不是我们理性的结论。"①

按照休谟论述中的本意，他要揭示的是理性与道德、情感之间不同的发挥作用的方式，以及道德中的善恶与理性之间的联系。在休谟看来，理性的主要作用是对真假的发现与判断，而这种真假主要在于与人们观念上的实在关系是否符合，或者与实际存在和事实是否符合。如果所探讨的某个东西要成为我们的理性的对象，或者要使它能够被判断真假，则它就需有这种符合或不符合的关系存在。根据这一准则可知，人们的意志、情感和行为就是原初的事实和实在，它们不必参照其他的意志、情感和行为，因而这些方面并不涉及那种符合或不符合的关系问题，也不能被判断为真或假。同样地，理性并不能通过赞美任何一种行为而使该行为发生，也不能由于反对该行为而阻止其发生，因而理性不能作为道德中的善恶的来源，善恶的区分问题也不能依赖理性。道德准则可能对人的情感产生刺激，进而可以激励或制止某些行为，但理性并不像道德准则那样具有主动性，它不能成为像道德感或道德意识那样的主动性原则的来源。②

休谟的论述在对道德原则与理性进行比较与区分的同时也表明，道德准则的规范性表现在，一方面，它可以使人们感受到一种义务感和责任感，并激励或推动人们去履行某些行为；另一方面，它也可以使人们在感到一种非正义时，内在地产生一种抑制或阻止的力量，进而使他们不去采取这些行为。关于"应该""不应该"的道德判断形成了人们做某事或不做某事的动机或驱动力。可见，在道德判断与主体的动机之间存在一种必然关联。如果一个能动者能够作出判断"在某一情形中做某件事是正确的或应该的"，那么对他来说，就会有动力在该情形中去实施该行为。这正体现了休谟赞同所谓的"动机内在论"的立场及其立论基础。规范性判断或规范性断言总能够以某种方式影响人们的内在动机和意愿，而非规范性判断或陈述却不会发挥这种作用。

---

① 此引文与本节在这里提及休谟相关理论的部分可参见：Hume D. *Treatise of Hume nature* (Book Ⅲ of morals).// *The philosophical works of David Hume*, vol Ⅱ. Edinburgh: Adamant Media Corporation, 1948, 219-223; 休谟. 人性论. 关文运译. 北京：商务印书馆，1996:496-499.

② 休谟的相关论述参见：Hume D. *Treatise of Hume nature* (Book Ⅲ of morals)// *The philosophical works of David Hume*, vol Ⅱ. Edinburgh: Adam Black, William Tait and Charles Tait, 1948, 222-223; 休谟. 人性论. 关文运译. 北京：商务印书馆，1996:498-499.

二、从"动机内在论"再看规范性断言中的"应该"

尽管休谟的理论为规范性断言与非规范性断言之间的实质性区分提供了一种独特的角度，但不可否认的是，休谟理论本身的可靠性及它是否能作为一种衡量的标准也存在一些争议。例如，休谟关于"是"与"应该"陈述的区分是否可以一般地推广到对语义学问题的分析，以及他赞同的"动机内在论"是否可以得到辩护等。对于诸如此类的问题，主要可以通过以下几个方面进行说明。

第一，就休谟"是"与"应该"陈述的划分及其应用而言，其中最主要的争议就是这种划分是否能为规范性断言与非规范性断言之间的实质性差异提供解释，而这就需要我们重新考察休谟法则本身的适用性。经过前面的分析可知，对"是"陈述与"应该"陈述进行一种表面上的区分显然是不充分的，也就是说，尽管某些陈述包含了"是"或"应该"这类语词，但这类表达本身并不能作为区分非规范性断言与规范性断言的理由。因为某些陈述虽然以"是"陈述的形式表达出来，但实际上却体现了"应该/不应该"的规范性要求，比如，"偷窃是错误的""抢劫是错误的"等，这些明显是规范性断言。而且，我们从直觉上也能体会到其规范性特征，这里的"……是错误的"意味着人们"不应该"实施偷窃或抢劫的行为。

相比之下，另外一些看似蕴含"应该"的规范性断言实际上却可能是非规范性的，例如，我们在第3章中提到的哈特甘迪的一个案例"如果某人想要从牛津出发并在中午到达剑桥，那么就应该搭乘早班火车"，这里的"应该"实际上体现的是人们对当时情形的一种认知上的判断，它不会对某个主体提出"应该/不应该"的要求，也不会使其担负某一义务。同样地，与此类似的陈述还有"应该要天亮了"，这仅仅是一种对当时情境和时间的评论，如对当时天空显现的光亮程度进行的认知与描述。又如，"某人应该不会过来"，尽管也包含了"应该"，但只是对某人当时情况的一种推测和判断，它明显不会规定某人"应该"或"必须"不来的义务。诸如此类的表述都包含"应该"，但在直觉上却明显是非规范性的，它们实际上要表达的是"天将要亮了"及"据估计某人可能不会来"。总之，正是因为"是"与"应该"表述上的差异无法为我们区别规范性断言与非规范性断言提供一种衡量的标准，这一标准不可能仅仅在相关表述的语义层面找到，所以才需要一种更加实质性的区分准则。那么，在追问这种区分准则时，是否能够诉诸那种"动机内在论"，它能否为我们提供一种有帮助的规定性说明？

第二，动机内在论看似为规范性断言与非规范性断言之间的差异提供了必不可少的实质性规定或详细说明，该理论之所以会被看作这一区分的标准，主要是因为它揭示了规范性断言可以像一些道德准则那样发挥作用，即会对人们的内心驱动力产生刺激性的影响从而推动或阻止相关行为的发生，这就体现了规范性断言与主体的动机之间的密切联系。动机内在论的可信性基于这样的观察，即大多数人是由于他们作出"应该/不应该"的规范性判断而被激发或产生了做某事的驱动力。结合哈特甘迪的分析，我们可以具体地将这种关系解释为，如果一位普通的理性主体能够作出这样的判断"他通过对各种因素进行整体性考虑，认为自己'应该'做某件事"，那么一般来讲，他就会有动机或驱动力去做它。而且，如果他对自己"应该"做此事的判断确实基于某种理由，他就会感觉到去做此事的一种激励或推动力。相反地，如果一位理性主体说，经过判断之后，自己"应该"去做一件事，但是同时却完全无法感觉到去做它的倾向和动力，那就不免令人感到奇怪，也违反人们的直觉。

第三，不同形式的动机内在论具有争议性，特别是"动机内在论的强解释"体现得更为明显。尽管动机内在论在规范性论题的探讨中能够给予一些启示，但也不能忽视该理论本身引发的争议。这种争议主要是围绕一种更强形式的动机内在论而展开的。在动机内在论者所作的更强的断言形式中，这一论题可以阐述为：如果某人判断自己"应该"做某件事 e，则就他本身而言事实上就有动力做 e。我们可将这一断言称为"动机内在论的强解释"。[①]

按照动机内在论的一般解释，如果一位理性主体作出"应该/不应该……"的规范性判断，则一般而言会感到去做此事的推动力或被阻止这样做的抑制力。然而，这一解释只是在较宽泛的意义上揭示了规范性判断与主体动机之间的关联，相比之下，"动机内在论的强解释"更具争议性。因为这种解释不仅肯定了作为普通理性主体的人通常会有动力去实施自己判断中"应该"做的事，承诺了规范性判断与动机之间的关联，而且指出了该主体的驱动力或动机构成了规范性判断的必要条件。按照这种解释可知，如果一位主体作出了"应该"做某事 e 的判断，则他必然有动机做 e；反之，如果他没有动机做 e，就绝不可能作出有关他"应该"做 e 的判断。但是，我们对此也不难提出反例。比如，与摩尔的进路相类似，哈特甘迪也认为可以考虑某个意志薄弱的人的情况，从中会

---

① 哈特甘迪主张，这种关于"动机内在论"的更强形式类似于史密斯在其《道德问题》一书中所说的"理性论"或"强内在论"。参见：Smith M. *The Moral Problem*. Oxford: Basil Blackwell Inc., 1994: 60-63; Hattiangadi A. *Oughts and thoughts: Rule-following and the Normativity of Content*. Oxford: Clarendon Press, 2007: 42-43.

发现这种"动机内在论的强解释"并不一定总是适用，它也因而会减少一些可信性。一个相关的典型案例可以表述如下。假设现在有某一理性主体真诚地作出了判断：当综合考虑各种因素之后，他认为自己"应该"改掉某些不良的生活习惯。然而，尽管他作出了如此的规范性判断，却仍然会继续保留这些习惯（如仍然无法成功地戒烟），而且看似暂时还没有足够的动力能改掉不良习惯。这其中的原因大概有：①由于他缺乏意志力，所以明知"应该"如何却做不到；②他由于长期保持此习惯而感到丧失信心且逐渐消沉沮丧。从这些例子可以看出，虽然我们一般认为规范性判断必然是具有激励性的，但如果有人意志薄弱或深感消沉沮丧，那么他就不能真正地按照自己判断的那种"应该"去实施一项行动，也就无法实现规范性判断与动机之间所谓的必然性关联。从这种意义上讲，"动机内在论的强解释"的合理性与可信性似乎受到了质疑。

第四，"动机内在论的强解释"在施行中必然会遭遇的困难再次揭示了"应该"的实践性维度。按照这种强解释，一位能动者作出的规范性断言就蕴涵着他必然会被激发而具有相应动机；反之，如果他没有动机实施"应该"的行为，就意味着绝不可能作出那种规范性断言。但是，正像摩尔所指出的那样，如果对规范性断言的施行条件不加区分，那么这种规范性要求很可能会超越能动者力所能及的范围，因而能动者的心灵状态和行为也很难体现对断言内容的承诺，从而使规范性断言失去其应有的效力和应用意义。所以，一些规范性断言中的"应该"对能动者基本上都具有适用性，如有关外在行为的准则可以断定他们的义务；但另一些涉及能动者心灵感受、情感意志等方面的准则就只能作为一种理想条件下的标准，这里的"义务"是相对而言的，对于那些无论在理性上还是在意志能力可控的范围内都"能够"达到的能动者，规范性断言中的"义务"才是他要承担的。可见，无论以能动者作出判断时的心灵状态、真诚态度与其行动之间的关系为着眼点来分析内在论（诸如判断的内在论的解读方式），还是以"动机"的激发与产生条件为主要研究对象，主要考察能动者的规范性断言与其动机之间有无实质的概念性联系（诸如"动机内在论"的解读方式），其中的"应该/不应该"从本质上讲都是内在于一种规范性语境的。要作出一种既体现规范性指示又有实际效力的规范性断言，就要求不仅在"命题"层次上解读这种规范性指示的内涵，更要在主体"能力"的层次上把握规范性指示的实现条件，它们是彼此结合、互为阐释的。

三、动机内在论：从"强解释"到"弱解释"

按照上述"动机内在论的强解释"，如果某人判断自己"应该"做某件事，则就其本身而言，他事实上就有动机或驱动力去做此事。而对于这一解释进路，史密斯实际上在其《道德问题》一书中所说的"理性论"或者"强内在论"就表达了类似的观点。然而，正如哈特甘迪所举的例子，由于考虑到可能存在诸如主体的意志薄弱、精神沮丧等各种现象，这使得他不能真正地履行自己判断"应该"去做的事。"动机内在论的强解释"看起来要求太高了，因而或许可以考虑一种较弱形式的动机内在论，我们称之为"动机内在论的弱解释"。这就要求持动机内在论观点的人在其分析中能够考虑到主体的心灵状态与精神意志等具体情况。鉴于能动者的意志能力存在差异，我们不仅要有"责任标准"，还要考虑"理想标准"，因而"动机内在论的弱解释"事实上更容易为人们所接受。

1. "内在论"的三种形式及其意蕴：基于史密斯的分析

为了说明人们在行动中的判断、理由与动机等问题，同时阐明"内在论"的基本含义，史密斯在《道德问题》中以具体的捐赠行动为例。假设我们正在考虑为救济饥荒而进行捐赠并为其利弊问题争论不休，其中有些人力图使某一主体 S 确信他"应该"实施捐赠行为。然而，当 S 在一个合适的捐赠场合交出钱的时候，突然产生迟疑并说道："稍等一下，我知道我应该为救济饥荒而进行捐赠。但是你还没有使我确信我有一种理由这样做！"所以主体 S 实际上就没有实施捐赠。[①]

通过这个例子，史密斯也提出了一种关于行动的理由与"应该"的问题，这里尽管并不存在哈特甘迪所说的主体的意志薄弱或精神沮丧等情况，但同样引起了涉及"应该"的断言与相应动机之间关系的极大困扰。那些说服者试图使主体 S 确信他应该实施捐赠行为，而且我们可以想象，为了使 S 确信他有这样做的充分理由，说服者们可能已经做了他们需要做的所有的事。此外，这一案例的特点在于，在他人劝说 S 相信自己有理由实施此行为的过程中，可以不必考虑他存在意志薄弱或其他诸如此类的心理问题，我们只需把说服者为使 S 产生动力而尽其所能做的一切努力当作一种前提。然而，此案例自然会产生的困惑也正在这里，因为既然 S 已经被说服进而确信自己"应该"捐赠，他作出了规范性断言并且预

---

① 参见：Smith M. *The Moral Problem*. Oxford: Basil Blackwell Inc., 1994: 60-63.

设他没有其他心理问题，一般认为，我们会正确地预测他会在某一合适的时机捐出钱，而且我们相信他有此动机或驱动力也具备合理的理由。但综合种种因素来看，为什么仍然存在主体 S 没有按照他的规范性判断而实施行为的情况？这就需要对能动者采取行动时的"动机"与"理由"作细致的更进一步的考察与分析。史密斯在其论述中曾涉及"内在论"的三种表现形式。

按照史密斯对内在论的解读，我们可以通过规范性判断与主体意志及行动理由之间的联系，分别考察三种形式的内在论，进而对它们之间的关系进行分析。史密斯对内在论的第一种形式概括如下：

（a）如果一位能动者作出这样的判断，对于他来说在情形 C 中做 φ 是正确的，那么他就有动机在 C 中做 φ。[1]

通过上述表达式，至少可以体现两方面的含义：①揭示了内在论者的一般观念，即能动者的规范性断言与其被激发的动机之间具有实质的概念上的联系，在内格尔、普拉茨（Mark de Bretton Platts）、威廉姆斯、麦克道尔等的论述中都对此作过论述[2]，这种观念也为广义上的内在论者所接受和认可；②它不仅表达了内在论的一般观点，而且强调，规范性断言都会伴随着相应的动机，被激发的动机是规范性断言的必要条件，这相当于作出了一种较强的表述。

总体来看，通过分析该表达式可以发现，如果我们坚持这一较强形式的解释，那么可能会否认前面所提到的能动者存在的特殊情况，如心理消沉、精神沮丧，以及尽管知道断言中的"应该"是正确的，但却不在自己的意志控制能力范围之内等。这些特殊情况都可能使一位能动者仍坚持其原有的规范性断言，即保持他作出此类判断的理由完好无损，但同时又能挫败他采取实际行动的动机。也就是说，这一表达式体现的正是"动机内在论的强解释"的基本内涵。正如我们在区分规范性断言与非规范性断言时所指出的那样，绝对的范畴层次的"应该"不一定能在实践中得以实现，史密斯同样认为，这种表达式明显地

---

① Smith M. *The Moral Problem*. Oxford: Basil Blackwell Inc., 1994: 61.

② Nagel T. *The Possibility of Altruism*. Princeton: Princeton University Press, 1978: 3-23; Platts M. Moral reality and the end of desire// Platts M. *Reference, Truth and Reality*, London:Routledge & Kegan Paul,1980, 69-82; Mark de Bretton Platts, *Ways of Meaning: An Introduction to Philosophy of Language* .2nd ed. Cambridge: MIT Press, 1997: 243-263; Williams B. Internal and external reasons// Williams B. *Moral Luck: Philosophical Papers 1973-1980*: Cambridge. Cambridge University Press, 1981: 101-113; Williams B. Ought and moral obligation// Williams B. *Moral Luck: Philosophical Papers 1973-1980*. Cambridge: Cambridge University Press, 1981: 114-123. Williams B.Internal reasons and the obscurity of blame// Williams B. *Making Sense of Humanity: And Other Philosophical Papers 1982-1993*. Cambridge: Cambridge University Press, 1998: 35-45; McDowell J. Might there be external reasons?// McDowell J. *Mind, Value, and Reality*. Cambridge: Harvard University Press, 2002: 95-111; McDowell J. Non-cognitivism and rule-following// McDowell J. *Mind, Value, and Reality*. Cambridge: Harvard University Press, 2002: 198-218.

是一个令人难以置信的断言。然而，尽管有很多人对这种强解释予以反驳，但这些解释由于没有揭示"动机"与"理由"的本质，并且混淆了动机性的理由与规范性的理由，所以导致这些反驳并没有切中问题的要害，从而没有发挥应有的效力。有关质疑的具体例子及史密斯的分析，我们会在后面的评论部分予以进一步说明。

因此，既然"动机内在论的强解释"常常面临质疑，那么似乎更合理的解释是，一方面承认规范性断言与能动者的相应动机之间存在着概念上的联系，就像史密斯等所肯定的道德判断与主体意志之间存在着概念上的关联；另一方面，也要考虑到能动者在具体实践的过程中其动机未被激发的情形，也就是说，规范性断言中的"应该"并非总能作为能动者动机产生的充分条件，我们要允许它们之间的联系会出现可废止的情况。史密斯同时指出，布莱克本、佩蒂特与约翰斯顿（Mark Johnston）等也讨论了类似的问题。[1] 正是考虑到规范性断言与动机之间联系的可废止性或可取消性，史密斯接着提出了内在论的第二种形式：

（b）如果一位能动者作出这样的判断，对于他来说在情形 C 中做 φ 是正确的，那么，要么他有动机在 C 中做 φ，要么他在实践上是非理性的。[2]

这一表达式对能动者的不同情况进行了分类，同样体现了规范性断言与动机之间的联系，但明显地比（a）表达式中所指出的那种联系要弱一些。（b）表达的是这样一种内涵：对于对正确的行动有所了解和断言的能动者来说，如果他不是因为受到特殊的心理状态或精神意志等方面的影响，就会被激发而产生去施行此行动的动机或者感受到这种驱动力。这使得我们在考察规范性断言与动机之间的关系时，必须要将能动者处于实践的非理性状态这一可能性及该状态会产生的影响考虑在内，这就再次体现了摩尔和哈特甘迪等所指出的规范性要求的多层次性。这种多层次行的特征要求我们不能排除那种超出能动者意志能力范围的规范性要求及其影响，或者说在探讨一种判断中的"正确"活动能否得到施行时，需要对能动者的实践理性与实践非理性的情况都作出相应预设，再分别予以考察。

按照史密斯的观点，如果暂且不论内在论的不同形式，而追问作为内在论

---

[1] 参见：Smith M. *The Moral Problem*. Oxford: Basil Blackwell Inc., 1994: 61; Blackburn S. *Spreading the Word: Groundings in the Philosophy of Language*. New York: Oxford University Press, 1984: 186-190; Pettit P, Smith M. Practical unreason. *Mind*, 102(405),1993: 53-79; Smith M, Lewis D, Johnston M. Dispositional theories of value. *Proceedings of the Aristotelian Society*, (suppl.), 1989: 63, 89-174.

[2] Smith M. *The Moral Problem*. Oxford: Basil Blackwell Inc., 1994: 61.

的潜在基础或前提是什么时，就会发现，能作为内在论基础的观念或体现其潜在要求的东西也并不一定都像（a）和（b）所总结的那样，即将其归为规范性断言与能动者的动机之间存在的概念上的实质关联。或者说，这种概念性的关联最多只能体现内在论意蕴和要求的部分特征，如果从更严格和更准确的意义上来概括，我们应该将断言与动机之间的联系转变为另一种概念上的联系，它可以归结为：一种规范性断言的内容与能动者采取行动的理由之间具有概念上的联系。由于史密斯主要是从道德判断的角度作出解释，因而将这种联系表述为：一个道德判断的内容（即"道德事实"）与能动者的行动理由之间存在着概念性联系。他同时指出，内格尔、考斯嘉德等也从这个角度作出过解释[①]。我们可以将这种联系称为内在论的第三种形式，史密斯将其简要地表述如下：

> （c）如果对于一些能动者来说，在情形 C 中做 φ 是正确的，那么对于那些能动者而言就具有在 C 中做 φ 的理由。[②]

史密斯通过这一表达式表明，所谓的构成道德判断内容的那些道德事实是关于能动者行动理由的事实，从这个角度讲，这些事实自身只是合理性要求或理性的要求。将史密斯的观点推广来看，规范性陈述所断言的内容体现了规范性事实，这种事实就构成了能动者采取行动的理由的事实。类似地，这种规范性事实就其本身而言，只体现了一种理性的要求。可见，在表达式（c）中也潜在地包容了能动者存在不同情况的可能性，它只是断言了存在做某事的理由，而没有断定是否能产生做某事的动机，这就给实践过程的无限可能性留下了合理解释的空间，也没有排斥不同层次的规范性要求。另外，尽管相较于表达式（b），（c）的断言显得较强一些，但（b）与（c）都明显地要弱于（a），如果将（a）看作"动机内在论的强解释"，那么（b）与（c）都可以被称为"弱解释"，只是这二者的强弱程度存在些许差别。

2. 不同形式内在论之间的关联

在史密斯看来，这三种内在论的解释形式并不是彼此孤立没有关联的，其中第三种内在论形式可以看作是对第二种内在论形式进行的一种解释，因为它看似合理地蕴涵着前一形式所断言的内容。按照通常的理解，我们可以这样阐

---

① 史密斯、内格尔及考斯嘉德的相关讨论可参见 :Smith M. *The Moral Problem*, Oxford: Basil Blackwell Inc., 1994: 61-62; Nagel T. *The Possibility of Altruism*. Princeton: Princeton University Press, 1978: 47-76; Korsgaard C M. Skepticism about practical reason// Millgram E. *Varieties of Practical Reasoning*. Cambridge: MIT Press, 2001: 103-125.

② Smith M. *The Moral Problem*. Oxford: Basil Blackwell Inc., 1994: 62.

述第三种形式的内在论观点：一位能动者具有以某一方式采取行动的理由，则如果他是有理性的，只有在他会被激发或有驱动力来以那种方式行动的情况下才会如此。用更明确的说法就是，能动者以某种方式行动的理由的必要条件为，他是有理性的并且会被激发产生以那种方式行动的动机。这种观点已经是我们非常熟悉的见解了，考斯嘉德等也是在这种意义上讲内在论的。另外，这种广为接受的内在论观点会产生的效果正体现了表达式（b）所蕴含的两种可能性：首先，判断自己有理由以某一方式来行动的一位能动者，会在自己是理性的情况下认为，这时能感受到相关的驱动力或者被激发去采取行动；其次，相反地，如果他没有感受到这种驱动力或被激发，则是实践上非理性的。因为按照史密斯的观点，如果能动者没有按照他"应该"的方式而感受到驱动力或产生动机，那么就其自身来说，也不能判定他是实践理性的。通过这两方面的分析就可以很清楚地看到，如果内在论的第三种形式成立或被认可，那么也会使第二种形式被接受，即内在论的第三种形式蕴涵了第二种形式。此外，仅就内在论的第三种形式本身来理解，如果判断"在某情形中以某一方式采取行动是正确的"，那么它可以等价于"存在以那一方式采取行动的理由"这一判断。可见，无论从语义上还是直觉上加以理解，都会认为第三种形式是可以接受的。

　　然而，史密斯强调，如果将第二种和第三种形式的蕴涵关系反过来则是不成立的。也就是说，第二种形式的内在论断言并不能蕴涵第三种形式。为了表明这种关系不成立，史密斯以表达主义者为例作了说明。[①] 在他看来，一方面，表达主义者也承认这样的陈述：如果能动者作出判断"以某一方式行动是正确的"，则他要么相应地感受到驱动力或被激发产生施行的动机，要么在某种程度上是实践非理性的。这种主张正是史密斯的第二种形式的内在论（b）所表达的内容。然而，表达主义者明显否认道德的要求是合理性要求或理性的要求，而主张一种道德判断仅仅表达了能动者的某一偏好或某种倾向，正是基于表达主义的这些理论特征，我们仍可以认为他们能够接受第二种内在论形式所断言的内容；但另一方面，由于表达主义者认为富有理性的能动者可能仍会具有截然不同的偏好或倾向，至少在他们倾向于拥有的那些偏好方面是不同的，所以会拒绝第三种内在论形式。史密斯通过有关表达主义者的推论论证了第二种内在论形式并不蕴涵第三种。

　　但在我们看来，第二种内在论形式不蕴涵第三种内在论形式这一结论不会

---

① 史密斯的相关分析可参见 :Smith M. *The Moral Problem*. Oxford: Basil Blackwell Inc., 1994: 62.

引起很多质疑，但关于表达主义的例子是否完全恰当可能仍然欠缺说服力。首先，表达主义者的观点与上述第三种内在论形式最大的差异恐怕不是能动者会有彼此相异的偏好和倾向，而是表达主义者在基本立场方面就与内在论的第三种形式（c）存在根本区别。因为（c）体现了一定程度的理性主义内涵，这就与强调主体情绪、道德情感及其他各种非理性成分的表达主义观点形成了鲜明对照，表达主义者并不关注能动者是否在理性的情况下依照其判断中的"正确"行为去施行，而关注的是能动者表达了赞成还是反对的情绪，而这些特征都是违背理性主义主张的。正是基于这种立场上的差异，表达主义者有时才被归为外在论者。可见，表达主义观点与表达"理由"的内在论观点在基本立场上的差异已经注定前者不能被归为第三种内在论形式。其次，尽管存在上述基本立场的差异，但不能忽视表达主义者同样肯定了规范性判断的实践性要求，正是基于这种特征，表达主义者有时又会被认为是内在论者，这也为史密斯找到表达主义者与第二种形式的内在论之间的契合点提供了理由。

3. 内在论的"实践性要求"与"理性主义"主张的比较

为了更明确地体现内在论的第二种与第三种形式各自的特征，史密斯分别给出了这两种断言的名称，他将第二种形式称为"道德判断的实践性要求"，而将第三种形式称为"理性主义"（或"理性论"）[①]。由于第三种内在论形式蕴涵了第二种形式，所以可以推出：如果某人拒绝接受第三种内在论断言，这并不意味着他也会随之拒绝第二种内在论断言，或者说否定第三种内在论断言的人也有可能认可第二种内在论断言。这主要是因为第二种内在论断言（b）没有一般性地对"应该"与动机之间作出断言，也没有作统一的规范性要求，而是更多地体现了相对于能动者主体的"应该"，因此体现了明显的实践性特征。而第三种内在论断言（c）只是表明，它判断的内容体现了促成能动者采取行动的理由的规范性事实，而这种规范性事实就其本身而言，只体现了一种合理性或理性层面的要求，而没有对能动者在实践过程中产生动机的条件作出说明和限定。史密斯将这两种断言之间的区别看作是显而易见的，因此直接将第二种内在论断言称为关于"道德判断的实践性要求"，而把第三种内在论断言称为"理性主义"。

在区分了内在论断言的"实践性要求"与"理性主义"特征之后，史密斯

---

① 参见：Smith M. *The Moral Problem*. Oxford: Basil Blackwell Inc., 1994: 63.

认为，基于同样的理由，我们能够对相应的外在论形式也作出类似的区分，对此他仍主要以表达主义者为例进行说明。我们想指出的是，不仅仅是表达主义者，通过分析外在论的理论特征可知，外在论观点既无法满足规范性断言的实践性要求，也未体现对理性主义的肯定。具体来讲，由于外在论者坚持认为，能动者对规范性要求（如道德要求）的理性理解和把握与相应的动机之间没有实质上的关联，作出的规范性判断与未被激发的动机完全有可能共存，所以对"正确"行动和"理由"的理性把握是一回事，而能否被激发而产生动机去实践该行动则是另一回事。实际上，外在论者（特别是强外在论者）否定了对规范性要求的理性认知会蕴涵或导致这种要求在实践意义上的真正实现，也就是肯定了规范性断言与能动者的实践之间存在着一种鸿沟。另外，由于外在论者否定了对"应该"的理性把握所蕴涵的实践性指向，拒绝了规范性断言的实践性要求，所以这种外在论观点实际上相当于在某种程度上否定了理性主义，这一特征在强外在论观点中表现得更为明显。而对弱外在论者来说，他们没有完全否定动机产生的原因与规范性断言之间的可能性联系，认为如果能动者事实上采取了某一行动，该动机的原因与他对行动的"正确性"判断有关，但同时强调由这一正确性判断本身并不能推出能动者必然会被激发而采取相关行动。可见，按照弱外在论的观点，有关"正确"行动的理性认知和把握并不一定会具有实践必然性的指向。较之强外在论观点，尽管弱外在论理解的"动机"并非与断言的"应该"毫无联系，但在根本上也缺少一种概念上的实质关联。

最后，史密斯通过对不同形式内在论的分类与探讨要表明的是，他的主旨是要为内在论的观点辩护，而且由于第二种和第三种内在论形式分别表达了规范性断言的实践性要求与理性主义意蕴，所以他主张同时论证这两种内在论形式的合理性，以抵御来自外在论的质疑与挑战。在他看来，这些质疑主要有以下两种。

（1）来自布林克的对较弱形式的内在论断言的质疑，他主要反对的是内在论的"实践性要求"。布林克以道德领域的规范性判断与动机之间的关系进行分析，他例举了柏拉图在《理想国》中描述的色拉叙马霍斯、狄更斯在《大卫·科波菲尔》中描述的阴险虚伪的人物尤那依·希普（Uriah Heep）及现实生活中的反社会者等，这些非道德主义者（或无道德论者）既没有受到激发而有动机在某一情形中作出那种道德判断之类的规范性断言，也丝毫没有受到实践的非理性的困扰，因此"实践性要求"是不合理的。史密斯遵循了黑尔式的辩护方式，指出布林克的论证存在不合理之处，即那些非道德主义者的存在并没有构成对实践性要求的威胁。[1] 因为史密斯认同那些实践性要求的辩护者的观点，也认为非道德主义者根本就没有"真正地"作出道德断言，即使他们和我们一样使用了相同的道德方面的表达式去指谓相同的性质，他们也没有真正地将所讨论的行为判断为正确或错误的。非道德主义者是在与我们完全不同的意义上使用这些表达式，也可以说，他们试图作出真正意义上的道德断言却归于失败。[2]

为了更明确地说明非道德主义者与普通人作出的道德断言有何本质的区别，或者说为了揭示非道德主义者以同样的语言表达式与指谓方式作出的判断与我们有什么根本性的差异，史密斯提出了一个类似思想实验的案例，他以能动者对颜色的判断问题作了一个类比。史密斯建议我们考虑：在什么情况或者条件下，我们才能说一位能动者"真正地"作出了关于颜色的判断？皮考克（Christopher Peacocke）的讨论中也曾涉及这类案例[3]。假设有这样一位生来失明的人，她有自己的一种使用有关颜色的语词的可靠方法，我们可以想象她从出生之日起就随身携带着一个机器，当她要接触的对象具有适当的表面反射特性时，这个机器就可以通过她的皮肤而使她能够感知到。现在这位能动者自然有关于颜色的语词的便利设备，该设备使她能多方面地参与有关颜色归因的日常实践。主要原因在于，她使用的语词的外延与我们的颜色语词完全相同，而且那些解释她对那些语词使用的对象的性质就与解释我们相关使用的对象的性质完全一样。

史密斯的这种设计是想表明，上述这种情形就类似于前面所说的那种非道德主义者使用道德语言的情形。甚至我们还可以想象，她的颜色判断甚至比有视力的人作出的判断更为准确可靠。但是，当她作出自己的颜色判断时，并不能被认为作出了与其他人一样的判断，如对红色、绿色等诸如此类的颜色的判断，非道德主义者使用道德语言的情况也是如此。因此，尽管可以想象这位盲人拥有一个助其形成颜色语言的设备，但多数人仍然认为我们应该否认她拥有颜色的概念或者把握了颜色的语词。因为我们多数人也正如皮考克所认为的那样，拥有合适条件下的适当视觉经验的能力部分地是由对颜色概念的拥有及对颜色语词的把握所构成的。所以我们会认为，尽管这位盲人有与颜色语词相关的设备，但事实上她根本没有真正地作出关于颜色的判断。与其说她的确作出了某种其他类型的判断，不如说她试图作出关于颜色的判断，但由于她不能被看作一位拥有颜色概念的人，

---

① 黑尔的解释方式可参见 :Hare R M. *The Language of Morals*. Oxford: Clarendon Press, 1952: 121-126, 163-179; 理查德·麦尔文·黑尔 . 道德语言 . 万俊人译 . 北京 : 商务印书馆，2005:115-120，155-172.

② 布林克的反驳及史密斯的回应可参见 : Smith M. *The Moral Problem*. Oxford: Basil Blackwell Inc., 1994: 65-75.

③ 参见 : Peacocke C. *Sense and Content: Experience, Thought, and Their Relations*. Oxford: Clarendon Press, 2001: 27-54.

所以她失败了。她所说的"草是绿的"等断言必然与常人不同。

史密斯认为，与布林克交锋的关键部分的结构就与这一设想出来的有关使用颜色语词的争论的结构大致相同。他的思想实验要表明的是，与我们使用相同规范性表达式（如道德语词）的能动者并不一定作出了真正的规范性断言。在他看来，那些认可和接受了"实践性要求"的能动者能够以一种切实可行的方式来体现他对规范性事实的理解与解释，但外在论者特别是强外在论者却不可能这样认为。

（2）来自福特（Philippa Foot）的对内在论"理性主义"特征的质疑。相比于体现"实践性要求"的内在论，"理性主义"的内在论形式稍强一些，福特就把其反驳的焦点对准了这一较强的内在论。她反对断言中有关行动的正确性事实与能动者实施此行动的理由之间具有一种概念性的实质关联，认为我们不应该接受理性主义者的这种概念性主张，即把道德事实看作关于能动者行动理由的事实，或者把规范性要求的那种概念看作有关行动理由的概念，看作理性的必然要求。她要表达的是一种关于诸如道德事实之类的反理性主义观点。在福特看来，实践理性并非以一种定言命令的方式体现，而是以假言命令的方式表现出来。但是，史密斯指出，福特将"理性的要求体现为假言命令"归为概念性事实这一主张缺少合理性辩护，她的观点实际上难以成立，我们应该坚持"合理性的要求是定言命令"这一假设，这是概念上的事实。然而，由这一前提并不能直接推出定言式的道德要求是合理的或理性的，因为道德要求很可能是以一种基础的方式与定言式的理性要求相联系，它也可能是一种制度性的事实。①

---

① 福特等的质疑及史密斯的回应可参见：Smith M. *The Moral Problem*. Oxford: Basil Blackwell Inc., 1994: 75-89.

关于"制度事实"：所谓的"制度性事实"是与"原初事实"（brute facts，或译为"原生事实""纯粹事实"）相对而言的，它是指依赖于人们的一致同意或接受的事实，它的存在依赖于人类的制度。众所周知，人类的制度与义务、责任和权利等规范性要素密切相关，它们在某种程度上体现了人类理性的运作过程，因此承担义务和责任等行动都是合乎理性的。"原初事实"这一概念是指非制度性的、不依赖于任何制度背景而存在的事实。一般认为，"原初事实"首先由安斯康姆（Anscombe G.E.M.）在其《论原初事实》一文中提出，她认为在某一具体的情境中，相较于对事实的描述，发生的事实本身比这些归为"真"或"假"的描述更具有原初性。需要注意的是，这种原初事实并不等同于"物理事实"，后者明显是相对于"心灵事实"而言的，原初事实往往可以表现为人们的话语、思想或个标记。"制度性事实"在塞尔关于社会实在的相关理论中具有重要地位。塞尔在其著作《社会实在的建构》中曾对此作出了深入的分析，他对"构成性规则"与"调节性规则"进行区分的主要目标就在于对"制度性事实"进行讨论，他还通过探讨"制度性事实"而阐释了社会实在等问题。在他看来，原初事实是制度性事实的前提和基础。塞尔认为，"制度"就是一种系统的构成性规则，他通过以"X在C这一情境中算作Y"这一表达式所体现的规则为基础来对某一个制度性事实作出规定。其中，Y体现的特征或功能主要有"给对象规定一种它不能仅凭借X就能有的新地位"、"集体的一致同意"及"非物理的功能"。塞尔的言语行为理论也为他关于社会实在的建构思想奠定了基础。在塞尔看来，语言制度就是一种最具基础性的制度，而说话者的言语行为就是最为基本的制度性事实。以上相关分析参见：Anscombe G E M. On brute facts. *Analysis*, 1958, 18(3): 69-72; Searle J. *Speech Acts: An Essay in the Philosophy of Languag*. Cambridge: Cambridge University Press, 1969: 50-53; Searle J. *The Construction of Social Reality*. New York: The Free Press, 1995: 113-126. 约翰·塞尔. 社会实在的建构. 李步楼译. 上海：上海人民出版社，2008:69-71，96-107; 文学平. 集体意向性与制度性事实. 北京：法律出版社，2010：120-130.

可见,通过依次考察和回应布林克与福特的质疑,史密斯再次分析和澄清了内在论的"实践性要求"与理性主义的概念性主张,并为这两种形式的内在论作了辩护。在史密斯看来,布林克与福特事实上接受了外在论的较强形式,因为这种强外在论形式既排除了理性主义的概念性主张也拒斥了实践性要求。然而,正如史密斯力图证明的那样,无论他们坚持哪种形式的外在论来反驳实践性要求和理性主义主张,都会陷入更多的争论,并且给人以违反直觉的印象,这些问题将远远超过布林克与福特预先估计的程度。此外,"实践性要求"的内在论更多地是基于能动者的主体立场来断言的,而"理性主义"的内在论更多地是基于观察者或判断者的角度来断言的,可以将其看作一种归因者的视角。

毋庸置疑,尽管这里没有一一例举,但除了史密斯之外,其他一些哲学家也从"内在论"的角度来解读这样的观点,如在前文中提到的福克、弗兰克纳、内格尔、考斯嘉德与威廉姆斯等。此外,尽管内在论与外在论在许多理解方面存在论争,但综合相关论题的发展及学界的诸多讨论来看,就能动者采取行动的理由或合理性而言,似乎内在论观点受到了比外在论观点更多的辩护,这主要是因为在内在论者看来,能够促使能动者在具体的实践中采取所断言的那种行动的理由,必然是以这一行动的可理解性为前提的,也就是说能动者的动机产生的条件是与对该行动的理性认知与慎思密切相关的。他们强调的是,如果一种理由能够成为一位能动者采取行动的那种理由,则应该经过能动者在实践上对这一理由的慎思过程,由此才能体现动机如何产生或被激发的本质。

四、对内在论"实践性要求"的分析

面对外在论者的质疑和挑战,"实践性要求"的辩护者与其进行了交锋并指出,有些能动者尽管使用了与我们相同的规范性表达式,但并不一定作出了真正的规范性断言。那么,得出这种结论的根本原因在哪里?如果继续对外在论者与"实践性要求"的辩护者的不同立场与表现进行分析,可以发现它们的本质区别及造成该区别的深层原因。

第一,由于休谟法则预设了不同形式的动机内在论,我们可以从"强""弱"等不同角度予以理解,所以对于规范性断言的性质也预设了一种有争议的实质性解释。这样一来,如果克里普克的怀疑论者要利用休谟法则,就必须假定"说话者以'+'意谓加法"这种意义陈述蕴涵了"应该"陈述。因此,当说话者被问道关于'+'的运算时,他应该回答相关数字的总和,而且必须假定,如果说话者作出这样的判断，认为自己"应该"这样回答，那么他必定是有动机这样做的。

休谟主义者认为在"是"陈述与"应该"陈述之间存在不可逾越的鸿沟，于是我们常常由此得出，在事实与价值之间也存在这样的鸿沟。持这种观点的人声称，评价性陈述即那些包含了诸如"好（善）""坏（恶）""正确"及"错误"等语词的陈述，不能等同于描述性陈述，而且不能对应于那些自然事实。按照这种论证方式，当语义怀疑论者质疑为什么一定是某些表达式会体现它所指谓对象的"意义"时，他们就必须要诉诸相关陈述的评价性维度，即会认为有关意义的陈述蕴涵了"评价性"陈述。

第二，从"实践性要求"的辩护者与外在论者的各自立场与表现来看，"实践性要求"主张，如果排除了能动者的心理缺陷、意志薄弱等可能超出其控制能力范围的情况，接受一个行动在某一情形中是正确的，就表明在该情形中施行那种行动是受到激发的，即处于被动机所激发和促动的状态，这种被激发状态内在于有关"正确性"断言的本质内涵之中。由此也可以作出推论，"实践性要求"的一种后果是，如果处于正常心理状态的能动者的规范性断言发生了改变，那么相应地动机也会发生变化。而在外在论者看来，规范性断言与动机之间的联系总是外在的，这种解释依赖于在各种情况中派生的一些动机性倾向，这种派生或衍生的倾向（如派生的"欲望"）并非内在于有关"正确性"的断言中。

第三，史密斯建议可以通过从言模态和从物模态的方式来理解"实践性要求"与外在论立场的差异。对于"实践性要求"的辩护者来说，当能动者作出某一行动是正确的判断，就这一态度本身而言（暂不考虑意志薄弱等情况）其意味着动机被激发的状态，其中的密切关联只有通过从物模态的角度才能理解。因为当能动者判断在某一情形中如何行动是"正确的"时，它的本质是一阶的，即这一判断并不是建立在有关"在该情形中做……是正确的"这类更具有根本性与基础性的判断的基础上的，因而他被激发的动机是蕴含在"正确性"断言中而非派生的。外在论者与此不同，按照他们的解读方式，能动者实施了他认为"正确"的事主要是源于一种从言模态的理解，他被促动而做了相信是"正确"的事，这种被激发的状态需要更复杂、更深层的动机，其本质是二阶层次的。在道德问题的讨论中，这样的"道德行为"也常常被看作源于更为基础性、非派生的"正确"判断，因而不符合本质上的德性。[①]

---

① 参见史密斯对外在论者的回应 :Smith M. *The Moral Problem*. Oxford: Basil Blackwell Inc., 1994: 70-75.

第四，从动机内在论的基本观点中可以看到规范性判断的实践性特征。按照史密斯的看法，我们可以通过一种较弱的解释来保留这一观点，从而使它与意志薄弱的那些特殊案例相容。由史密斯所提供的这种弱解释可知，意志的薄弱这种情况可以看作实践上非理性的。按照这样一种思路，动机内在论者就应该说，如果某人判断他"应该"做某事，则他要么有动力去做，要么他在实践上是非理性的，这就是史密斯所谓的"实践性要求"。[①]

然而，在哈特甘迪等看来，这种动机内在论的弱解释也会带来一些新的问题。比如，如果坚持这一解释，它是否仍然能够表明"是"推不出"应该"？换言之，规范性判断是否一定不能从非规范性判断的前提中得到？或许这种形式的内在论太弱了：如果某人可以作出一种规范性断言且仍然没有动力（因为某人是实践上非理性的），那么看似规范性判断与动机之间的那种概念上的联系或必然性联系就不再存在了，因为规范性断言并没有引入一种新的实质性的联系。

五、从"开放问题论证"看评价性概念与"动机"的关联

动机内在论揭示了规范性断言的一种实践性指向，无论是动机内在论的"强解释"还是"弱解释"，都在不同程度上体现了诸如"正确/错误""好/坏"等这类评价性语词与能动者的动机之间具有的密切关联。实际上，在摩尔的"开放问题论证"中就显示了评价性概念与自然概念的区别，因而它们与能动者之间的联系也有本质的不同。众所周知，摩尔在"开放问题论证"中指出，诸如"善"这类道德概念不能被分析地等价于任何其他的自然主义概念或概念集。但是哈特甘迪认为，摩尔的论证总是需要一些自然概念的具体案例，而缺乏对于自己主张的一种有效而独立的解释。为了应对这种责难，达沃尔（Stephen Darwall）等在摩尔的"开放问题论证"的基础上进行了修改。

1. 摩尔的"开放问题论证"及其评价

结合哈特甘迪对开放问题论证的分析与评价，可以看到评价性概念与自然概念之间的差异，但同时也会得出摩尔的论证面临的困境。我们可将这一推论过程归结为以下几个方面[②]。

---

① 参见：Smith M. *The Moral Problem*. Oxford: Basil Blackwell Inc., 1994: 61.

② 哈特甘迪对摩尔"开放问题论证"的相关分析可参见：Hattiangadi A. *Oughts and thoughts: Rule-following and the Normativity of Content*. Oxford: Clarendon Press, 2007: 40-44.

第一，如果两个自然概念是分析地等价的，那么理解和把握了这些概念的人就会通过某种同义性而了解它们之间的等价关系。例如，"单身汉"这一概念可以分析地等价于"未婚男子"的概念，因为"单身汉"与"未婚男子"是同义的。由于它们之间的同义性，因而理解了"单身汉""未婚的"及"男子"这些概念的人应该认可上述两个概念之间的等价关系。可见，鉴于"单身汉"与"未婚男子"的分析等价性，这些问题都是封闭的或闭合的。要判断这类概念上的"真"，我们不需要探究这个世界，而是可以仅仅反思我们拥有的概念。要知道"单身汉"分析地等价于"未婚男子"，我们不需要开展一种经验的研究或实证调查，也就是我们不需要通过经验的手段检验单身汉们以证明他们是否是未婚男子。因此，如果某个人说"琼斯是一个单身汉，但他是一个未婚男子吗？"就会显示出某种概念上的混乱。

第二，按照摩尔的主张，我们不能由自然概念中存在的等价关系而推论得出，"善/恶""好/坏"等这类涉及评价的概念也存在与之等价的自然概念或概念集，就像"未婚男子"等价于"单身汉"那样。哈特甘迪举例说，假设我们在思考"善"是否能分析地等价于"诸如产生快乐之类的事情"。现在，想象某人把握了"善"这一概念，也把握了"诸如产生快乐之类的事情"的概念，根据摩尔的思路，可以想象某人说："吃巧克力蛋糕是快乐的，但是这是善的吗？"这句话并没有显示出任何概念上的混乱，但相比之下，如果某人说"吃巧克力蛋糕是善的，但这是善的吗？"或者"吃巧克力蛋糕是快乐的，但这是快乐的吗？"这类表达确实显示了概念上的混乱。所以，摩尔由此得出，如果"诸如产生快乐之类的事情"的概念可以分析地等价于"善"的概念，那么快乐是否是"善"的问题就是闭合的，正像"快乐"是否是"快乐"这种问题一样是闭合的。摩尔提议，开放问题论证这一设计可以用来反驳任何推定的自然概念，即对关于自然属性的任一概念而言，即使说话者对这种自然概念及"善"的概念已经完全把握，也无法排除他仍会审慎地作这样的思考，即通过自然概念所指的那种属性，我们是否真正地可以称之为"善"的。

第三，摩尔的观点揭示了"善"等概念与其他自然概念的本质区别，但他的解释也由于对自然概念的依赖性而受到质疑。哈特甘迪追问，为何摩尔确信，对有关自然属性的任一概念来说，它所指的那种属性是否是真正地"善"的，这永远是一个开放的问题？在摩尔看来，这是因为"善"的属性是简单的，它没有那些构成部分而且不等同于任何其他属性，这也在某种程度上以另一种方式断言了"善"是无法以自然概念加以界定的。但是其中的一个明显的问题在于,摩尔的论证似乎总是需要诉诸一些自然概念的具体案例,而缺乏对开放问题有效性的一种独立解释,看似摩尔回避了问题的实质,他必须预先证明或假定不存在那种自然概念,它可以分析地等价于"善",这样才能为他的主张进行辩护。这就导致我们会对这一问题产生疑问:是否存在是自然概念的某个东西同时也是"善"的?这本身可能也是一个永远开放的问题。开放论证实际上需要的是这样一种解释,即这一论证为什么会总是无一例外地取得成功,而且这种解释还需要不依赖于"善"是难以定义的这类假定。

第四,因为摩尔致力于表明"善"不能分析地等价于任何其他概念,在哈特甘迪看来,他的论证只是提出了一种自然主义的分析形式。按照自然主义的分析形式,评价性概念被认为是通过自然概念来被界定的。这样的一位自然主义者声称,对评价性概念的还原是先天的。如前所述,我们可以仅仅反思已经拥有的概念来判断一种概念的"真",而不需要探究这个世界。但是,自然主义者不会都赞同这样的观点,即道德概念可以分析地等价于自然概念;毋宁说,他们可能会认为道德属性等同于某些自然属性这一事实是后天的而不是先天的。举个例子,考虑这样一种发现:水是 H_2O,在我们发现水是 H_2O 之前我们就有"水"的概念。当发现了水是 H_2O 时,我们可以说"水"和"H_2O"这些概念在所有的可能世界中指的是同样的属性,即水必然地是 H_2O。正像摩尔所阐述的那样,开放问题论证看似不能通过这种方式进行自然主义还原,因为要想有"水"的概念,并不是必然要有"H_2O"的概念,即使这两种概念指的是相同的属性。如果某人认真地思考水是否真的是 H_2O,也并不会显示出概念上的混乱,而仅仅是一种对经验事实的忽略或无知。相似地,一位自然主义者可能会认为,我们有"善"的概念,而且可能会进一步发现"善"的概念指的是与某种自然概念相同的属性。若鉴于这种同一性,我们就能够说,这种自然概念必然是"善"的,尽管在追问它是否是善的时候,人们不会显示概念上的混乱。因此,仅凭这种分析,似乎无法明确地为评价性概念与自然概念之间划分一条明显的界限。正是由于这个原因,更精致的"开放问题论证"形式成为一种必然诉求。

2. 改良的开放问题论证

通过上述分析可知,摩尔有关开放问题论证的原初阐释,看似并不能充分表明评价性概念不能等价于自然的概念。因此,达沃尔、吉伯德及雷尔顿已经指出,如果我们同意动机内在论,开放问题论证就可以被修改得更好。按照达沃尔等的阐释,改良后的开放问题论证可以表述如下:

善的归因似乎与行动的指南之间有一种概念上的关联，每当我们为这一开放问题进行注解时就会利用这种关联，即将"P是真的善吗？"解释为"其他条件相同的情况下，我们确实应该或者必须致力于使P发生，这不是很明显吗？"这一开放问题的开放性并非取决于任何错误或者疏忽，我们对它的信心可能源于那种看似想象的能力，即对于任何自然主义属性R，想象头脑清醒的人不会在R获得的（或看起来即将获得的）那种纯粹事实中发现适当的理由或动机去行动。鉴于这种想象的可能性，它并不能在逻辑上保证P是以行动为指南的……而且一种与行动的逻辑关联或概念关联的缺乏正表明了在哪里可以清楚地询问，R是否真正是善的。①

根据这种改良的开放问题论证，使"善"成为一种评价性概念可以与动机内在论建立一种紧密的联系，即有关什么是"善"的那些判断是规范性的，它们与能动者的动机之间有一种概念上的关联。如果某人判断某事物为"善/好"的，则他本身事实上就有动力去追求它。但与此相对照的是，如果某人判断某事物是令人快乐的，则就此本身而言，他事实上不会有动力去追求该事物。要使"快乐"与"动机"之间建立联系，则还需要对"快乐"作进一步的推论。因此，某人可能会合理地询问"快乐"是否为"善"的，也就是说，"快乐"是否值得追求，而他不能以此方式合理地询问关于"善"的问题。有关"快乐"的问题也是其他任何自然概念的问题，因为这类自然概念本身明显地缺乏与动机之间的一种内在的概念联系。由此可以更明显地得出，评价性概念不能被分析地等价于任一自然概念。

摩尔的开放问题似乎总是要面对关于回避问题的实质的责难，改良的开放问题论证形式则看似对此责难提供了一种回应。另外，动机内在论的相关讨论为开放问题的证成提供了一种独立解释，然而与摩尔对评价性概念进行一种后天还原的进路相比，动机内在论的解释是否能够真正地改善摩尔的案例，哈特甘迪认为目前还难以下定论。在她看来，即使"善"这一概念与能动者的动机之间有一种概念上的关联，它仍然难以与一种自然属性完全摆脱关联。但至少可以肯定的是，尽管摩尔对开放问题的论证有些困难，它仍然具有重要地位。很多人认为，评价性概念与自然概念存在根本区别这种观点是直觉性的，而且这种区别使得所有的还原（无论是分析的还是综合的）似乎都不能发挥作用。

---

① Darwall S, Gibbard A, Railton P. Toward Finde siècle ethics: Some trends. *Philosophical Review*, 1992, 101: 117.

或许我们可以将此归为对于动机内在论的一种直觉上的承诺。

正如我们所看到的那样，开放问题论证的可靠性取决于我们将评价性概念看作是规范性的。再回到克里普克的怀疑论论证，如果这种论证要发挥预期的作用，就需要把诸如"善""恶""正确"及"错误"看作是"规范性"的，而且表明它们与能动者的内在动机之间有一种必然的联系。所以，说话者以"+"意谓加法会蕴涵这样的主张，即当被要求做这种运算时，他回答由相关数字得出之和可以评价为"好的/正确的"，而回答这个结果之外的其他数字可以评价为"不好的/错误的"。如果语义陈述蕴涵了评价性陈述，怀疑论者可能会利用摩尔的开放问题论证来反驳这类伦理自然主义者。也就是说，怀疑论者要想利用这个论证，就必须假定语义判断涉及评价性词项，就像"'125'是'68+57'的正确答案"，这是一个规范性判断那样，如果说话者作出这类断言，则在其他条件不变的情况下，他实际上是判断了"125"是应该给出的答案，而这一判断必须与动机之间有一种概念上的联系，也就是说，如果说话者判断"125"是正确答案，那么他必须有给出此答案的内在动机。[①]

从总体来看，无论从摩尔式的诠释进路，或者采取哈特甘迪的分析角度，还是以史密斯有关动机内在论的"强解释"到"弱解释"的讨论为基础，我们都会得出一种共同的观点或倾向：在讨论所谓的"规范性断言"时，范畴意义上的绝对的"应该"仅仅在原则上是合理的，在能动者的实践过程中却难以达到。在对规范性断言与相应动机之间关系的分析过程中，"应该"的层次性与实践性特征凸显出来。为阐明"应该"与"施行"之间的联系，不仅要在较广泛的一般性意义上进行解读，还要从二者实质的概念性关联予以分析。如果把断言中的"应该"看作语义层次上的，那么具体施行中的"应该"就可以说是语用层次上的，而它们都共同地体现了规范性断言与动机问题的实践性指向。相关的讨论都无法忽略能动者的具体理性认知、心灵状态与能力范围，因为"责任""义务"这些语词本身就蕴含了履行它的主体，当然也包括主体采取行动时的具体能力等相关因素，这些因素都潜在地成为能动者所处实践语境的基本构成性要素，也是他作出规范性断言的必要预设。

最后需指出的是，这类必要的预设并不表示说话者作出规范性断言时就清楚地意识到了那些构成性要素，他可能并未在命题的意义上了解这种种要素，实际情况往往是，那些要素是作为默会的能力或程序上的规范而存在于他的实

---

① 参见: Hattiangadi A. *Oughts and thoughts: Rule-following and the Normativity of Content*. Oxford: Clarendon Press, 2007: 45-47.

践过程中的。也就是说，他所作的断言常常是负载了其认知程度与施行能力的，他可能已经在实践的程序中熟谙相关的规范性要求，当然，这实际上是我们所谓的"能力之知"，而不是"命题之知"；或者毋宁说，在实践中我们常常是通过"能力之知"而明确"命题之知"。换成涉及"规范性"的表达是，我们往往是以语用的规范性为基础，从而进一步理解和把握语义的规范性。

规范性语境的特征及其意义图景

前几章的说明和论证表明，自规范性问题的"语义转向"以来，"规范性"在当代语义学的发展中彰显了其越来越重要的方法论意义，特别是在语言使用和意义的相关分析中体现出其必要性和独特性，而且规范性论题内含着不同的层次和维度。当我们基于语义学视域追问有意义的语言表达式与其运用的正确性条件之间的关系时，更需要进一步考察说话者的心灵状态。而对语言表达式和心灵内容的分析始终无法脱离说话者言语行为的语用意蕴和语用效力。意义的规范性与内容的规范性密不可分，意义归因需要借助信念归因才能得以充分解释。对于意义的规范性，传统的语义分析方法多从强规范性和显规范性的视角进行解读，而忽视了在言语实践语境中弱规范性所具有的基础性意义。另外，意义的规范性无法在自身领域得到充分解释，内容的规范性分析是解读意义的规范性的必然条件，这进一步彰显了弱规范性的地位。

内容的规范性更揭示出：相对于规范性的"显性"维度，规范性的"隐性"维度对于说明主体的行为特别是言语行为具有不可或缺的意义和优先性地位。传统语义学研究对显规范性和强规范性的强调，不足以提供规范性问题的整体图景。而在语义学和语用学相结合进行解读的基础上，以能动者的"理由"和"动机"作为切入点，将规范性问题置于一种实践理性的视域中进行探讨，有助于全面呈现规范性论题的整体脉络及其特征，以及这些基本特征如何促成了规范性语境的构成。

从总体上看，规范性就其基本论域而言，主要可以区分为意义和内容这两种不同的规范性。关于前者的分析表明，与强规范性相比，弱规范性更能体现规范性要求的合理内涵；关于后者的讨论揭示了隐规范性比显规范性更具有基础性和决定性地位。这就体现出规范性探讨的一种整体变化：从显规范性到隐规范性，从强规范性到弱规范性。这一变化实际上指出了规范性问题在研究进路和探讨方式上的总体趋向：从语义规范性到语用规范性（图 5-1）。

图 5-1　规范性问题在研究进路和探讨方式上的总体趋向

这就意味着，要澄清规范性的本质和内涵，语义学的"应该"需要结合语用学的"应该"，语义规范性中渗透着非语义规范性的特征。说话者的意向、欲望、行为、态度等方面的语用分析对于说明语义结构和内容具有重要意义。这就使规范性问题的探讨无论在研究内容还是方法论层面都呈现出一种语用倾向和进路，并为规范性语境的构建奠定了基础。鉴于"规范性"论题本身的理论特征与意蕴，我们可以通过语法、语义和语用三重维度全面地呈现并解读这一问题，在此基础上分析规范性语境的可能性及其意义。规范性语境的构建及其意蕴为说明能动者如何基于"理由"而实施行动提供了一种合理性空间。另外，"理由"的语境依赖性和语境敏感性、"规范性理由"与"动机性理由"的联系与差异等方面的探讨也明显地体现了规范性语境的实践指向。

第一节　规范性语境的构成

合理地探讨语言表达式意义的规范性与说话者心灵内容的规范性密切相关，它们都依赖于语言使用的一种规范性语境。另外，意义的规范性阐释与内容的规范性阐释又为规范性语境的构成性分析奠定了基础。实际上，阐释的过程本身已经表明了规范性语境构成中的语义维度与语用维度，与此同时，这一构成性分析也内在地要求我们对规范性表达式的语法规则及其特征予以澄清，进而表明语法层次的规范性与语义、语用层次的规范性之间的内在联系与差异。因此，语法的、语义的及语用的规范性内涵及其基本特征确证了规范性语境的构成。

一、规范性表达式的语法特征

语法层面的规范性问题是规范性语境建构中不可或缺的一部分，而阐明规范性语言的表达及其特征需要重视以下几个方面。

第一，在说话者使用语言表达式的过程中，表达式语法上的规范性体现出一种内化性与潜在性趋向，说话者对语法规则的了解与把握也呈现出一种程序性与默会性特征，从而使语法层次的规范性可以与语义和语用层次的规范性内在地结合起来。就语法的规则与规范性而言，这里同样存在着类似于能动者知道如何采取行动与实际上去实施此行动之间的关系问题。在探讨表达式的意义时，我们总是试图揭示有哪些规则或规范决定了这些表达式能够符合语法，而且通常认为语言意义及其规则在很大程度上依赖于这种语言的说话者如何使用相关的表达式；但是另一方面，我们却不能作此断言，即描述某种语言的语法规则或者语形上的规范性要求就相当于知道说话者实际上会如何使用该语言。可见，在对语法的规范性探讨中，也类似地存在着知识论领域中的常见难题，即"能力之知"（Knowing-How）与"命题之知"（Knowing-That）的区分与联系问题。在对语言表达式的使用方式的具体考察中可以发现，说话者会如何使用某一表达式并不能归于有关语法规则与规范性的一般性描述，即这里的"能力之知"仍然不能归为"命题之知"。而且，我们在实际使用中所表达的话语严格来讲都是不符合语法甚至违背语法规则的，看似并没有遵循那些规范性要求，但这并不代表就会言不达意或发生错误，也并不会必然导致与语义和语用层次上的规范性要求相违背。也就是说，表达式使用中正确与错误的区分并不是由某种形而上意义的语法规则所决定的，对正确与错误的判断不能脱离语义和语用层次上的规则与规范性。

具体来讲，当说话者在语法上对表达式的规范性使用有所了解和把握，这类似于对程序性知识的把握，它体现的是能动者或说话者对语法规则与规范性的一种内化。一般而言，所谓的程序性知识是相对于陈述性知识而言的。人们之所以有时能够在没有慎思相关规范的情况下就自然地使其行为符合规范，原因在于，能够把握一种程序性而非陈述性知识，也就是知道"如何做"，但并不清楚地知道关于此知识的描述。这种情况就像知识论意义上所说的能动者知道"能力之知"但并不了解"命题之知"，他把握了在具体情形中如何行动的程序性知识但并不能描述这种应做的行为"是什么"，实际上，可以将这一过程视作对默会性知识或默会性规范的把握与运用，能动者的行为往往会受到这种非理智主义方式的程序性知识与默会性规范的影响，语法规则在说话者使用表达式的过程中发挥的作用同样如此。

第二，正因为人们对语法规范性的掌握也体现出一定的程序性与默会性特征，所以当我们基于说话者使用表达式的语境而重新考量语法的规范性时，会将它与语义规范性和语用规范性看作一个不可分割的系统，并采取一种"自下而上"的整体性分析与解决方案。之所以称之为"自下而上",是因为与那种关于语言表达式的认知、习得和使用的传统方案相比,这一方案体现了逆向的方法与特征。按照关于语言表达式使用的传统方案来看,当说话者学习如何使用一个表达式时,首先会获得一种应该怎样正确地使用该表达式的语法知识,然后通过该语法规则习得该表达式的意义,进而可以按照符合该表达式意义的方式来具体使用它,我们可以将这一从"规则"到"应用"的过程称为"自上而下"的方式。但是,语言的实际使用过程却常常与之相反,这可以体现为:当说话者学习如何正确地使用某一表达式时,可以认为他确实对这种使用有某种程度的获得与了解,但与传统方案不同的是,这一过程可以不必以明确、清晰的语法规则作为开端。也就是说,这一方案预先考虑到了说话者此时可能并没有获得命题知识层次上的语法规则这一情况,所以他也不了解这种语法规则作出的在各种不同情形中应如何使用表达式的具体规定,我们也可以认为这一方案已经内在地或潜在地存在于说话者的认知结构中。

按照这一方案,并非语法上的规范性指示严格规定了说话者如何使用表达式并力求在使用中体现出该表达式的意义,而是这种规范性指示成为对使用表达式的一种描述。从这种意义上讲,心理学上通过计算机作比喻的典型案例可以较为恰当地刻画这种规范性特征。正像计算机所拥有的程序性知识那样,当说话者拥有了相关的"编译"知识时,他在具体行动中并没有时刻意识到和特意调出这种知识,而是在其行动中自动地导入了相关程序。需注意的是,这种规范性的作用并不仅限于描述的层次,它还体现了说话者"应该"如何的部分。但是,这种"应该"类似于语义规范性那样,它在语法的层次上也体现了那种严格的强规范性实际上是无法达到的,说话者在使用中才会体会并遵从规范。

第三,我们可以进一步给出说话者知道如何行动却无法描述相关规范性指示这类情况的详细理由。首先,了解或知道"如何"使用表达式提出的要求是,说话者在每一种具体使用该表达式的情形中知道自己会做什么,但这并不等价于他必须要预先对"应该"如何作出充分描述。其次,即使说话者在具体情形中知道如何使用表达式,也并没有要求他的这种"知道"必须是关于语法规则的,即并不一定要把握那种明确的命题意义上的语法知识。他可能在每种使用过程中都清楚地"知道"自己的行为,只是无法在命题层次上加以描述,但这并不影响表达式的正确使用。举例来讲,有一位熟悉某种语言的说话者,他知道怎样使用该语言,但尽管如此,他也无法保证总是能将这一语言系统中的每种表达式或者一个表达式的每种用法都使用得恰如其分。而且,当他没有将表达式使用得恰如其分时，他对这种不恰当使用有所感知，也经常能通过自我省察的方式来了解这一点，从而促使自己按照"应该"的方式来使用表达式。总之，基于规范性语境来考察时会发现，说话者可以在不清楚语法规则也没有刻意遵循规则的情况下，了解表达式的意义并知道如何正确地使用该表达式。我们完全可以想象说话者知道表达式的含义却不了解其语法规则的情形。可见，语法的规范性并不一定总是作为语义规范性和语用规范性的前提和基础，实际情形往往呈反向的趋势，语义和语用层次上的规范性往往发挥着奠基性与引领性作用。

综合以上几个方面可知，语言表达式语法层次上的规范性对主体而言，体现出一种主观内化与潜在化趋向，这使得主体对语法规范性的把握也呈现出一种默会性特征，从而拥有程序性知识，并通过表达式的具体使用而与语义和语用层次的规范性内在地结合起来。语法规范性的这一特征与指向的作用特别体现在，它使得说话者在言语实践中无需经过慎思（或深思熟虑）就可以自然而然地使用表达式，并能体现其意义。另外，规范性语言表达式的使用方式和特征与表述语法和语义的规则相类似，语法层面上的相同的"应该"，其实际意蕴却呈现出多指向的特征。总之，如果要使语言表达式在语法上准确的同时又富有意义，则要使语法和语义的规范性条件都发挥作用，使其既保持彼此独立又能相互补充，同时在说话者的使用过程中辅以语用的规范性，即结合说话者的心灵状态等方面的规范性条件，从而使这几方面构成关于语言意义问题的整体性解读方案，这也正是规范性语境的构成基础。规范性在语法、语义、语用三重维度上呈现出各自独立又彼此结合的特征，使得说话者在言语实践过程中既受到一种规范性力量的引导又无需慎思具体的规范性条件。而用波洛克（John L. Pollock）与克拉兹（Joseph Gruz）等的话来说，程序性知识发挥作用的方式可称为"无需思考规范的规范性引导"①，尽管他们的分析主要基于知识论的视域，但同样可以援引来描述言语实践的情形。

当我们在言语实践的过程中描述默会性知识或程序性知识对说话者的影响后，再将目光转回语言哲学的视域，会发觉这也暗合了后期维特根斯坦论述中的深意。维特根斯坦揭示了传统哲学的本质主义导致了人们保持错误的倾向，即以为语言表达式的意义旨在体现对象的"本质特征"，而人们是在预先把握了语法规则和固定的语言意义的情况下来使用表达式，这一误解也是哲学上混乱

---

① 约翰·波洛克，乔·克拉兹. 当代知识论. 陈真译. 上海：复旦大学出版社，2008：158-160.

状况的重要原因。实际上，常见的情形往往是，说话者可能在没有获得相关语法规则甚至从未学过语法的情况下使用表达式，而且他的表达也完全有可能合乎语法规则。这时我们就能体会到维特根斯坦这句话中潜在的意蕴："当我遵守规则时，我不作出选择。我盲目地遵守规则。"[①]

二、"规范性"的语义维度及其特征

在描述规范性指示的表达式中，尽管对"应该"的使用可能在语法层面上相同，但其实际意蕴却呈现出多重指向性特征，这也需要我们结合语义规范性来把握其意义，在看似相同的"应该"中辨别其不同用法。"规范性"的语义维度及其特征可以通过以下几个方面予以解读。

第一，体现了规范性要求的语言表达式不仅在语法、语义方面受到规则或规范性条件的约束，而且在表述内容上也呈现出相应的特征，即常常通过"应该/必须……"来描述说话者在某一情境中应该遵循的规范性指示。既然说话者在具体语境中对这种规范性指示的遵从是程序性和默会性的，因而将规范性指示中要求说话者做的行为与他事实上所实施的行为进行对比就更显示出其必要性。无论从直觉上体会还是在实际对比中观察都可以明显发现，对规范性要求的描述与相应的行为之间存在很大差异，而且即使假设说话者是在明确相应规则的前提下采取行动，也难以避免这一差异的存在。但是，由于这种差异在程序性知识的讨论中体现得尤为明显，所以这里仍突出地举例说明程序的规范性问题。我们将语法上相同的"应该"可能会具有的不同语义意蕴与指向归结为以下几种类型。

（1）"应该"的"义务"指向性，即一种范畴意义上的规范指向性。常见的那些关于道德、义务与责任方面的规范性判断就体现了这种特征。例如，在"作为道德主体的人'应该'坚守自己的承诺"这句话中体现了对主体的一种明确规定性，指定了他需要承担的义务和责任。

（2）"应该"的"手段/目的"指向性。这一指向表示的是说话者为了实现某一愿望而需要采取的方式和手段，或者想要达到他的目标而应该要做的事，正如我们在第3章所举的例子：如果说话者想要从牛津出发在中午到达剑桥，那么他"应该"搭乘早班火车。在这一陈述中的"应该"体现的是明显的目的

---

① 维特根斯坦 . 哲学研究 . 韩林合译 . 北京：商务印书馆，2013：150.

指向特征。

（3）"应该"的行动构成指向性，或者可以考虑将其称为"应该"的"能力之知"指向性。这种指向性与前两种有差异，但相比之下更接近于"手段 /目的"指向性，因为在这种蕴含"应该"的规范性的表达式中，可以将说话者"应该"做的行为看作他要完成的整体性行为的必要的构成部分。比如，"在下棋过程中，如果要使这一活动能够进行下去，你应该遵守一定的规则"，在这一案例中，与其说为了达到下棋这一目的，你"应该"做你应该做的事（即遵守一定规则），不如说遵守这些规则构成了下棋活动的必要组成部分，因此这里的"应该"表明了构成某种行动的指向性。还有一种常见的典型例子："当骑自行车的时候，如果自行车向左 /右倾斜，你应该将把手向左 /右方向转。"对此更恰当的说法是，你骑车时应该如何是骑车这一活动的构成性部分。①

第二，有关语法层面的规范性分析已经指出，语言表达式语法上的规范性不能脱离语义和语用的规范性来进行探讨，它们共处于对表达式规范性问题的整体性解读方案之中，而且语义和语用的规范性对于充分解读语法上的规范性要求还具有指引性作用。然而，尽管如此，也要注意这些不同的维度在其基本规则与规范性条件方面还是有区别的，因而不能忽视它们之间的基本差异性。通过前几章的论述，实际上语义规范性与语用规范性在内容及特征方面的区别与联系已经得以彰显，此处不再赘述，而主要就语法和语义层次上的规范性的区分进行简要解释。

如果对这一区分进行溯源可发现它也有其传统的论述及不同派别。如何正确地陈述语法和语义的规则并使其适应"从语法到语义层面"或"从语义到语法层面"的转换，是争论已久的问题。然而，争论的焦点并不是语言的内在性质及有无这种规则上的区别与相互转换，而是其中的方向性问题。涉及的代表性观点主要有：①"生成语义学"观点。持此观点的学者认为，语义层次上的表达是衍生出句法表达即语言表层结构的基础，这一理论更深化了语言的深层结构，而深层结构实际上就成为语义解释，它到表层结构之间的转换过程被拉长，句法也由此变得更加抽象。它指出规则上的转换并不会改变表达式的意义，但此原则遭到解释语义学派的激烈批评。②"解释语义学"的观点。持此观点的学者主张，语义层次上的表达需要依赖于从"句法基础"中衍生出来的那种

---

① 波洛克与克拉兹曾经举过这一骑自行车的案例，并且对程序性知识、规范性语言等问题也予以关注，但他们的相关探讨主要是基于认识的规范性问题展开的。参见：约翰·波洛克，乔·克拉兹. 当代知识论. 陈真译. 上海：复旦大学出版社，2008：152-188.

规则的阐释，即语句的语义描述由其句法基础派生出来，该观点也不再主张具有相同深层结构的语句的意义总是会相同。很明显，实际上这两派的出发点都可以追溯至乔姆斯基在 1965 年提出的著名的"标准理论"，即认为任何语句都有表层结构（和限定语音解释相关的句法层次）与深层结构（和语义解释相关的句法层次），而使用有关省略成分与改变语句成分的位置等转换规则，则可以从深层结构生成表层结构，该规则还保持了语句的原意。①

与这两派的代表性观点有所不同，利奇（Geoffrey Leech）在综合了这些观点之后提出一种比较中立的想法，他认为语义层次与语法层次的表达各自都有其独立结构，也有其合乎规范的条件，因而语言表达式才能符合语法规则而又体现出意义②。利奇的观点揭示了生成语义学与解释语义学各自的研究进路，同时表明语法规范性和语义规范性各自有其特征而不可混同。正如我们在前面的分析中指出的语言表达式的意义有其正确性条件，在语法层面上也有其句法规则，它们各自有其使用的规范性条件及检验这一使用的规范性准则。另外，还有一个需注意的问题，即存在着某种表达规则可以把那些有不同结构的句法表达和语义表达联系起来，对该规则的考虑主要是基于说话者的角度，它的作用体现在将句法和语义层面的表达中的一方"映现"于另一方之中。但是也会存在这样的情况，即存在于其中一个层次上的某些成分无法映现于另一个层次上，比如，有时表达式中的某些成分满足了语法层次上的规范性条件却没有语义内容，这时就出现了所谓的"零映现"现象。可见，语法和语义层次的表达既相互映现又并非一一对应，这一现象也从另一方面表明不同层次上的规范性条件具有关联之中的相对独立性。

第三，在区分了规范性要求的各种层次，特别是"应该"的不同意蕴和指向性之后，我们可以更清晰地解读语义规范性的内涵及特征。由规则及其指定的正确性条件所体现的不同程度的规范性要求也更加明晰化。

（1）一般来讲，一种语言表达式具有意义的必要条件是存在关于它正确使用的条件，但有关表达式使用的规则往往仅指定或详述了表达式的正确性条件，而没有明确地指定一位说话者"应该"做什么或者"应该"断言什么。也就是说，当有关使用的规则仅仅表述表达式有所意谓的条件而没有规定说话者的"义务"和"责任"时，这只是表达了较宽泛意义上的规范性要求。以表述某一

---

① Chomsky N. *Aspects of the Theory of Syntax*. Cambridge；MIT Press, 1965：128-147.
② 关于"生成语义学""解释语义学"之间的争论及利奇的相关评述可参见：杰弗里·N. 利奇. 语义学. 李瑞华、王彤福、杨自俭，等译. 上海：上海外语教育出版社，2005：252-264，485-503.

语词正确性条件的规则为例，这里 w 是一个词项，F 表示它的意义，f 体现了 F 的特征或特征的集合，正由于此，F 在这里是适用的。我们因此得到了一个最常见的表述"正确性条件"的规则 R_1：

R_1：w 意谓 $F \rightarrow (x)$ (w 正确地用于 $x \leftrightarrow x$ 是 f)

或简单地表述为：R_1^*：$(x)(w$ 正确地用于 $x \leftrightarrow x$ 是 f)①

这一"正确性条件"的规则是最基本而屡见不鲜的，甚至往往被称为"老生常谈"。哈特甘迪指出，对于一个语词与世界所能具有的各种语义关系而言，"正确地使用"这个表达式往往发挥着一种占位符的作用，"w 正确地用于 x"表示"w 指的是 x"、"w 指谓 x"或"w 适用于 x"。② 因此，如果 w 意谓"马"，w 适用于所有的并且仅仅是"马"的这种对象；如果 w 意谓"白"，它指谓"白"并且仅仅是体现了"白"这一属性的对象。简言之，我们可以说，根据上述规则 R_1，一个语词的意义可以通过它的正确性条件来表达。我们之所以将 R_1 看作关于表达式最普遍意义上的规则，主要是因为它几乎没有被拒绝的可能性，这里的"正确性"对表达式的意义而言几乎是构成性的，为了具有意义，表达式必须有正确性条件，而且这正是将语言表达式的使用与毫无意义的纯粹声音区分开来的东西。但是，这里的规则还未提到任何一位说话者，也没有明确地体现意义的规范性维度。

（2）如果表述语言表达式正确性条件的规则不仅诠释了该表达式的意义，还指出了说话者如何使用表达式是"正确的"或在使用表达式时"应该"遵循什么，那么就体现了规范性要求，但仍然存在强弱的差别。假定说话者表示为 S，其他表述方式仍然与上面相同，则我们可以通过两种表达式来体现这种强弱差别：

R_2：S 以 w 意谓 $F \rightarrow (x)$ (S 将 w 正确地用于 $x \leftrightarrow x$ 是 f)③

在表达式 R_2 中，意义的规范性体现在当说话者以一个表达式来意谓某对象时，他需要遵循相关的规则，这一规则并没有规定说话者"应该"或"必须"做什么，而只是将符合表达式意义的使用方式与不符合其意义的方式区分开来。严格地讲，从 R_2 中，我们不能得出说话者"应该 / 必须"将 w 用于 x，当且仅当 x 是 f，而只是表明，说话者在遵循这样的规则，如果他将 w 用于 x，则他的

---

① 相关表达式可参见：Hattiangadi A. Is meaning normative? *Mind and Language*, 2006, 21(2)：222；Hattiangadi A. *Oughts and thoughts: Rule-following and the Normativity of Content*. Oxford：Clarendon Press, 2007：53-55.

② 参见：Hattiangadi A. Is meaning normative? *Mind and Language*, 2006, 21(2)：222-223.

③ 参见：Hattiangadi A. Is meaning normative? *Mind and Language*, 2006, 21(2)：224.

使用就可以评价为"正确的"，如果用于非 x 的对象，就可以将这种使用描述为"不正确的"，没有符合他遵循的规则。实际上，R_2 的意蕴和作用就相当于在本书第3章提到的那种"规范相关性"。因此，相对来讲，R_2 体现了较弱的规范性。

表述正确性条件的规则还可以体现更强的规范性，表述如下：

R_3：S 以 w 意谓 $F \rightarrow (x)$ (S "应该" 将 w 正确地用于 $x \leftrightarrow x$ 是 f)

R_3 表达的规范性意蕴比 R_2 更强，也对说话者提出了更高的要求。在规则 R_1 或 R_1^* 中，它们无限地指定了 "w" 的很多可能的使用情形，只要在 "x" 所涉及对象的无穷域的范围内。规则 R_2 对何为 "正确的" 使用及 "不正确的" 使用作了区分，并对说话者的使用方式有所评价，而 R_3 则更明确地指定了任意一位以 "w" 意谓 F 的说话者 S "应该" 或 "必须" 要做的事，R_2 与 R_3 表达了不同程度的规范性意蕴和要求。

当然，正如我们所看到的那样，R_3 表达的规范性要求过高而在实际情形中难以达到。很明显，任何一位说话者都无法承担这样的义务，即将 "w" 用于那些所有体现 F 的对象上，没有人能将语词 "w" 用于存在的每种符合该意义的对象。另外，如果 "应该" 意指 "能够"，说话者同样无法也不必承担这样的义务和责任。退一步讲，即使我们假设一位说话者负有将语词 "w" 用于体现 F 的对象这一义务，该义务对于 "w" 的意义也并不是构成性的，它没有内在地蕴含于 "w" 的意义之中。这一义务最多也仅仅体现在说话者将 "w" 用于体现 F 的对象，而不是将其用于每一个符合条件的对象。总之，这里的 "应该" 不必有范畴意义上的规范指向性，即使涉及 "义务"，也需将其作为诠释正确性条件的补充，而不应作为规定性的指示。

第四，由于上面的 R_3 实际上体现的也是一种较强的规范性要求，所以它可以被看作一种有关强规范性的表达式，并将其分为两个条件句进行分别探讨，我们在第2章的 "从非事实论到规范性" 一节中曾作过类似分析，这里在此基础上作进一步探讨。为了将讨论的主题集中在规范性上，我们将 R_3 分解的两个表达式都以 "规范性" 来表示，记为 N_1 和 N_2。因此，"S 以 w 意谓 $F \rightarrow (x)$ (S '应该' 将 w 正确地用于 $x \leftrightarrow x$ 是 f)" 可以分解为

N_1：S 以 w 意谓 $F \rightarrow (x)$ (x 是 $f \rightarrow S$ "应该" 将 w 正确地用于 x)

N_2：S 以 w 意谓 $F \rightarrow (x)$ (S "应该" 将 w 正确地用于 $x \rightarrow x$ 是 f)

正如我们在前面章节的分析中所指出的，N_1 对说话者提出了过高的规范性要求而无法应用于实际情形，在这里无需赘述，而且 N_1 也正体现了意义怀疑论者所质疑的那种从 "是" 到 "应该" 的推论，怀疑论者强调的正是二者之间的

鸿沟。这里需要关注的是 N_2 这个表达式，与 N_1 相比，这种规范性蕴含了某种较弱的要求，但尽管如此，哈特甘迪认为 N_2 也是欠缺合理性和说服力的。哈特甘迪曾提供了拒绝 N_2 的两个理由，在以下这些情况中，我们一般认为说话者没有违反其语义义务。

首先，一位说话者有可能故意地误用一个语词却没有违反任何语义义务。例如，这个说话者可能说谎，或者用讽刺的、嘲讽的方式来使用某个表达式，也可能出于其他修辞目的而以特殊方式来使用表达式。为表明这一方式，哈特甘迪曾给出了关于一位说话者 Matilda 的例子，当她在说"我的房子着火了"的时候是在说谎。按照该例子中 Matilda 对"着火"的使用方式，她此刻确实是通过表达式"着火"来意谓着火的情形，尽管 Matilda 将它用在了没有着火的对象上。一种可能存在的情况是，如果 Matilda 的本意是想要说谎而非道出实情，那么她"应该"将表达式"着火"用于她的房子。因此，尽管她对该表达式的使用不符合实际发生的情况，她仍然在以"着火"意谓着火。由此可知，N_2 是不成立的。

其次，一位说话者也可能因为某种无关紧要、微不足道的原因而未能将一个语词用于那些位于它外延范围的对象上。例如，这位说话者可能没有正确使用这个语词的想法，或者他此时有其他更好的事情要做。在其中任何一种情况下，说话者并没有犯语义学上的错误，也并不表示他做了"不应该"做的事情。哈特甘迪认为，如果说话者没有按照符合其正确性条件的方式来使用一个表达式，也并不表明在所有这类情况下都违反了某种语义义务。①

但是，从另一个角度讲，N_2 也可以说是得到了满足。首先，在一位说话者故意地误用一个语词的情况中，她可能说谎，或者用讽刺的、嘲讽的方式来使用某个表达式，也可能出于其他修辞目的而使用该表达式。在这种情况下，N_2 对说话者可能或"应该"做的事情有所约束，如果她要真正地用某一表达式来意谓它所意谓的东西。就 Matilda 的例子来说，如果她知道某个对象并没有体现 F 的意义，那么根据 N_2 表述的规范性指示，她并不会负有这种语义义务，即将一个意谓 F 的表达式用于那个对象上。由此可知，即使 Matilda 想要说谎，她也并不负有义务来将表达式"着火"用于那个未体现此特征的房子上。从语义学的角度讲，她可以将其他表达式用于这个对象。这种考察方式反而体现了语言表达式的使用与说话者的语义义务相符合。

---

① 参见：Hattiangadi A. *Oughts and thoughts: Rule-following and the Normativity of Content.* Oxford: Clarendon Press, 2007：185-188.

如果不考虑强规范性的可能性和实现情况，我们还可以对 N_2 作这样一种分析。假设说话者并非出于故意，而是由于某些微不足道的具体原因而没有以 w 意谓 F，但根据 N_2 中所体现的关系，也不能排除该说话者仍然负有义务将 w 正确地用于那些体现 F 的对象上。这表明，如果由说话者以 w 意谓 F 可以得出他负有将 w 正确地用于体现 F 意义的对象这一义务，那么通过说话者没有如此意谓的情况并不能排除他的这种义务。

第五，由于过强的语义规范性要求在说话者的言语行为实践中难以达到，所以可以将这种要求和条件进一步弱化，这具体体现在，除了肯定一般意义上的言语实践的规范性意蕴外，还要将说话者在使用表达式过程中的"应该"予以弱化。比如，考虑到 N_1 和 N_2 都使说话者负有语义义务而在现实情形中难以满足，我们可以从哈特甘迪的相关论述中总结出一种可供选择的理解语义规范性的方案。

结合爱卢华多对哈特甘迪有关规范性问题的分析，我们以 N_3 来表示这一语义规范性方案，并将其表示为

N_3：S 以 w 意谓 $F \rightarrow (S$ "应该" 会使得：$((x)(S$ 将 w 用于 $x) \rightarrow x$ 是 $f))$ [①]

与 N_2 相比，变化之处在于由"S'应该'……"转变为"S'应该'会使得……"，这表明，N_3 中的"应该"是伴随着"S 以 w 意谓 F"发生的一种可能性，它不是规定性的"应该"，而是可能会导致的结果，这就将原来的语义规范性弱化了许多。在爱卢华多看来，这一表达式不但避免了 N_1 和 N_2 所遭遇的种种反驳，而且还能够成功地达到克里普克在其怀疑论论证中需要的效力和结果。

N_2 与 N_3 代表了不同程度的语义规范性，按照爱卢华多的观点，其不同之处在于"应该"在 N_2 的表达式中显得范围较窄，而在 N_3 中范围相对较宽。在探讨说话者使用表达式中的"应该"时，哈特甘迪认为，按照较宽范围的规范性解释，可以得出的是，说话者"应该"避免将语词"绿色"用于那些非绿色的对象，若将这个准则与某一对象是非绿色的事实结合起来，这并非意指说话者"应该"制止不将"绿色"用于非绿色的对象。哈特甘迪认为，这没有准确地表达我们原始的直觉。事实上，尽管哈特甘迪表达了对语义规范性的"弱解释"，却没有明确指出无论是宽范围意义上的"应该"还是窄范围意义上的"应该"，都不会表示说话者应制止不将某一表达式用于某个对象，这里没有强制意义上

① 参见：Elugardo R. Review of Anandi Hattiangadi, oughts and thoughts: Scepticism and the normativity of meaning. *Notre Dame Philosophical Reviews*, 2008, (4).参见：http://ndpr.nd.edu/news/23433/?id=12784.

的"应该／不应该"。说话者不负有将"绿色"用于那些体现绿色属性的对象的义务；反过来讲，也不表示说话者负有不将"绿色"用于那些非绿色对象的语义义务。

因此，通过语义规范性的"强""弱"不同解释形式，可以得出的是，当 x 没有体现 F 的意义（如对象是非绿色的），则可以说，要么说话者不将"w"用于 x（如不以"绿色"意谓非绿色的对象），要么说话者没有义务将"w"用于 x，这与说话者负有义务而不将"w"用于 x 有根本的区别，这就类似于"说话者没有义务将'绿色'用于非绿色对象"与"说话者有义务不将'绿色'用于非绿色对象"之间的区别。因为后者仍然以反向的方式为说话者规定了一种强规范性，仍然使说话者负有难以完成的语义义务。

回到克里普克的怀疑论论证中来，恐怕难点并不在于对"强""弱"规范性要求的判断，而在于由语言表达式使用的正确性条件如何得出说话者的"应该"，特别是如何使他在实践中产生相应的"动机"。尽管说话者以"绿色"意谓那些体现绿色属性的对象对他来说是很自然的，但如何通过这种关于"正确性"的判断来为说话者在实践中的语义意向和行为提供一种充分理由仍然是需要解释的。这时我们往往会诉诸"动机内在论"，即如果说话者对表达式的正确使用条件有理性的认知与把握，则他会被激发而产生遵循此规则的内在动力，因而只有在某一对象处于该表达式的外延之内时，说话者才能将该表达式用于这个对象。就像尽管我们自然地认为"125"是"68+57"的正确答案，但能动者在运算中能够被激发而按照此规则得出答案，则这一规范性判断必须与动机之间有一种概念上的联系，即我们需要解释能动者如何产生了给出这一正确答案的内在动机。

然而，根据怀疑论者的论证过程可知，他们会认为没有自然意义上的事实会蕴含说话者被激发以某种正确的方式来使用表达式，而且还不取决于说话者本身的欲望。似乎没有什么自然事实能够为这种规范性论断提供基础。因此，怀疑论者要想利用此类论证，首先需要假定语义上的规范性判断涉及评价性断言，而这些评价性断言才为动机的产生提供了可能。这就需要我们进一步探讨这种评价性断言与动机之间是否存在实质性关联，比如，评价性断言是否引发了说话者处于某种动机状态，说话者在此状态中可以按照表达式的正确使用规则来使用它们。但是，在这种情况下，说话者被激发而产生的动机状态往往是多种因素作用的结果，即使用表达式的原因主要并非由他的欲望本身决定，而涉及一种综合的影响因素集，包括他的理解与认知能力、慎思过程、对规则的坚守、意向和欲望等，这就要求我们在说话者或能动者的实践过程中对上述因素进行综合考量，因此，"规范性"的语用维度就显示出了其必要性。

三、"规范性"的语用维度及其特征 [①]

通过语法层次和语义层次的"规范性"问题的考察可知，无论是探讨能动者对规范性准则的遵循，还是说明说话者对语言表达式的使用，都呈现出一种与本质主义研究方式不同的进路。能动者并非在前理论的意义上就充分把握了规则的应用，说话者也并非在预先明确了语法规则和本质意义的情况下才开始使用语言表达式。他们往往还未在命题层次上了解语法规则与语义规则之时，就已经能够"规范性"地使用规则，这不是将命题层次的"知道"具体化为能力层次的践行，而经常体现为一种从"能力之知"上溯到"命题之知"的过程，即从"knowing-how"到"knowing-that"的过程。由此，规范性的"语用"维度就在这种实践过程中体现出了其基础性与奠基性意义。

1. 规范性问题的语用进路：基本特征

如前所述，语法和语义层次的"规范性"考察蕴含着一种语用指向，表明了从语用维度探讨此问题的必要性。当我们基于能动者遵循规则或者说话者使用表达式的过程而考量"规范性"论题时可知，与当前流行的语义学研究进路相比，规范性的语用进路具有以下基本特征。

首先，从意义发生的原因和过程来看，规范性的语用进路肯定了意义在本质上对使用具有依赖性。语言表达式的意义正是在共同体成员的言语行为实践中建立起来的。虽然意义与使用之间有密切关联，但仍应对二者之间的关系采取一种较为审慎的解读方式。意义使用理论的坚持者常常遵循"意义即使用"的原则，但这一原则往往遭到过度阐释而被误解和滥用。在强调"使用"的同时不应该忽略言语行为的规范性特征和语言意义的规范意蕴，如果仅从行为主义视角对言语行为进行因果性还原，就会忽略意义的自主性，导致意义的消解或解构。也就是说，要避免通过"去规范性"的使用来消解意义。

其次，规范性的传统研究和语义分析将规范等同于规则，将规范性等同于显规范性，这就使规范性成为一种强规范性。虽然语言表达式的使用具有一些

---

① 本节主要内容曾发表于《中国社会科学》2014 年第 8 期，论文题目为《规范性问题的语义转向与语用进路》。

约束性的规则，表达式的意义也与规则密切相关，但不能因此认为这些规则或正确性条件完全决定了意义甚至等同于意义。说话者处于语言共同体中，其言语实践必定会遵循一定的规则，体现出某种规范性特征，但正如前文所指出的，那种决定意义的规定性规则表达了强规范性，其合理性令人质疑。某些意义的使用理论者将语言的使用与棋类游戏作类比①。在棋类游戏中，下棋的目标、步骤及结果完全是由参与者约定的规则决定的，规则也构成了这一活动的意义。然而，语言的使用与此不同，没有遵循这种规定性规则的言语行为并非无法获得意义，也不代表违反了某种语义义务。虽然语言共同体的言语实践是意义发生的前提，但仅仅着眼于意义的发生角度或言语行为的实施过程并不能充分地解释意义归因，规范性的语用进路仍坚持意义的独立性和自主性。

最后，将规范性等同于显规范性的另一个后果是，它使对规范性的语义分析容易陷入还原主义的窠臼，把规范性特征或规范性看成是对自然特征或关系的一种表征。而推理主义语义学将规范性归结为规范性表达式之间的推论关系，这又容易导致语言与世界的分离。规范性的合理解释在强调语用规范性的同时并不否认规范性表达式具有表征外部世界的命题内容，因而没有置身于语言与世界的关系之外。其不同之处在于：①规范性仅仅指定了表达式运用的正确条件，由此产生的规范性约束只是一种较弱意义上的规范性，这种规范性不能作任何形式的还原。因此，规范性的语用进路不再仅仅诉诸具有明确规则形式的显规范性，也不再仅仅把语言表达式看作表征外部世界的符号系统，而主要在言语实践过程中考察交流者的意向、信念及他们在达成理解的过程中需具备的条件。②在规范性构建的解释模式中，我们不再认为表达式对其对象的指称或表征是不证自明的，不再把"指称""意谓""真"等看作毋庸置疑的前理论意义的概念，而是结合内容的规范性，通过说话者的信念归因来具体说明这种表征关系和表达式的正确性条件，进而达到意义归因的辨明。

因此，基于一种弱规范性的理解，规范性的语用进路将语义学的"应该"与语用学的"应该"结合起来，规范性往往与说话者的命题态度或心灵状态联系在一起，并且依赖于说话者使用语言表达式时所持的相关信念。因此，显规范性的语义解释必然被引向关于信念规范性的语用解释，而这一过程表明，态

---

① 维特根斯坦在《哲学研究》中反复将语言规则与棋类规则做类比，以阐明其语言游戏理论，这一类比受到语言使用论者的普遍重视。达米特为了说明语义规则对意义形成的重要性也曾采用这一类比（参见：Dummett M. *The Seas of Language*. Oxford：Clarendon Press, 1996：96, 102-103.）。但也有很多人反对这一类比，如戴维森曾分析了遵守规则的游戏与语言实践之间的重要区别（参见：Davidson D. *Subjective, Intersubjective, Objective*. New York：Oxford University Press, 2001：106-121.）。

度、信念等语用层面的规范性不再是可有可无的，它对于语言表达式的意义可以发挥更为基础性的作用。

2. 规范性问题的语用进路：作用和意义

第一，意义与未来行动的意向之间的规范性联系体现了语用的特征和指向，对规范性的语义分析内含着对语用规范性的依赖。克里普克曾指出："计算错误，我能力的有限性以及其他干扰因素可能会导致我没有'倾向于'像我'应该'的那样来回答，如果确实发生这种情形，我就没有按照我的意向来行动。意义和未来行动的意向之间的关系是规范性的，不是描述性的。"[①] 这里的"规范性"并不意味着强规范性，运算者或说话者的未来行动源于他要达到的某种目标或要满足的某种欲望，他想达成这种愿望就应该做某事，如果他没有做到，并不会必然得出他违反了某种义务。

这里的"应该"只是表明，为了符合某种意向或实现某个目标，作出某种行动是合适的。这种规范性可以类比于康德哲学中的"假言命令"，后者从经验上设定了一些达到某种既定目标的可能方法，即如果某人想要达到某种目的 P，就应该做 A。当然，就一般情况而言，如果没有做 A，并不表示某人做了他"不应该"做的事，也不一定表示某人没有达到目的，因为可能存在其他的达到目的的方式。不过，规范性与这种假言命令还是有区别的，因为它并没有像假言命令那样从经验上指定实现一个目标的可能方法，而只是强调说话者"应该"以符合其"意向"的方式来行动。比如，如果说话者要正确而有意义地运用"马"这个词项，就要将"马"用于对象的马，这是表达式运用的恰当方式。但是，如果说话者没有将"马"用于它适用的对象，也并不表示他违反了语义义务，只是说明其意向没有实现，其中不涉及规定性的"应该"。可见，意义与未来行动的意向之间的关联并不是内在的或本质的，说话者或能动者所谓的"应该"主要取决于他所处语境中的非语义学特征，与欲望、意向、认知等因素密切相关，常常体现的是道德、审美、法律等方面的"应该"。在语言共同体的实际交流中，强规范性的语义学"应该"几乎是不存在的，它仅仅表示一种假设的达到意向目标的方式或手段，需要通过语用的规范性才有可能完成。

第二，通过规则和意义之间的关系来解读语义规范性时，以语用背景为基

---

① Kripke S. *Wittgenstein on Rules and Private Language.* Oxford：Basil Blackwell, 1982：37.

底分析规范性的内涵和本质比单纯的语义分析更加有效。如果一个语言表达式有意义，那就一定有其运用的正确性条件或规则。然而，说话者遵守了这些规则是否就意味着他作出了正确的断言？反之，就作出了错误的断言？如果这些规则只体现了语义学规范性的一般要求，或许可以作出这样的推论；而如果这是强规范性要求，则不仅可以这样推论，还可以进一步要求说话者以"应该/不应该"的方式作出断言。但是，实际情况并非如此，规则的规范性本质和力量并非仅仅是语义的，它更多地体现在语用层面，以保证语言共同体的交流互动能够顺利进行。举例而言，塞尔曾对以言行事的行为结构进行了分析[1]，其中的真诚性规则指出，只有当说话者 S 相信 p 时，才断言 p。然而，实际上会有这样的情况发生：①即使说话者 S 遵守真诚性规则，他仍有可能作出不正确的断言。比如，S 确实真诚地相信 p，但断言时由于某种原因发生了错误。②即使说话者 S 违反了真诚性规则，他也仍有可能断言 p，于是作出了正确的判断。比如，S 虽然不相信 p，但由于说谎或其他原因，结果也断言了 p。可见，遵守规则并不总是意味着作出了正确的断言；同样，违反规则也并不总是意味着作出了错误的断言。规则对能动者并没有强规范性要求。正是在语用背景的基础上，言语行为的变化体现了与具体语境趋向的内在关联性。

第三，在信念的规范性解读中，推论的合理性问题也显示出语用分析的旨趣。有关信念规范性的探讨不能仅限于某一个体单一信念的合理性问题，还要考察信念之间推论关系的合理性，也就是说，单一信念需要被置于一个信念集中才能得到充分说明。首先，为了说明将某一信念归于一位说话者的原因，或者解释这一信念为"真"的合理性条件，需要将说话者彼此相关的一组信念融合于一种前后融贯的理性模式之中进行分析，进而在此模式之内确定已有信念集的限制性条件。在这一过程中，只有结合心灵状态的内容和语义属性进行分析，才能体现语用规范性在确立限制性条件时所具有的导向意义。其次，在对说话者的信念进行归因的过程中，还需要把握构成其合理信念集的各种背景因素，而语用意蕴和效力也渗透在信念之间的推论中。

可以考虑这样两个例子：①对于一个命题 p，如果说话者 S 相信 p，并且 p 蕴涵 q，能否得出 S 相信 q？这种推论是不合理的，因为要清晰地解释一个说话者的信念、意向等命题态度，必然要了解相关背景性问题。由于命题态度具有语义的不透明性，在尚未全面把握一个说话者对某一事态的理解程度、表征能

---

① Searle J. *Speech Acts: An Essay in the Philosophy of Languag.* Cambridge: Cambridge University Press, 1969: 64-67.

力与表征方式之前，无论命题 p 蕴涵 q 还是等价于 q，都不能由"说话者 S 相信 p"就直接推出"S 相信 q"，否则就会违反命题态度的严密性和确定性。②对于一个命题 p，如果说话者 S 相信 p，并且 p 蕴涵 q，能否得出 S"应该"相信 q？如果未辅以一些限制性条件，这种涉及"应该"的推论过程也是不恰当的。因为就说话者本身而言，他在言语行为中并没有体现出有"相信 q"的义务，所以这种信念归因还缺少具体说明与合理性辩护。

第四，通过对语言表达式功能的特征化表述，可以对表达式"应该"如何被运用的问题进行语用分析，从而消除强规范性导致的困难。有关表达式"应该"怎样被运用实际上并不隐含说话者的语义义务，如果把这种"应该"理解为关于表达式功能和特征的表述，会使问题更清晰。比如，说"黑色"不应该被用于"雪"，这可以理解为对谓词"黑色"的部分特征描述。也许有人在某一时刻出于某种原因而将"黑色"用于"雪"，也并不表示他做了违反自己语义义务的事。又如，伞"应该"被用来遮阳挡雨，这种"应该"只是表示了伞的功能特征。如果伞没有被用来遮阳挡雨而用作他途，也并不说明使用者"不应该"有这样的行为。

由此可见，规范性问题的语义分析不可避免地涉及其语用特征，对意义与内容两种规范性的阐释都内含着一种语用意蕴。因此，只有将语义规范性和语用规范性这两个基本维度相结合，进而凸显语用规范性在言语实践中的基础性和指引性作用，才可能更清晰、准确地把握规范性问题。

四、规范性语境的可能性及其意义

本书在第 1 章就对康德的规范性转向的意义作了探讨，指出它预示了规范性的语义转向。然而，通过语用层面上对"规范性"的进一步分析可知，这种语义转向必然指向一种语用的规范性。从某种程度上讲，规范性表达式的语法特征及其语义维度只有在阐明其语用维度的基础上才能得到澄清。然而，根据规范性的传统研究方式特别是语义层面的相关分析可知，显规范性与强规范性被给予了过多关注，而弱规范性的意义并没有得到应有的重视。在讨论规范性要求时，也多是在强规范性的意义上体现了对主体的"义务"和"责任"要求，而没有结合能动者特定的心灵状态与实践过程中的语境因素进行综合考察。对规范性表达式的语法及语义特征的分析表明，命题层次上的正确性条件只是规范性地表达了对能动者实施某一行动的一般性要求，在能动者的实践过程中它应体现为一种弱规范性要求，能动者的意向、信念与欲望等语用层次的规范性指向也确证了这种弱规范性的合理性。

可见，我们需将语法的、语义的和语用的规范性看作一个互为解释和补充的关联系统，它们共同构成了能动者实施行动的规范性语境。在这一语境中，能动者既感受到规范性条件的指引和约束，又体现了一种对规范性条件的逆向认知、解读与把握过程。具体来讲，能动者在实践中并非总是在遵循传统的路线，即关于规范性条件命题层次上的认知与习得在先，然后才付诸使用。在规范性语境中，能动者的实践往往呈现出由语用层次上溯到语法和语义层次的过程。这一过程同时也揭示出，就规范性的探讨主题而言，相关的研究体现了从语言到心灵、从意义到内容的进路；表达规范性要求的规则体现了从强规范性到弱规范性的趋向；涉及行动理由和动机的理论也相应地呈现了从"强解释"到"弱解释"的过程，而总体来看，这些解释的理论在方法论特征上经历了从语法和语义维度的规范性到语用规范性的变化。

因此，尽管规范性在语法、语义和语用这三重维度上相互区别并彼此独立，但在实践过程中这三方面的自然关联与整合却成为必然的选择，而且有关规范性的语法和语义维度的阐释内在地隐含着语用指向，因此它们可以彼此补充和互为说明，从而为规范性语境的形成提供可能性。当能动者在规范性语境中实施某一行动时，语法和语义层次上的规范性条件呈现出一种内化性与潜在性倾向，而能动者对规范性条件或要求的认知与把握也表现出程序性与默会性特征。无论从规范性论题的研究内容还是诠释进路而言，这些转变及趋向都呈现了规范性问题的多重意蕴，并指出了整体的规范性语境所具有的突出的实践性特征。以规范性语境为基础，我们不仅可以进一步澄清规范性的基本内涵与本质，而且有助于说明能动者如何基于规范性理由而实施行动。能动者在这种实践过程中既没有脱离规范性力量的指引和约束，又不必局限于命题层次上对具体的规范性条件或规则的慎思，不必将"命题之知"作为必不可少的预设和前提。这种规范性发挥作用的模式使说话者或能动者可以在无需明确规范性准则的前提下展开行动，尽管这时语法和语义层面的命题性知识仅仅构成了这些行动的外在理由和基础，却能够渗透于行动的过程之中，能动者通过语用层次上的实践推理而达到"能力之知"，同时使得那种外在的规范性理由与要求进一步明晰化。

这一过程也揭示出，如果能动者能够基于理由而合理地行动，关键并不在于他要领会和把握的那些规则或规范性条件本身的合理性与融贯性，也不在于能动者如何能够通过理性认知来了解这些规则，进而在其行动中体现出对各种规则的"遵循"和执行，而在于能动者的自身信念系统需保持内在的融贯性。因为这种从命题性规则的"知道"到在行动中执行相关规则的反应模式，已经预设了命题性规则与"遵守规则"行为之间的鸿沟，而在试图填补这种鸿沟的过程中就不可避免地产生了各种各样的争论与分歧。不可否认，能动者的行动要基于某种规范性理由与根据，但这种"理由"只潜在地作为一种程序性知识蕴含在实践过程之中，这并不等同于能动者对各种命题性规则的学习与了解。实际上，各种实践行为往往并非基于对各种规则的明确"知道"，进而使得行动去"符合"这些规则。合理的行动过程并不总是以清晰的语法和语义层面上的规范性指示作为起点，能动者不明确这些指示并不表示他不知道如何正确地行动，比如，说话者不明确语法和语义的规则，无法预先对"应该"如何使用一个语言表达式作出描述，却能正确而合乎规则地使用该表达式，他已经在语用的层面上践行着规则。

正如在规范性语境中追溯规则与实施遵守规则的行动时，不必预设二者之间的鸿沟进而讨论行动如何去"符合"那种外在的规则，麦克道尔也曾经在更广泛的意义上指出，关于心灵的讨论应关注我们拥有的某些能力的应用，以及应该以怎样的方式来描述这种应用，这不是关于主体的某种非物质部分的解释。那种能力伴随着主体的大脑活动并且产生于主体与环境的交互作用之中，并不能通过生物学、物理学及计算机科学等表述方式进行还原和解释。因此，为了理解一种心灵状态或某一片断如何指向世界，就如同一种信念或判断指向世界的方式那样，我们需要将这一状态或片断放在一种规范性语境之中，将有关思维指向对象这一情况的反思建立在对经验世界负责的基础之上。按照麦克道尔的观点，我们应克服传统二元论的理论预设，不必预设主体的认知能力与外部世界之间存在着某种分界面，因为循此思路并不能保证主体的认知能力能够达到或把握那些对象本身，而应把心灵作为一种与世界彼此交融的能力系统，它与世界之间具有彼此作用与相互渗透的关系，而这一关系需依赖于主体的能力系统在实践过程中与规范性语境中的各种要素的相互作用，通过这种方式才能阐明心灵是如何与世界打交道的 ①。麦克道尔的论述对规范性论题的探讨同样予以启示，如果我们预设了一种作为外在理由的规则，它与能动者的认知和行动

---

① 参见：约翰·麦克道尔. 心灵与世界. 韩林合译. 北京：中国人民大学出版社，2014：1-17；McDowell J. *Mind and World*. Cambridge: Harvard University Press, 1996: *xi-xxiv*; Putnam H. *The Threefold Cord: Mind, Body and World*. New York: Columbia University Press, 1999: 179-181.

过程相对立，需要通过按照规则采取行动的过程才能"符合"规则，这种二元的理论预设必然使我们无法脱离所谓的规则遵循的悖论。只有将这一过程置于规范性语境之中进行综合性考量，才能明确规范性的"应该"是如何发挥其作用的。如前所述，规范性语境中的"应该"更多地体现为一种语用层面的弱规范性作用，通过弱规范性维度的引导作用和实践行为来明确语法和语义方面的命题性规则，也就是说，可以通过弱规范性指向的语用规范性来为描述规定性要求的语义规范性奠定基础。

第二节　规范性语境的实践指向

通过规范性表达式的语法特征、规范性问题的语义维度和语用维度的分别考察，规范性问题的脉络与探讨进路逐步清晰。规范性意蕴在语法、语义和语用三重维度上彼此独立又可以内在地结合起来，由此成为"规范性语境"中不可或缺的组成部分。

立足于规范性语境整体来看，在能动者基于某种规范性理由而行动或者说话者使用语言表达式的过程中，尽管会受到规范性力量的引导和约束，但所谓的"规范性要求"或"规范性准则"实际上体现出一种内在化倾向，而能动者或说话者对这些准则的了解和把握也体现出一种默会性和程序性特征。这一过程往往是从语用层次的"知道"和"领会"开始，上溯至语义和语法层次的"知道"，因此，尽管与语用层次的"能力之知"相比，语义和语法层次的"命题之知"一般被认为是"逻辑在先"，但能动者的行动过程或者说话者使用表达式的过程却往往采取了与这种"先天"式方案相反的进路。所以，虽然我们通常认为能动者是基于"规范性理由"而行动，但对他实际行动的归因却需要结合其实践中的心灵状态等各种因素，即结合其"动机性理由"予以分析，这些讨论的进路都体现出能动者所处的规范性语境的实践指向与特征。然而，对这一指向的说明首先需要对作出断言的归因者与行动的主体进行区分，在此基础上分析"理由"与"动机"的语境依赖性和语境敏感性。

一、"归因者语境主义"与"主体语境主义"的区分

一般认为，语境主义思想（特别是知识论语境主义思想）的发端可以追溯至奥斯汀（John Austin）与维特根斯坦，而刘易斯在此基础上作了更清楚地阐

释，尤其对于我们理解"知道"的语境敏感性及归因语境主义予以了更多启示。①尽管有关归因语境主义的讨论通常是在知识论的范围内进行的，但在规范性语境之中讨论能动者的行动，特别是要阐明行动的"理由"和"动机"问题，同样需要对作出规范性断言的归因者与采取行动的能动者进行分析，因而归因语境主义与主体语境主义等理论就体现出其独特的方法论作用。

1. 从"语境原则"到"语境主义原则"

为了避免混淆，在对能动者的行动过程进行语境主义的考察之前，需要对"语境原则"和"语境主义原则"之间的联系与区别进行必要的解释，同时对从前者到后者的转变作出说明。众所周知，"语境原则"可以追溯至弗雷格的《算术基础》，后经不断地引用和阐发，已经成为语言哲学、数学哲学等诸多领域的重要原则。它关注的是如何以恰当的方式在我们的语言和思想的构造之中体现这两者的表征能力，强调表征和意向性基于一种结构的视角才能得到理解。按照"语境原则"，句子作为基本单位与核心发挥着首要作用，在语言分析的基础上可以解释"数"等抽象对象的本体论问题。按照句法优先原则构建的逻辑系统可以体现逻辑的自明性，但不足以体现其自主性。

然而，维特根斯坦的进路与此不同，他强调的是有关语言表达式的使用行为，将表达式置于说话者对它们的使用过程中予以考察，并在这种使用行为的结构中体现逻辑的自主性，这种结构特征并非决定于某种先天本质，而是自我支持的；另外，它虽然能够决定有关逻辑句法的阐释，但并不能化归为逻辑句法上的特征。维特根斯坦在其《哲学研究》中的论述方式明显地体现了这一倾向，即在说话者对语言表达式的使用行为与实践过程中来说明表达式意义的基础何以构成，由此，阐明意义的"语境原则"就在维特根斯坦这里转变为一种"语境主义原则"，而这一转变的特征，一方面突出地体现在逻辑的自主性上；另一方面有关语言表达式意义的规范性要求与解释更全面地体现了"语境主义原则"的独特性。②

可以发现，意义的规范性解释进路在"语境主义原则"中发挥的效力与该进路自身内涵的包容性与丰富性密切相关。在意义归因的阐明中，规范性进路既肯定了规范性条件与理由在构成意义的基础中的必要作用，又表明了以某种先天的

① 参见: Wittgesnstein L, *On Certainty*. Anscombe G E M, von Wright G H. eds. Oxford: Basil Blackwell, 1969; 曹建波. 知识与语境：当代西方知识论对怀疑主义难题的解答. 上海：上海人民出版社，2009：205-207.

② 关于从"语境原则"到"语境主义原则"的转变及其特征，参见：黄敏. 知识之锚——从语境原则到语境主义知识论. 上海：华东师范大学出版社，2014：379-398.

本质的语义事实来阐释意义的构成是无法得到合理性辩护的，以此提供了一种反驳已有的意义理论中先天性论证的可能性。因此，"意义的规范性"既没有忽视语言表达式运用的"规范性理由"，又对语义阐释的形而上学倾向提出了反驳，它在传统的意义理解进路之间保持了一种适度的张力。可见，基于"意义的规范性"维度来阐明"语境主义原则"时，既不要将语言表达式的意义简单地归结为"使用方式"本身，由此以语用学来取代语义学；也要拒斥语义解读中的先天进路或形而上学倾向。这一丰富内涵与广阔视域首先应归于后期的维特根斯坦，而通过克里普克、哈特甘迪等当代哲学家的进一步阐发，这一进路的特征与论域得到进一步的廓清与拓展，同时"语境主义原则"也在这些讨论中更加明确。

2. 行动理由的判断条件：归因者语境与主体语境 [①]

从一般意义上讲，能动者的行动总是基于某种"理由"，而这些理由常常表现为各种形式的"规范性条件"或"规范性准则"，它们可以作为深层的根基性和范导性理由发挥作用，也可以表现为具体的"规则"在因果的经验层次上促成能动者的某一行动。在能动者实施某一行动之前，通常需要对作为行动基础的"理由"进行判断，而这种"理由"本身具有多重意蕴与表现形式，它可以作为先有的理论预设与前提潜存于语境之中，也可能与能动者在某一特定情形中的"动机"相符合，由此引发能动者的某一具体行为，这就增加了对"理由"判断的多种可能性与复杂性。这种状况在很大程度上体现为，能动者的具体行动与其对"规范性理由"的判断不相符，对"理由"的评价与其自身的欲望相背离，这就要求我们首先对归因者语境与主体语境作出区分。

在知识论语境主义视域中，关于语境主义的说明可能是基于作为主体的能动者本身的立场，也可能是基于作为一般的归因者或说话者的立场。按照对归因者语境主义与主体语境主义的区分与通常理解，"S 知道 p"或"S 不知道 p"的真值条件随着它被表述的语境而有所不同，要判断一种语境主义说明体现的是主体相关性还是归因者相关性，这主要取决于那种涉及"S 知道 p"的真值条

---

① 需要说明的是，在知识论语境主义的讨论中，根据不同的划分标准，语境主义可以划分为不同的类型，如原初的语境主义、推论的语境主义、主体语境主义、归因者语境主义、认知语境主义、论题的语境主义、对话的语境主义、维特根斯坦式的语境主义等。其中，有些语境主义之间存在着理论上的交叉，比如，主体语境主义可以表现为推论的语境主义、利益相关的语境主义等。本节在这里不对这些语境主义形式进行逐一说明，而主要根据"行动理由"相关讨论的需要，从"归因者语境主义"和"主体语境主义"的角度作出区分和探讨。曹建波教授曾对知识论语境主义的不同类型作过较为详细的介绍和分析，参见：曹建波. 知识与语境：当代西方知识论对怀疑主义难题的解答. 上海：上海人民出版社，2009：205-245.

件的决定性因素的特征，即区别这种特征是归因者语境还是主体语境。简单来讲，按照归因者语境主义的观点，如果"S知道p"的真值条件仅仅取决于归因者或说话者，就可以把这种语境主义看作归因者语境主义。归因者语境主义主张，"知道"这一谓词是语境敏感的，这一观点强调知识归因的表达式的真值条件具有语境敏感性。另外，"主体语境主义"的基本观点为，"S知道p"的真值条件仅仅由主体本身所决定。在主体语境主义者看来，知识归因的真值条件对主体语境的敏感性可以被用来解释这一归因过程中的语境敏感现象。科恩（Stewart Cohen）、戴维斯（Wayne A.Davis）、德娄斯（Keith DeRose）与恩格尔（Jr.Mylan Engel）等都对归因者语境主义等论题作出过相关论述①。从整体趋向来看，归因者语境主义的主张仍然占据主流，影响也较为深远。

正如我们经常看到的那样，知识归因的发生及其真值都体现了对语境的依赖性，知识归因表达的真值对不同的说话者而言是语境敏感的。在语境主义者看来，所谓"正确的"知识标准都会受到语境的约束。在一种语境 C_1 中，对某一特定的主体 S 与一个命题 p 而言，说话者可以作出正确的断言"S知道p"；而对另一语境 C_2 中的说话者而言，他也可以正确地断言"S不知道p"，因此，"S知道p"或"S不知道p"都是在归因语境之中才有意义，脱离了语境约束的"S知道p"或"S不知道p"是不可能存在的。正是在这种意义上，语境主义者坚持我们不应该一般地讨论"S知道/不知道p"，而应首先限定一些归因的语境，在此基础上探讨"S知道p"的真值问题。

在对能动者的行为表现进行归因时，同样也存在类似的问题。我们也可以将其区分为如下几个方面进行考察。

第一，在探讨能动者实施某一行动的理由和动机等问题时，语境主义原则也会发挥重要的作用，但讨论的核心论题体现出一定的转变，相比于知识的归因，这时更需关注的问题是关于行动的归因。因为我们往往是以一些关于"正确/错误""应该/不应该"的行为判断作为基础来进行讨论的，这些判断对能动者而言是他采取行动的前提。当能动者基于这类理由行动时，他总是在某种程度上拥有对相关理由的"知道"和把握。尽管有时这些理由相对于主体而言是

---

① 科恩等的相关论述可参见：Cohen S. How to be a fallibilist. *Philosophical Perspectives*, 1988，(2): 91-123; Davis W A. Knowledge claims and context: Loose use. *Philosophical Studies*, 2007, 132 (3): 395-438; DeRose K. Contextualism: An explanation and defense Greco J, Sosa E. *The Blackwell Guide to Epistemology*. Oxford: Blackwell Publishing Ltd., 1999: 187-205; Jr. Engel M, J. What's wrong with contextualism, and a noncontextualist resolution of the skeptical paradox. Brendel E, Jäger C. *Contextualisms in Epistemology*. Dordrecht, Norwell: Springer, 2005: 61-90.

一种程序性和默会性知识，如前所述，他往往是由"能力之知"的过程而达到"命题之知"，但这无疑肯定了能动者具有某种程度上的"命题之知"，这可以作为某一特定实践语境的一种预设，从而构成进一步探讨具体行动的基础。

第二，行动的归因也表现出了一种语境的依赖性，分析某一特定行动归于怎样的理由与动机，相对于不同的主体而言也是语境敏感的。这主要体现为以下两个方面。

（1）对能动者作出的规范性判断及采取的行动来说，所谓的"正确"是综合了"规范性理由"与"动机性理由"的，前者体现出能动者一定程度上具有普遍性的认同，而后者则可以作为对某一特定行动归因的理由，体现出较强的语境敏感性。

（2）即使能动者作出了"……是正确的"或"应该做……"的规范性断言，也经常会表现出对所断言内容的承诺与具体的行动不相符的情形，看似出现了判断（或评价）与欲望不相符的状态。如果这时引入"归因者语境主义"与"主体语境主义"的区分，会避免一些常见的混淆与困惑。比如，当能动者做了一种规范性断言时，最好能够区分他是基于一般的归因者（如旁观者）语境表述了具有普遍性的"规范性理由"，还是从主体自身的语境表达了特定情形中的欲望，这两种语境有可能融合，但也常出现背离。对归因者语境来说，规范性理由往往作为一种潜在的预设存在于能动者的实践过程中，引导和约束他的行动，但主体语境中的判断却往往构成了他的"动机性理由"，对于促成他的特定行动具有更直接的作用。

第三，在对能动者的规范性断言做了归因者语境与主体语境的区分之后，还要在这种作判断的语境中再引入其他语境因素作为供参考的变量，如能动者在特定情形中的心灵状态，这样才能明确某一行动施行的原因。以"正确"判断和行动不相符为例，综合考虑语境中的各种变量，才能区分出这样几种情形：①有意去做与判断的"正确"行为相违背的事情；②由于意志薄弱等因素而违反了规范性判断；③发生了主体自身能力不可控的行为。对这些情形的具体分析，笔者会在后文中作出进一步说明。

二、"理由"的语境依赖性和语境敏感性

在对一位能动者如何在理由的基础上实施某一行动的解释中，我们可以将这一过程中涉及的一些客观条件及主体自身的心灵状态等因素综合起来作为一

种待考察的具体语境，其中涉及的诸种因素类似于对这一语境的文本输入，当一种特定的行动开始实施时，可以看作接受诸种因素的输入过程，而在这些因素所构成集合的综合作用下，我们可以观察到一种具体的行动输出。在诸种因素输入及最终行动输出的过程中，都体现了对语境的依赖性，而这一行动过程的展开本身就是语境敏感的，这主要体现在行动"理由"的语境敏感性，以及能动者对"理由"的认知、判断到形成某种动机这一过程的语境敏感性。我们可以从以下几个方面进行解读。

第一，能动者在"理由"的基础上展开行动，但通常认为的"理由"本身往往不足以促成一种具体的行动，而要和其他因素一起构成能动者的"动机性理由"，来作用于最终行为结果的输出。因此，某一行动呈现的"动机"并不能被还原为通常所称的"欲望"，它实质上是一种集合在发挥作用，欲望只是该集合的要素之一。于是，我们可以对"一种特定的行动过程 P 是语境敏感的"这一断言作更为详细的描述：当能动者作出了一种规范性断言如"应该做……"或"做……是正确的"时，它表明了某种被广为接受的规范性理由，我们将这一蕴含了理由的判断表示为"a"。这时可以将作出断言的过程表述为，行动过程 P 通过可能的方式接受了一种输入"a"，这一来源会影响 P 的最终输出，但正如已知的那样，P 还要输入由其它各因素构成的集合，这种集合也构成了一种变量，将这种语境要素的集合记为"E"，因此，P 可以被看作两种变量的函项，我们将其表示为

$$P(a) = \varphi(a, e)$$

式中，e 属于语境要素集 E 并体现了 E 的特性，E 可以包括诸多要素，主要有：能动者对某种规范性理由的认知、了解及坚持度，以及他的情感反应模式、精神状态、自控力、意志的坚定程度、个人欲望等因素，当然还可能涉及其他因素，即那些被认为能体现能动者的断言的承诺的东西。

但是需要注意的是，该行动过程不是在某一输出集合中进行取值，而是呈现出一种变化的空间，其中不仅输入的 a 是变化的，而且 e 也有一个变化的取值范围，它可能是被广为接受的某些常见语境因素，也可能是潜藏在语境中的隐含变量。在一种函项集合中取值，可以记为 $P(a)(e)$，即相当于表达式中的 $\varphi(a, e)$。这种取值方式正体现了"语境依赖"的要义，即可以将其看作对那些隐含变量的存在作一种非明晰性描述所得的结果。认知科学家安德勒（Daniel Andler）在描述"如何理解在特定语境中完成一个行为"时，曾经强调过语境依赖的这一本质意义，并主张作为语境因素集合的变量应该涵盖各种自然发生的

广泛情形，这可以解释通常的或"默认的"（或"缺省的"）语境观念是如何实现的。按照安德勒的方式，我们仍用 e 表示任一变量，它属于语境因素集 E，则当 e 取常量 e_0 时，特定的行动 P 的输出就表示为 $P(a)(e_0)$ 或 $\varphi(a, e_0)$；而对于 e 不取常量 e_0 的那些情形，$P(a)$ 的取值对于 e_0 和 e 有所不同，这时可以说语境对行动过程的输出进行了干预、作了指令或有所纠正。而且，我们还要注意这种分析本身的一种困难或不充分性，即它是建立在对输入因素和语境因素之间的前形式的区分基础上的，我们缺乏关于语境因素的一种独立的内在属性。[①]

　　然而，在笔者看来，就行动的归因问题而言，这种分析的不充分性是难以避免的。因为构成一种行动基础的理由具有其特殊性，能动者对某一"规范性理由"的理解和施行并不是恒定的，即使他作出了一种规范性判断 a，该判断也会有不同指向的可能性，比如：①如果他对这一判断真正认同，评价与其欲望相符合，那么这时输入的 a 也会与语境因素集 C 中的因素具有一些共同特征，C 中的个别隐含变量也会显现出来，输入项 a 不会完全独立于语境因素集 C；②如果他作断言时并不真正认同其中蕴含的规范性理由，该评价与其欲望相分离，那么语境因素集 C 中与"欲望"有关的因素可能仍表现为隐含变量，需要结合归因者语境和主体语境对采取行动的"理由"进行区分和限定。比如，在"动机内在论的回应"一节中曾提到布林克的例子，其中那些非道德主义者（或无道德论者）虽然也作出了与他人相同的规范性断言，但实际上并未受到激发而产生按照此断言去行动的动机。

　　第二，有关一位能动者对"理由"的认知与把握程度的判断也体现了较强的语境依赖性与敏感性。比如，就能动者对"规范性理由"的把握来说，通常认为，只有对"做……是正确的/错误的"或"应该/不应该……"有所描述和限定的"理由"才被看作行动的"规范性理由"。从这个角度讲，"规范性理由"本身蕴含着对相关限定条件的要求，可以说是语境敏感的，因为该理由如果不具有上述特征，就不能作为"规范性理由"存在。但是，还需审慎地处理这样一种情况，即如何判断能动者是否基于"规范性理由"的问题。如果在我们看来某一理由不具有指向"正确性"或有关"应该"的规范性条件，但是能动者仍然坚持将它作为"规范性理由"，看似他的相关信念体现出了一种语境不敏感性，那么能否由此判定他的信念为假，即事实上并没有真正地把握"规范性理

---

　　① 参见：Andler D. The Normativity of context. *Philosophical Studies: An International Journal for Philosophy in the Analytic Tradition*, 2000, 100(3)：273-303.

由"的内涵和本质，或者说他并没有理解什么是"规范性"的知识和要求？如果结合能动者的认知状态和心灵状态，就会发现，没有理解"规范性"的内涵可以作为其中的一种可能性，而另一种可能是，在特定情形中，能动者也能判断出作为其行动基础的"理由"并不具有规范性特征，但这一理由却符合其个人动机和欲望等因素，因此他仍然坚持基于该理由而行动。在这种情况下，能动者所判断的"规范性理由"实际上已经转化为他的"动机性理由"，这恰恰是"理由"的敏感性的又一体现。

第三，从行动的外在理由与内在理由的角度进行分析，同样可以体现"理由"的语境敏感性。由于相对于不同的能动者而言，或者相对于同一位能动者所处的不同状态而言，某一种规范性理由能否呈现在其动机集中也需依赖于他所处的有差异的特定语境，因而我们首先是将规范性理由作为影响能动者最终行动输出的一种输入条件而考量的，也就是说首先将这种规范性理由置于一种"外在理由空间"之中，当能动者在其实践过程中具备了一些必要的条件时，则有可能会从认知理解与内在动机的层面与那种"外在理由空间"相接近。探讨能动者如何展开其行动，实际上就是分析如何将外在的规范性条件作用于有关能动者的语境因素集中，阐释在何种意义上可以说能动者是基于规范性理由而行动的。当能动者的相关条件具备，即外在的理由空间与能动者的相关语境要素集能够恰当地结合起来时，外在的理由就表现为一种内在的理由。

威廉姆斯在《内在理由与外在理由》中曾强调，讨论能动者有理由去实施某一行动，就是认为此行动是满足能动者的动机集合中要素的最方便的方式，也是最快乐和经济的方式，尽管这一推理可能受到了动机集中其他一些要素的制约，但慎思可以给予更多的可能性，赋予动机集中诸要素以秩序，在诸要素发生冲突时进行对比衡量并寻求实现动机的构成性解决方式。因此，某人有理由实施行动就可以归结为，按照上述探索式的方式进行实践推理后，能动者会得出自己有理由去做的事。可见，在这一过程中，如果一种理由陈述的条件能够被赋予能动者，就需要衡量动机集中诸要素的分量及彼此的关联性，才能具体指定那些陈述条件，从而使外在理由的陈述成为能动者内在意义上的陈述。[①]

经分析可知，威廉姆斯指出的能动者的动机集表现了其内在理由形成的制约条件，尽管他表述为"动机集"，但它实际上发挥的正是前文所指的能动者相关语境要素集的功能和作用。而且，外在理由与内在理由之间的联系正是在规

---

① Williams B. Internal and external reasons//Williams B. *Moral Luck*. Cambridge: Cambridge University Press, 1981：101-113.

范性语境中体现了其实践意蕴。

（1）从规范性语境的语义维度上讲，当规范性理由处于外在理由空间之中，先于并独立于能动者实际的行动，此时的理由仍然是命题意义上的，能动者也只局限于这一层次上对规范性理由的认知和了解，比如，某一说话者知道一个语言表达式使用的正确性条件是什么，以及应该以符合该表达式意义的方式来使用它。但这些体现了规范性要求的条件还仅仅是构成了他正确使用表达式的前提和外在理由。要将该理由陈述的规范性条件赋予说话者，还需结合他在使用过程中的语境要素集，诸如他对表达式正确使用条件的把握及坚持度、其反应模式、其意向欲望、道德的和审美的等要素。

（2）从规范性语境的语用维度上讲，行动的展开过程所呈现的实践推理慎思可以给予更多的可能性。因为一位能动者如何进行正确的思考本身就是一种实践性问题。慎思的实践性过程使得动机集中的诸要素具有了秩序，即使它们发生冲突时也能通过能动者的衡量和思索而找到解决方法。也正是基于能动者对外在理由的慎思、相信及展开行动的过程，我们才能明确预设的理由是如何与语境的其他要素发生融合，进而构成了能动者实施具体行动的充分理由。

以威廉姆斯的观点来说，我们能够基于归因者的立场而将某种内在理由赋予能动者的东西，实质上就是能动者通过慎思而能赋予他自己的东西[1]。因此，能动者采取的行动是对内在理由的一种表征，就"理由"对相应行动的构成性意义而言，并没有所谓的"外在理由"，所有具有行动效力的理由都可以被看作"内在理由"。如果一定要强调其中发生了从"外在理由"到"内在理由"的转变，则可以看作这样一种过程：尽管那些"外在理由"独立于行动，但能动者通过理性的慎思或深思熟虑而产生了对于该理由的信念，由此将相关信念及判断作为能动者行动过程的输入条件，它与有关能动者的其他语境因素构成的集合都可以作为涉及行动表现（函项）的变量。由慎思产生的信念弥补了外在理由与内在理由之间的缝隙，之所以能够形成对外在理由的信念，是由于该信念或判断与其他的语境因素可以内在地融合，而这种融合是基于一种实践的规范性语境才成为可能的。

另外，由上述分析可以得出，没有绝对的范畴意义上的"外在理由"或"内在理由"，对"内在"与"外在"的判断也具有语境敏感性。因为相对于不同情形中的能动者来说，同样的规范性理由对有的能动者来说只是外在理由，只是他行动的前提，并不能直接构成他行动的内在理由；但对另一些能动者（特

---

[1] Williams B. Internal and external reasons//Williams B. *Moral Luck*. Cambridge: Cambridge University Press, 1981: 102-103.

别是具有实践智慧的能动者）而言，这种规范性理由就是他内在需求的体现，可以解释和构成他的行动本身，因而对他来说就是"内在理由"。对后者来说，那种规范性理由似乎没有经历从"外在"到"内在"的转变，而就是他的"内在理由"本身。当然，我们完全还可以设想同一位能动者处于不同的特定情形中，"外在"或"内在"理由的断定也并非确定不变的。

三、"规范性理由"与"动机性理由"：特征及差异

关于行动基于怎样的规范性理由等相关讨论，其中的核心问题是：理由与动机之间具有什么关系，特别是作为"规范性的"理由与作为"动机性的"理由之间具有什么关联。具体来讲，无论是讨论能动者如何进行规则遵循的活动，还是分析说话者如何按照符合语言表达式意义的方式来使用某表达式，都需要对能动者和说话者的心灵内容与心灵状态进行考量，在"内容的规范性"解释中，有关行动的"理由"与"动机"的阐明也已显示出其重要性。另外，"理由"与"动机"等主题是内在于实践理性视域之中的，实践性角度的解读本来就是阐明这类主题的题中之义。

在探讨动机内在论的"实践性要求"时，笔者曾对外在论者的质疑与内在论者对"实践性要求"的辩护进行了分析。通过从物模态与从言模态的解读方式，我们区分了"实践性要求"与外在论立场的本质差异并揭示出这样一种趋向，即能动者具有某种"动机"及如何被激发的过程并不是显而易见、无需分析的，能动者所处的动机状态及其与"理由"的关联也需要被置于实践过程中予以解读。凭借能动者对"正确性"的判断及采取的行动，可以阐明构成其行动基础的理由是"规范性理由"还是"动机性理由"。本小节在这些讨论的基础上，进一步分析"规范性理由"与"动机性理由"的基本特征，并对二者的主要区别予以澄清。这些探讨都从不同角度说明了基于实践性维度来考察"理由"与"动机"的必要性，进而体现出规范性语境的实践性指向。

第一，"规范性理由"与"动机性理由"在基本内涵上的区别是在能动者不同的实践过程中体现出来的。

（1）当一位能动者作出了某一规范性断言"在某一情形中做……是正确的"，这时可能包括两种情形：他可能由此被激发而产生了去做此事的相应动机，也可能根本没有处于判断中"应该"的那种动机状态。如果这里暂时排除那些心理消沉、意志薄弱等原因，那么对后者的情况来说，他判断"应该……"

的理由尽管体现了规范性特征，但对他来说却是一种外在的规范。因为此时我们最多可以说他了解什么是正确的行动，这种"了解"可以说是命题层次的，他此刻也拥有一种可能导致行动的理由，然而这仅仅是一种规范性理由，基于这种规范性理由，他有遵从该理由而采取行动的可能性但并非必然会这样做。

（2）动机性理由基本与此相对照，如果能动者既作出了有关"正确"的判断又能够受到激发从而有动机去施行此事，那么可以说此刻所遵从的理由对他来说就是内在的规范。他被激发的动机是内在地蕴含于其规范性断言之中的，而不是派生于一种更基本的判断。这时他被促成的动机状态是一阶的，可以直接解释其作出的断言本身。因此，此时的能动者已经不再局限于命题的意义上了解和把握什么是"正确"的行动，更准确地说，构成他采取行动的理由已经不只是规范性理由，而且是一种更为直接的动机性理由了。

（3）还要注意这样一种倾向，即在"规范性理由"与"动机性理由"之间划分一种统一的截然分明的界限。事实上，在能动者的具体实践过程中，并没有绝对意义上的"规范性理由"与"动机性理由"，也不能以一种简单的标准来判断它们，比如，将能够按照判断而采取行动的理由看作"动机性理由"，而将仅作出判断但未施行的理由看作"规范性理由"，诸如此类的统一划分并没有将能动者置于一种实践性语境中去考察。因为这两种理由如果脱离了实践性维度就都失去了意义，尽管二者有各种差异，但都可以被看作一种实践性理由。这体现为：对不同的能动者 A 和 B 而言，可能对于 A 仅仅是规范性理由的，但对于 B 就是动机性理由的；有时即使对同一能动者来说，可能一种行动的理由本来对他仅仅是规范性的，但后来他的心灵状态也呈现出对此理由的内在认同进而有了驱动力，这时的理由就在发挥动机性的作用。当然，我们在这里并不是采取相对主义的立场，而是将能动者的理性认知、慎思、作出判断及产生动机的过程都置于一种动态的实践语境中，并且把可能的发展也考虑在内。从根本上来讲，如果某一理由构成了能动者被激发而采取行动的基础，那么这种理由既有其规范性的特征，也必然是动机性的。

第二，规范性理由与动机性理由的基本特征存在差异。动机性理由体现出了明显的意向性与欲望指向性特征，而规范性理由体现出了慎思性与评价性特征，有关这些特征的解释需要结合能动者动机产生的原因及采取行动的过程。这可以归结为以下几个方面。

（1）如果对经常提及的能动者的"动机"进行分析，就会发现所谓的"动机"实际上是一个动机的集合。它不仅包括通常理解的"欲望"，还涉及能动者对规范性指示进行的评价、感受的倾向、接受与反应的模式、对所作判断的把握与履行能力等各种要素，这些要素综合起来形成了一种动机集，体现为能动者对"正确性"判断的具体承诺。史密斯指出，在休谟主义者看来，通常所声称的动机性理由不仅包括欲望，其构成还包括有关"手段-目标"的观念①。然而，正如笔者在前面论述中所指出的那样，仅仅通过动机性理由不能充分解读能动者的动机被激发的状态，因为至少还有规范性理由对于促成最终的动机状态所产生的影响，动机性理由是与规范性理由密切相关的。对于同样的规范性指示，只有结合能动者的欲望、意向、感受与反应等因素才能了解这些规范或指令能否被称为一种合理的或理性的规范，或者能否构成规范性理由。

因此，当解读一种动机性理由时，"动机"实际上指向的是动机集。能动者不仅有关于"手段/目标"的一般性观念，而且其心灵状态还要在动机被激发的情形中指向那一即时目标。我们可以将"手段/目标"的一般性观念看作一种语境要素的存在，它是理解动机性理由的必要前提和基础，进而在此基础上来考察能动者的意向和欲望。基于动机性理由的意向性与欲望指向性特征，我们主要关注的是，如何通过对能动者具体心理状态的分析而解释其最终采取的行动。从发挥的功能来看，动机性理由突出地体现了其解释性作用。

当解读规范性理由时，我们关注的是为什么某些规范性的指示和规则能够构成能动者采取某一行动的理由，这就需要对构成行动的理由和能动者的心灵状态进行理性的慎思（或深思熟虑），分析这些理由如何能为能动者采取的行动提供合理性辩护。当然，规范性理由同样具有解释的作用，但就其主要功能来说，它主要体现为对能动者从理性慎思的角度决定去做的事进行合理性解释与辩护，而动机性理由是对能动者在特定情形中确实意欲去做的事进行解释。而且，动机性理由往往是基于一种现实性的角度对能动者的动机进行说明，而规范性理由是基于一种可能性的角度对能动者"应该"采取的行动进行辩护。总体来讲，能动者具有规范性理由却不一定会有动机性理由，但有动机性理由一般是基于某种规范性理由（当然，这里排除了那些由于特殊的心理缺陷、意志薄弱等问题而具有的"动机"）。

（2）基于动机性理由与规范性理由的不同特征，对它们的判断和评价方式也有所区别。由于动机性理由总是指向某种即时目标，对它的考察需要结合能动者的意向状态与欲望。然而，"欲望"的合理性或非理性却不能通过"真"或

---

① 史密斯关于休谟主义者观点的分析参见：Smith M. *The Moral Problem*. Oxford：Basil Blackwell Inc., 1994：130.

"假"来判断，也就是说，"真"或"假"作为对能动者信念方面的判断是合适的，但不能同样地用于"欲望"的判断。信念的目标在于"真"，体现的是心灵向世界的适应指向；而欲望的目标却在于它的实现，体现的是世界向心灵的适应指向①。在动机性理由中，具有一种即时目标就意味着处于某一欲望指向的状态之中，这种目标的意义不在于是否符合标准上的"真/假"，而在于实现。

实际上，在区分非规范性断言与规范性断言时，我们也曾作过类似的讨论。非规范性断言主要关注能动者所作断言的内容能否得到辩护的问题，这与其信念的合理性密切相关，而且合理的非规范性断言不能脱离信念的"真"。因此，非规范性断言的合理性问题主要体现在对相关信念的探讨，即一个具有合理性特征的信念的构成性与评价性问题上。如果预设一位能动者的信念是融贯的，那么当他作出了一个非规范性断言时，就相当于承诺了所断言的内容或者表达了某一信念，而且只有在他的心灵状态与其所承诺的内容相符合时，才能为相关信念的合理性提供辩护。

正是基于对上述问题的考虑，史密斯等也表达了类似的观点，认为我们的信念可以通过"真"或"假"来评价，所以通过这种方式就可以评价信念是理性的还是非理性的。但是，我们的欲望根本不能通过这种方式来进行评价，可以说欲望完全超越了理性的评判。②但是，能否就此推出，一位能动者所做的合乎理性的事情仅仅与符合他欲望的事密切相关？具体来讲，就能动者的动机性理由来说，如果出于他的即时目标与欲望的考虑，那么无论他意欲的内容是什么，能否说他所做的符合理性的事情仅仅是以某种方式来行动，以此最大限度地实现或满足他的欲望？

需要指出，这种推论是不成立的，因为如果仅仅基于动机性理由的角度来考虑，确实可以由此推出欲望的实现即符合所谓的理性，也可以力图实现理性观念的"最大化"，但不可忽略的是，我们是在能动者的实践过程中进行推理的，这种实践推理的过程不仅要基于动机性理由，还要受到规范性理由的制约。动机性与规范性已经彼此渗透地蕴含在能动者的实践性语境之中，这种考察和推理的过程必然要求我们不仅要把握命题层次上的规范性理由，还要结合心灵状态与能力层次上的动机性理由，这也从实践理性的角度展现了语义层次的分析与语用层次的推理相结合。

---

① 普拉茨曾对"欲望"和"信念"体现的适应指向问题作出了类似讨论，参见：Mark de Bretton Platts. *Ways of Meaning: An Introduction to Philosophy of Language* (2nd ed.). Cambridge：MIT Press, 1997：256-260.

② 参见：Smith M. *The Moral Problem*. Oxford：Basil Blackwell Inc., 1994：130-131.

正如威廉姆斯所指出的：实践推理的明显例子必然会导致这样的结论，某人有理由去实施某一行动是因为，该行动是满足能动者的动机集中最便利、最经济、最令人愉快的方式。当然，这个推理可能会受到能动者的其他要素的控制，但是慎思还是为我们提供了更加丰富的可能性，比如，思考对能动者的各种要素的满足何以能按照时间次序结合起来；当能动者的那些要素发生无法解决的冲突时，尽管我们没有衡量这些要素的尺度和工具，但可以考察一下其中哪个分量最重，或者寻找其他的解决方式。[①] 因此，能动者在行动中所具有的"理由"受到多种要素的制约，不会局限于对欲望的满足及相关的手段，还有基于理性的慎思过程，如果把前者看作侧重于对动机性理由的考虑，那么后者更多地是基于规范性理由的衡量。而且，这两者相结合的方式给能动者提供了一种开放式的理由空间，使其将规范性的指示与自己的心灵状态相结合来思考如何基于理由而促成相应的行动。这一推理过程是实践性的，既有规范性力量的指引但又不会完全被它约束，从而体现了能动者的内在动机效力与行为选择上的自主性。

第三，基于动机性理由与规范性理由各自的特征，它们在具体的实践过程中也有不同的体现与倾向。而且，能动者的行动往往既有规范性理由的引导，又指示着自己在特定情形中的心灵状态，所表现出来的结果往往是既基于规范性理由又超越了这种既有的规范性，能动者事实上的动机状态与实施的行动都隐含了所处语境的实践性指向。

当能动者经过理性的认知与慎思过程认为自己"应该"采取一种行动并"相信"自己能通过某一方式来完成该行动时，主要是基于规范性理由的考虑，体现出了评价性指向与相信的指向。当能动者主要从动机被激发的状态与欲望被满足的角度认为自己"应该"采取一种行动并"相信"可以达到该目标时，主要是基于动机性理由作出的判断，体现出了欲望指向与相信的指向。按照通常的观点，欲望指向主要体现为能动者有内在的驱动力或动机去实施某种行动，而评价性指向主要体现为我们认为某种行动具有理性基础或者能够得到合理性辩护。当然，正如上面的分析，在实践中，动机性理由与规范性理由不可能截然分开，欲望指向与评价性指向也需综合起来予以考虑。

四、走向实践性的"理由"

在能动者的行动过程中，尽管他对行动能够作出规范性判断，评价这些行

---

① Williams B. Internal and external reasons//*Moral Luck*. Cambridge: Cambridge University Press, 1981：104-105.

动的"应该/不应该"，但在实施行动时却往往会违反自己的判断，即常会出现规范性理由的评价性指向与动机性理由的欲望指向彼此相背离的情况。为了清晰地呈现这种欲望指向、评价性指向及其主要特征，史密斯在仔细研究有关意欲与评价之间关系的一般理论的基础上，又援引了艾耶尔、法兰克福（Harry Frankfurt）和沃特森（Gary Watson）等的具体例子来说明欲望指向与评价性指向之间的区别。[①] 而通过以下这些经典案例的分析与史密斯指出的"两难困境"可以发现，"规范性理由"与"动机性理由"都内在于能动者所处的规范性语境中，它们共同体现为一种"实践性"理由。

1. 艾耶尔的案例

艾耶尔的案例源自他在《自由与必然性》一文中的描述，他以偷窃癖者为例：

> 偷窃癖者并不经过任何有关决定是否去偷窃的（思虑）过程。更准确地说，如果他确实经历了这样一个过程，这与他的行为并无关联。无论他决定了做什么，他都会去偷窃。而这正是将他与通常的小偷区分开来的原因。[②]

艾耶尔的例子明显地揭示了动机性理由与规范性理由之间存在的鸿沟，在艾耶尔看来这种差异是不言而喻的。对于偷窃癖者的行为及行为的理由，我们主要应从动机性理由的角度予以理解和解释，考察他动机被激发的状态及意向或欲望如何得到了满足。这位偷窃癖者是意向性地进行着他想要的行动，也就是说，他实际上所采取的行动可以通过他意欲要做的事而得到说明。因此，从艾耶尔的例子可知，之所以从意向性与欲望指向来分析偷窃癖者的行为，是因为他的行为并不需要经过理性的慎思过程来决定自己是否应该采取该行为并相信可以采取特定手段来完成；或者可以说，他可能也进行了理性的思考，了解偷窃的行为应被评价为"不正确"的或"不应该"的，然而问题的关键在于，尽管我们不能完全排除他知道"不应该偷窃"的规范性理由的可能性，但这种规范性理由并没有在他实际的行为中发挥作用，或者说没有促成他事实上被激发的那种动机状态。正如艾耶尔所要强调的那样，对于偷窃癖者"决心"要施

---

① 史密斯的相关例子及讨论可参见：Smith M. *The Moral Problem*. Oxford：Basil Blackwell Inc., 1994：134-137.

② Ayer A J. Freedom and necessity//Watson G. *Free Will*. New York：Oxford University Press, 1982：15-23.

行的那种行为来说，经过理性慎思而导致的行为结果与他出于意向和欲望而导致的行为结果之间存在着明显的差异，即他在规范性理由的基础上采取的行动与出于动机性理由采取的行动之间存在着明显的鸿沟。这也揭示了评价性指向与欲望指向之间的区别。总之，此案例表明了一位能动者没有以他评价为"应该"的方式去行动，或者"意欲"以某一方式去行动却没有按同样的方式评价该行动。无论他是否了解其中的规范性理由，这种规范性理由都没有为他实际采取的行动提供一种合理性辩护。

2. 法兰克福的案例

法兰克福从类似的角度提出了自己的观点，他在其案例中描述了一位海洛因成瘾者，他既知道什么是"正确的"行为，又无奈地屈从于自己的欲望。

> 他厌恶他的成瘾而且总是绝望地挣扎，尽管对于其（毒瘾）的发作无济于事。他尝试了所有他认为可能会使自己克服毒瘾的方法。但是这些欲望是如此强烈，他无法抵抗，而且最后的结果总是，毒瘾战胜了他。他是一位心有不甘的吸毒者（并非出于自己情愿），无助地被他自己的欲望所侵害。①

这位海洛因成瘾者按照其欲望自然地会去吸毒。但是，他去吸食海洛因的行为显然不是基于他评价为"应该……"的规范性理由。法兰克福也认为，我们可以想象这位成瘾者也认为自己并非真正地"想要"吸毒，甚至会强调自己实际上"宁愿死也不愿吸毒"。因为当我们说到"真正地想要……"时，往往涉及一种评价性问题，即"真正想要"的行为一般是评价为"正确的"或"应该的"行为，而且这种评价首先是基于规范性理由的，因此按照规范性理由所提供的方式采取的行动才可能得到合理性辩护。与艾耶尔的案例揭示的问题相类似，法兰克福也表明，海洛因成瘾者并没有基于规范性理由去行动，或者说没有按照他意欲的方式去评价这一行动，他的行动只体现出了意向性与欲望指向性特征，而不会得到规范性理由的辩护。

3. 沃特森的案例

沃特森的例子对于我们了解欲望指向和评价性指向也具有启示性，他这样描述：

---

① 法兰克福的案例及相关分析可参见：Frankfurt H. Freedom of the will and the concept of a person//Watson G. *Free Will*. New York: Oxford University Press, 2003：322-336.

　　考虑一位女士的例子，她突然有一种想要溺死在洗澡时哭闹的孩子的强烈冲动；或者考虑这样的例子，一位遭受了惨痛失败的壁球选手想要用球拍狠狠击打其对手的脸。母亲评价她的孩子被溺或者壁球选手评价其对手遭受的伤害时，这些行为都是错误的。但是他们依然意欲如此，他们想要这样做而不管他们自己。并非他们指派给这些行动的初始值被随后的其他考虑所抵消，这些行动无论多么小，甚至没有以一种正面的方式在初始的"欲望矩阵"（desire ability matrix）上表现出来。[①]

从沃特森的例子中可知，对于这位想溺死孩子的女士和想攻击对方的壁球选手，他们所意欲的行为都不是其评价为"应该"的行为。尽管他们都有能力按照规范性理由作出评价，但最终可能采取的行动却没有体现出这一评价性指向，而呈现出意向性和欲望指向。沃特森强调的是，并非他们在开始赋予自己行动的初始值被其他因素抵消，而是这种规范性理由并没有在"欲望矩阵"中显示它应有的作用，也就是他们在理性上接受的规范性主张在实践中与其欲望相分离。因此，如果这位女士事实上将她的孩子溺死，而那位壁球选手击打了对手的脸，尽管他们可能并不是真正"想要"这样做，但根据他们的行动，他们并没有表现出对自己的行为能否得到合理性辩护进行了慎思的过程。他们确实没有符合自己的"评价"而仅仅遵循了动机性理由，即没有按照规范性理由所提供的那种方式来行动。

　　史密斯通过艾耶尔、法兰克福与沃特森的上述案例的共同特征想要表明，欲望指向与评价性指向常常是分离的。能动者可能了解关于行动的规范性理由与正确性评价，但事实上却仅仅基于动机性理由而行动，也可能仅仅意欲做某件事而脱离了与此相同立场的评价。当他们遵从欲望的指向去行动时，并不能同时为此行动进行合理性辩护。与此同时，我们也不能忽视与这些例子相反的情况，即能动者如果以某一方式采取行动时就会得到规范性理由的辩护，但事实上却没有被激发产生这样行动的欲望，因而也体现了评价与欲望相分离的状态。

4. 史密斯的问题：两难困境

　　在史密斯看来，以上这些例子尽管有助于对欲望指向与评价指向作出区分，进而可以进一步澄清动机性理由与规范性理由之间的联系，但他同时认为这种

---

　　① 沃特森的案例及相关分析可参见：Watson G. Free agency//Watson G.Free Will. New York：Oxford University Press, 2003：337-351.

区别也为我们带来了困惑。按照史密斯的观点，其中的问题主要体现为如下两个方面。

首先，评价性指向与欲望指向之间的关系的困惑。一方面，从能动者对规范性理由的理性认知和慎思可以构成他采取行动的基础来说，规范性理由是与能动者行动的动机不可分离的，而且只有在某种程度上符合动机性理由才能促成正确行动的施行。但另一方面，艾耶尔等的例子又表明，能动者所认可的规范性理由可能会与其实际行动的欲望完全分离，对规范性理由的慎思与实践对于能动者成了无能为力的事。这正是史密斯所认为的困境所在：评价性指向如何既与欲望指向密切相关，又常常与它相背离？既然有关理由的慎思不一定会体现在能动者的行动中，那么如何理解这种评价性的慎思具有实践性的指向？

其次，关于规范性理由的评价指向的性质问题所引发的困扰。这种评价指向是有关某一行动的信念指向还是欲望指向？对评价指向与信念、欲望指向之间关系的回答经常会导致一种两难困境。如果能动者"相信"应实施某一行动，但它又不符合能动者的欲望指向，那么它究竟是一种与"相信……"的信念指向有关的行动，还是与"意欲……"有关的信念指向的行动？对这个问题的回答可以分为两个层次。

（1）一方面，如果认为评价指向实际上就表示"相信……"的信念指向，那么似乎可以使问题简单化，因为欲望与信念原本就是两个不同意义的存在，这时看似能够比较容易地解释为什么评价指向与欲望指向常常处于彼此背离的状态。但是另一方面，史密斯也指出，这种背离的情况也很难解释能动者有意向或意欲去做的事何以完成，因为仅仅凭借"相信……"的信念并不能促使他被激发产生相应的动机，也不能促使相关行动的完成，它只是关于对象如何的一种内在表征。而且，如果"相信……"可以被看作是对能动者行动的描述与表征，而且它又相当于评价指向，这正体现了规范性理由的特征，那么有关规范性理由的信念就应该符合于对能动者行动的表征。这就又产生了疑问：规范性理由的信念为什么会与能动者采取的行动不一致？

（2）如果认为评价指向实际上相当于一种欲望指向，也会出现困境。这时会出现相反的情况，既然有关一种行动理由的评价指向就意味着一种欲望指向，那么能动者评价为"正确"的事情或者"应该"实施的行动就应恰恰符合其欲望，按照规范性理由"应该"去做的事就符合能动者"意欲"或"想要"去做的事，这样就不会出现评价为"正确"的行动与"意欲"的行动相背离的情况，一种行动的规范性理由也就等同于动机性理由了。那么，为什么还会出现能动者处于其欲望促成的动机状态时却不会遵从规范性理由而采取行动？即为什么能动者的理由并非既是动机性的又是规范性的？[①]史密斯对两难困境的探讨确实准确地揭示了评价性指向如何与欲望指向发生背离、规范的行动与意欲的行动如何会产生分歧。

5. 分析与评价

通过上述经典案例及史密斯指出的"两难困境"可知，尽管他指出了动机性理由与规范性理由相区别的情况，它具体地体现为行动的欲望指向与评价指向的不相符，但是却未充分揭示出现这种困境的主要原因。艾耶尔、法兰克福与沃特森的案例分别体现的是能动者心理方面的缺陷、物理的成瘾及心理上的冲动等特殊的状态。一方面，史密斯的分析表明，这些状态可能会导致能动者"意欲"或"想要"去做那些他们认为缺乏规范性理由的行动；然而另一方面，它们又可能会促使能动者不去施行那些他们相信存在规范性理由的行动，这就造成了欲望与评价的不相符。当然，除了上述的特殊状态之外，我们还可以列出各种可能影响规范性断言发挥作用的情况，如心理消沉沮丧、情绪上的障碍、精神上的疲劳倦怠等种种因素所带来的困扰。在这种困境的分析中，看似能动者有关规范性理由的评价指向经常会与欲望指向发生分歧。面对此分歧，史密斯认为，对一位能动者来说，如果相信他是充分理性的，那么他想要在某些情形中以某一方式来采取行动是一回事，而他实际上在那些情形中"意欲"以哪种方式而行动则是另一回事。

另外，在史密斯的总结中，似乎没有对这些案例中的能动者情况进行更细致的分类与处理，他主要从非理性的欲望状态方面进行了讨论。史密斯与佩蒂特在进一步分析中表明，这些出现了判断与行动相分离情况的能动者不一定都处于非理性的状态，如果可以将他们表现出的特殊欲望归因于某种类似心理缺陷的状态及相关情境，并且，当这种心理缺陷和相关情境不出现时，这种欲望也不会出现，那么该欲望就可以被归为一种非理性的欲望状态。非理性的欲望状态可以被认为完全是由心理冲动、混乱、成瘾与情绪障碍等因素导致的，而

---

① 关于史密斯提出的在解读评价指向时出现的两难困境，可参见：Smith M. *The Moral Problem*. Oxford：Basil Blackwell Inc., 1994：136-137.

处于其他状态的人则不会表现出此行为。[①]

但需要表明的是，如果仅仅将能动者心理方面的缺陷、物理的成瘾及心理上的冲动等特殊情况划分为同一类问题，从而作统一考虑和简单处理的话，那么这种解读方式仅仅能够在经验的层次上对能动者具有的欲望和实际行动作一种因果性的解释，却不能充分地探讨规范性理由的评价指向如何对能动者的行动产生影响。这就需要我们基于能动者进行实践活动的语境，考察其中各个构成要素，而不以一种统一的标准来衡量评价指向与欲望指向相分离的情况，从而对能动者的不同情形作分类考察。

6. "理由"的实践性指向：基于规范性语境的考量

能动者基于"规范性理由"与"动机性理由"展开具体的行动，而这些"理由"都可以内在地整合于规范性语境之中，不同类型的"理由"及其他一些相关因素构成了该语境的隐含变量，而能动者的实际行动就可被看作基于这些变量的"函项"。在此基础上试图分析表明，"规范性理由"与"动机性理由"最终都会体现为一种"实践性理由"。

第一，对于行动的评价指向与欲望指向相违背、规范性理由与动机性理由相分离的情况，从能动者的角度进行归因。这里至少需要将出现此问题的能动者区分为三类：①有意去做规范性判断中"不正确"（或"错误"）的事情；②由于意志薄弱而未按照规范性判断去行动；③由于心理缺陷或不可抗拒的情感欲望，超越了能动者控制能力范围而发生不可控行为。

其中，①和③都很容易理解，但对②中"意志薄弱"这一概念的阐释却体现出不同的倾向而易发生混淆。一般而言，这些阐释有两种非常明显的倾向。首先，按照较为传统的解读方式和关注焦点，"意志薄弱"被理解为能动者如何会有意地去做他们判断为"错误"的事，而由于"有意去做"表示与能动者的欲望相符，因而"意志薄弱"又被理解为，能动者如何在判断某行动是错误的情况下又意欲去做它。其次，另一种明显的倾向是把"意志薄弱"看作与不可抗拒的欲望相类似的状态，即能动者未能凭其能力控制自身，特别是未能控制自己的那种非理性的状态。当然，这两种倾向都指出了"意志薄弱"的人是做了他知道"不应该"之事，或者未能做其"应该"之事。但是，按照第一种传统解释倾向，"意志薄弱"的情形无法与①中所描述的情形相区分，而按照第

---

① Pettit P, Smith M. Brandt on self-control//Hooker B. *Rationality, Rules, and Utility: New Essays on the Moral Philososophy of Richard B. Brandt*. San Francisco, Oxford: Westview Press, Inc., 1993: 33-50.

二种倾向，又可能与③中所描述的情形相混淆。那么，如何准确地区分上述三种情形？

戴维森曾经在《意志薄弱是如何可能的？》一文中主张，应把"意志薄弱"与这样的问题进行区别，即能动者有意去作出那种与其道德判断中最好之事相反的行动，或许可以将"意志薄弱"看作后者的一种特殊情况①。但是杰克逊认为应该将上述两种情况作出更加清晰、明确的划分。为此，他还提出二者有一种明显的不同之处，即如果有某种东西导致了能动者作出与其判断为最好之事相反的行动，那么它对意志薄弱的情形来说既非充分条件也非必要条件。②这可以从两个方面进行分析，我们将导致能动者做与判断相反行动的东西表示为 A，而将意志薄弱的行为体现表示为 B。

（1）A 对于 B 并不是充分条件。因为通过"能动者未能践行其'应该'之事"这个前提，并不一定能得出他必然处于意志薄弱的状态。杰克逊认为，就此情况而言，实际上可能存在三种状态都会由这个前提得出。他让我们考虑这样的例子：某一位能动者 S 在聚会结束时被友人请求喝"辞行酒"，但 S 清楚地知道自己"不应该"喝酒，因为他有一些理由使他认为自己不能这样做，如需要开车回家、第二天还有计划好的工作进程等。但尽管有这些考虑，他事实上还是喝了酒，那么这可以归结为三种不同的情形：①他考虑到了自己酒后驾车的结果及其他责任，但还是没有在意这些因素带来的影响，没有觉得会存在什么严重问题。这主要体现了能动者的鲁莽大意。②在此刻他发生了意志薄弱的情形，可能平时也有这种倾向。③喝酒的欲望对他来说过于强烈无法抗拒，他虽然知道"不应该"但无法控制自己的行为。

对于②这种情形，杰克逊并没有展开具体的描述与讨论，笔者认为可以作出如下分析，比如，他本来可以控制其行为，但在屡次被劝说的情况下出现了意志薄弱的状态。它与无法自控行为的欲望的可能区别是：意志薄弱常常经过了与在场的其他人的意志交锋，但没有能够自主地坚持自己原来的倾向，而③的情形往往不必形成与他人意志之间的交锋，能动者的行为就已经难以自控；意志薄弱的人有能力控制自己的行为，并不是因为正确行为在能力之外才没有施行，而那种超越了能动者控制能力范围而发生的不可控行为，常常是由于心

----

① 戴维森对"意志薄弱"的主张与分析可参见：Davidson D. How is weakness of the will possible?// Davidson D. *Essays on Actions and Events*. Oxford: Clarendon Press, 2001: 21-42.

② 杰克逊对"意志软弱"与其他相似情况的区分可参见：Jackson F. Weakness of will//Jackson F. *Mind, Method and Conditionals: Selected Essays*. London，New York: Routledge, 1998: 179-196; 弗兰克·杰克逊. 意志的软弱 // 徐向东编译. 实践理性. 杭州：浙江大学出版社，2011：550-564..

理缺陷或不可抗拒的情感欲望。

（2）A对于B也不是必要条件。由意志薄弱的能动者最终采取的行动并不会必然得出，他最后的行动必定是与"应该"的行动相反的，有时意志薄弱者正由于其这一特征反而会作出"正确"的行为。比如，有一位能动者明知做某事是错误的，但还是决定这样做，但在准备践行的时候，却由于被他人劝说等原因而没有去做，这种情形正体现了意志薄弱的状态，但假设他是意志坚强的，则必然会去做那件错误的事，但实际上却因为意志薄弱而做了正确的事。所以，意志薄弱的情形并不会必然导致能动者作出违反规范的行为。

按照我们将能动者划分的三类情况及杰克逊的分析，艾耶尔的案例中的偷窃癖者与法兰克福的案例中的海洛因成瘾者属于第③类情况，他们既不是有意去做判断为"错误"的事，也并非由于意志薄弱，而是由于存在心理缺陷或不可抗拒的欲望，在其能力范围之内无法控制，从而作出了违反规范及自身意愿的事。但对于沃特森的案例中想要溺死孩子的女士与想要攻击他人的壁球选手来说，情况更为复杂一些，他们的行为可以显示出几种倾向：既可能被归为第①种类型，即明知不可为而故意为之，也可能被归为第③种类型，即在当时的特定情形中出现了不可遏制的心理冲动。由于他们判断为"不应该"的行为原本是在其理性的控制能力范围之内的，但随着特定情形中心理状态的变化，其自控能力也有随之发生改变的可能性，表现出一种非理性的状态。这时更多隐藏的变量需要被引入这一语境，或者说找到该语境中已经隐含的因素，而且还要结合其外在的行为表现进行综合判断，才能了解能动者采取行动的动机性理由。

第二，在从能动者的角度进行了归因，对欲望指向与评价指向相背离的情况进行了分析之后，就要针对不同的能动者来考察他们行动的"动机"与"理由"。正因为能动者可能存在的上述诸种复杂情形，我们不能仅仅从"理性"和"非理性"的角度来对他们进行划分，或者将某一种理由归于他们。关键问题并不在于，拥有不同动机的能动者一定要被归为理性或非理性状态，而要对能动者的心灵状态、意志能力、情感欲望等多方面的问题作综合考虑和整体把握，才能对他的最终行动进行归因，判断"规范性理由"与"动机性理由"各自发挥的功能与作用。

正是由于上述各种因素都可能对能动者的最终行动具有促进作用，所以它们潜在地构成能动者实践语境中的隐含变量，或者可以说，能动者的某一特定的行动过程本身就可以被看作一种具有实践性特征的语境，而关于"……是正确的"的规范性判断、规范性理由、自控能力、心理欲望、情感等都可能作为这一行动过程的输入因素，它们潜在地作用于一种具体行为的输出，而该行为就是相对于这些变量的函项，它并非决定于某一种因素，如规范性理由或自己的欲望，而是基于它们综合形成的变量集而取值。相应地，在考察了种种变量及能动者的行为输出之后，就可以对能动者所采取的具体行动进行归因，其中包括归因为何种理由、动机（实际上是一种"动机集"）的归因，才能明确所谓的"规范性理由"发挥的作用。由此可知，"规范性准则"也应当体现这种语境敏感性特征。

首先，同样的规范性准则对于不同情况的能动者的效力也应有所区别。例如，对于有意施行那些"错误"行动的人和常处于意志薄弱状态的人，一般可以通过"责任"和"义务"的准则来体现规范性要求，但这类准则却不能对那些超越其控制能力范围的特殊能动者发挥"强规范性"效力，只能作为"理想准则"而在适当程度上起到促进或劝诫作用。

其次，涉及"应该"的判断指的是行动上的"应该"，而不是能动者的感受或情感上的"应该"；同样地，所谓"规范性准则"应该规范的是能动者的行动，而不是对其感受等方面进行规范。比如，在沃特森的案例中，想要溺死孩子的女士与想要击打对手的壁球选手都了解"不应该"这样做，但不能把这种规范性要求看作他们的心理状态和感受上的"不应该"准则。因为要求他们"不可以"或"不应该"产生这些心理上的冲动都是不适当的，相关的准则需"规范"的应是能动者的外在行为。

最后，还要注意一种情况，即"规范性准则"虽然因为能动者的不同情况而体现出强弱的差别，但在此基础上，我们还要引入"社会语境"这个因素作为考察行动过程的一种参照。比如，对于那些既了解规范准则但又凭其能力无法自控的能动者，如"偷窃癖者"等类型来说，尽管那些规范准则对于他们属于"理想准则"，但如果其行为对共同体的其他成员有不利影响，那么这些准则也不能仅仅发挥劝诫作用，而需发挥其"强规范性"作用。

总之，上述诸种要素都是内在于能动者所处的规范性语境中的，而这一规范性语境具有明显的实践指向，它要求我们在这一语境中分析上述各种要素及其关联，不仅要通过语义分析来把握规范性理由与动机性理由的基本内涵与作用，还要结合关于能动者的各种要素进行语用层面的分析。通过上述分析可知，对"动机"和"理由"的语义、语用分析实质上构成了一种实践推理，而"规范性理由"与"动机性理由"实质上都可以归结为一种行动的实践性理由。

第三节 规范性语境中的意义图景

总体来看，当代语义学视域中的规范性涉及规则、意义、命题态度、心灵内容等重要问题，并从一种独特的视角折射出当代语义学研究方法的演变特征与发展趋向。而基于规范性语境，语言表达式的意义问题又体现出其独特的诠释进路。基于前面对规范性语境的构成、可能性、意义及实践指向的论证与探讨，规范性语境中的意义图景也越来越清晰。

一、意义归因的再解读

纵观 20 世纪以来语言哲学的发展历程，前半期的"语言学转向"与 70 年代的"语用学转向"对语义分析方法论研究产生了深远影响。在这种演变过程中，很多哲学家感到一种冲突或张力：他们一方面受到弗雷格、早期维特根斯坦、乔姆斯基、卡尔纳普等的启发，主张以语形和语义的分析方法来探讨哲学问题，试图将句法领域实践的目标应用于语义学领域，进而揭示自然语言的深层规则并建立清晰的逻辑语言；另一方面，格赖斯、奥斯汀、后期维特根斯坦、蒯因等所坚持的研究路径却使人产生了对语言的深层结构这类形而上学预设的深深质疑，从而重视"意义即使用"的原则和语用分析方法。在传统的观点看来，语言哲学家的研究方法总是可以被归为其中一类，但事实上，我们很难仅仅坚持一种方法而拒斥另一种。每当我们想要批判其中一种立场和进路时又难以放弃它的优势。因此，当代很多语言哲学家感到对这种两难困境难以取舍，对两种研究进路难以抉择。

从本质上讲，上述两种研究进路体现了我们对语义学的理论目标和性质的不同理解与诠释，而过分强调任何一种进路都会失之偏颇，因此，这些方法虽然彼此竞争却始终无法相互取代。当我们基于语义学视域对意义归因与规范性问题进行阐释和构建时，也同时体会到了语用学维度在其中的基础性作用。倾向性与规范性的相互区别、意义的规范性与内容的规范性的彼此结合、意义归因与信念归因的互为说明，都从不同侧面体现了两种研究维度的渗透与交融。另外，当我们基于实践理性的视域对能动者或说话者的"理由"与"动机"进行考察时，又能看到"规范性理由"与"动机性理由"由于其语境依赖性和语境敏感性，能够体现出互相区别又彼此融合的特征，这些方面都为我们基于规范性语境全面阐释意义归因问题提供了新颖的视角和解释进路。

　　首先，就语言的表征维度而言，我们要重视语言联结世界和表征实在的方式，明确语言表达式与其对象之间的关系，并通过语义和语形规则系统来阐明语言表达式与其构成部分之间的关系。基于规范性语境的语义分析并非否定或消解了语言的表征维度，也并非将"表征"仅局限于语言与实在的形而上学同构关系，而是结合言语行为的动态语境并通过说话者的意向状态来体现表征的意义。因此，与语义学表征主义传统不同，规范性论题没有将"真""意谓""指称"等概念当作毋庸置疑的前提，而是将其也作为需要说明和解释的对象进行探讨。可见，这种研究进路既吸纳了形式语义学的合理性因素，又超越了其局限性。

　　其次，在语言的使用维度上，我们要结合说话者在言语行为中的交流意向，并在具体的语言实践和动态语境中考察语言表达式的意义。自"语用学转向"以来，意义理论的研究中体现出强烈关注语用学分析的倾向，而不断地质疑甚至摒弃表征传统，笔者认为，过分地强调"意义即使用"而忽视语义表征层面同样是不恰当的。在规范性论题的方法论建构中，我们可以通过说话者意向层面的表征以实现语形、语义和语用的整合，因而这也有效地体现了自然语言语义学的特征及优势。正是在语言共同体成员共同构建的社会语境的基底上，我们可以将一些彼此分离的方面统一起来，而语言实践就在这种融合中体现出一种规范性特征。因此，我们对意义的分析会在语言实践的基础上，致力于探求和把握意义的清晰性与明确性。总之，"语义的整体性就是意义的整体性，由于它是由相关语境的整体性所决定的，语义分析方法有其特殊的整合性功能"①。

　　可见，基于规则遵循的解读而对规范性问题进行诠释，可以由此创建一个讨论语言使用及其意义归因的合理性空间。在这个空间内，既能显示出规范性表达式在语法上的特征，又要将它和语义分析、语用分析这几个基本维度结合起来，使它们既呈现出各自的特性又互为补充。其中，我们通过语法、语义层次的分析可以说明语言表达式的使用、意义及其正确性条件，而在这一过程中，诉诸相关的语用分析而了解说话者言语行为的特征及其使用表达式的具体过程就显得尤为必要，在规范性问题的探讨过程中，这几种维度紧密结合并互为说明。另外，语用规范性所体现的独特方法论作用使得说话者对命题层次的语法规则和语义内容了解得更加全面深入。

　　如上所述，规范性语境中的意义理解与诠释在补充和丰富传统语义学的同

---

① 郭贵春.语义学研究的方法论意义.中国社会科学，2007，3：78.

时，还能弥补其不足。在这一过程中，语境论视域中的意义规范性可以转变我们对"规范性条件"或"规范性要求"的传统理解。这表现为：我们可以结合能动者的心灵状态和言语实践将"规范性条件"区分出不同的层次，进而使能动者在认识和把握语言表达式的规范性条件时，由命题层次深入到使用领域，并通过使用领域的"能力之知"进一步明确"命题之知"，这时的语法规则和语义规则已不再仅仅是规定说话者如何使用的规则，也不是外在于说话者的严格理论，而是说话者通过实践过程而自然得出的结果，其中渗透着规则使用者的实践智慧。综合这些不同维度的规范性问题的探讨，当我们重新考量语义分析与语用分析方法时，意义归因的规范性解读与规范性的语用进路也提供了一种与传统方式迥异的视角。语用分析不再仅仅作为语义分析的一种辅助和补充，也不再仅仅处于一种从属的地位。具体来讲，语义分析与语用分析的差异性与互补性、语用分析为语义分析所提供的基础性解释与说明，以及语用规范性对语义规范性的引领性和奠基性作用，都可以从各个维度体现于对意义的规范性考察过程中。与此同时，语义学的理论性质与目标也在这种融合中突破了它的传统界域，其内涵也显得更具有广度和深度。这对于我们深入阐释和系统构建语义学中的基本问题，进而理解和把握当代语义学的发展路径具有重要的方法论意义。

二、实践中的"归因"

从较宽泛的意义上来说，说话者基于某种语言表达式的规则而使用该表达式，或者能动者基于"理由"而实施某一行动时，都会受到规范性理由的指引和约束，但这种理由对一般的能动者而言仅仅构成了他展开行动的一种前提和可能性，因此常常被归为"外在理由"，只有在能动者被该理由激发而进行实践的过程中才能呈现为"内在理由"。当然，一种表述了规范性要求的理由最终应被归为"内在的"还是"外在的"，需要在规范性语境中对能动者进行综合考量。

威廉姆斯曾指出，持"外在理由"观点的人需要说明，能动者如何由于相信关于理由的陈述而获得了动机。他们需要阐明能动者恰当地拥有动机的条件，即能动者会通过正确的理性的慎思而具备此条件。因此，关于外在理由的陈述会蕴涵着这样的主张：如果能动者经过了理性的慎思，那么无论他原来具有怎样的动机，他都会被激发去做那种理由支持的行动。①

麦克道尔在分析威廉姆斯的观点时认为，如果一位能动者没有被"理由"所激发，主要是由于他并没有形成关于这一理由的信念，即经过考虑自己有理由以某一特定方式行动；反之，如果他形成了关于该理由的信念，就会被它激发，也就是说，可以拥有对他而言为"真"的关于内在理由的陈述。然而，如果我们可以厘清这种转变发生的过程，而且确信这种转变可以使能动者具有相应动机，它使有关内在理由的陈述为"真"，那么这种假设的内在理由就可以不必占据可能归于外在理由的那个位置，我们仍然可以保留外在理由②。徐向东教授在分析威廉姆斯与麦克道尔关于"内在理由"与"外在理由"的讨论时表明，一位能动者如何正确地思考问题可以被看作一种实践问题，它的解决要求实践智慧和经验，用亚里士多德的方式来说，对于这种能够进行正确思考的能动者，其特征在于，他是具有实践智慧的人（phronimos）。③

从实践的角度讲，我们说能动者作为一位具有实践智慧的人在基于"理由"而行动时，这种理由在具有实践智慧的能动者的语境中，就是一种"内在理由"，但对其他能动者而言却是"外在理由"，因为仅凭借规范性理由本身，他们还无法被激发而采取行动，而需要经历一种从"外在"到"内在"的过程，这正体现了不同的能动者所处的规范性语境的敏感性。但究其本质而言，无论这种"理由"直接构成了激发能动者实施行动的内在动机性理由，还是需要经历从外在的规范到内在的动机这种转换过程，如果能动者最终能够采取行动，他所基于的那种"理由"必然是激发了他的内在动机才构成了"行动的理由"。因此，就"理由"对行动的构成性意义而言，它们最终都是以"内在理由"的形式呈现出来。基于规范性语境，我们可以将"理由"发挥作用的方式也看作一种从"隐"到"显"的过程，这一显现的过程是伴随着能动者的实践行为而被感知和认识的。总之，无论能动者处于哪种特定的情形之中，构成他们的行动的"理由"都具有明显的实践性指向。

总之，以规范性语境为基础来考量对表达式的意义归因及对能动者行动的归因（其中会涉及信念的归因等具体方面）时，我们会得出这样一种趋向：只

---

① 威廉姆斯的观点可参见：Williams B. Internal and external reasons//Williams B. *Moral Luck*. Cambridge: Cambridge University Press, 1981: 108-109.

② 麦克道尔对威廉姆斯有关"内在理由"和"外在理由"的分析可参见：McDowell J. Might there be external reasons? //McDowell J. *Mind, Value, and Reality*. Cambridge：Harvard University Press, 2002：95-111.

③ 徐向东教授的相关评论和分析可参见：徐向东. 道德哲学与实践理性. 北京：商务印书馆，2007：193-215.

有将这些归因的内容置于能动者的特定实践模式之中才能使相关讨论成为可能，如只有结合说话者使用表达式的特定行为模式，才能分析一位说话者拥有某种命题意义上的知识是如何可能的，或者我们如何能合理地将这种命题知识归于这位说话者。另外，"命题之知"与"能力之知"的相关探讨表明，只有能动者在实践中把握了如何正确使用命题并展示了相关能力，他才有资格说自己掌握了命题中所表达的内容。换句话说，只有体验了"能力之知"这一过程的能动者，才有资格说他了解如何使用相关命题进行意义、信念和行动的归因。

从这种角度讲，我们或许应该实现一种分析模式的转换，即对将表达式的"意义"和能动者的"行动"归因于什么的探讨转换为我们能否知道如何进行这种归因的考察，也就是说，在这种转换中，"归因"不再是毋庸置疑和理所当然的，"意义"和"行动"不再局限于已经发生的范围，它们不再仅仅属于命题层次而期待我们去对其进行归因和解释，"意义"和"行动"本身的澄清应该是与其实现的过程融合在一起的，对它们的归因本身就是意义实现的过程和行动展开的过程。基于这种规范性的语境，意义的发生、行动的展开及对它们进行归因的过程都可以体现为一种语境化的行为模式。"规范性理由"构成了这一语境化模式的基本输入因素，而能动者的情感、意向、欲望等其他各种相关因素都潜在地构成这一模式的隐含变量，它们整体性地作用于一种具体行为的输出，而在这些综合因素构成的变量集的综合作用下，能动者的行为这一函项是语境依赖和语境敏感的，它不是得到了某一个固定的值，而是得到了一种取值范围，这正是语境主义原则在意义归因和行动归因中的体现。

结束语

规范性问题的重要性伴随着近代认识论转向和主体精神的自觉而逐渐凸显出来。这一过程在康德那里完成，使得规范性成为认识论的关键与核心，进而揭示了认识论中蕴含的语义学问题。随着 20 世纪语言哲学的发展，规范性与语言意义紧密交织在一起，而语义分析方法在对规范性的探讨中也发挥着越来越重要的作用，这最终促成了规范性问题的语义转向，并最终走向一种语用的规范性，从而为规范性语境的构建奠定了基础。

从康德探讨规范性问题的先验方式中，我们不仅要看到认识论的规范性中预设了语义学问题，还要看到语义规范性与认识论规范性的必然关联和前者对于后者的优先性地位。然而，规范性的传统语义分析要么仅仅关注显规范性而将规范性不加区别地等同于强规范性，要么片面强调规范性对主体的强制性义务要求而忽略了弱规范性。对规范性表达式的正确性条件的分析表明，规范性首要地是一种弱规范性，信念等命题态度的语用规范性也确证了这种弱规范性的合理性。这一分析同时也揭示出如下结论。

（1）在探讨主题和分析的视角方面，规范性研究经历了从语言到心灵、从意义到内容、从（强规范性和显规范性意义上的）规则到（弱规范性和隐规范性意义上的）正确性条件的变化；结合有关行动和理由的规范性讨论来看，诠释"动机"的理论也相应地呈现了从"强解释"到"弱解释"的过程，而其中作为行动基础的"理由"则体现为从外在的规范性到内在的动机性的过程。在能动者的实践行为中，"理由"发挥作用的方式也可被看作一种从"隐"到"显"的过程。

（2）规范性研究在方法论特征上经历的转变可以归结为：从语义和语法层面的规范性走向语用的规范性，这三重维度构建了规范性语境。基于规范性语境的实践性维度，这三重维度在能动者的实践过程中发挥作用的方式呈现出与传统方式相反的特征，即不是由关于语法和语义规范性的"命题之知"而下降到语用层面的"能力之知"，而往往是以"能力之知"为基础而上溯到对语法和语义规范的命题性认识。可见，在命题性认知的顺序上，对语法和语义的规范性认知和把握在先，随后才是有关语用规范性的慎思；但在实践性认知的顺序上，却是涉及语用规范性的慎思和推理过程在先，它可以为另外二者的认知和实现模式奠基，并通过这一过程真正地澄清它们的内涵与本质，经历了此过程，能动者的"知道"才具有明晰化特征。

另外，就规范性的探讨主题来看，需要注意的是，尽管目前体现出一种从语言意义到心灵内容的研究趋向，但不能因为内容的规范性涉及主体的认知状态或心灵状态而简单地将这种趋向看作向认识论规范性的一种回归。因为内容的规范性始终是与语言意义的形成与归因密不可分的，它对于构建一种合理的意义理论不可或缺，也是全面理解与充分阐释语言意义的一种必然诉求。推广来看，基于实践理性维度对能动者的行动进行考察时，只有将"理由"与能动者的心灵状态、内在动机相结合，才能充分说明能动者如何基于"理由"而行动。

当我们基于规范性的语境来重新审视意义归因问题时，就会发现：语境论的意义的规范性既没有忽略语言具有联结世界和表征实在的作用和功能，也体现了对语用效力和语用推理的重视；既没有否定通过语法和语义层次的规范性而把握的命题之知，也能够基于方法论的层面突出地表明"能力之知"的基础性和奠基性作用。它区别于其他传统和当代的语义诠释方法的特征主要还体现为以下四个方面。

第一，语境论的意义规范性没有摒弃形式语义学的基本因素而又与其相区别。在当代分析哲学特别是语义学的发展中，形式语义学的研究进路通常受到较多的重视，而"意谓""指称"和"真"等概念一直在该理论中居于核心地位，也强调形式化和逻辑研究方法，主张语义解释与句法结构相统一。规范性语境中的语义考察并没有远离这些核心概念与研究方法，只是从另一种视角来解读核心论题，同时实现对这些传统研究方法的重构。这种考察方式将那些核心概念置于被解释和被说明的位置，而没有当作必要的预设和前提。在研究方法上，它也主张将语义解释与句法结构统一起来，但将这种统一的基础置于言语实践和语用推理的基础上，并将其进一步阐发为语法的、语义的和语用的规范性维度，它们共同构成了规范性语境，成为其不可或缺的一部分。

第二，基于规范性语境，有关能动者的行动归因或有关表达式的意义归因都涉及语用推理的过程，但与传统哲学中的推理主义方式相区别。传统的哲学家（特别是康德之前的哲学家）尽管涉及推理主义方法，但更多关注的是知识的构成基础、知识的确定性及获得过程，推理的研究方法往往被用来进一步解释和说明人们如何通过心灵来表征外部世界，主要体现为对感觉的、内在的与概念的等方面的表征进行辅助性诠释。^① 因此，这种推理仍然是作为表征理论的一种补充性说明，意义理解问题的重要性也尚未得到展现。而规范性语境中的意义理解强调了实践性的语用推理，并将这种推理过程与表征路径结合起来，"表征"不再体现为心灵与外部世界的符合，或者语言与实在的同构，而需结合说话者的心灵状态和实践的合理性予以说明；同样地，推理方法也不再仅仅作为表征主义的辅助部分，而彰显出自身的方法论优越性。因此，推理主义和表征主义方法在规范性语境中各自都被赋予了更丰富的内涵。

第三，基于规范性语境的语用推理还避免了另一种常见的倾向，即仅仅从自然科学研究的角度来理解推理方法，而忽视了其哲学意蕴。更值得关注的是，语境论的意义规范性还被置于实践理性的视域中进行考察，由此不仅表明了实践性的语用推理本身就是哲学考察的题中之义，还显示了其在实践理性阐释中的不可或缺性。

第四，结合当代语义学的发展来看，在规范性论题的方法论建构中，语境论的意义的规范性进路既体现了一些传统语义学理论的优势，也显示出其丰富性与独特性。

（1）规范性语境背景中的语用进路明显区别于还原主义和寂静主义进路，它并不试图对规范性作出某种形式的还原，也不赞同取消问题悬搁解释的做法，尽管还原主义为规范性问题建立了一种典型的语义分析方式，如条件句分析，但由于忽略规范性的内隐维度，这种分析就显得颇有局限。实用主义进路虽然强调隐规范性的考察及语用在这种考察中的优先性，但是这将种规范性完全归结为语言推论的实践则显得有些矫枉过正。我们所主张的语用进路试图在弱规范性的基础上将语法、语义和语用、显规范性和隐规范性结合起来，从而为规范性提供完整、一致的说明。

（2）规范性问题研究的一个基础是对语言表达式的规则和使用的分析，从根源上讲，对语法、语义和语用规则的分析自然地属于规范性问题的论域。而

① 关于传统的推理主义方法与表征问题的相关论述参见：戴潘.布兰顿的推理主义语义学与整体论批评.哲学分析，2013，4：145-157；魏屹东.表征概念的起源、理论演变及本质特征.哲学分析，2012，3：96-118.

且，规范性问题的语用进路指出，规范性的"意义"层面需要借助"内容"层面而得以说明，意义归因需要借助信念归因才能得以充分解释。因此，这种规范性问题的分析模式不但满足了传统语义学对语言意义精确阐释的要求，而且比传统语义学的意蕴更丰富。

（3）最后，规范性的语用进路表明，说话者意向层面的表征与语言对外部世界的表征不仅同样重要，而且在语义的阐释中，甚至前者更具有基础性和优先性地位。因此，语形、语义和语用在语言共同体成员构建的言语实践基底上实现了有效结合。这不仅满足了自然语言语义学的特征，更重要的是，语义规范性与语用规范性可以构成一种规范性语境，其中我们对意义的分析既不会脱离言语实践和语用层面，又能把握意义的准确性、明晰性与相对稳定性。

规范性问题的多重意蕴为我们构建了一个探讨意义问题的动态语境，在审视传统的意义解读方式的同时也融合了其中的合理性因素。基于这一规范性语境，我们既能通过语法规则和语义分析而对语言表达式的意义及其正确性条件有所说明，又能借助语用分析对语言表达式的运用及说话者言语行为的特征有所理解。在规范性的要求与引导作用下，这几种维度密不可分。在此基础上，我们不仅可以进一步澄清规范性的内涵及本质，还可以将语用层面的意义解释纳入到传统的语义分析中。于是，在相关语用背景中，言语行为中的语用推理和语用效力提供了探讨表达式意义的必然选择，从而在使用理论的基础上凸显了语言实践的规范性层面，丰富了哲学中意义讨论的图景。另外，语用规范性的独特方法论作用使得语义阐释得以深入和拓宽，从而为当代语义学、行动哲学等领域拓展了一种视角新颖的研究进路。更值得注意的是，规范性的语用进路也在一定程度上转变了我们对语义分析与语用分析方法的传统理解。语用分析不再仅仅作为语义分析的一种辅助或从属部分，当我们基于规范性语境来考察它们之间的差异性与互补性时就会发现，前者也可以为后者提供一种基础性说明，正如语法和语义的规范性需要借助语用的规范性才能得到阐明，语用规范性也可以发挥一种引领性和指导性作用。这在一定程度上为我们进一步解读语义学中的相关问题，进而掌握和构建当代语义学的发展脉络拓宽了视角和思路。

无论是从研究内容还是方法论的层面，基于规则遵循的规范性问题的探讨都为我们展示了一种广阔的视域，规范性语境构建的可能性及其实践性指向也在这种探讨的过程中越来越明晰。规则遵循问题一般被追溯至后期的维特根斯坦，回到维特根斯坦的文本中来，我们发现，这种研究进路实际上也契合了维特根斯坦对意义的解读方式。维特根斯坦曾经在对语言意义的研究中引入了言语行为实践的规范性维度，他的有关意义和规范性的一些论题也始终处于广泛的关注之中。语言游戏对于表达式意义的作用已众所周知，无需赘述。需指出的是，语言游戏中的规则正是来自语言共同体成员的言语实践过程，它们同样以默会规则的形式在共同体成员的会话交流中发挥着引导性和约束性作用，说话者在类似于对一种社会行为模式的习得过程中把握了语言表达式的使用。

总体上讲，当能动者决定遵循某种规则或者基于某种规范性理由而采取行动时，并非仅仅因为这些规则或规范性理由显示出了其理论效力，或者因为它们被广泛地认可和接受，因此可以强制性地施加给能动者，而更主要的是能动者在规范性语境的实践过程中产生了这样一种信念，即相信这些规则的使用会有助于我们形成一种合理的行为，或者有助于我们有意义地使用语言表达式。因此，无论是探讨能动者如何基于一条规则来行动、如何以规范性理由为基础而实施某一行动，还是分析说话者如何基于语法和语义的规范性准则来使用语言表达式，如果那些表述了规范性理由的准则和条件能够发挥其实践效力，那么它们都不可能仅仅凭借相关命题的语法和语义特征而达到，而是源于能动者对于这一命题所表述的内容进行的实践性关注与理性慎思。正是从这种意义上讲，规范性语境中的"应该"首先体现为语用层次上弱规范性的范导性作用，通过这种弱规范性约束下的实践过程才能体会到语法和语义的规范性准则的真正内涵与本质。

正如麦克道尔与普特南在心灵与世界的相关论述中给予我们的借鉴，麦克道尔将心灵看作一种可以与世界彼此交融与渗透的能力系统，而不预设心灵与外部世界的分界面，他强调了心灵不应被看作与世界相对立的一种独立器官，而应被认为是一种与世界打交道发生相互作用的能力，而且人们的心灵状态可以不需借助传统的表象而内在地与世界具有认知上的直接关联。普特南则在此基础上强调心灵与世界彼此作用的能力与"意向的"和"规范的"这类概念的使用有密切关联，从而将生活形式、社会因素等方面的重要性也考虑在内。①

同样地，解读能动者如何基于某种规范性理由或规则而采取行动时，也存在对类似问题的考量。笔者认为，在能动者的实践过程中，看似常常出现"规则"与"遵守规则"之间的对立、关于"规范性理由"的判断与能动者采取行动的"动机"之间的鸿沟、范畴意义上的"应该"与实践意义上的"应该"之

---

① 约翰·麦克道尔. 心灵与世界. 韩林合译. 北京：中国人民大学出版社，2014：1-17；陈亚军. 从分析哲学走向实用主义——普特南哲学研究. 北京：东方出版社，2002：181-191；McDowell J. *Mind and World*. Cambridge Harvard University Press, 1996: *xi-xxiv*; Putnam H. *The Threefold Cord: Mind, Body and World*. New York: Columbia University Press, 1999: 179-181.

间的界限等，诸如此类的问题一般被归为"悖论"或"困境"，但它们本质上都与一种二元的思维方式和理论预设具有密不可分的联系。比如，如果将规则或规范性条件仅仅作为一种外在的理由，先在地将这种理由与能动者的认知过程和言语实践相互隔离，那么就必然要求一种合理的解释来填补它们之间的缝隙或鸿沟，这主要体现为这样一些追问："规范性理由"是如何与"动机性理由"产生联系的？"外在理由"是如何转化为"内在理由"的？能动者按照规则来行动为什么会出现"符合"或"违反"规则的情况？……实际上，它们之间并没有范畴意义上对的绝对区分，也并非必然有一种去"符合"规范性准则的过程。这需要我们转变对规范性准则和要求的传统理解，区分规范性准则的强弱及其发挥作用的方式，将能动者的行为表现看作一个过程，而有关规范性理由的判断只是相对于该过程的输入条件，它本身不能决定行为的输出，而是与关于能动者的其他语境要素（能动者对理由的认知、坚持度、精神状态、意志欲望、情感反应模式等诸因素）构成的集合发生相互作用，共同影响最终采取的行动。这种诠释方式也从实践理性的角度阐发了规范性语境的特征与要义。

参考文献

布兰顿 R. 2005. 理由、表达与哲学事业. 韩东晖译. 世界哲学, 6: 16-27.

布宁 N, 余纪元. 2001. 西方哲学辞典. 北京: 人民出版社.

布莱克本 S. 2005. 语言哲学, 朱志方译 // 欧阳康. 当代英美哲学地图. 北京: 人民出版社: 520-551.

波洛克 J, 克拉兹 J. 2008. 当代知识论. 陈真译. 上海: 复旦大学出版社.

曹建波. 2009. 知识与语境: 当代西方知识论对怀疑主义难题的解答. 上海: 上海人民出版社.

陈波. 1998. 奎因哲学研究——从逻辑和语言的观点看. 北京: 生活·读书·新知三联书店.

陈波. 2007. 蒯因著作集 (第 2 卷) 北京: 中国人民大学出版社.

陈波. 2007. 蒯因著作集 (第 4 卷) 北京: 中国人民大学出版社.

陈德中. 2011. 能动性与规范性——雷尔顿论规范力量与规范自由. 世界哲学, 9: 125-132.

陈德中. 2013. 合理性与规范性. 学术交流, 10: 5-9.

陈嘉明. 2003. 知识与确证: 当代知识论引论. 上海: 上海人民出版社.

陈嘉映. 2003. 语言哲学. 北京: 北京大学出版社.

陈嘉映. 2006. 维特根斯坦的哲学观. 现代哲学, 5: 90-102.

陈亚军. 2002. 从分析哲学走向实用主义——普特南哲学研究. 北京: 东方出版社.

陈亚军. 2010. 德国古典哲学、美国实用主义及推论主义语义学——罗伯特·布兰顿教授访谈 (上). 哲学分析, 1: 170-177.

陈亚军. 2010. 分析哲学、存在主义及当代美国哲学家——罗伯特·布兰顿教授访谈 (下). 哲学分析, 2: 168-173.

程炼. 2005. 思想与论证. 北京: 北京大学出版社.

戴潘. 2013. 布兰顿的推理主义语义学与整体论批评. 哲学分析, 8: 145-157.

弗雷格. 2006. F 弗雷格哲学论著选辑. 王路译. 北京: 商务印书馆.

高新民, 刘占锋. 2005. 心灵的解构——心灵哲学本体论变革研究. 北京: 中国社会科学出版社.

郭贵春, 殷杰. 1999. 论心理意向的后现代重建. 自然辩证法研究, 1: 5-10.

郭贵春 . 1998. 后现代科学哲学 . 长沙：湖南教育出版社 .

郭贵春 · 1997. 论语境 . 哲学研究，4：46-52.

郭贵春 · 2000. 语境分析的方法论意义 . 山西大学学报：哲学社会科学版，3：1-6.

郭贵春 . 2001. 科学实在论教程 . 北京：高等教育出版社 .

郭贵春 . 2002. 语境与后现代科学哲学的发展 . 北京：科学出版社 .

郭贵春 · 2005. "语境" 研究的意义 . 科学技术与辩证法，4：1-4.

郭贵春 · 2006. "语境" 研究纲领与科学哲学的发展 . 中国社会科学，5：28-32.

郭贵春 · 2007. 语义学研究的方法论意义 . 中国社会科学，3：77-87.

郭贵春 · 1990. 语义分析方法的本质 . 科学技术与辩证法，2：1-6.

哈贝马斯 J. 2005. 从康德到黑格尔：罗伯特 · 布兰顿的语用学语言哲学 . 韩东晖译 . 世界哲学，
    6：28-36.

海尔 J. 2005. 心灵哲学 . 张明仓译 // 欧阳康 . 当代英美哲学地图 . 北京：人民出版社：232-273.

海尔 J. 2006. 当代心灵哲学导论 . 高新民，殷筱，徐弢译 . 北京：中国人民大学出版社 .

韩林合 . 2010. 维特根斯坦《哲学研究》解读 . 北京：商务印书馆 .

韩林合 . 2010. 维特根斯坦的 "哥白尼式革命" . 云南大学学报：社会科学版，2：25-29.

黑尔 R M. 2005. 道德语言 . 万俊人译 . 北京：商务印书馆 .

黄敏 . 2004. 作为先验论证的私人语言论证 . 哲学研究，2：70-76.

黄敏 . 2014. 知识之锚：从语境原则到语境主义知识论 . 上海：华东师范大学出版社 .

黄原，胡新和 . 2013. 信念辩护与信念论 . 自然辩证法研究，9：23-28.

江怡 . 1996. 维特根斯坦：一种后哲学的文化 . 北京：社会科学文献出版社，

杰克逊 F. 2011. 意志的软弱 // 徐向东编译 . 实践理性 . 杭州：浙江大学出版社：550-564.

克里普克 . 1998. 论规则和私人语言 . 程炼译 // 马蒂尼奇 . 语言哲学 . 北京：商务印书馆：923-947.

蒯因 . 2007. 从逻辑的观点看 . 陈启伟，江天骥，张家龙，等译 . 北京：中国人民大学出版社 .

蒯因 . 2007. 语词和对象 . 陈启伟，朱锐，张学广译 . 北京：中国人民大学出版社 .

李红 . 2005. 布兰顿：语言哲学中的哥白尼式转折 . 世界哲学，6：13-15.

李红 . 2013. 分析哲学中的 "黑格尔转向" ——以布兰顿推理主义语义学为个案 . 哲学动态，2：
    65-69.

利奇 J N. 1996. 语义学 . 李瑞华，王彤福，杨自俭，等译 . 上海：上海外语教育出版社 .

林从一 . 2005. 划地自利、无限后退和不确定说 . 台湾哲学研究，5：75-120.

刘晓力 . 2006. 哥德尔的哲学规划与胡塞尔的现象学——纪念歌德尔诞辰 100 周年 . 哲学研究，
    11：70-76.

罗伯逊 J. 2011. 内在主义、实践理性与动机 // 徐向东编译 . 实践理性 . 杭州：浙江大学出版社：
    351-372.

洛克 . 1983. 人类理解论（上册）. 关文运译 . 北京：商务印书馆 .

麦金 M. 2007. 维特根斯坦与《哲学研究》. 李国山译 . 桂林：广西师范大学出版社 .

麦克道尔 J. 2014. 心灵与世界. 韩林合译. 北京：中国人民大学出版社.

摩尔 G. 2009. 哲学研究. 杨选译. 上海：上海人民出版社.

穆尼茨 M. K. 1986. 当代分析哲学. 吴牟人，张汝伦，黄勇译. 上海：复旦大学出版社.

塞尔 J. 2006. 心、脑与科学. 杨音莱译. 上海：上海译文出版社.

塞尔 J. 2006. 心灵、语言和社会. 李步楼译. 上海：上海译文出版社.

塞尔 J. 2008. 社会实在的建构. 李步楼译. 上海：上海人民出版社.

塞尔 J. 2008. 心灵导论. 徐英瑾译. 上海：上海人民出版社.

涂纪亮. 2005. 维特根斯坦后期哲学思想研究. 南京：江苏人民出版社.

王浩. 2002. 哥德尔. 康宏逵译. 上海：上海译文出版社.

王晓升. 1999. 走出语言的迷宫. 北京：社会科学文献出版社.

维特根斯坦. 2001. 哲学研究. 陈嘉映译. 上海：上海人民出版社.

维特根斯坦. 2003. 蓝皮书，一种哲学考察（褐皮书）. 涂纪亮译 // 涂纪亮. 维特根斯坦全集第 6 卷. 石家庄：河北教育出版社.

维特根斯坦. 2003. 论数学的基础. 徐友渔，涂纪亮译 // 涂纪亮. 维特根斯坦全集第 7 卷. 石家庄：河北教育出版社.

维特根斯坦. 2003. 哲学研究. 涂纪亮译 // 涂纪亮. 维特根斯坦全集第 8 卷. 石家庄：河北教育出版社.

维特根斯坦. 2003. 哲学语法. 程志民译 // 涂纪亮. 维特根斯坦全集第 4 卷. 石家庄：河北教育出版社.

维特根斯坦. 2003. 纸条集（1929—1948 年）. 吴晓红译 // 涂纪亮. 维特根斯坦全集第 11 卷. 石家庄：河北教育出版社.

维特根斯坦. 2013. 哲学研究. 韩林合译. 北京：商务印书馆.

魏屹东. 2006. 作为世界假设的语境论. 自然辩证法通讯，3：39-45.

魏屹东. 2012. 表征概念的起源、理论演变及本质特征. 哲学分析，3：96-118.

文学平. 2010. 集体意向性与制度性事实. 北京：法律出版社.

休谟. 1996. 人性论. 关文运译. 北京：商务印书馆.

徐梦秋，杨松. 2011. "开放性问题"论证：反驳与辩护——当代西方元伦理学的走向. 厦门大学学报：哲学社会科学版，2：85-92.

徐向东. 2005. Kripke's paradox, humean solution and the nature of normativity. 外国哲学，17：207-250.

徐向东. 2006. 道德哲学与实践理性. 北京：商务印书馆.

徐向东. 2006. 自由意志与道德责任. 南京：江苏人民出版社.

徐向东. 2007. 美德伦理与道德要求. 南京：江苏人民出版社.

徐向东. 2011. 实践理性. 杭州：浙江大学出版社.

叶闯. 2010. 语言·意义·指称：自主的意义与实在. 北京：北京大学出版社.

殷杰，何华 . 2013. 经验知识、心灵图景与自然主义 . 中国社会科学，5：86-105.

殷杰 . 2003. 哲学对话的新平台——科学语用学的元理论研究 . 太原：山西科学技术出版社 .

郁振华 . 2012. 人类知识的默会维度 . 北京：北京大学出版社 .

郑凯元 . 2006. 语意规范性与自然主义化约论 . 揭谛，10：39-72.

Alston W P. 1988. The deontological conception of epistemic justification. *Philosophical Perspectives*, 2: 257-299.

Anderson R L. Synthesis, cognitive normativity, and the meaning of Kant's question, 'How are synthetic cognitions a priori possible?'. *European Journal of Philosophy*, 9 (3): 275-305.

Andler D. 2000. The normativity of context. *Philosophical Studies: An International Journal for Philosophy in the Analytic Tradition*, 100(3): 273-303.

Anscombe G E M. 1958. On brute facts. *Analysis*, 18(3): 69-72.

Armstrong D. 1989. *Universals: An Opinionated Introduction*. Boulder: Westview Press.

Armstrong D.1969. Dispositions are causes. *Analysis*, 30: 23-26.

Ayer A J. 1982. Freedom and necessity//Watson G. *Free Will*. New York: Oxford University Press: 15-23.

Ayer A J.1971. *Language, Truth and Logic*. London: Penguin Books.

Azzouni J. 2010. The rule-following paradox and the impossibility of private rule-following. *The Baltic International Yearbook of Cognition, Logic and Communication*, 5 (1):

Baker G P, Hacker P M S. 1984. *Scepticism, Rules and Language*. Oxford: Basil Blackwell.

Baker G P, Hacker P M S. 1985. *An Analytical Commentary on the "Philosophical Investigations", Vol. 2: Wittgenstein, Rules, Grammar and Necessity*. Oxford: Blackwell.

Bandini A. 2011. Meaning and the emergence of normativity. *International Journal of Philosophical Studies*, 18 (3): 415-431.

Barrett J A. 2013. The evolution of simple rule-following. *Biological Theory*, 8 (2): 142-150.

Bergqvist A. 2009. Semantic particularism and linguistic competence. *Logique Et Analyse*, 52 (208): 343-361.

Berkeley G. 1988. *Principles of Human Knowledge and Three Dialogues between Hylas and Philonous*. London: Penguin Books.

Bernasconi-Kohn L. 2006. How not to think about rules and rule following: A response to stueber. *Philosophy of the Social Sciences*, 36 (1): 86-94.

Bilgrami A.1992. *Belief and Meaning*. Oxford: Blackwell.

Bilgrami A.1993. Norms and meaning//Stoecker R. *Reflecting Davidson*. Berlin, New York: de Gruyter: 121-144.

Bird A. 1998. Dispositions and antidotes. *Philosophical Quarterly*, 48: 227-234.

Blackburn S. 1984. *Spreading the Word: Groundings in the Philosophy of Language*. New York:

Oxford University Press.

Blackburn S. 1984. *Spreading the Word: Groundings in the Philosophy of Language*. New York: Oxford University Press.

Blackburn S. 1984. The individual strikes back. *Synthese*, 58(3): 286-299.

Blackburn S. 1993. *Essays in Quasi-Realism*. New York: Harvard University Press.

Blackburn S. 1998. *Ruling Passions: A Theory of Practical Reason*. Oxford: Clarendon Press.

Block N. 1987. Functional role and truth condition. *Proceedings of the Aristotelian Society*, 61: 157-181.

Boghossian P A. 2008. *Content and Justification: Philosophical Papers*. Oxford: University Press.

Boghossian P. 1989. The rule-following considerations. *Mind*, 98(392): 507-549.

Boghossian P. 2003. The normativity of content. *Philosophical Issues*, 13: 31-45.

Boghossian P. 2005. Rules, meaning and intention. *Philosophical Studies*, 124: 185-197.

Boghossian P. 2008. Epistemic rules. *Journal of Philosophy*, 105(9): 472-500.

Boghossian P. 2008. Is meaning normative?//Boghossian P. *Content and Justification: Philosophical Papers*. Oxford: Clarendon Press: 101-107.

Boyd R. 2010.Realism, natural kinds, and philosophical methods, //Beebee H, Sabbarton-Leary N. *The Semantics and Metaphysics of Natural Kinds*. New York, London: Routledge.

Brandom R. 1994. *Making It Explicit: Reasoning, Representing, and Discursive Commitment*. Cambridge: Harvard University Press.

Brandom R. 2000. *Articulating Reasons*, Cambridge: Harvard University Press.

Brandom R. 2002. *Tales of the Mighty Dead: Historical Essays in the Metaphysics of Intentionality*. Cambridge: Harvard University Press.

Brink D O. 1986. Externalist moral realism. *Southern Journal of Philosophy Supplement*24(S1): 23-42.

Broome J. 2007. Is rationality normative? *Disputatio*, 23: 161-178.

Brown J. 2004. *Anti-Individualism and Knowledge*. Cambridge: MIT Press.2004.

Burge T. 1979. Individualism and the, mental. *Midwest Studies in Philosophy*, 4: 73-121.

Burge T. 1986. Intellectual norms and the foundations of mind. *Journal of Philosophy*, 83: 697-720.

Bykvist K, Hattiangadi A. 2007. Does thought imply ought? *Analysis*, 67: 277-285.

Byrne A. 1996. On Misinterpreting Kripke's Wittgenstein. *Philosophy and Phenomenological Research*, 56: 339-341.

Byrne A. 2005. Perception and conceptual content//Steup M, Sosa E. *Contemporary Debates in Epistemology*. Oxford: Blackwell.231-250

Byrne A. 2007. Semantic values? *Philosophy and Phenomenological Research*, 65: 201-207.

Cain M J. 2006. Concept nativism and the rule following considerations. *Acta Analytica*, 21(38): 77-

101.

Carnap R. 1956. *Meaning and Necessity: A Study in Semantics and Model Logic*. Chicago: University of Chicago Press.

Carroll L. 1995. What the tortoise said to achilles. Reprinted in *Mind*, 104: 691-693.

Chang R. 2009. Voluntarist reasons and the sources of normativity//Sobel D, Wall S. *Reasons for Action*. Cambridge: Cambridge University Press,

Cheng K Y. 2010 Intrinsic finks and ttributions of rule-following dispositions. *Grazer Philosophische Studien*, 80: 209-220.

Cheng K Y. 2011. A new look at the problem of rule-following: A generic perspective. Philosophical Studies, 155 (1): 1-21.

Chomsky N. 1965. *Aspects of the Theory of Syntax*. Cambridge: MIT Press.

Chung-I. Lin. Mohist approach to the rule-following problem. *Comparative Philosophy*, 4 (1): 41-66.

Coates P. 1986. Kripke's sceptical paradox: Normativeness and meaning. *Mind*, 95: 77-80.

Cohen D, Handfield T. 2007. Finking frankfurt. *Philosophical Studies*, 135 (3): 363-374.

Cohen S. 1988. How to be a fallibilist. *Philosophical Perspectives*, 2: 91-123.

Connelly J. 2012. Meaning is normative: A response to Hattiangadi. *Acta Analytica*, 27 (1): 55-71.

Copp D. 2001. *Morality, Normativity and Society*. New York: Oxford University Press.

Cozzo C. 2004. Rule-following and the objectivity of proof//Coliva A, Picardi E.*Wittgenstein Today*. Padova:IL *poligrafo*: 185-200.

Crane T, Wolff J. 2014. *Dispositions: A Debate*. London, New York: Routledge.

Croom A. Thick concepts, non-cognitivism, and Wittgenstein's rule following considerations. *South African Journal of Philosophy*, 2010, 29 (3): 286-309.

Darwall S, Gibbard A, Railton P. 1992. Toward fin de siè cle ethics: Some trends. *Philosophical Review*, 101: 115-189.

Darwall S. 1997. Learning from frankena: A philosophical remembrance. *Ethics*, 107(4): 685-705.

Davidson D. 1980. Mental events. //Davidson D. *Essays on Actions and Events*. Oxford: Clarendon Press: 207-224.

Davidson D. 1984. Belief and the basis of meaning. Reprinted in *Inquiries into Truth and Interpretation*. Oxford: Clarendon Press: 141-154.

Davidson D. 1984. Communication and convention, Reprinted in *Inquiries into Truth and Interpretation*. Oxford: Clarendon Press: 265-280.

Davidson D. 1984. Radical interpretation. Reprinted in *Inquiries into Truth and Interpretation*. Oxford: Clarendon Press: 125-139.

Davidson D. 2001. A coherence theory of truth and knowledge. Reprinted in *Subjective*,

Intersubjective, Objective. Oxford: Clarendon Press: 137-153.

Davidson D. 2001. Actions, reasons, and causes//Davidson D. *Essays on Actions and Events*. Oxford: Clarendon Press, 3-20.

Davidson D. 2001. Comments on karlovy vary papers//Kotatko P et al. *Interpreting Davidson*. Palo Alto: CSLI, 285-308.

Davidson D. 2001. How is weakness of the will possible?//Davidson D. *Essays on Actions and Events*. Oxford: Clarendon Press: 21-42.

Davidson D. 2001. *Subjective, Intersubjective, Objective*. New York: Oxford University Press.

Davidson D. 2005. A nice derangement of epitaphs. Reprinted in *Truth, Language and History*. Oxford: Clarendon Press: 89-107.

Davidson D. 2005. The social aspect of language. Reprinted in *Truth, Language and History*. Oxford: Clarendon Press: 109-125.

Davis W A. 2007. Knowledge claims and context: Loose use. *Philosophical Studies*, 132 (3): 395-438.

De Castro R J. 2010. " Kripke's near miss" and some other considerations on rule following. *Princípios*, 15 (23): 135-151.

De Rose K. 1999. Contextualism: An explanation and defense//Greco J, Sosa E. *The Blackwell Guide to Epistemology*. Oxford: Blackwell Publishing Ltd: 187-205.

Devitt M. 1996. The metaphysics of nonfactualism. *Philosophical Perspective*, 10: 159-176.

Dietrich E, Markman A B. 2003. Discrete thoughts: Why cognition must use discrete representations. *Mind and Language*, 18(1): 95-119.

Dreier J. 1990. Internalism and speaker relativism. *Ethics*, 101(1): 6-26.

Dretske F. 1993. Misrepresentation//Bogdan R. *Belief*. Oxford: Oxford University Press. Reprinted in Goldman A. *Readings in Philosophy and Cognitive Science*. Cambridge: MIT Press: 297-314.

Dretske F. 2000. Norms, history, and the constitution of the mental// Dretske F. *Perception, Knowledge and Belief, Selected Essays*. Cambridge: Cambridge University Press: 242-258.

Dretske F. 2000. *Perception, Knowledge and Belief*. Cambridge: Cambridge University Press.

Dretske F.1981. *Knowledge and the Flow of Information*. Cambridge: MIT Press.

Duarte D. 2011. Linguistic objectivity in norm sentences: Alternatives in literal meaning. *Ratio Juris*, 24 (2): 112-139.

Dummett M. 1978. *Truth and Other Enigmas*. London: Duckworth.

Dummett M. 1978. Wittgenstein's philosophy of mathematics. Reprinted in *Truth and Other Enigmas*. Cambridge: Harvard University Press: 166-185.

Dummett M. 1986. A nice derangement of epitaphs: Some comments on Davidson and Hacking// LePore E. *Truth and interpretation. Perspectives on the philosophy of Donald Davidson*. Oxford:

Basil Blackwell: 459-494.

Dummett M. 1991. *The logical basis of metaphysics*. Cambridge：Harvard University Press.

Dummett M. 1996. *The Seas of Language*. Oxford：Clarendon Press.

Ebbs G. 1997. *Rule-Following and Realism*. Cambridge：Harvard University Press.

Elugardo R. 2008. Review of Anandi Hattiangadi, oughts and thoughts: Scepticism and the normativity of meaning. *Notre Dame Philosophical Reviews*, (4). http://ndpr.nd.edu/news/23433/?id=12784.

Engel M, Jr. 2005. What's wrong with contextualism, and a noncontextualist resolution of the skeptical paradox//Brendel E，Jäger C. Contextualisms in Epistemology. Dordrecht, Norwell：Springer：61-90.

Engel P. 2000. Wherein lies the normative dimension in meaning and mental content? *Philosophical Studies*, 100: 305-321.

Engel P. 2001. The norms of thought: Are they social? *Mind & Society*, 2: 129-148.

Engel P. 2002. Intentionality, normativity, and community. *Facta Philosophica*, 4(1): 25-49.

Engel P. 2008. Belief and normativity. *Disputatio*, 2: 179-202.

Esfeld M. 1999. Rule-following and the ontology of the mind//Meixner U, Simons P. *Metaphysics in the Post-Metaphysical Age. Papers of the 22nd International Wittgenstein Symposium. Contributions of the Austrian Ludwig Wittgenstein Society*, vol.VII (1). Kirchberg am Wechsel: Austrian Ludwig Wittgenstein Society: 191-196.

Falk W D. 1986. 'Ought' and motivation//Falk W D. *Ought, Reasons and Morality*. Ithaca: Cornell University Press: 21-41.

Fara M. 2005. Dispositions and habituals. *Noûs*, 39(1): 43–82.

Feldman R. 2001. Voluntary belief and epistemic evaluation//Steup M. *Knowledge, Truth, and Duty*. Oxford: Oxford University Press.

Fennell J. 2013. The meaning of 'meaning is normative'. *Philosophical Investigations*, 36(1)：56-78.

Fodor J A, Lepore E. 1993. Is intentional ascription intrinsically normative?//Dahlbom B. *Dennett and His Critics*. Blackwell.

Fodor J A. 1987. *Psychosemantics: The Problem of Meaning in the Philosophy of Mind*. Cambridge：MIT Press.

Fodor J A. 1990. *A Theory of Content*. Cambridge：MIT Press.

Fodor J A. 2001. *The Mind doesn't Work that Way: The Scope and Limits of Computational Psychology*. Cambridge：MIT Press.

Foot P. 2002. Does moral subjectivism rest on a mistake?//Foot P. *Moral Dilemmas: And Other Topics in Moral Philosophy*. Oxford, Clarendon Press: 189-208.

Frankena W. 1976. Obligation and motivation in recent moral philosophy//Goodpaster K E. *Perspectives on Morality: Essays of William K. Frankena*. Notre Dame: University of Notre Dame Press: 71-73.

Frankfurt H. 2003. Freedom of the will and the concept of a person//Watson G. Free Will(2nd ed). New York: Oxford University Press: 322-336.

Gampel E H. 1997. The normativity of meaning. *Philosophical Studies*, 86 (3): 221-242.

Gauker C. 2007. The circle of deference proves the normativity of semantics. *Rivista di Estetica*, 34 (34): 181-198.

Gibbard A. 1994. Meaning and normativity. *Philosophical Issues* 5: 95-115.

Gibbard A. 1996. Necessity and normativity//Sluga H, Stern D G. *The Cambridge Companion to Wittgenstein*. Cambridge: Cambridge University Press: 198-225.

Gibbard A. 1996. Thought, norms, and discursive practice. *Philosophy and Phenomenological Research*, 56: 699-717.

Gibbard A. 2002. Normative and recognitional concepts. *Philosophy and Phenomenological Research*, 64: 151-167.

Gibbard A. 2002. *Wise Choices, Apt Feelings: A Theory of Normative Judgement*. Oxford: Clarendon Press.

Gibbard A. 2003. Thoughts and norms. *Philosophical Issues*, 13: 83-98.

Gibbard A. 2005. Truth and correct belief. *Philosophical Issues*, 15: 338-350.

Gibbard A. 2006. Reply to critics. *Philosophy and Phenomenological Research*, 72 (3): 729-744.

Gibbard A. 2008. *Reconciling Our Aims: In Search of Bases for Ethics*. Oxford: Oxford University Press.

Gibbard A. 2014. *Meaning and Normativity*. Oxford: Oxford University Press.

Gillett G R. 1995. Humpty dumpty and the night of the triffids: Individualism and rule-following. *Synthese*, 105 (2): 191-206.

Ginsborg H. 2011. Review of oughts and thoughts: Rule-following and the normativity of content. *Mind*, 119 (476): 1175-1186.

Glock H T. 1996. *A Wittgenstein Dictionary*. Oxford: Blackwell publishers.

Glock H-J. 2009. Meanig, rules, and conventions//Zamuner E, Levy D K. *Wittgenstein's Enduring Arguments*. London, New York: Routledge: 159-160.

Glü er K, Pagin P. 1998. Rules of meaning and practical reasoning. *Synthese*, 117 (2): 207-227.

Glü er K, Wikforss Å. 2009. Against content normativity. *Mind*, 118 (469): 31-70.

Gluer K. 1999. Sense and prescriptivity. *Acta Analytica*, 14: 111-128.

Gluer K. 2011. Dreams and nightmares. Conventions, norms, and meaning in Davidson's philosophy of language//Kotatko P et al. *Interpreting Davidson*. Stanford: CSLI Publications: 53-74.

Goodman N. 1984. *Of Mind and Other Matters*. Cambridge: Harvard University Press.

Gorman M. 2003. Subjectivism about normativity and the normativity of intentional states. *International Philosophical Quarterly*, 43(1): 5-14.

Greenberg M, 2007. Incomplete understanding, deference and the content of thought. *UCLA School of Law Working Paper Series. Public Law & Legal Theory Working Paper*: 7-30.

Greenberg M. 2005. A new map of theories of mental content: Constitutive accounts and normative theories. *Philosophical Issues*, 15 (1): 299-320.

Guardo A. 2012a. Rule-following, ideal conditions and finkish dispositions. *Philosophical Studies*, 157 (2): 195-209.

Guardo A. 2012b. Kripke's account of the rule-following considerations. *European Journal of Philosophy*, 20(3): 366-388.

Hale B. 1997. Rule-following, objectivity and meaning//Hale B,Wright C.(eds) *A Companion to the Philosophy of Language*. Oxford: Blackwell: 369-396.

Hale B. 1999. Realism and its oppositions//Hale B, Wright C. *A Companion to the Philosophy of Language*. Oxford: Blackwell: 271-299.

Handfield T, Bird A. 2008. Dispositions, rules, and finks. *Philosophical Studies*, 140 (2): 285-298.

Hare R M. 1952. *The Language of Morals*. Oxford: Clarendon Press.

Harman G. 1999. *Reasoning, Meaning and Mind*. Oxford: Oxford University Press.

Hattiangadi A. 2003. Making it implicit: Brandom on rule following. *Philosophy and Phenomenological Research*, 66: 419-431.

Hattiangadi A. 2006. Is meaning normative? *Mind and Language*, 21(2): 220-240.

Hattiangadi A. 2007. *Oughts and Thoughts: Rule-following and the Normativity of Content*. Oxford: Clarendon Press.

Hattiangadi A. 2009. Some more thoughts on semantic oughts: A reply to Daniel Whiting. *Analysis*, 69(1): 54-63.

Haugeland J. 1998. Truth and rule-following//Haugeland J.(ed) *Having Thought: Essays in the Metaphysics of Mind*. Cambridge: Harvard University Press, 305-361.

Haukioja J. 2005. Is solitary rule-Following possible? *Philosophia*, 32: (1/4), 131-154.

Herrmann-Pillath C. 2012. Institutions, distributed cognition and agency: Rule-following as performative action. *Journal of Economic Methodology*, 19 (1): 21-42.

Hershfield J. 2005. Rule following and the background. *Linguistics and Philosophy*, 28 (3): 269-280.

Hindriks F. 2004. A modest solution to the problem of rule-following. *Philosophical Studies*, 121 (1): 65-98.

Hindriks F. 2009. Constitutive rules, language, and ontology. *Erkenntnis*, 71(2): 253-275.

Hintikka J. 1989. Rules, games and experiences: Wittgenstein's discussion of rule-following in the light of his development in Wittgenstein (1889-1989). *Revue Internationale de Philosophie,* 43 (169): 279-297.

Hookway C. 1997. Analyticity, linguistic rules and epistemic evaluation. *Royal Institute of Philosophy Supplement*, 42: 197-218.

Horns J. 1997. *Simple Mindedness: In Defense of Naïve Naturalism in the Philosophy of Mind.* Cambridge: Harvard University Press.

Horwich P. 1995. Meaning, use, and truth. *Mind*, 104: 355-368.

Horwich P. 1998. *Meaning.* Oxford: Oxford University Press.

Horwich P. 2005. *Reflections on Meaning.* Oxford: Oxford University Press.

Hume D. 1948. *Treatise of Hume Nature* (Book Ⅲ of morals)//*The philosophical works of David Hume*, vol. Ⅱ . Edinburgh: Adamant Media Corporation.

Hurley S L. 1998. *Consciousness in Action.* Cambridge: Harvard University Press.

Jackson F, Pettit P. 1995. Moral functionalism and moral motivation. *Philosophical Quarterly*, 45(178): 20-40.

Jackson F. 1998. *From Metaphysics to Ethics: A Defence of Conceptual Analysis.* Oxford: Clarendon Press.

Jackson F. 1998. Weakness of will//Jackson F. *Mind, Method and Conditionals: Selected Essays.* London, New York: Routledge: 179-196.

Jackson F. 2000. Non-cognitivism, normativity, belief//Dancy J. *Normativity.* Oxford: Blackwell: 100-115.

Janzen G. 2014. Another look at the rule-following paradox. *Philosophical Forum*, 45 (1): 69-88.

Johannessen K S. 1988. Rule following and tacit knowledge. *AI and Society*, 2 (4): 287-301.

Johannessen K S. 1988. Rule following, intransitive understanding and tacit knowledge. An investigation of the Wittgensteinian concept of practice as regards tacit knowing. *Daimon*, 2: 151-173.

Kant I. 1996. *Critique of Pure Reason.* Pluhar W S trans. Indianapolis: Hackett Publishing Company, Inc.

Kant I. 1996. *Religion and Rational Theology.* Wood A W, di Giovanni G trans. and eds. Cambridge: Cambridge University Press.

Kiesselbach M. 2011. Constructing commitment: Brandom's pragmatist take on rule-following. *Philosophical Investigations*, 35 (2): 101-126.

Kiesselbach M. 2014. The normativity of meaning: From constitutive norms to prescriptions. *Acta Analytica*, 29 (4): 427-440.

Knowles J. 2003. *Norms, Naturalism and Epistemology: The Case for Science without Norms.* New York: Palgrave Macmillan.

Korsgaard C M. 1996. Skepticism about practical reason//Korsgaard C M. *Creating the Kingdom of Ends*. New York: Cambridge University Press: 311-334.

Korsgaard C M. 1997. The normativity of instrumental reason//Cullity G, Gaut B. *Ethics and Practical Reason*. Oxford: Clarendon Press: 215-254.

Korsgaard C M. 2001. Skepticism about practical reason//Millgram E. *Varieties of Practical Reasoning*. Cambridge: MIT Press: 103-125.

Korsgaard C M.1996. *The Sources of Normativity*. Cambridge: Cambridge University Press.

Kripke S. 1982. *Wittgenstein on Rules and Private Language*. Oxford: Basil Blackwell.

Kusch M, Kripke F V. 2005. Semantic dispositionalism, idealization and ceteris paribus clauses. *Analysis*, 65(2): 156-164.

Lance M N. 1998. *The Grammar of Meaning: Normativity and Semantic Discourse*. New York: Cambridge University Press.

Lance M N. 2002. Pré cis of the grammar of meaning: Normativity and semantic content. *Philosophy and Phenomenological Research*, 65(1): 177-185.

Landy D. 2008. Hegel's account of rule-following. in*quiry*, 51 (2): 170-193.

Lang G. 2001. The rule-following considerations and metaethics: Some false moves. *European Journal of Philosophy*, 9(2): 190-209.

Lenka L. 2001. The paradox of rule-following. *Indian Philosophical Quarterly*, 28 (2): 195-200.

Lewis C I, Langford C H. 1951. *Symbolic Logic*. New York: Dover Publications.

Lewis D. 1997. Finkish dispositions. *The Philosophical Quarterly*, 47(2): 143-158.

Lewis D.1969. *Convention*. Cambridge: Harvard University Press.

Lotfi S. 2009. Wittgenstein's rule-following considerations and moral particularism. *Theoria*, 75 (2): 100-116.

Ludlow P. 2010. Having linguistic rules and knowing linguistic facts. *The Baltic International Yearbook of Cognition, Logic and Communication*, 5 (1): 1-25.

Mackie J L. 1990. *Ethics: Inventing Right and Wrong*. London: Penguin Books.

Maffie J. 1990. Naturalism and the normativity of epistemology. *Philosophical Studies*, 59 (3): 333-349.

Mandel D R. 2000. On the meaning and function of normative analysis: Conceptual blur in the rationality debate? *Behavioral and Brain Sciences*, 23(5): 686-687.

Mark de Bretton Platts. 1980. Moral reality and the end of desire//Platts M. *Reference, Truth and Reality: Essays on the Philosophy of Language* London: Routledge & Kegan Paul: 69-82.

Mark de Bretton Platts.1997. *Ways of Meaning: An Introduction to Philosophy of Language* (2nd ed.). Cambridge: MIT Press.

Martin C B, Heil J. 1998 Rules and powers. *Philosophical Perspectives*, 12(1): 283-312.

Martin C B. 1994. Dispositions and conditionals. *Philosophical Quarterly*, 44(1): 1-8.

Martin C B. 1997. On the need for properties: The road to pythagoreanism and back. Synthese 112(2): 193-231.

Mates B. 1972. *Elementary Logic*. New York: Oxford University Press.

McCullagh M. 2002. Wittgenstein on rules and practices. *Journal of Philosophical Research*, 27: 83-100.

McDowell J, 1991. Intentionality and interiority in Wittgenstein//Puhl K. *Meaning Scepticism*. Berlin: Walter de Gruyter, 148-169.

McDowell J, Pettit P, 1986. Introduction//Pettit P, McDowell J. *Subject, Thought, and Context*. Oxford: Clarendon Press.

McDowell J. 1984. Wittgenstein on following a rule. *Synthese*, 58(3): 333-336.

McDowell J. 1988. Virtue and reason//McDowell J. *Mind, Value, and Reality*. Cambridge: Harvard University Press: 50-73.

McDowell J. 1992. Meaning and intentionality in Wittgenstein's later philosophy// French P., Uehling T. and Wettstein H. (eds) *Midwest Studies in Philosophy XVII. The Wittgenstein Legacy*. Notre Dame: University of Notre Dame Press: 40-52.

McDowell J. 1996. *Mind and World*. Cambridge: Harvard University Press.

McDowell J. 1998. Might there be external reasons?//McDowell J. *Mind, Value, and Reality*. Cambridge: Harvard University Press: 95-111.

McDowell J. 1998. Non-cognitivism and rule-following//McDowell J. *Mind, Value, and Reality*. Cambridge: Harvard University Press: 198-218.

McGinn C. 1984. *Wittgenstein on Meaning: An Interpretation and Evaluation*. Oxford: Blackwell.

McManus D. 1995. The epistemology of self-knowledge and the presuppositions of rule-following. *The Monist*, 78 (4): 496-514.

Midgley G C J. 1958. Linguistic rules. *Proceedings of the Aristotelian Society*, 59: 271-290.

Mihailov E. 2013. The normativity of Kant's formula of the law of nature. *Romanian Journal of Analytic Philosophy*, 2: 57-81.

Millar A. 2002. The normativity of meaning//O' Hear A. *Logic, Thought, and Language*. Cambridge: Cambridge University Press: 57-73.

Millar A. 2004. *Understanding People: Normativity and Rationalizing Explanation*. Oxford: Oxford University Press.

Millar A. 2014. How meaning might be normative//Dutant J., Fassio D.and Meylan A.(eds) *Liber Amicorum Pascal Engel* Genève: Université de Genève 798-817.

Miller A. 1998. *Philosophy of Language*. London: UCL Press.

Miller A. 2004. Rule-following and externalism. *Philosophy and Phenomenological Research*, 68 (1):

127-140.

Miller A. 2008. Thoughts, oughts and the conceptual primacy of belief. *Analysis*, 68：234-238.

Millikan G. R 2008. A difference of some consequence between conventions and rules. *Topoi*, 27 (1/2): 87-99.

Millikan R G. 1990. Truth rules, hoverflies, and the Kripke-Wittgenstein paradox. *The Philosophical Review*, 99: 323-353.

Moore G E. 1954.Wittgenstein's lectures in 1930-1933. *Mind.* 63(249)：1-15; 63(251)：289-316; 1955, 64(253)：1-27.

Moore G E. 1993. *Principia Ethica*. Baldwin T (ed.). Cambridge：Cambridge University Press.

Mulligan K. 1999. Justification, rule-breaking and the mind. *Proceedings of the Aristotelian Society*, 99 (2)：123-139.

Mumford S. 2007. *David Armstrong*. Stocksfield：Acumen Publishing Limited.

Nagel T. 1978. *The Possibility of Altruism*. Princeton：Princeton University Press.

Neander K. 1995. Misrepresenting and malfunctioning. *Philosophical Studies*, 79 (2)：109-141.

Noordhof P. 2001. Believe what you want. *Proceedings of the Aristotelian Society*, 101 (3): 247-265.

Owens D J. 2003. Does belief have an aim? *Philosophical Studies*, 115：283-305.

Page J. 1998. Rule-following and cognitive linguistics. *Southwest Philosophy Review*, 14 (1)：195-200.

Page J. 2000. Are linguistic rules genuine rules? *Southwest Philosophy Review*, 16 (1)：117-124.

Pagin P. 1997. Is compositionality compatible with holism? *Mind & Language*, 12: 11-33.

Pagin P. 2002. rule-following, compositionality and the normativity of meaning//Prawitz D. *Meaning and Interpretation: Conference Held in Stockholm, September 24-26, 1998*. Stockholm: Almqvist & Wiksell International.

Panjvani C. 2008. Rule-following, explanation-transcendence, and private language. *Mind*, 117 (466)：303-328.

Pap A.1949. *Elements of Analytic Philosophy*. New York：Macmillan.

Papineau D. 2003. *The Roots of Reason: Philosophical Essays on Rationality, Evolution, and Probability*. Oxford：Clarendon Press.

Papineau D.1999. Normativity and judgement. *Aristotelian Society*, 73：17-43.

Parfit D. 1997. Reasons and motivation. *Proceedings of the Aristotelian Society*, 71(1)：99-130.

Parfit D. 2011. *On What Matters: Vol.Two*·New York：Oxford University Press.

Peacocke C. 1981. Rule-following: The nature of Wittgenstein's arguments// Holtzman S, Leich C M. *Wittgenstein: To Follow a Rule*. London：Routledge：72-95.

Peacocke C. 1992. *A Study of Concepts*. Cambridge：MIT Press.

Peacocke C. 2001. *Sense and Content: Experience, Thought, and Their Relations*. Oxford：Clarendon

Press.

Pears D. 1989. Rule-following in philosophical investigations. *Grazer Philosophische Studien*, 33: 249-261.

Peregrin J. 2008. An inferentialist approach to semantics: Time for a new kind of structuralism? *Philosophy Compass*, 3 (6): 1208-1223.

Peregrin J. 2012. Inferentialism and the normativity of meaning. *Philosophia*, 40: (1), 75-97.

Pettit P, Smith M. 1993. Brandt on self-control//Hooker B. *Rationality, Rules, and Utility: New Essays on the Moral Philososophy of Richard B. Brandt*. San Francisco, Oxford: Westview Press: 33-50.

Pettit P, Smith M. 1993. Practical unreason. *Mind*, 102(405): 53-79.

Pettit P. 2003. *Rules, Reasons, and Norms: Selected Essays*. Oxford: Oxford University Press.

Pettit P. 2005. On rule-following, folk psychology, and the economy of esteem: A reply to Boghossian, Dreier and Smith. *Philosophical Studies*, 124 (2): 233-259.

Pettit P. 2007. Join the dots//Brennan G, Goodin R, Jackson F et al. *Common Minds: Themes from the philosophy of Philip Pettit*. Oxford: Clarendon Press: 243-253.

Porto A. 2013. Rule-following and functions. *O Que Nos Faz Pensar*, 33: 95-141.

Prichard H A.2002. Duty and interest//Prichard H A, MacAdam J. *Moral Writings*. Oxford: Oxford University Press: 21-49.

Puhl K. *1991. Meaning Scepticism*. Berlin: Walter de Gruyter.

Putnam H. 1999. *The Threefold Cord: Mind, Body and World*. New York: Columbia University Press: 179-181.

Quine W V O. 1953. *From a Logical Point of View*. Cambridge: Harvard University Press.

Quine W V O. 1960. *Word and Object*. Cambridge: MIT Press.

Quine W V O. 1969. *Ontological relativity and other Essay*s. New York: Columbia University Press.

Railton P. 1986. Moral realism. *Philosophical Review*, 95(2): 163-207.

Railton P. 1999. Normative force and normative freedom: Hume and Kant, but not Hume versus Kant. *Ratio*, 12 (4): 320-353.

Rakova M. 2006. *Philosophy of Mind A-Z*. Edinburgh: Edinburgh University Press.

Rawls J. 1955. Two concepts of rules. *Philosophical Review*, 64 (1): 3-32.

Rorty R. 1991. *Objectivity, Relativism, and Truth*. Cambridge: Cambridge University Press.

Rosen G. 1997. Who makes the rules around here? *Philosophy and Phenomenological Research*, 57 (1), 163-171.

Rosen G. 2001. Brandom on modality, normativity and Intentionality. Philosophy and Phenomenological Research, LXIII: 611-623.

Rowlands M. 2006. The normativity of action. *Philosophical Psychology*, 19 (3): 401-416.

Russell B. 2010. *Principles of Mathematics*. London, New York: Routledge.

Ryle G. 1949. *The Concept of Mind*. London, New York: Routledge.

Savigny E V. 1991. Self-conscious individual versus social soul: The rationale of Wittgenstein's discussion of rule following. *Philosophy and Phenomenological Research*, 51 (1): 67-84.

Schlosser M E. 2011. The metaphysics of rule-following. *Philosophical Studies*, 155 (3): 345-369.

Schroeder T. 2003. Donald Davidson's theory of mind is non-normative. *Philosophers' Imprint*, 3 (1): 1-14.

Schulz A W. 2009. Condorcet and communitarianism: Boghossian's fallacious inference. *Synthese*, 166 (1): 55-68.

Schulz A W. 2013. The benefits of rule following: A new account of the evolution of desires. *Studies in History and Philosophy of Science Part C*, 44 (4a): 595-603.

Sciaraffa S. 2011. Identification, meaning, and the normativity of social roles. *European Journal of Philosophy*, 19 (1): 107-128.

Searle J. 1969. *Speech Acts: An Essay in the Philosophy of Languag*. Cambridge: Cambridge University Press.

Searle J. 1995. *The Construction of Social Reality*. New York: The Free Press.

Searle J. 1998. *Mind, Language and Society*. New York: Basic Books.

Sellars W. 1991. Some reflections on language games. Reprinted in *Science, Perception and Reality*. Atascadero: Ridgeview: 321-358.

Sellars W. 1997. *Empiricism and the Philosophy of Mind*. Cambridge: Harvard University Press.

Shah N, Velleman J D. 2005. Doxastic deliberation. *The Philosophical Review*, 114: 497-534.

Shah N. 2003. How truth governs belief. *Philosophical Review*, 112 (4): 447-482.

Shapiro L. 2004. Brandom on the normativity of meaning. *Philosophy and Phenomenological Research*, 68 (1): 141-160.

Sharrock W, Button G. 1999. Do the right thing! Rule finitism, rule scepticism and rule following. *Human Studies*, 22 (2/4): 193-210.

Shoemaker S. 1987. Simon Blackburn, spreading the word. Noûs, 21(3): 438-442.

Shogenji T. 1992. Boomerang defense of rule following. *Southern Journal of Philosophy*, 30 (3): 115-122.

Shogenji T. 1995. The problem of rule-following in compositional semantics. *Southern Journal of Philosophy*, 33 (1): 97-108.

Shogenji T. 2000. The problem of the criterion in rule-following. *Philosophy and Phenomenological Research*, 60 (3): 501-525.

Sillari G. 2013. Rule-following as coordination: A game-theoretic approach. *Synthese*, 190 (5): 871-890.

Smith M, Lewis D, Johnston M. 1989. Dispositional theories of value. *Proceedings of the Aristotelian Society*, 63(suppl.): 89-174.

Smith M. 1994. *The Moral Problem*. Oxford: Basil Blackwell Inc.

Soames S. 1998. Facts, truth conditions, and the skeptical solution to the rule-following paradox. *Philosophical Perspectives*, 12: 313-348.

Soames S. 1998. Skepticism about meaning, indeterminacy, normativity, and the rule-following paradox. *Canadian Journal of Philosophy*, 23: 211-249.

Southwood N. 2008. Vindicating the normativity of rationality. *Ethics*, 119 (1): 9-30.

Speaks J. 2009 The normativity of content and 'the frege point'. *European Journal of Philosophy*, 17(3): 405-415.

Stueber K R. 2005. How to think about rules and rule following. *Philosophy of the Social Sciences*, 35 (3): 307-323.

Sturgeon N. 2006. Moral explanations defended//Dreier J. *Contemporary Debates in Moral Theory*. Malden, MA: Blackwell Publishing: 241-262.

Summerfield D M. 1990. On taking the rabbit of rule-following out of the hat of representation: A response to Pettit's the reality of rule-following. *Mind*, 99 (395): 425-432.

Tanney J. 2000. Playing the rule-following game. Philosophy, 75(292): 203-224.

Teghrarian S. 1974. Linguistic rules and semantic interpretation. *American Philosophical Quarterly*, 11(4): 307-315.

Textor M. 2007. The use theory of meaning and semantic stipulation. *Erkenntnis*, 67 (1), 29-45.

Thornton T. 1997. Intention, rule following and the strategic role of Wright's order of determination test. *Philosophical Investigations*, 20 (2): 136–151.

Travis C.2006. *Thought's Footing: A Theme in Wittgenstein's Philosophical Investigations*. Oxford: Oxford University Press.

Trybulec B. 2008. The meaning of "normativity" within naturalized epistemology. some consequences of naturalizing epistemic norms. *Dialogue and Universalism*, 18 (7/8): 149-160.

Van Willigenburg T. 2005. Reason and love: A non-reductive analysis of the normativity of agent-relative reasons. *Ethical Theory and Moral Practice*, 8 (1/2): 45-62.

Vellman J D. 2000. *The Possibility of Practical Reason*. Oxford: Oxford University Press.

Verheggen C. 2003. Wittgenstein's rule-following paradox and the objectivity of Meaning. *Philosophical Investigations*, 26(4): 294-296.

Victor M. Verdejo. 2014. Disbelieving the normativity of content. *Acta Analytica*, 29 (4): 441-456.

Voltolini A. 2001. Why the computational account of rule-following cannot rule out the grammatical account. *European Journal of Philosophy*, 9 (1): 82-104.

von Wright G H.1963. *Norm and Action*. London: Routledge and Kegan Paul.

W.V.O. Quine. 1935. Truth by convention. Reprinted in *The Ways of Paradox and Other Essays*. Cambridge: Harvard University Press: 77-106.

Wallace R J. 2006. How to argue about practical reason//Wallace R J. *Normativity and the Will: Selected Papers on Moral Psychology and Practical Reason*. Oxford: Clarendon Press: 15-42.

Watson G. 2003. Free agency//Watson G. Free Will(second ed.). New York: Oxford University Press: 337-351.

Watts D.2012. The exemplification of rules: An appraisal of Pettit's approach to the problem of rule-following. *International Journal of Philosophical Studies*, 20(1): 69-90.

Wedgwood R. 2002. The aim of belief. *Philosophical Perspectives*, 16: 276-297.

Wedgwood R. 2006. The meaning of 'ought'. *Oxford Studies in Metaethics*, 1: 127-160.

Wedgwood R. 2007. *The Nature of Normativity*. Oxford: Oxford University Press.

Wedgwood R. 2009. The normativity of the intentional//Beckermann A, McLaughlin BP. *The Oxford Handbook of the Philosophy of Mind*. Oxford: Oxford University Press: 421-436.

Weller C. 2014. Hume on the normativity of practical reasons. *Hume Studies*, 39(1): 3-35.

Whiting D. 2007. The normativity of meaning defended. *Analysis*, 67 (294): 133-140.

Whiting D. 2009. On epistemic conceptions of meaning: Use, meaning and normativity. *European Journal of Philosophy*, 17 (3): 416-434.

Whiting D. 2010. Particular and general: Wittgenstein, linguistic rules, and context//Whiting D. *The Later Wittgenstein on Language*. Basingstoke: Palgrave Macmillan.

Whiting D. 2013. What is the normativity of meaning? *Inquiry*: 1-20.

Whiting D.2009. Is meaning fraught with ought? *Pacific Philosophical Quarterly*, 4: 535-555.

Wikforss A M. 2001. Semantic normativity. *Philosophical Studies*, 102 (2): 203-226.

Wikforss A M. 2003. A posteriori analyticity. *Grazer Philosophische Studien*, 66: 119-139.

Williams B. 1973. Deciding to believe//Williams B. *Problems of the Self: Philosophical Papers, 1956-1972*. Cambridge: Cambridge University Press: 136-151.

Williams B. 1981. Internal and external reasons//Williams B. *Moral Luck: Philosophical Papers 1973-1980*. Cambridge, Cambridge University Press: 101-113.

Williams B. 1981. Internal and external reasons//Williams B. *Moral Luck*. Cambridge: Cambridge University Press: 104-105.

Williams B. 1998. Internal reasons and the obscurity of blame//Williams B. *Making Sense of Humanity: and Other Philosophical Papers 1982-1993*. Cambridge: Cambridge University Press: 35-45.

Williams M. 1999. *Wittgenstein, Mind and Meaning. Towards a Social Conception of Mind*. London, New York: Routledge.

Williamson T. 2000. *Knowledge and its Limits*. Oxford: Oxford University Press.

Williamson T.2007. *The Philosophy of Philosophy*. Oxford: Blackwell.

Wilson G M. 1998. Semantic realism and Kripke's Wittgenstein. *Philosophy and Phenomenological Research*, 58: 99-122.

Wilson G M. 2002. Kripke on Wittgenstein on normativity//Miller A, Wright C. *Rule-following and Meaning*. Montré al: McGill-Queen's University Press: 234-259.

Wilson G M. 2006. Rule-following, meaning, and normativity//LePore E, Smith B. *Oxford Handbook of Philosophy of Language*. Oxford: Oxford University Press: 151-174.

Wittgenstein L. 1956. *Remarks on the Foundations of Mathematics*. Anscombe G E M, von Wright G H, Rhees R.eds. Oxford: Basil Blackwell.

Wittgenstein L.1953. *Philosophical Investigations*. Anscombe G E M trans. New York: The Macmillan Company.

Wittgenstein L. 1969. *On Certainty*. Anscmbe G E M, von Wright G H eds. Paul D, Anscmbe G E M trans. Oxford: Basil Blackwell.

Wood O P. 1950. The force of Linguistic rules. *Proceedings of the Aristotelian Society*, 51: 313-328.

Wright C. 1981. Rule-following, objectivity and the theory of meaning//Holtzman S H, Leich C M. *Wittgenstein: To Follow A Rule*. London: Routledge: 99-117.

Wright C. 1984. Kripke's account of the argument against private language. *The Journal of Philosophy*, 81(12): 766-778.

Wright C. 1987. On making up one's mind: Wittgenstein on intention//Weingarter P, Schurz G. *Proceedings of the XIth International Wittgenstein Symposium*. Vienna: Holder-Pichler-Tempsky.

Wright C. 1987. *Realism, Meaning and Truth*. Oxford, New York: Basil Blackwell: 391-404.

Wright C. 2007. Rule-following without reasons: Wittgenstein's quietism and the constitutive question. *Ratio*, 20 (4): 481–502.

Wright C. Wittgenstein's rule-following considerations and the central project of theoretical linguistics// George A. *Reflections on Chomsky*. Oxford, New York: Basil Blackwell: 243-264.

Wright C.1980. *Wittgenstein on the Foundations of Mathematics*. Cambridge: Harvard University Press.

Yalowitz S. 2002. Individualism, normativity, and the epistemology of understanding. *Philosophical Studies*, 102 (1): 43-92.

Yoo J. 2004. The normativity of intentionality//Marek J, Reicher M. *Papers of the 27th International Wittgenstein Symposium: Experience and Analysis* Kirchberg am Wechsel: Österreichische Ludwig Wittgen Stein Gesellschaft: 416-418.

Zalabardo J L. 2009. One strand in the rule-following considerations. *Synthese*, 171 (3): 509-519.

Zalabardo J. 1997. Kripke's normativity argument. *Canadian Journal of Philosophy*, 27(4): 473-475.

Zangwill N. 1998. Direction of fit and normative functionalism. *Philosophical Studies*, 91: 173–203.

Zangwill N. 2005. The normativity of the ,ental. *Philosophical Explorations*, 8(1): 1-19.

后　记

　　本书写作的起点源于对维特根斯坦《哲学研究》中的规则遵循问题以及克里普克相关论述的兴趣与关注，但以这一问题为切入点与基础而展开对"规范性"论题的探讨和研究却经历了长期的过程，无论从本书选题的确定还是写作的展开，于我而言，都是一种全新的尝试。总体来看，当代语义学中关于语言意义的规范性的探讨涉及规则、意义、心灵、命题内容等重要概念，其主要论域包括：规则与意义、意义归因与信念归因、怀疑论与实在论、倾向性与规范性等，其中"规范性"又需要得到多角度的阐释，如，意义的规范性与内容的规范性，规范性问题的实践理性意蕴与语境解释等。由于"规范性"论题本身涉及广泛，需要综合语言哲学、心灵哲学、科学哲学、伦理学等领域的具体问题进行考察，这对全面细致的分析提出较高的要求。尽管笔者尝试基于语义学视域并结合多个相关领域对规范性问题进行充分阐释和系统建构，但仍然发现很多不足，有一些问题也尚待充分挖掘和阐释，遗憾之余也进一步明晰了今后开展研究的方向。

　　在此，须向为本书的完成和出版提供指导和帮助的人士表示感谢。

　　首先，要向我的导师郭贵春先生致以诚挚的敬意和感谢，很幸运能够从以明师并穷哲明理，更庆幸的是能够追随郭老师多年，目睹和聆听先生如何治学为文。在硕士和博士阶段的学习过程中，深刻体会到先生深厚的器质与精微的学养，这种学术底蕴每每充于文章，见于议论。有幸得其教诲，启示当下，惠及一生。郭老师对诸多传统理论的娴熟以及对当代热点问题的洞见与把握都令人印象深刻。他的指导往往切中肯綮，并为我提供了很大的自主研究的空间。他总是不忘提醒我注意严密而清晰的论证过程，特别是其中是否体现了哲学分析的严谨性、逻辑的严密性以及语言表达的准确性。这种审慎的治学态度也影响着我，使我时刻提醒自己尽量杜绝任何故弄玄虚或含混不清，更让我确信研究的过程要注重深厚的积淀。

感谢魏屹东教授，不但在我求学期间予以耐心指导和释疑解惑，而且在书稿的写作和出版过程中提供了大量支持与帮助，基于他的耐心审校和各种修改建议，这份书稿才得以顺利问世。

感谢山西大学科学技术哲学研究中心的培养和支持，使我能有机会于 2008年赴牛津大学进行学习和访问，并搜集到大量一手文献资料并对相关领域的学者进行访谈，从而与其保持长期的学术往来。感谢殷杰教授和张培富教授等诸位老师，在我遇到学习困境而求教时，他们总是给予热心指引和帮助。

这份研究成果同样离不开山西大学哲学社会学学院的支持，感谢学院院长薛勇民教授、郭剑波书记和孙岩教授，他们曾以不同方式对本书的写作予以热忱相助，并给了我诸多启示。同时感谢北京师范大学李红教授和中国人民大学韩东晖教授，在本书选题的确定、资料的搜集以及分析的视角等方面，我从他们那里获得了诸多灵感。

此外，还需感谢牛津大学的 Michael Dummett 爵士、Daniel Robinson 教授、Anandi Hattiangadi 博士以及 Anita Avramides 博士，在对他们的访谈与书信交流中，我加深了对相关问题的理解。Hattiangadi 博士和 Avramides 博士帮助我把握规则遵循问题并澄清了对"规范性"内涵的一些误解；Robinson 教授总能以轻松幽默的方式揭示问题的意蕴与实质；而 Dummett 爵士，虽仅得一面之诲，但先生器质之端方、德行之敦厚至今难忘。

感谢科学出版社的田慧莹编辑为本书的审校和出版所付出的艰辛劳动。

赵晓聘

2016 年 3 月于山西大学